企业破产涉税经典司法案例解析及政策指南

王晓辉　黄中秀　郑韩飞
黄　琦　陶云梅　徐文东　编著

中国税务出版社

图书在版编目（CIP）数据

企业破产涉税经典司法案例解析及政策指南 / 王晓辉等编著 . —北京：中国税务出版社，2022.11

ISBN 978-7-5678-1288-8

Ⅰ. ①企⋯　Ⅱ. ①王⋯　Ⅲ. ①企业–破产–税法–案例–中国–指南　Ⅳ. ①D922.220.5-62

中国版本图书馆 CIP 数据核字（2022）第 177403 号

版权所有·侵权必究

书　　名：	企业破产涉税经典司法案例解析及政策指南
	Qiye Pochan Sheshui Jingdian Sifa Anli Jiexi ji Zhengce Zhinan
作　　者：	王晓辉　黄中秀　郑韩飞　黄　琦　陶云梅　徐文东　编著
责任编辑：	范竹青
责任校对：	姚浩晴
技术设计：	刘冬珂
出版发行：	中国税务出版社
	北京市丰台区广安路 9 号国投财富广场 1 号楼 11 层
	邮政编码：100055
	网址：https：//www.taxation.cn
	投稿：https：//www.taxation.cn/qt/zztg
	发行中心电话：（010）83362083/85/86
	传真：（010）83362047/48/49
经　　销：	各地新华书店
印　　刷：	北京天宇星印刷厂
规　　格：	787 毫米×1092 毫米　1/16
印　　张：	22
字　　数：	382000 字
版　　次：	2022 年 11 月第 1 版　2022 年 11 月第 1 次印刷
书　　号：	ISBN 978-7-5678-1288-8
定　　价：	59.00 元

如有印装错误　本社负责调换

推 荐 语

我和王晓辉律师是国家税务总局领军人才班同学，很早就知道他打算编写一部由司法案例和政策文件构成的破产涉税问题工具书。最近阅读了他和团队合作打造的这本成果，由衷感佩。本书精选并分类汇编了司法实践中50个破产涉税裁判案例，从税务律师实践进行了精彩点评，具有较强的指导价值。虽然我国不是判例法国家，但是随着类案检索、类案同判等共识的达成和官方的推动，对于缺乏明确裁判规则或者尚未形成统一裁判规则的破产涉税争议问题而言，本书的努力显得格外重要。

徐战成

第六批全国税务领军人才学员

公司的破产往往牵一发而动全身，中央和地方的立法、司法和行政部门针对现下关键问题多次颁布法律法规及指导意见，意在合法、合理化解决破产涉税问题。然而，执行标准的不统一、实务情形的复杂性使得律师及会计师等同侪问卷寻踪，更何况还要面对公司大量的财务、审计报告等材料，业内工作越来越烦琐。

《企业破产涉税经典司法案例解析及政策指南》一书，细致地梳理了近年来的破产涉税司法裁判案例和政策文件，针对焦点问题罗列裁判观点并提供解决思路，无论是初入行业的职场新人还是经验丰富的业内好手均可拾卷获益，节约检索案例的时间。

聂 生

四川明炬律师事务所高级合伙人

成都市律师协会破产专业委员会副秘书长

成都市破产管理人协会监督惩戒委员会副主任

以案释法、以评明理、以情释怀，是我对《企业破产涉税经典司法案例解析及政策指南》的第一观感。作为一名税务公职律师，在面对企业破产涉税争议之时，总有穷尽相关法条及案例的冲动，该书的作者帮我做到了。本书几乎涵盖了企业破产涉税争议的方方面面，是破产管理人、税务公职律师、破产法官、税务师、法学专家等难得的工作宝典和研学宝库。一个案例、一个场景、一次博弈、一个裁判、一段评析，闪耀着法治之光、博弈之智、思辨之趣。借推荐之际，先睹为快。

邓华平

就职于国家税务总局重庆市税务局法规处

第二批全国税务领军人才

王晓辉律师是通税福州律师事务所主任律师，是国内财务、税务与法律一体化融合领域涌现出来的佼佼者。他和团队合作打造的《企业破产涉税经典司法案例解析及政策指南》，共精选并分类汇编了司法实践中50个破产涉税裁判案例，从税务律师实践视角进行了精彩点评，具有较强的指导价值。

总体来说，本书是关于破产涉税案件分析的最新指导用书，有以下几个突出特点：一是案例翔实，所有选取案例都是真实发生的破产涉税案件，具有较强的借鉴意义；二是梳理全面，本书所收编的破产涉税案件涉及了破产程序中的税务行政管理、税收优先权、税收代位权、税收撤销权等各种可能的案例；三是案例分析视角全面，包括了基本案情、争议焦点、当事人观点、裁判要旨、法院裁判观点、裁判结果、税务律师评析等，特别是税务律师评析体现了税务律师行业发展趋势和社会价值；四是法律依据列举全面，包括案件可能涉及的所有涉税法律法规及文件依据，并围绕法律依据进行了相关探讨。

罗春华

江苏通税律师事务所主任

《企业破产涉税经典司法案例解析及政策指南》一书从案例出发，逐一剖解了企业破产涉税中税务行政管理纠纷、破产债权确认纠纷、破产管理人责任纠纷等重点、难点纠纷类型，同时又将贯穿企业破产的相关涉税政策文件进行了汇编，不仅能使读者一探司法裁判观点，又能回归法规文件寻找到指引，相信企业破产相关专业服务人员一定能在阅读本书的过程中有所裨益！

张　涌

重庆市破产管理人协会副会长

重庆市律师协会破产清算与重整专业委员会主任

前　言

自 2015 年以来，我国实施供给侧结构性改革，积极清理"僵尸企业"，运用破产制度畅通市场主体退出。然而，在企业破产实务中，由于《中华人民共和国税收征收管理法》与《中华人民共和国企业破产法》存在适用冲突以及相关政策法规的缺失，诸如"破产企业清算组是否属于税务稽查对象？""税务机关可否对破产企业实施强制执行？""税收债权一定优先于有财产担保的债权吗？"等一系列税务争议问题，业已成为企业破产难题。

《企业破产涉税经典司法案例解析及政策指南》一书，正是基于这样的背景而编写。本书共分为两部分，第一部分为企业破产涉税经典司法案例解析，每篇案例均涵盖以下内容，即案例来源、案情简介、争议焦点、各方观点、裁判要旨、法院裁判观点、法院裁判结果、税务律师案例评析及法条摘录。第二部分为企业破产涉税政策文件分类汇编。

本书作者均为持有注册会计师或税务师资格证的执业律师，各位作者付出大量时间和精力，从中国裁判文书网公开的资料中收集了数十篇破产实务涉税案例，并进行了精编。为方便读者精确检索，编者将每个案例所涉争议焦点进行提炼，以标题的形式展示。虽然我国并非判例法国家，但是司法裁判案例的影响力不容小觑。最高人民法院于 2020 年 7 月颁布了《关于统一法律适用加强类案检索的指导意见（试行）》（法发〔2020〕24 号），将类案检索定位为具有中国特色的、成文法体系下的具体制度，强调法官对指导性案例的参照和对其他类案的参考，旨在实现法律的统一适用。本书收录的企业破产涉税司法案例，无论是对办理破产案件的法官、律师同仁，还是对税务机关工作人员处理破产涉税问题，均具有较高的参考价值。同时，也可成为有志于从事税务律师、高校学生等相关读者参考。

需要说明的是，为方便读者了解法官的裁判依据，本书每则案例末所附【法条摘录】内容，为判决作出时引用的相关法律法规原文。截至目前，有些规定已失效、废止或修改，敬请读者在研读中结合最新规定学习。

本书能够顺利出版，非常感谢中国税务出版社编辑的辛勤付出，谨此致谢！再者，由于时间仓促，书中疏漏之处在所难免，敬请读者批评指正！

编　者

2022 年 8 月

目　　录

第一部分　企业破产涉税经典司法案例解析

第一章　税务行政管理纠纷 3

1. 破产程序中处置的财产还需履行纳税申报义务吗？ 3
2. 破产程序中申请税务行政复议还应遵循纳税前置吗？ 8
3. 破产企业的清算组属于税务稽查的对象吗？ 13
4. 破产财产变价过程中的税费应如何承担？ 18
5. 税务机关可否对破产企业实施强制执行？ 22

第二章　破产债权确认纠纷 27

第一节　破产程序中的税收优先权 27

6. 税收债权一定优先于有财产担保的债权吗？ 27
7. 破产企业欠税超过5年，管理人可以不予确认税收债权吗？ 32
8. 税收债权与担保债权就抵押物变现的受偿顺序如何确定？ 35
9. 破产程序中税收债权与抵押担保债权的优先性如何认定？ 39
10. 不满足税收优惠政策所补税款，属优先债权还是普通债权？ 43

第二节　其他破产债权确认问题 48

11. 受理破产裁定后的新生税款、滞纳金等属于破产债权吗？ 48
12. 企业破产受理后的新生税款都属于破产费用或共益债务吗？ 54
13. 关联企业实质合并破产如何认定税收滞纳金计算截止日？ 60
14. 破产案件受理后欠缴税款产生的滞纳金是否属于破产债权？ 65
15. 未依法缴纳预征税款产生的滞纳金能否被确认为破产债权？ 68
16. 当事人对税费负担主体的约定是否改变法定的纳税义务主体？ 73

17. 破产受理前后产生的税款及社保滞纳金的债权性质如何确定？ … 77
18. 税款滞纳金是否为普通债权？ … 82
19. 破产债权核查结束15天后，还可以提起债权确认之诉吗？ … 87
20. 超过税款本金的滞纳金是否确认为破产债权？ … 91
21. 破产申请受理前产生的社保滞纳金是否属于破产债权？ … 94
22. 破产案件受理后欠缴税款产生的滞纳金是否属于破产债权？ … 98
23. 第三人代为支付的税款能否向管理人申报债权？ … 102
24. 国土资源局申报的土地闲置费是否属于破产债权？ … 107
25. 税务机关申报税收债权是否需经过税收确定程序？ … 111
26. 破产企业可以突破税务复议的"纳税前置"程序吗？ … 113
27. 破产企业留抵增值税款，能否抵减欠税？ … 117
28. 破产时被要求补缴的减免税款是否属于破产债权？ … 121

第三章　破产管理人责任纠纷 … 126

29. 管理人未履行纳税申报及缴纳税款义务，应否承担赔偿责任？ … 126
30. 拍卖处置债务人财产所产生的税金如何确认？ … 130
31. 《竞买公告》《竞买须知》关于买受人承担税费的约定是否有效？ … 136
32. 竞买人以管理人未及时纳税申报导致其滞纳金损失可要求管理人承担侵权责任吗？ … 140
33. 竞买人支付的过户税金是否应从破产财产中优先拨付？ … 144
34. 破产企业不动产过户后，税务机关可否追征税款？ … 148

第四章　股东损害公司债权人利益责任纠纷 … 153

35. 怠于履行清算义务的股东应向税务局承担清偿责任吗？ … 153
36. 破产程序因无财务账册终结，清算义务人应向税收债权人赔偿吗？ … 157
37. 破产程序中股东抽逃出资应向税收债权人承担赔偿责任吗？ … 161
38. 管理人可以代税收债权人起诉原股东承担赔偿责任吗？ … 166

第五章　其他破产涉税纠纷·················170

39. 税收债权人有资格申请企业破产清算吗？···············170
40. 税务局不同意清偿方案，清算组能否向法院申请终结强制清算？···············172
41. 破产管理人涉嫌虚开增值税发票应被追究刑事责任吗？···············176
42. 单位破产后，能否追究法定代表人逃税罪的刑事责任？···············181

第六章　普通执行程序中的税收优先权与代位权纠纷·················185

43. "包税条款"下买受人是否应承担全部税费？···············185
44. 税收优先权是否以不足以同时清偿所有债务为前提？···············192
45. 滞纳金能否与税款一同优先受偿？···············199
46. 善意抵押权人的抵押债权是否可优于税收债权受偿？···············206
47. 工程价款优先受偿权是否优于抵押权、税收优先权？···············212
48. 被执行人为企业法人，税务局能否参与执行款分配？···············217
49. 债务人未申请进入执行程序，能否视为怠于履行到期债权？···············224
50. 税务机关行使代位权需要什么条件？···············228

第二部分　企业破产涉税政策汇编（分类节选）

一、非正常户的认定与解除···············235

二、破产企业纳税申报···············243

三、破产企业公章遗失的处理···············257

四、破产企业发票的领用···············258

五、破产程序中的税收保全措施、强制执行措施···············263

六、税务机关债权申报、确认及异议处理···············269

七、破产企业纳税信用修复···············292

八、破产企业税收违法行为的处理···············301

九、管理人代表破产企业办理涉税事项时未遵守税收法律、法规的责任···············306

十、破产企业税收优惠政策···············307

十一、破产受理后的新生税费性质 …………………………………… 314
十二、破产企业清算期间企业所得税处理 ………………………… 317
十三、破产企业的税务管理 …………………………………………… 325
十四、破产清算中的税款入库 ………………………………………… 330
十五、破产清算的税务注销 …………………………………………… 332

第一部分
企业破产涉税经典司法
案例解析

第一章 税务行政管理纠纷

1. 破产程序中处置的财产还需履行纳税申报义务吗？

【案例来源】

《贵州劳克斯科技有限公司破产管理人与播州区地方税务局税务行政管理（税务）一审行政判决书》[（2016）黔0330行初210号]

【案情简介】

一、当事人关系梳理

原告：贵州劳克斯科技有限公司破产管理人

被告：播州区地方税务局

破产企业/破产人：贵州劳克斯科技有限公司

二、基本案情

2014年5月8日，遵义县人民法院裁定受理贵州劳克斯科技有限公司破产案，2014年11月5日遵义县人民法院裁定宣告贵州劳克斯科技有限公司破产。原告被遵义县人民法院指定为该公司破产管理人。

2015年3月26日，原告委托拍卖公司拍卖了破产企业的财产。2016年2月19日，遵义县地方税务局三分局作出遵县地税三通〔2016〕4号《税务事项通知书》，认定破产人破产财产拍卖收入38400000.00元，不动产及土地使用权收入32323.787.00元，要求破产人缴纳营业税及附加1826293.97元、土地增值税2101272.01元，总计3927565.98元。

原告认为破产财产拍卖不是其自主行为，也不是人民法院的执行活动，被告不应当征收本案各项税款，故产生本案争议。

【争议焦点】

贵州劳克斯科技有限公司破产管理人处置的破产财产应否纳税？

【各方观点】

贵州劳克斯科技有限公司破产管理人（原告）认为：本案破产财产拍卖不是纳税人的自主行为，也不是人民法院的执行活动，不符合《国家税务总局关于人民法院强制执行被执行人财产有关税收问题的复函》（国税函〔2005〕869号）的相关规定，不应当征收本案各项税款。

播州区地方税务局（被告）认为：原告破产管理人委托拍卖破产人财产属于处置破产财产，属于应税行为。依据《中华人民共和国营业税暂行条例》（以下简称《营业税暂行条例》）第一条、国税函〔2005〕869号文件的具体规定，原告破产企业处置建筑物、构筑物、在建工程和土地的行为应缴纳营业税及附加。依据《中华人民共和国土地增值税暂行条例》（以下简称《土地增值税暂行条例》）第二条和国税函〔2005〕869号文件，本案应缴纳土地增值税。依据《中华人民共和国印花税暂行条例》（以下简称《印花税暂行条例》）第一条、第二条规定，本案也应缴纳印花税。故原告破产管理人应依法依规缴纳上述各项税款。

【裁判要旨】

无论拍卖、变卖财产的行为是纳税人的自主行为，还是人民法院实施的强制执行活动，对拍卖、变卖财产的全部收入，纳税人均应依法申报缴纳税款。

【法院裁判观点】

1. 被告认定原告应缴纳的各项税费符合法律规定。

《营业税暂行条例》第一条规定，在中华人民共和国境内提供该条例规定的劳务、转让无形资产或者销售不动产的单位和个人，为营业税的纳税人，应当依照该条例缴纳营业税。同时本案不属于第八条规定免征营业税项目。《印花税暂行条例》第一条规定，在中华人民共和国境内书立、领受该条例所列举凭证的单位和个人，都是印花税的纳税义务人，应当按照该条例规定缴纳印花税。第二条规定，产权转移书据属于应纳税凭证。《中华人民共和国城市维护建设税暂行条例》第二条规定，凡缴纳消费税、增值税、营业税的单位和个人，都是城市维护建设税的纳税义务人，都应当依照该条例的规定缴纳城市维护建设税。《土地增值税暂行条例》第二条规定，转让国有土地使用权、地上的建筑物及其附着物并取得收入的单位和个人，为土地增值税的纳税义务人，应当依照该条例缴纳土地增值税。《征收教育费附加的暂行规定》第二条规定，凡缴纳消费税、增值税、营业税的单位和个人，除按照《国务院关于筹措农村学校办学经费的通知》的规定，缴纳农村教育事业费附加的单位外，都应当依照该规定缴纳教育费附加。

2. 关于本案是否符合国税函〔2005〕869号文件的规定问题。

国税函〔2005〕869号文件第二条规定："无论拍卖、变卖财产的行为是纳税人的自主行为，还是人民法院实施的强制执行活动，对拍卖、变卖财产的全部收入，纳税人均应依法申报缴纳税款。"本案应适用该规定，也应进行纳税。

【法院裁判结果】

驳回原告的诉讼请求。

【税务律师案例评析】

1. 关于企业进入破产清算程序后，新生税款如何定性的问题。

司法实践中，部分民事判决将新生税款认定为共益债务。在（2020）湘10民终1585号民事判决书中，法院观点如下：就企业进入破产清算程序后的新生税款的定性问题，我国法律目前没有作出具体规定。根据《中华人民共和国税收征收管理法》（以下简称《税收征收管理法》）及其相关法律法规的规定，企业设立后直至注销登记前，依法纳税是法定义务。在破产清算过程中产生的税款，以及资产处置和出租门面等行为产生的税款，都是在破产程序中为全体债权人的共同利益而支付的各项费用或承担的必要债务，其主要目的是保障破产程序的顺利进行。在使用效果上，可以增进所有债权人的利益，与我国《中华人民共和国企业破产法》第四十一条和第四十二条所规定的"破产费用""共益债务"的本质属性是相同的，属于"破产费用""共益债务"。

破产程序中发生的各类纳税义务，既包括增值税、土地增值税等处置财产发生的纳税义务，又包括房产税、城镇土地使用税等尚未处置财产但仍然持续产生的纳税义务，均应依法申报纳税。

企业进入破产程序后，办理注销登记前，纳税主体并未消亡，如果发生应税情形，依然产生纳税义务，《税收征收管理法》和《企业破产法》均未规定企业进入破产程序后可予以豁免。并且《国家税务总局关于税收征管若干事项的公告》（国家税务总局公告 2019 年第 48 号）特别强调："在人民法院裁定受理破产申请之日至企业注销之日期间，企业应当接受税务机关的税务管理，履行税法规定的相关义务。破产程序中如发生应税情形，应按规定申报纳税。"破产程序中发生的各类纳税义务，既包括增值税、土地增值税等处置财产发生的纳税义务，又包括房产税、城镇土地使用税等尚未处置财产但仍然持续产生的纳税义务，均应依法申报纳税。①

2. 其他可借鉴的，认可处置破产财产应依法纳税的参考文件。

2013 年北京市高级人民法院发布的《企业破产案件审理规程》规定："人民法院受理破产申请后，因变价和分配债务人财产而发生债务人土地使用权、房屋所有权、有价证券等转移的，债务人依税法规定交纳应由其承担的税费。"

四川省高级人民法院印发的《关于审理破产案件若干问题的解答》（川高法〔2019〕90 号）规定："破产程序中处置破产财产新产生的增值税、附加税、印花税、契税等税费，属于在破产程序中为实现全体债权人的共同利益而必须支付的费用或者承担的必要债务，可以归为破产费用中'变价和分配债务人财产的费用'，由债务人的财产随时清偿。如处置的破产财产系担保物，则处置破产财产所产生的税费从担保物处置价款中优先清偿。"

重庆市高级人民法院和国家税务总局重庆市税务局《关于企业破产程序涉税问题处理的实施意见》（渝高法〔2020〕24 号）规定："管理人经人民法院许可，为债权人利益继续营业，或者在使用、处置债务人财产过程中产生的应当由债务人缴纳的税（费），属于《中华人民共和国企业破产法》第四十一条破产费用中的'管理、变价和分配债务人财产的费用'，由管理人按期进行纳税申报，并依法由债务人的财产随时清偿。"

【法条摘录】

中华人民共和国营业税暂行条例②

第一条 在中华人民共和国境内提供本条例规定的劳务、转让无形资产或者销售不动产的单位和个人，为营业税的纳税人，应当依照本条例缴纳营业税。

---

① 徐战成. 企业破产涉税百问及经典案例解析［M］. 北京：中国税务出版社，2021：196—197.
② 《中华人民共和国营业税暂行条例》已于 2017 年 11 月 19 日起废止。参见《国务院关于废止〈中华人民共和国营业税暂行条例〉和修改〈中华人民共和国增值税暂行条例〉的决定》（中华人民共和国国务院令第 691 号）。

中华人民共和国印花税暂行条例①

第一条 在中华人民共和国境内书立、领受本条例所列举凭证的单位和个人,都是印花税的纳税义务人,应当按照本条例规定缴纳印花税。

第二条 下列凭证为应纳税凭证:

(一)购销、加工承揽、建设工程承包、财产租赁、货物运输、仓储保管、借款、财产保险、技术合同或者具有合同性质的凭证;

(二)产权转移书据;

(三)营业账簿;

(四)权利、许可证照;

(五)经财政部确定征税的其他凭证。

中华人民共和国城市维护建设税暂行条例②

第一条 为了加强城市的维护建设,扩大和稳定城市维护建设资金的来源,特制定本条例。

第二条 凡缴纳消费税、增值税、营业税的单位和个人,都是城市维护建设税的纳税义务人(以下简称纳税人),都应当依照本条例的规定缴纳城市维护建设税。

征收教育费附加的暂行规定

第二条 凡缴纳消费税、增值税、营业税的单位和个人,除按照《国务院关于筹措农村学校办学经费的通知》(国发〔1984〕174号文)的规定,缴纳农村教育事业费附加的单位外,都应当依照本规定缴纳教育费附加。

国家税务总局关于人民法院强制执行被执行人财产有关税收问题的复函

2005年9月12日 国税函〔2005〕869号

二、无论拍卖、变卖财产的行为是纳税人的自主行为,还是人民法院实施的强制执行活动,对拍卖、变卖财产的全部收入,纳税人均应依法申报缴纳税款。

---

① 《中华人民共和国印花税暂行条例》已于2022年7月1日起废止。相关规定被《中华人民共和国印花税法》第一条、第二条吸收。

② 《中华人民共和国城市维护建设税暂行条例》已于2021年9月1日起废止。相关规定被《中华人民共和国城市维护建设税法》吸收。

2. 破产程序中申请税务行政复议还应遵循纳税前置吗？

【案例来源】

《浙江金港船业股份有限公司与国家税务总局浙江省税务局税务行政复议案行政判决书》[（2020）浙01行终534号]

【案情简介】

一、当事人关系梳理

上诉人（原审原告）：浙江金港船业股份有限公司

被上诉人（原审被告）：国家税务总局浙江省税务局

浙江金港船业股份有限公司破产管理人：浙江利群律师事务所

二、基本案情

2012年6月29日，浙江省温岭市人民法院作出（2012）台温破（预）字第1号，裁定受理浙江金港船业股份有限公司（以下简称金港公司）的破产清算申请。2012年7月13日，该院作出（2012）台温破字第1-1号决定书，指定浙江利群律师事务所担任金港公司管理人。2018年12月29日，浙江省温岭市人民法院作出（2012）台温破字第1号之四十民事裁定书，裁定宣告金港公司破产。

2019年11月29日，国家税务总局台州市税务局第二稽查局向金港公司作出台税二稽处〔2019〕209号《税务处理决定书》，决定追缴2019年4月增值税9558042.48元；追缴2019年4月城市维护建设税477902.12元；对以上追缴的增值税9558042.48元及城市维护建设税477902.12元，从滞纳税款之日（2019年5月16日）起至实际缴纳之日止，按日加收滞纳税款5‰的滞纳金；追缴2019年4月教育费附加286741.27元，地方教育附加191160.85元；追缴2019年4月地方水利建设基金84786.32元。限金港公司自收到决定书之日起15日内将税款及滞纳金办理入库。并告知金港公司，如在纳税上有争议，必须先缴纳税款及滞纳金或者提供相应的担保等权利事项。金港公司于2019年12月6日收到决定书，但未缴纳相关款项。

2020年1月13日，金港公司向国家税务总局浙江省税务局提交行政复议申请，请求撤销台税二稽处〔2019〕209号《税务处理决定书》。2020年1月16日，浙江省税务局向金港公司出具《行政复议申请补正通知书》，要求金港公司补正已缴纳税款及滞纳金或者提供相应的担保凭证等材料。2020年2月26日,金港公司向浙江省税务局提交《关于"已缴纳税款及滞纳金或者提供相应的担保的凭证"说明》等资料,拟证明根据破产法不应先缴纳税款和滞纳金。2020年2月26日,浙江省税务局作出浙税复不受〔2020〕1号《不予受理行政复议决定书》指出,金港公司在申请行政复议前未依照税务机关的纳税决定缴纳税款及滞纳金,也未提供相应的担保而不予受理行政复议。

金港公司于2020年3月13日以浙江省税务局为被告提起行政诉讼,要求确认浙江省税务局作出的浙税复不受〔2020〕1号《不予受理行政复议决定书》违法并撤销,一审法院驳回了金港公司的诉讼请求。金港公司不服一审判决提起上诉,后二审法院驳回上诉,维持原判。

【争议焦点】

1. 破产程序中,针对税务机关要求追缴税款、滞纳金的行政行为有异议,是适用《中华人民共和国行政复议法》(以下简称《行政复议法》)《税收征收管理法》,还是适用《企业破产法》关于清偿顺位的规定?

2. 破产程序中税务机关征缴税款及滞纳金的行为,是履行行政行为还是债权申报行为?

【各方观点】

金港公司(上诉人)认为:(1)上诉人提出的行政复议申请,符合《行政复议法》的有关规定,依法应予受理。根据《行政复议法》第二条和第六条有关行政复议受理范围的具体规定,在行政机关作出的具体行政行为损害了行政相对人的合法权益时,行政相对人有权申请行政复议。(2)一审法院适用法律错误,关于破产企业的纳税问题,在《税收征收管理法》与《企业破产法》发生冲突时,应当优先适用《企业破产法》的有关规定。

浙江省税务局(被上诉人)认为:被告作出的不予受理行政复议决定程序合法。原告仅提交了行政复议申请书,未提供已缴纳税款及滞纳金或者提供相应担保的凭证、原告身份证明、原行政行为证明等证据材料。被告认为原告复议申请资料不齐全。《税收征收管理法》第八十八条第一款规定,纳税人、扣缴义务人、纳税担保人同税务机关在纳税上发生争议时,必须先依照税务机关的纳税决定缴纳或者解缴税款及滞纳金或者提供相应的担保,然后可以依法申请行政复议。复议程序中,原告并未提交已经依照税务机关的纳税决定缴纳或者解缴税款及滞纳金或者提供相应的担保的证据。

【裁判要旨】

对税务机关作出的与纳税争议有关的具体行政行为提起复议，前置程序是依据《税收征收管理法》第八十八条第一款的规定缴纳税款或者提供担保且被税务机关认可，本案中金港公司没有缴纳税款或者提供担保，因此不符合提起行政复议的条件。《税收征收管理法》第八十八条第一款主要是针对税务行政复议案件申请和受理作出的规定，与《企业破产法》及其司法解释关于税款清偿顺位的规定，分别调整两个法律问题，不存在矛盾与冲突。

【法院裁判观点】

1. 一审法院裁判观点。

《税收征收管理法》第八十八条第一款对涉及税收征收行为的行政复议作出了明确规定，根据该规定，对税务机关作出的行政行为提起行政复议的，应当同时满足以下条件：（1）该行政行为属于纳税争议；（2）申请复议前，应当依照税务机关的纳税决定缴纳或者解缴税款及滞纳金或者提供相应的担保，这是纳税争议行政复议的前置条件。台州市税务局第二稽查局针对金港公司作出的税务处理决定，属于税务机关作出的补缴税款的征收行为，金港公司对此处理决定不服所引发的争议属于纳税争议，因此满足提起行政复议的法定前提条件。金港公司未提交已缴纳税款、滞纳金等证据，税务局作出不予受理决定符合法律规定。

针对金港公司的异议，一审法院认为：（1）浙江省税务局严格依据《行政复议法》的相关依据履行行政复议职责。（2）台州市税务局第二稽查局根据《税收征收管理法》告知金港公司纳税争议行政复议的前置条件，非其作为债权人参与金港公司的清偿。因此，应适用《行政复议法》和《税收征收管理法》的相关规定。

2. 二审法院裁判观点。

在税务行政复议案件的申请与受理问题上，《行政复议法》和《税收征收管理法》是一般法和特别法的关系，税务行政复议申请除应符合《行政复议法》规定的受理条件外，还应符合《税收征收管理法》的有关规定，特别是该法第八十八条第一款的规定，即"纳税人、扣缴义务人、纳税担保人同税务机关在纳税上发生争议时，必须先依照税务机关的纳税决定缴纳或者解缴税款及滞纳金或者提供相应的担保,然后可以依法申请行政复议;对行政复议决定不服的,可以依法向人民法院起诉"。

上诉人认为《税收征收管理法》第八十八条第一款的规定与《企业破产法》及其司法解释的规定不一致。对此,法院认为,《税收征收管理法》第八十八条第一款主要是针对税务行政复议案件申请和受理作出的规定,与《企业破产法》及其司法解释关于税款清偿顺位的规定,分别调整两个法律问题,并不存在矛盾与冲突。

上诉人的行政复议申请不符合《税收征收管理法》第八十八条第一款的规定,被上诉人决定不予受理上诉人的行政复议申请符合法律规定。

【法院裁判结果】

驳回上诉,维持原判。

【税务律师案例评析】

本案中金港公司提起诉讼和上诉的理由有两个,一是《行政复议法》关于提起行政复议条件的规定比《税收征收管理法》中行政复议条件的规定要晚,因此应新法优于旧法。两审法院均以普通法和特别法的适用规定予以驳回。二是金港公司认为,在处理破产企业的税收征收问题时,尤其是在《税收征收管理法》与《企业破产法》发生冲突时,应当优先适用《企业破产法》的具体规定,而不适用《行政复议法》和《税收征收管理法》的关于企业在正常经营状况下的行政管理规定。即《企业破产法》第四十三条第一款规定:"破产费用和共益债务由债务人财产随时清偿",即在破产程序中,仅破产费用和共益债务可以随时清偿,其余债权包括税收债权均需按照《企业破产法》第一百一十三条第一款的规定的清偿顺位,在破产财产分配时一并按顺位分配处置,也就是说,根据《企业破产法》的规定,破产企业无法随时清偿税收债务,因此,《税收征收管理法》第八十八条第一款规定的前置纳税程序不应适用于破产企业。二审法院以"《税收征收管理法》第八十八条第一款主要是针对税务行政复议案件申请和受理作出的规定,与《企业破产法》及其司法解释关于税款清偿顺位的规定,分别调整两个法律问题,并不存在矛盾与冲突"予以回应。

根据本案两级法院审理过程中的原告理由及法院观点分析可得知,针对在破产程序中税务机关作出的征缴行为,如果认为属于征纳双方的具体行政行为且拟提起行政复议，则应适用《行政复议法》及《税收征收管理法》的规定。

由于本案中从破产受理到宣告破产跨度很长，且判决文书未对增值税税款及滞纳金的产生原因和时间予以查明，因此无法得知增值税税款产生的具体时间。笔者认为，如果是破产程序中履行合同、处置资产产生的增值税税款及附加费用属于破产费用，由债务人财产随时清偿，如果增值税税款产生于受理破产申请前，则应由税务机关向管理人申报税收债权，由管理人审核后报债权人会议核查并报人民法院裁定。

需要特别提示的是，破产程序中，管理人针对债权人或者相关方异议，权利救济的程序和路径选择很重要。本案中，如果破产财产已经分配，而未能留足与履行合同、处置资产相关的税费等破产费用，管理人的履职风险将进一步增大。

【法条摘录】

中华人民共和国税收征收管理法

第八十八条（第一款） 纳税人、扣缴义务人、纳税担保人同税务机关在纳税上发生争议时，必须先依照税务机关的纳税决定缴纳或者解缴税款及滞纳金或者提供相应的担保，然后可以依法申请行政复议；对行政复议决定不服的，可以依法向人民法院起诉。

中华人民共和国行政复议法

第二条 公民、法人或者其他组织认为具体行政行为侵犯其合法权益，向行政机关提出行政复议申请，行政机关受理行政复议申请、作出行政复议决定，适用本法。

中华人民共和国企业破产法

第四十三条（第一款） 破产费用和共益债务由债务人财产随时清偿。

第一百一十三条（第一款） 破产财产在优先清偿破产费用和共益债务后，依照下列顺序清偿：

（一）破产人所欠职工的工资和医疗、伤残补助、抚恤费用，所欠的应当划入职工个人账户的基本养老保险、基本医疗保险费用，以及法律、行政法规规定应当支付给职工的补偿金；

（二）破产人欠缴的除前项规定以外的社会保险费用和破产人所欠税款；

（三）普通破产债权。

国家税务总局关于税收征管若干事项的公告

2019 年 12 月 12 日　国家税务总局公告 2019 年第 48 号

四、关于企业破产清算程序中的税收征管问题

（一）税务机关在人民法院公告的债权申报期限内，向管理人申报企业所欠税款（含教育费附加、地方教育附加，下同）、滞纳金及罚款。因特别纳税调整产生的利息，也应一并申报。

企业所欠税款、滞纳金、罚款，以及因特别纳税调整产生的利息，以人民法院裁定受理破产申请之日为截止日计算确定。

（二）在人民法院裁定受理破产申请之日至企业注销之日期间，企业应当接受税务机关的税务管理，履行税法规定的相关义务。破产程序中如发生应税情形，应按规定申报纳税。

从人民法院指定管理人之日起，管理人可以按照《中华人民共和国企业破产法》（以下简称企业破产法）第二十五条规定，以企业名义办理纳税申报等涉税事宜。

企业因继续履行合同、生产经营或处置财产需要开具发票的，管理人可以以企业名义按规定申领开具发票或者代开发票。

（三）企业所欠税款、滞纳金、因特别纳税调整产生的利息，税务机关按照企业破产法相关规定进行申报，其中，企业所欠的滞纳金、因特别纳税调整产生的利息按照普通破产债权申报。

3. 破产企业的清算组属于税务稽查的对象吗？

【案例来源】

《辽阳永佳液压设备有限公司、国家税务总局辽阳市税务局第二稽查局税务行政管理（税务）二审行政裁定书》[（2021）辽10行终44号]

【案情简介】

一、当事人关系梳理

上诉人（原审原告）：辽阳永佳液压设备有限公司

被上诉人（原审被告）：国家税务总局辽阳市税务局第二稽查局

第三人：辽阳化学厂破产清算组

二、基本案情

辽阳永佳液压设备有限公司（以下简称永佳公司）以辽阳化学厂破产清算组未对其购买的资产开具发票为由，以来访的形式向国家税务总局辽阳市税务局第二稽查局（以下简称辽阳第二稽查局）实名检举，检举内容为：辽阳化学厂破产清算组在收到永佳公司购买土地款及房屋设备款 15465000 元后未开具发票，要求查处。辽阳第二稽查局经审查，认为原告举报事项不符合《国家税务总局辽宁省税务局关于进一步明确税收违法行为检举管理有关问题的通知》（辽税函〔2020〕197 号，以下简称《通知》）第一条之规定，不符合向市局稽查局税收违法案件举报中心提交的条件。

辽阳第二稽查局鉴于永佳公司检举事项为辽阳化学厂破产清算组应开具而未开具发票，依据《通知》第三条第三项之规定，应由被检举人主管税务机关进行处理并确认是否造成不缴或少缴税款。被告向原告释明，不属于其受理范围，并告知原告可向被举报人主管税务机关检举，后来原告的检举未获受理。

永佳公司以辽阳第二稽查局应履行法定职责，对辽阳化学厂破产清算组不予开具发票的违法行为进行查处并纠正，向文圣区人民法院提起行政诉讼。后文圣区人民法院（2020）辽 1003 行初 12 号行政裁定以"对应开具而未开具发票问题的处理，不属辽阳第二稽查局的法定职责"为由，驳回永佳公司的起诉。永佳公司不服一审裁定，向辽阳市中级人民法院提起上诉，辽阳市中级人民法院（2021）辽 10 行终 44 号驳回上诉，维持原裁定。

【争议焦点】

1. 稽查局的受案范围是如何规定的？
2. 破产清算组是否系税务稽查的对象？

【各方观点】

永佳公司（上诉人）认为：辽阳化学厂破产清算组未向购买方应处置的破产财产开具发票的违法行为属于辽阳第二稽查局的受案范围，稽查局应履行职责。

辽阳第二稽查局（被上诉人）认为：上诉人举报辽阳化学厂破产清算组未开具发票不属于辽阳第二稽查局的受案范围，归主管税务机关管理。

辽阳化学厂破产清算组（第三人）认为：一审裁定事实清楚适用法律正确，请上诉人按照正常的投诉程序到有管辖权的诉讼机关予以确认。

【裁判要旨】

1. 辽阳化学厂破产清算组不在辽阳第二稽查局管辖范围。
2. 辽阳化学厂破产清算组不属于税务稽查对象，举报事项不属于稽查部门的受案范围。

【法院裁判观点】

1. 被上诉人辽阳第二稽查局的职责范围是负责组织实施太子河区税务局、宏伟区税务局、弓长岭区税务局、辽阳县税务局所辖区域内的税务检查、税务稽查和社会保险有关非税收入检查等工作。上诉人永佳公司举报原审第三人辽阳化学厂破产清算组应开具发票而未开具发票事项，因辽阳化学厂破产清算组位于辽阳市文圣区新城路9号，故该举报不属于被上诉人的管辖范围。

2. 辽阳化学厂破产清算组不属于税务稽查对象，故该举报事项不属于稽查部门的受案范围。被上诉人已向上诉人履行了告知义务，故上诉人请求被上诉人履行法定职责无法律依据，原审法院驳回上诉人起诉符合法律规定。

【法院裁判结果】

一审裁判结果：驳回原告永佳公司的起诉。
二审裁判结果：驳回上诉，维持原裁定。

【税务律师案例评析】

本案即破产清算组履行管理破产企业财产的职能时，处置财产过程中是否应以破产清算组的名义向买受人开具发票。本案虽是永佳公司因清算组未向其开具发票导致其税款损失为由引起，但本案中未涉及这个问题。

本案中，法院认定破产清算组不是税务稽查的对象，是基于两个方面。一是从地域管辖来看，其不在辽阳第二稽查局的管辖范围内。二是从破产清算组的职能来看，其不是纳税人或扣缴义务人，不属于稽查对象。根据《税务稽查工作规程》（国税发〔2009〕157号）第二条规定，稽查局的主要职责是依法对纳税人、扣缴义务人和其他涉税当事人履行纳税义务、扣缴义务情况及涉税事项进行检查处理。

破产清算组是否是纳税义务人？根据《国家税务总局关于税收征管若干事项的公告》（国家税务总局公告2019年第48号）第四条第（二）项规定，"在人民法院裁定受理破产申请之日至企业注销之日期间，企业应当接受税务机关的税务管理，履行税法规定的相关义务。破产程序中如发生应税情形，应按规定申报纳税。从人民法院指定管理人之日起，管理人可以按照《企业破产法》第二十五条规定，以企业名义办理纳税申报等涉税事宜"之规定，纳税义务人系破产企业。该公告中虽然是确定管理人以企业名义办理纳税申报，但因破产清算组与管理人在企业破产清算程序中，其管理职能是一样的，因此亦可以得出破产清算组不是税务稽查的对象。

虽然破产清算组（管理人）不是税务稽查的对象，但因清算组及管理人是企业破产清算的管理者，其应对企业的涉税事项进行管理，如果未"勤勉尽责"导致破产企业未按规定办理涉税事务的，管理人亦应承担相应责任。

【法条摘录】

中华人民共和国企业破产法

第二十五条 管理人履行下列职责：

（一）接管债务人的财产、印章和账簿、文书等资料；

（二）调查债务人财产状况，制作财产状况报告；

（三）决定债务人的内部管理事务；

（四）决定债务人的日常开支和其他必要开支；

（五）在第一次债权人会议召开之前，决定继续或者停止债务人的营业；

（六）管理和处分债务人的财产；

（七）代表债务人参加诉讼、仲裁或者其他法律程序；

（八）提议召开债权人会议；

（九）人民法院认为管理人应当履行的其他职责。

本法对管理人的职责另有规定的，适用其规定。

税务稽查工作规程①
2009 年 12 月 24 日　国税发〔2009〕157 号

第二条　税务稽查的基本任务，是依法查处税收违法行为，保障税收收入，维护税收秩序，促进依法纳税。

税务稽查由税务局稽查局依法实施。稽查局主要职责，是依法对纳税人、扣缴义务人和其他涉税当事人履行纳税义务、扣缴义务情况及涉税事项进行检查处理，以及围绕检查处理开展的其他相关工作。稽查局具体职责由国家税务总局依照《税收征管法》、《税收征管法细则》有关规定确定。

第十条　稽查局应当在所属税务局的征收管理范围内实施税务稽查。

前款规定以外的税收违法行为，由违法行为发生地或者发现地的稽查局查处。

税收法律、行政法规和国家税务总局对税务稽查管辖另有规定的，从其规定。

最高人民法院关于审理企业破产案件若干问题的规定
2002 年 7 月 30 日　法释〔2002〕23 号

第九十七条　破产程序终结后，由清算组向破产企业原登记机关办理企业注销登记。

破产程序终结后仍有可以追收的破产财产、追加分配等善后事宜需要处理的，经人民法院同意，可以保留清算组或者保留部分清算组成员。

国家税务总局关于税收征管若干事项的公告
2019 年 12 月 12 日　国家税务总局公告 2019 年第 48 号

四、关于企业破产清算程序中的税收征管问题

（一）税务机关在人民法院公告的债权申报期限内，向管理人申报企业所欠税款（含教育费附加、地方教育附加，下同）、滞纳金及罚款。因特别纳税调整产生的利息，也应一并申报。

企业所欠税款、滞纳金、罚款，以及因特别纳税调整产生的利息，以人民法院裁定受理破产申请之日为截止日计算确定。

---

① 《税务稽查工作规程》已于 2021 年 8 月 11 日起废止。参见《税务稽查案件办理程序规定》（国家税务总局令第 52 号）。

（二）在人民法院裁定受理破产申请之日至企业注销之日期间，企业应当接受税务机关的税务管理，履行税法规定的相关义务。破产程序中如发生应税情形，应按规定申报纳税。

从人民法院指定管理人之日起，管理人可以按照《中华人民共和国企业破产法》（以下简称企业破产法）第二十五条规定，以企业名义办理纳税申报等涉税事宜。

企业因继续履行合同、生产经营或处置财产需要开具发票的，管理人可以以企业名义按规定申领开具发票或者代开发票。

（三）企业所欠税款、滞纳金、因特别纳税调整产生的利息，税务机关按照企业破产法相关规定进行申报，其中，企业所欠的滞纳金、因特别纳税调整产生的利息按照普通破产债权申报。

4. 破产财产变价过程中的税费应如何承担？

【案例来源】

《台州市黄岩地方税务局城区税务分局、台州紫怡金属工具有限公司税务行政管理（税务）纠纷二审判决书》[（2017）浙10行终32号]

【案情简介】

一、当事人关系梳理

上诉人（原审被告）：台州市黄岩地方税务局城区税务分局

被上诉人（原审原告）：台州紫怡金属工具有限公司

二、基本案情

台州紫怡金属工具有限公司（以下简称紫怡金属公司）于2013年10月17日通过台州市椒江区人民法院拍卖竞得前迪车灯公司的厂房，拍卖成交金额为1635万元。涉案厂房拍卖前已出租给案外人王莉莉。

紫怡金属公司竞买成功后，于2013年11月10日解除了与王莉莉的租赁关系，并返还给王莉莉4420800元租金。2013年12月21日，紫怡金属公司将涉案厂房转让给了案外人业康机械公司。

紫怡金属公司分别于2014年1月3日和22日向台州市黄岩地方税务局城区税务分局（以下简称税务机关）代付了前迪车灯公司营业税、城市维护建设税、企业所得税、水利建设基金、印花税、教育费附加、房产税、城镇土地使用税等 574816 元的税费，并于 2014 年 1 月 22 日向税务机关缴纳了印花税及契税合计 633509.4 元。税务机关于 2014 年 1 月 23 日向国土资源局黄岩分局出具了《工作联系单》，载明紫怡金属公司已缴纳契税。

2014 年 4 月 2 日，紫怡金属公司与案外人业康机械公司因涉案厂房过户登记发生纠纷而诉至黄岩区人民法院。2014 年 6 月 3 日，税务机关向黄岩区人民法院出具了涉案的《情况说明》，说明紫怡金属公司在办理转户时未缴清其应当承担的相关税费。

紫怡金属公司 2014 年 11 月 24 日向税务机关缴清了应承担的税费。现对涉案的《情况说明》不服，提起诉讼。

【争议焦点】

1. 涉案《情况说明》是否具有可诉性？
2. 在《拍卖规则》与《拍卖成交确认书》中，有关税费缴纳约定的效力问题。

【各方观点】

紫怡金属公司（被上诉人、原审原告）认为：

（1）拍卖公司在《拍卖规则》和《拍卖成交确认书》中约定交易环节中产生的所有税费均由买受人承担，超越了法院拍卖委托的授权范围，相关内容不具有法律效力，不应由其承担本应由前迪车灯公司承担的相关税费。

（2）税务机关出具的《工作联系单》能证明紫怡金属公司缴纳了税款，其后出具的《情况说明》与《工作联系单》内容自相矛盾，应予撤销。

税务机关（上诉人、原审被告）认为：

（1）涉案《情况说明》不具有可诉性，《情况说明》系法院在审理紫怡金属公司与业康机械公司房屋买卖合同纠纷一案中向其调取的证据，《情况说明》只是对客观事实的反映，并不直接对紫怡金属公司的权利义务产生影响，属行政事实行为，不具有行政可诉性。

（2）《情况说明》合法有效，根据《拍卖规则》《拍卖成交确认书》中的相关规定，过户时产生的一切税、费、金均由买受人自行承担缴纳。

（3）税务机关出具《工作联系单》是因在紫怡金属公司缴纳税款时，征管信息系统出现故障无法开具发票，为方便紫怡金属公司办理土地使用权证而出具。与《情况说明》载明的紫怡金属公司在办理转户时未缴清其应当承担的相关税费并不矛盾。

【裁判要旨】

1. 《情况说明》虽系税务机关向法院出具，但该《情况说明》的内容对紫怡金属公司权利义务有明显的影响，故应属法院行政诉讼受案范围。

2. 涉案厂房系紫怡金属公司通过司法拍卖所得，而根据《拍卖规则》《拍卖成交确认书》的约定，因过户而产生的税、费、金等一切费用均由买受人承担缴纳。

【法院裁判观点】

1. 一审法院裁判观点。

（1）根据《中华人民共和国行政诉讼法》（以下简称《行政诉讼法》）第十二条第一款之规定，涉案的《情况说明》虽然是在民事诉讼中出现，但该《情况说明》对紫怡金属公司的权利义务有明显影响，故应属于行政诉讼范围。

（2）涉案的各项税款，应由前迪车灯公司缴纳。且《拍卖规则》《拍卖特别须知》《拍卖成交确认书》中，也无特别约定由紫怡金属公司承担前迪车灯公司缴纳的税款。

（3）税务机关出具的涉案《情况说明》，与事实不符，于法无据，系违法的，应予撤销。

2. 二审法院裁判观点。

（1）涉案的《情况说明》虽系税务机关向法院出具，但该《情况说明》的内容对紫怡金属公司权利义务有明显的影响，故应属法院行政诉讼受案范围。税务机关认为该《情况说明》不可诉的理由不能成立。

（2）涉案厂房系紫怡金属公司通过司法拍卖所得，而根据《拍卖规则》《拍卖成交确认书》的约定，因过户而产生的税、费、金等一切费用均由买受人承担缴纳。

（3）据此，在交易环节中产生的、按照税法规定不论是出卖人还是买受人应当缴纳的税费，在办理过户时均应由买受人紫怡金属公司承担。一审认定涉案的营业税、城市维护建设税、教育费附加等应由原前迪车灯公司缴纳不当，此违背了上述约定的内容。

（4）税务机关于 2014 年 6 月 3 日向原审法院出具被诉的《情况说明》，认为紫怡金属公司在办理转户时未缴清其应当承担的相关税费。从紫怡金属公司缴纳税费的时间来看，其中金额最大的一笔 1430625 元（该笔以拍卖价格 1635 万元作为计征依据）系在 2014 年 11 月 24 日申报缴纳。这证实了税务机关在出具被诉《情况说明》时，紫怡金属公司确实存在未缴清其应承担的税费情形。

（5）至于紫怡金属公司在 2014 年 1 月 3 日缴纳的原前迪车灯公司厂房被拍卖之前拖欠的房产税、城镇土地使用税 185785.6 元、紫怡金属公司与原厂房承租人解除租赁合同后支付给承租人的补偿款 442 万余元是否可作为涉案厂房交易时的计税金额等问题，不属于本案审理范围。

【法院裁判结果】

原审判决撤销被诉《情况说明》，缺乏事实依据，二审法院予以纠正。最终改判撤销一审判决，驳回紫怡金属公司的诉讼请求。

【税务律师案例评析】

涉案《拍卖规则》中载明"买受人在付清全部成交款后，凭《拍卖成交确认书》和法院《民事裁定书》自行到当地房地产管理部门办理房屋所有权、土地使用权过户手续，过户时所产生的一切税、费、金等均由买受人自行承担缴纳"；《拍卖成交确认书》中载明"标的物过户变更登记手续等由买受人自行了解办理，由此产生的税、费等一切费用均由买受人承担缴纳，与拍卖人无关"。上述约定未违反法律法规强制性规定，应认定有效。

再参考（2020）豫 13 民再 12 号裁判文书，法院裁判观点"拍卖公告作为一种邀约，已经在报纸上进行了公告，且通过多种文件对各方拍卖的权利义务进行了告知；本案双方对案涉税款的承担方式是当事人之间对各自民事权益的一种处置，并不违反法律、行政法规的强制性规定，本案双方约定没有造成国家税款流失、没有虚报价格偷税漏税，故对双方之间的约定应予认可。"

因此，《拍卖规则》《拍卖成交确认书》中约定负担税款内容对双方具有法律效力，买受人紫怡公司应当按约履行负担税款义务。

【法条摘录】

中华人民共和国税收征收管理法

第八条（第四款） 纳税人、扣缴义务人对税务机关所作出的决定，享有陈述权、申辩权；依法享有申请行政复议、提起行政诉讼、请求国家赔偿等权利。

第十四条 本法所称税务机关是指各级税务局、税务分局、税务所和按照国务院规定设立的并向社会公告的税务机构。

中华人民共和国行政诉讼法

第十二条（十二） 人民法院受理公民、法人或者其他组织提起的下列诉讼：认为行政机关侵犯其他人身权、财产权等合法权益的。

5. 税务机关可否对破产企业实施强制执行？

【案例来源】

《吴忠市利通区地方税务局与吴忠宁燕塑料工业有限公司破产管理人行政强制再审审查与审判监督行政裁定书》[（2018）宁行申28号]

【案情简介】

一、当事人关系梳理

再审申请人（一审被告、二审被上诉人）：吴忠市利通区地方税务局

被申请人（一审原告、二审上诉人）：吴忠宁燕塑料工业有限公司破产管理人

二、基本案情

2010年3月5日，吴忠市利通区人民法院裁定受理吴忠宁燕塑料工业有限公司破产一案，并指定宁夏天纪律师事务所为破产管理人。2011年4月15日，该院宣告该公司破产。2014年8月21日，吴忠宁燕塑料工业有限公司破产管理人（以下简称宁燕公司管理人）委托宁夏盛世开元拍卖行公开拍卖破产财产，宁夏正豪投资置业公司以2050万元拍得破产财产26.2亩国有工业用地使用权及地上附着物，并约定拍卖成交后在办理房产及土地过户手续时所产

生的相关税、费全部由宁夏正豪投资置业公司承担。2015年9月28日，宁夏正豪投资置业公司与宁燕公司管理人办理了拍卖破产财产的移交手续。

2016年11月23日，吴忠市利通区地方税务局（以下简称利通区地税局）分三次向宁燕公司管理人发出通知，限期缴纳税款，宁燕公司管理人在限期内没有缴纳。2016年11月28日，利通区地税局又给宁燕公司管理人发出《扣缴税收款通知书》，并于当日作出吴利地税强扣（2016）01号《税收强制执行决定书》，从2016年11月28日在中国银行吴忠分行的存款账户扣划税款4542309.83元，缴入国库。2016年11月28日，宁燕公司管理人不服，认为利通区地税局强制扣缴税款的行政行为法律依据错误，程序违法，提起行政诉讼请求依法撤销该行政行为，并责令被告返还非法扣划的财产。一审驳回宁燕公司管理人的诉讼请求。宁燕公司管理人不服一审判决，提起上诉。二审以一审判决认定事实不清，适用法律错误，撤销一审判决和利通区地税局作出的税收强制执行决定。利通区地税局不服二审判决，申请再审。

【争议焦点】

1. 利通区地税局依据《税收征收管理法》第四十条强制划扣破产企业拍卖税费是否合法？
2. 破产管理人是否属于从事生产、经营的纳税人？

【各方观点】

利通区地税局（一审被告、二审被上诉人、再审申请人）认为：税务局对破产企业拍卖行为发生的税款有强制执行权，扣缴行为依法定程序扣缴，未违反法律规定；宁燕公司管理人作为破产企业吴忠宁燕塑料工业有限公司的破产管理人，系纳税主体，应依法缴纳土地增值税等税款；税务局为维护国家税收利益在破产管理人未履行纳税义务的情况下依法履行职责，无须经过人民法院审查准许，可强制扣划应纳税款。

宁燕公司管理人（一审原告、二审上诉人、被申请人）认为：法院的司法查封和执行是效力最高的强制措施，其他任何行政机关的行政强制措施效力均低于司法措施，均不能与司法措施对抗。税务机关的权利不可以大于司法机关，向破产企业采取强制措施。破产管理人是依照《企业破产法》规定，受人民法院指定，管理处置破产企业财产的临时性机构，法律意义上属于人民法院的委托代理人，而非从事生产、经营的纳税人。税务机关无权对破产管理人采取强制措施。税务机关是行政执法机关，不是司法机关。如果税务机关能对破产管理人采取强制措施，就等于可以对公检法等司法机关、政府机构采取强制措施。

【裁判要旨】

1. 破产管理人不是从事生产、经营的纳税人。
2. 税务机关对破产企业强制划扣税款，必须经过人民法院审查准许。

【法院裁判观点】

宁夏回族自治区高级人民法院认为，破产企业在资不抵债被宣告破产后，已丧失生产、经营的能力，破产管理人显然不是从事生产、经营的纳税人。

国家制定《企业破产法》的目的，在于严格保护破产企业和其他债权人的合法权益，破产申请一经人民法院受理，即进入司法程序，其对破产财产的保全、执行、债务清偿顺序等均有严格限定，所以破产程序不同于一般的民事法律执行程序，对此《企业破产法》第十六条、第十九条、第一百一十三条、第一百一十六条等均对个别债务人的债务清偿、有关债务人财产的保全执行、破产费用的清偿顺序、破产财产分配方案需经人民法院裁定认可等事项作了规定，也是就说不管任何债务或费用的强制划扣，在破产司法程序中，必须经过人民法院审查准许或在清偿顺序中依法清偿。

【法院裁判结果】

驳回利通区地税局的再审申请。

【税务律师案例评析】

1. 税务机关不能对破产程序中的企业实施行政强制[①]。

税务机关依据《税收征收管理法》对纳税人实施强制执行要遵守《中华人民共和国行政强制法》（以下简称《行政强制法》）规定的程序。

根据《企业破产法》第十九条规定，人民法院受理破产申请后，有关债务人财产的保全措施应当解除，执行程序应当中止。《最高人民法院关于适用〈中华人民共和国企业破产法〉若干问题的规定（二）》第五条进一步明确，破产申请受理后，有关债务人财产的执行程序未依照《企业破产法》第十九

---

① 徐战成. 企业破产涉税百问及经典案例解析 [M]. 北京：中国税务出版社，2021：57.

条的规定中止的，采取执行措施的相关单位应当依法予以纠正。依法执行回转的财产，人民法院应当认定为债务人财产。这里的"相关单位"包括税务机关。

按照上述规定，既然已经启动的保全措施和执行程序在企业破产受理后需要解除和中止，依据"举轻以明重"原则，破产程序中尚未启动的保全和执行程序更不得再启动。

2. 税务机关可以行使代位权要求宁夏正豪投资置业公司向税务机关缴纳案涉不动产拍卖所产生的相关税费。

宁燕公司管理人拍卖破产企业财产，并约定拍卖成交后在办理房产及土地过户手续时所产生的相关税、费全部由宁夏正豪投资置业公司承担，虽然纳税主体依然是宁燕公司，但约定拍卖不动产产生的税款由买受人承担并未违反法律规定。

根据《税收征收管理法》第五十条第一款规定："欠缴税款的纳税人因怠于行使到期债权，或者放弃到期债权，或者无偿转让财产，或者以及明显不合理的低价转让财产而受让人知道该情形，对国家税收造成损害的，税务机关可以依照合同法第七十三条、第七十四条的规定行使代位权、撤销权"，本案中，宁燕公司管理人并未通过诉讼或者仲裁等方式向宁夏正豪投资置业公司要求及时缴纳案涉不动产拍卖所产生的相关税费，损害了国家税收符合法律规定的行使代位权的条件，税务局有权在案涉不动产拍卖产生的税款范围内向不动产买受人宁夏正豪投资置业公司行使代位权，要求宁夏正豪投资置业公司向税务机关支付税款。

【法条摘录】

中华人民共和国税收征收管理法

第四十条 从事生产、经营的纳税人、扣缴义务人未按照规定的期限缴纳或者解缴税款，纳税担保人未按照规定的期限缴纳所担保的税款，由税务机关责令限期缴纳，逾期仍未缴纳的，经县以上税务局（分局）局长批准，税务机关可以采取下列强制执行措施：

（一）书面通知其开户银行或者其他金融机构从其存款中扣缴税款；

（二）扣押、查封、依法拍卖或者变卖其价值相当于应纳税款的商品、货物或者其他财产，以拍卖或者变卖所得抵缴税款。

税务机关采取强制执行措施时，对前款所列纳税人、扣缴义务人、纳税担保人未缴纳的滞纳金同时强制执行。

个人及其所扶养家属维持生活必需的住房和用品，不在强制执行措施的范围之内。

中华人民共和国企业破产法

第十九条 人民法院受理破产申请后，有关债务人财产的保全措施应当解除，执行程序应当中止。

最高人民法院关于适用《中华人民共和国企业破产法》若干问题的规定（二）[①]

2013年9月5日　法释〔2013〕22号

第五条 破产申请受理后，有关债务人财产的执行程序未依照企业破产法第十九条的规定中止的，采取执行措施的相关单位应当依法予以纠正。依法执行回转的财产，人民法院应当认定为债务人财产。

[①] 该文件已被修改。参见《最高人民法院关于修改〈最高人民法院关于破产企业国有划拨土地使用权应否列入破产财产等问题的批复〉等二十九件商事类司法解释的决定》（法释〔2020〕18号）。

第二章　破产债权确认纠纷

第一节　破产程序中的税收优先权

6. 税收债权一定优先于有财产担保的债权吗？

【案例来源】

《绍兴金宝利纺织有限公司民事判决书》[（2017）浙06民终1119号]

【案情简介】

一、当事人关系梳理

上诉人（原审原告）：中国农业银行股份有限公司绍兴越城支行

被上诉人（原审被告）：绍兴金宝利纺织有限公司

原审第三人：绍兴市柯桥区国家税务局

二、基本案情

2013年6月，中国农业银行股份有限公司绍兴越城支行（以下简称农行越城支行）向绍兴金宝利纺织有限公司（以下简称金宝利公司）发放贷款1410万元，金宝利公司以其名下房地产和土地使用权设定抵押，于2013年6月办理了两年期的抵押登记。

2014年9月28日，绍兴市柯桥区人民法院依金宝利公司之申请裁定对其进行破产清算，并依法指定浙江大公律师事务所担任破产管理人。2014年11月5日，农行越城支行向金宝利公司管理人申报案涉1410万元有财产担保债权。2014年11月26日，金宝利公司管理人确认农行越城支行的上述1410万元债权为有财产担保债权，但绍兴市柯桥区国家税务局（以下简称柯桥区国税局）税收债权37419373.07元优先于农行越城支行有财产担保的债权。

案涉税收债权的发生时间以纳税人纳税义务发生时间来确定，案涉债权的税收债权由两部分组成，即发生于 2006 年 1 月至 2010 年 7 月之间欠缴的应追回违规出口退税 33714135.87 元和 2010 年 6 月、7 月欠缴的应补提销项税 3705237.20 元，合计 374193373.07 元，均在抵押物权设立时间之前。案涉税收债权的发生时间以欠税公告刊登时间来确定，金宝利公司欠税公告时间分别为 2014 年 10 月 10 日（欠缴的增值税为 1411063.47 元），2015 年 1 月 14 日（欠缴增值税为 33714135.87 元），2016 年 10 月 13 日（欠缴增值税为 1411063.47 元），均晚于抵押物权设立时间。

农行越城支行认为，对被告享有的 1410 万元债权系有抵押担保的债权，对该特定房地产和土地使用权享有优先受偿的权利，应当优先于第三人的税收债权，故提起诉讼。一审判决驳回原告农行越城支行的全部诉讼请求。农行越城支行不服一审判决，上诉请求撤销一审判决，依法改判支持上诉人的一审诉讼请求。

【争议焦点】

农行越城支行有抵押担保的债权与柯桥区国税局主张的税收债权在破产程序中就抵押物变现款受偿的顺序应如何确定？

【各方观点】

农行越城支行（上诉人、原审原告）认为：上诉人对被上诉人金宝利公司享有的有抵押担保的 1410 万元债权应优先于柯桥区国税局对金宝利公司享有的 37419373.07 元税收债权获得清偿。（相关法律依据如图 1 所示）

担保物权 → 破产费用共益债务 → 职工债权 → 税收债权 → 普通债权

图 1　适用《企业破产法》第一百零九条、第一百一十三条第一款的清偿顺序

金宝利公司和柯桥区国税局认为：该案并不存在《税收征收管理法》第四十五条第一款与《企业破产法》第一百零九条、第一百一十三条第一款法律适用冲突，上述法律规范均应适用，且应当根据《税收征收管理法》确定上述两笔债权之优先性。（相关法律依据如图 2 所示）

第二章　破产债权确认纠纷

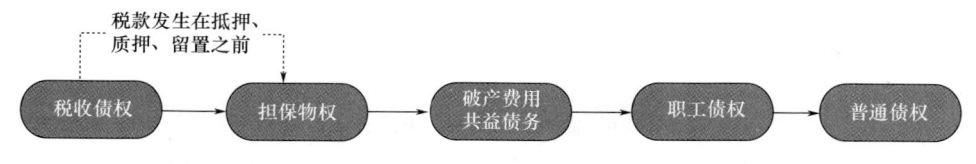

```
税款发生在抵押、
质押、留置之前
         ↓
税收债权 → 担保物权 → 破产费用  → 职工债权 → 普通债权
                    共益债务
```

图 2　适用《税收征收管理法》第四十五条第一款的清偿顺序

【裁判要旨】

1. 根据特别法优于一般法的原则，破产衍生诉讼案件的审理优先适用《企业破产法》。

2. 在破产程序中，有抵押担保的债权就抵押物应当优先于税务机关的税收债权清偿，且税收债权产生时间与抵押物权设立时间的先后顺序对何种债权更优先并无影响。

【法院裁判观点】

1. 《企业破产法》第一百零九条、第一百一十三条第一款与《税收征收管理法》第四十五条第一款对税收债权与有担保债权清偿顺序的规定不一致，本案中应优先适用《企业破产法》相关规定。《企业破产法》第一百零九条、第一百一十三条第一款规定的调整范围仅限于破产情形下企业的税收债权与有担保债权的清偿顺序问题。两者相比较，《税收征收管理法》第四十五条第一款规定的调整范围要宽于《企业破产法》第一百零九条、第一百一十三条第一款规定的调整范围，后者对案涉争议焦点更具有针对性，相对具有特别规定的属性，根据《中华人民共和国立法法》（以下简称《立法法》）第九十二条规定，同一机关制定的法律，特别规定与一般规定不一致的，适用特别规定。故应在本案中优先适用《企业破产法》。

2. 在企业破产背景下适用《税收征收管理法》第四十五条第一款规定，将使得破产债权的清偿体系发生混乱。

（1）在企业破产背景下适用《税收征收管理法》第四十五条第一款规定，如果税收债权金额大于抵押物变现金额，以抵押物变现金额为限的税收债权优先于破产费用、共益债务和职工债权清偿，超出部分则将劣后于破产费用、共益债务和职工债权清偿，税收债权在破产程序中的清偿顺序出现混乱。

（2）在税收债权金额大于或者等于抵押物变现金额的情形下，抵押权将被消灭，有抵押担保的债权直接变为普通债权；在税收债权金额小于抵押物变现金额的情形下，抵押物变现款项清偿税收债权剩余部分仍应优先清偿有抵押担保的债权，客观上将减少可用于清偿破产费用、共益债务、职工债权的破产财产。

（3）破产财产是否设立抵押权，在抵押物范围内将决定税收债权的清偿顺序，抵押权的设立最大受益人将是税务机关而非抵押权人。

（4）上述情形显然缺乏合理性，《税收征收管理法》第四十五条第一款规定与破产程序中破产债权的清偿体系不相容，二者之间存在根本性的逻辑冲突。可见，《税收征收管理法》第四十五条第一款规定只能调整常态下税收债权和担保债权的清偿顺序，无法适应破产背景下税收债权、有抵押担保债权的清偿顺序问题。

3. 《中华人民共和国物权法》《税收征收管理法》《企业破产法》相关条款对税收债权、有抵押担保债权清偿顺序的调整针对性逐渐增强，彼此是一般到特别再到更特别的关系，内在逻辑并不能支持《税收征收管理法》第四十五条第一款规定在本案中优先适用。

4. 税收债权的优先性在破产程序中应适当受限。税收债权享有优先性在于税收具有公益性和风险性。《企业破产法》第一百一十三条第一款规定税收债权劣后于职工债权受偿，便是公益性权利的优先性在破产程序中受限的具体体现。本案中，税收债权发生时间距金宝利公司进入破产程序已有多年，且税务部门于2012年5月31日作出的《税务处理决定书》显示其已知悉金宝利公司欠税情形，金宝利公司于2014年9月28日经一审法院裁定进入破产程序，此时再强调税收债权的风险性，不具有说服力。

因此，农行越城支行有抵押担保的债权就抵押物而言应当优先于柯桥区国税局主张的税收债权清偿，税收债权产生时间与抵押权设立时间的先后顺序对此并无影响。

【法院裁判结果】

确认农行越城支行对金宝利公司名下的房地产［房产证号：绍房权证兰亭字××4号；建设用地使用权证号：绍兴县国用（2010）第20-48号、20-49号］经折价或拍卖、变卖所得的价款，在债权金额1410万元范围内享有优先受偿权，且优先于柯桥区国税局主张的3741.937307万元税收债权受偿。

【税务律师案例评析】

在破产程序中，经常出现税收债权与担保物权冲突的情形，而且债务人的财产往往会出现明显不足、清偿能力有限而致使多个债权无法同时得到实现的情况，此时，如何科学合理地理清多个债权间的清偿顺序则十分重要。本案对《企业破产法》第一百零九条、第一百一十三条第一款与《税收征收管理法》第四十五条第一款规定何者具有特别法属性、税收债权优先于抵押债权对破产偿债体系可能造成的影响、税收债权优先于抵押债权对宏观市场经济可能造成的影响等方面进行分析。通过充分论证，得出在破产程序中抵押债权就抵押物应优先于税收债权清偿的结论，弥合破产程序中税收债权与担保物权之间发生冲突时的法律适用难题，并入选第一届（2018年）"全国法院年度百篇优秀裁判文书"。

在相当于债务人企业之紧急状态的破产程序中，债务人财产的管理权和利益归属都发生了变化，税法规则如果不受限制或者适应破产程序作出特别的调整，很可能对本有挽救希望的企业带来负面影响。[①]

各地人民法院也逐步认同担保债权优先税收债权清偿的理念。温州市中级人民法院曾与温州市国家税务局和温州市地方税务局联合颁布了《企业破产处置工作联席会议纪要》《关于支持和服务企业改制重组破产重整税收优惠政策操作指南》等文件，明确规定担保债权优先于税收债权受偿。[②] 济南市中级人民法院规定："税务债权按照企业破产法第113条和《最高人民法院关于税务机关就破产企业欠缴税款产生的滞纳金提起的债权确认之诉应否受理问题的批复》规定的顺序清偿。"

【法条摘录】

中华人民共和国税收征收管理法

第四十五条（第一款） 税务机关征收税款，税收优先于无担保债权，法律另有规定的除外；纳税人欠缴的税款发生在纳税人以其财产设定抵押、质押或者纳税人的财产被留置之前的，税收应当先于抵押权、质权、留置权执行。

中华人民共和国企业破产法

第一百零九条 对破产人的特定财产享有担保权的权利人，对该特定财产

[①] 徐战成. 企业破产中的涉税法律问题研究——以课税特区理论为指导 [M]. 北京：法律出版社，2018：16.

[②] 温州中院联合课题组. 论破产涉税若干问题的解决路径——基于温州法院的实践展开 [J]. 法律适用，2018（15）：52.

享有优先受偿的权利。

第一百一十三条（第一款） 破产财产在优先清偿破产费用和共益债务后，依照下列顺序清偿：

（一）破产人所欠职工的工资和医疗、伤残补助、抚恤费用，所欠的应当划入职工个人账户的基本养老保险、基本医疗保险费用，以及法律、行政法规规定应当支付给职工的补偿金；

（二）破产人欠缴的除前项规定以外的社会保险费用和破产人所欠税款；

（三）普通破产债权。

7. 破产企业欠税超过5年，管理人可以不予确认税收债权吗？

【案例来源】

《台州市路桥地方税务局与台州市联丰橡塑有限公司管理人一审民事判决书》[（2017）浙1004民初566号]

【案情简介】

一、当事人关系梳理

原告：台州市路桥区地方税务局

被告：台州市联丰橡塑有限公司管理人

二、基本案情

2015年期间，台州市路桥区人民法院在拍卖台州市联丰橡塑有限公司（以下简称联丰公司）抵押物后要求台州市路桥区地方税务局（以下简称路桥区税务局）提供联丰公司所欠税款时，路桥区税务局才发现联丰公司实际拥有证载房产面积为4117.16平方米、土地面积7577.22平方米，而联丰公司信息系统中登记的房产面积为1610.15平方米、土地面积2577.22平方米。自2002年6月1日起至2013年10月30日止，每年均存在漏缴房产税和城镇土地使用税情况，共漏缴房产税222959.97元、城镇土地使用税390184.76元，合计人民币613144.73元。2015年9月25日路桥区税务局向联丰公司发出限期责令改正通知书，要求联丰公司于同年9月30日前予以改正，但纳税人超出时限未上门申报。上述欠缴税款中，限缴日期截至2010年1月18日为161256.57元，限缴日期在2011年1月18日及之后欠缴税款为

451888.16 元。

2016 年 2 月 28 日，台州市路桥区人民法院裁定联丰公司的破产清算申请，指定台州市中天会计事务所担任破产管理人。后路桥区税务局向管理人申报本案债务，并要求确认联丰公司向原告欠缴的税款 613144.73 元，优先于中国农业银行股份有限公司台州路桥支行抵押担保债权清偿。管理人对本案债务予以确认，但对原告主张的优先权不予确认，由此发生讼争。

【争议焦点】

纳税人不存在偷税、抗税、骗税情形，且应当缴纳未缴、少缴税款期限超过 5 年的，是否属于税收债权且优先于第三人对抵押人联丰公司享有的抵押权？

【各方观点】

路桥区税务局（原告）认为：联丰公司欠缴的税款 613144.73 元，优先于中国农业银行股份有限公司台州路桥支行抵押担保债权清偿。

联丰公司管理人（被告）认为：只要纳税人不属于偷税、抗税、骗税的情形，无论是税务机关的责任抑或纳税人、扣缴义务人的过错，税款的追征期限从缴纳之日最多可以延长 5 年。本案税务机关主张的联丰公司欠缴的税款 613144.73 元，税款限缴日自 2003 年 1 月 10 日开始，每年均有发生，大部分税款已经超过征缴期限。综上，路桥区税务局主张的诉讼请求依法不能成立。

【裁判要旨】

破产企业欠缴的税款已超过法定的 5 年追缴期限，破产管理人有权不予确认为税收债权。

【法院裁判观点】

依据《税收征收管理法》第五十二条之规定，只要纳税人不存在偷税、抗税、骗税情形，不管是税务机关的过错或纳税人的过错导致纳税人未缴、少缴税款，税务机关征缴的税款应当从缴纳限期日往后延长 3 年，因纳税人的过错产生的少缴税款，特殊情况的可以延长到 5 年，超过上述期限，纳税人有权拒绝缴纳。本案原告并没有认定联丰公司存在偷税、抗税或骗税之情形，根据其主张的税款、限缴日期以及在 2015 年 9 月 25 日向纳税人发出限期责令改正通知书，其中截至限缴日期 2010 年 1 月 18 日应缴纳的城镇土地使用税以及房产税均已超过法定的 5 年追缴期限，纳税人有权拒绝缴纳，其余部分税务机关可以向纳税人追缴。故本案原告可以向纳税人追缴的税款为 451888.16 元。

【法院裁判结果】

确认原告路桥区税务局主张的欠缴税款 613144.73 元中的 451888.16 元优先于第三人中国农业银行股份有限公司台州路桥支行对抵押人联丰公司享有的抵押权。

【税务律师案例评析】

本案税务机关申报超过 5 年法定追缴期限的税收债权，破产管理人未确认其优先于抵押担保债权，但确认其为税收债权。管理人可否不经过债权人会议自行确认该笔税收债权？笔者认为，5 年的法定追缴税收期限好比民事诉讼时效，不能因为债权人是国家、是税务局，管理人就自行决定放弃诉讼时效的抗辩，这样会损害普通债权人的利益。基于管理人的职业风险考虑，如果管理人需确认超过 5 年法定追缴期限的税收债权，建议管理人提交债权人会议审议。

【法条摘录】

中华人民共和国税收征收管理法

第五十二条 因税务机关的责任，致使纳税人、扣缴义务人未缴或者少缴税款的，税务机关在三年内可以要求纳税人、扣缴义务人补缴税款，但是不得加收滞纳金。

因纳税人、扣缴义务人计算错误等失误，未缴或者少缴税款的，税务机关在三年内可以追征税款、滞纳金；有特殊情况的，追征期可以延长到五年。

对偷税、抗税、骗税的，税务机关追征其未缴或者少缴的税款、滞纳金或者所骗取的税款，不受前款规定期限的限制。

8. 税收债权与担保债权就抵押物变现的受偿顺序如何确定？

【案例来源】

《浙江省平阳县地方税务局、浙江德意豪家具有限公司破产债权确认纠纷二审民事判决书》[（2017）浙03民终4844号]

【案情简介】

一、当事人关系梳理

上诉人（原审原告）：浙江省平阳县地方税务局

被上诉人（原审被告）：浙江德意豪家具有限公司

原审第三人：温州正昌资产管理有限公司

二、基本案情

2013年12月30日，案外人工商银行鹿城支行与浙江德意豪家具有限公司（以下简称德意豪公司）签订了最高额抵押合同，约定以德意豪公司所有涉案房产为抵押物，担保工商银行鹿城支行与德意豪公司在2013年12月30日至2016年12月29日期间签订的所有小企业借款合同。

2014年1月3日，双方办理上述合同项下的房产抵押登记手续，后温州正昌资产管理有限公司（以下简称正昌公司）依法受让上述金融债权。

在2009年7月至2016年12月期间，案外人工商银行鹿城支行与德意豪公司对上述抵押物办理了4次抵押登记手续。

2015年4月，平阳县人民法院依案外人周树生的申请裁定对德意豪公司进行破产清算，并依法指定温州诚达会计师事务所担任破产管理人。在此过程中，管理人作出破产财产分配方案，确认涉案抵押物处置所得款项应优先用于清偿正昌公司。

浙江省平阳县地方税务局（以下简称平阳县地税局）认为，因对德意豪公司享有的税收债权发生在德意豪公司以其财产设定抵押担保前，因此依据《税收征收管理法》第四十五条规定，对德意豪公司享有的税收优先债权应优先于正昌公司对德意豪公司享有的抵押担保债权受偿。故产生本案纠纷。

【争议焦点】

平阳县地税局主张的涉案税收债权与原审第三人正昌公司享有的抵押担保债权就抵押物变现款的清偿顺序问题。

【各方观点】

平阳县地税局（上诉人、原审原告）认为：正昌公司享有的债权发生时间及其抵押担保设立时间均晚于平阳县地税局享有的税收债权，故应适用《税收征收管理法》第四十五条之规定。

德意豪公司（被上诉人、原审被告）认为：德意豪公司的涉案贷款系续贷，四次抵押登记都是之前的延续。平阳县地税局没有按照规定进行公告，致使正昌公司的利益受损，按照《税收征收管理法》的相关规定，平阳县地税局也应当承担相应的责任。

正昌公司（原审第三人）认为：本案应优先适用《企业破产法》，正昌公司依法享有对涉案抵押物的优先受偿权。

【裁判要旨】

1. 针对税收债权与抵押担保债权的清偿顺序问题，《税收征收管理法》第四十五条的调整范围要宽于《企业破产法》第一百零九条、第一百一十三条的调整范围。《税收征收管理法》第四十五条属于一般规定，《企业破产法》第一百零九条、第一百一十三条属于特别规定。故在两者规定不一致的情况下，破产程序中的清偿顺序问题应适用《企业破产法》第一百零九条、第一百一十三条来确定。

2. 抵押担保债权不管发生时间早于或晚于涉案税收债权的形成时间，在抵押范围内就涉案抵押物变现款而言，其均优先于涉案税收债权受偿。

【法院裁判观点】

1. 《税收征收管理法》与《企业破产法》均由全国人大常委会制定，两部法律的位阶相同，根据《立法法》第九十二条关于"同一机关制定的法律……特别规定与一般规定不一致的，适用特别规定"之规定，应分析《税收征收管理法》《企业破产法》相应条款的调整范围，进而确定相互之间是否存在一般规定与特别规定之关系。

2. 一般规定是为调整某类社会关系而制定的法律规范，特别规定是根据某种特殊情况和需要规定而调整某种特殊问题的法律规范，相对于一般规定而言调整范围较窄。

3. 从《税收征收管理法》第二条关于"凡依法由税务机关征收的各种税收的征收管理，均适用本法"之规定可以看出，《税收征收管理法》调整的是全体纳税人的税收征收管理事项。因此，《税收征收管理法》第四十五条对税收债权与抵押担保债权的清偿顺序问题作出的规定，涵盖了正常经营企业和破产企业。

4. 从《企业破产法》第二条之规定可以看出，《企业破产法》调整的是具备破产原因企业的债务清理或重整事项。因此，《企业破产法》第一百零九条、第一百一十三条的调整范围仅限于企业破产情形下税收债权与抵押担保债权的清偿顺序问题。

5. 针对税收债权与抵押担保债权的清偿顺序问题的规定来说，《税收征收管理法》第四十五条的调整范围要宽于《企业破产法》第一百零九条、第一百一十三条的调整范围，故在两者规定不一致的情况下，破产程序中的清偿顺序问题应适用《企业破产法》第一百零九条、第一百一十三条来确定。

【法院裁判结果】

驳回平阳县地税局的诉讼请求。

【税务律师案例评析】

依据《税收征收管理法》第四十五条第一款规定，税收债权与抵押担保债权并存时，应比较税收债权发生时间和抵押担保债权设立时间，税收债权先于抵押担保债权发生的，税收债权优先受偿；抵押担保债权先于税收债权设立的，抵押担保债权优先受偿。

依据《企业破产法》第一百零九条规定，对破产人的特定财产享有担保权的权利人，对该特定财产享有优先受偿的权利。

显而易见，在破产程序中，《税收征收管理法》《企业破产法》关于税收债权与抵押担保债权清偿顺序的规定并不一致。

但《税收征收管理法》第四十五条第一款规定涉及任何状态下企业的税收债权与有担保债权的清偿顺序问题，而《企业破产法》调整的是进入破产程序的非正常状态企业债权债务概括公平清偿程序，该特定程序中破产企业及破产债权人等相关主体的权利均将受到限制，属于特别规定。因此根据特别法优于一般法的规定，应优先适用破产法规定。①

因此，税收优先权在企业破产清算程序中应当适用《企业破产法》的规定。抵押担保债权无论发生时间早于或晚于税收债权的形成时间，在抵押范围内就抵押物变现款而言，均优先于税收债权受偿。

【法条摘录】

中华人民共和国立法法

第九十二条　同一机关制定的法律、行政法规、地方性法规、自治条例和单行条例、规章，特别规定与一般规定不一致的，适用特别规定；新的规定与旧的规定不一致的，适用新的规定。

中华人民共和国税收征收管理法

第四十五条（第一款）　……纳税人欠缴的税款发生在纳税人以其财产设定抵押、质押或者纳税人的财产被留置之前的，税收应当先于抵押担保债权、质权、留置权执行。

中华人民共和国企业破产法

第一百零九条　对破产人的特定财产享有担保权的权利人，对该特定财产享有优先受偿的权利。

第一百一十三条（第一款）　破产财产在优先清偿破产费用和共益债务后，依照下列顺序清偿：

（一）破产人所欠职工的工资和医疗、伤残补助、抚恤费用，所欠的应当划入职工个人账户的基本养老保险、基本医疗保险费用，以及法律、行政法规规定应当支付给职工的补偿金；

（二）破产人欠缴的除前项规定以外的社会保险费用和破产人所欠税款；

（三）普通破产债权。

---

① 江苏省苏州市中级人民法院民事判决书（2020）苏05民终3917号。

9. 破产程序中税收债权与抵押担保债权的优先性如何认定？

【案例来源】

《国家税务总局苏州市吴江区税务局与云飞氨纶（苏州）有限公司、苏州资产管理有限公司破产债权确认纠纷二审判决书》[（2020）苏05民终3917号]

【案情简介】

一、当事人关系梳理

上诉人（原审原告）：国家税务总局苏州市吴江区税务局

被上诉人（原审被告）：云飞氨纶（苏州）有限公司

原审被告：苏州资产管理有限公司

二、基本案情

2014年4月3日至2016年4月3日，硅业公司作为借款人，盛泽支行作为贷款人，双方签订数份《流动资金贷款合同》与《开立银行承兑汇票合同》。2014年4月3日，云飞氨纶（苏州）有限公司（以下简称云飞公司）作为抵押人，盛泽支行作为抵押权人，双方签订《最高额抵押合同》，云飞公司自愿以其所有的机器设备在人民币14992万元的最高债权额内为硅业公司债务提供抵押担保，并办理了抵押登记手续。后因债权发生转让，苏州资产管理有限公司（以下简称资管公司）受让了上述债权。

经其他公司申请，苏州市吴江区人民法院于2018年5月31日裁定受理云飞公司破产清算一案，并指定了管理人。国家税务总局苏州市吴江区税务局（以下简称吴江区税务局）与资管公司均向管理人申报了债权。资管公司向管理人申报的债权金额（包含云飞公司为借款人的债务）已提交债权人会议核查，在债权异议期间内，债权人、债务人并未提出异议。

2019年6月24日，管理人向吴江区税务局送达债权受偿结果告知书，告知案涉抵押物经拍卖处置后的变价款均由资管公司以抵押优先权受偿，吴江区税务局对债权受偿结果告知书不服，向苏州市吴江区人民法院提起债权确认之诉。

【争议焦点】

1. 涉案抵押担保是否合法有效设立？

2. 涉案抵押担保债权与税收债权清偿顺位应如何认定？

【各方观点】

吴江税务局（上诉人、原审原告）认为：案涉借款合同以及抵押合同的设立存在恶意串通、损害国家以及第三人合法权益情形，案涉抵押权并未有效设立。以及根据《税收征收管理法》第四十五条规定，税收债权应优于抵押物变现款受偿。

云飞公司（被上诉人、原审被告）认为：吴江区税务局所提适用《税收征收管理法》第四十五条税款债权优于抵押权的观点在破产案件中应受限制。根据《企业破产法》第一百一十三条规定，税款债权的清偿顺序位于抵押权人之后。就本案而言，所涉抵押款项拍卖成交价为100多万元，尚不足以支付抵押权的优先债权，因此无法清偿税款债权。

【裁判要旨】

1. 根据《企业破产法》第一百一十三条规定，有抵押担保的债权就抵押物而言应当优先于税收债权清偿，税收债权产生时间与抵押权设立时间的先后顺序对此并无影响。

2. 《税收征收管理法》第四十五条规定只能调整常态下税收债权和担保债权的清偿顺序，无法适应破产背景下税收、债权有抵押担保债权的清偿顺序。

3. 《国家税务总局关于税收征管若干事项的公告》（国家税务总局公告2019年第48号）规定，企业所欠税款、滞纳金、因特别纳税调整产生的利息，税务机关按照《企业破产法》相关规定进行申报。可见国家税务总局亦明确了破产企业所欠税款税务机关应当按照《企业破产法》规定申报，认可适用《企业破产法》的规定。

【法院裁判观点】

1. 涉案抵押担保已合法有效设立。

（1）资管公司提交了盛泽支行与硅业公司签订的《流动资金借款合同》《开立银行承兑汇票合同》，盛泽支行与云飞公司签订的《最高额抵押合同》《最高额保证合同》。以上合同均系当事人真实意思表示，不违反法律、行政法规的强制性规定，依法成立并有效。

（2）云飞公司以其机器设备为上述债务提供抵押担保，并办理了登记手续，盛泽支行据此享有的抵押权自抵押合同生效时设立。因本案债权发生转让，资管公司已依约受让了债权。在硅业公司未能按约还款已构成违约情况下，云飞公司理应承担抵押担保责任。

（3）在企业存在经营困境下向其发放贷款并非法律禁止性规定，吴江区税务局也无证据表明原贷款人盛泽支行与云飞公司存在恶意串通损害第三人利益等其他合同无效情形，担保财产价值本身即便低于被担保债权数额，亦系银行债权人对其民事权利的处分，并不影响涉案抵押合同的效力。

2. 资管公司抵押担保债权在抵押物折价或者拍卖、变卖所得价款范围内应优先于吴江区税务局涉案税收债权清偿。

（1）从调整对象来看，《税收征收管理法》调整的是全体纳税人的税款征缴事项，《税收征收管理法》第四十五条规定涉及任何状态下企业的税收债权与有担保债权的清偿顺序问题，而《企业破产法》调整的是进入破产程序的非正常状态企业债权债务概括公平清偿程序，该特定程序中破产企业及破产债权人等相关主体的权利均将受到限制，属于特别规定。因此根据特别法优于一般法的规定，应优先适用破产法规定。

（2）《国家税务总局关于税收征管若干事项的公告》（国家税务总局公告2019年第48号）第四条"关于企业破产清算程序中的税收征管问题"第（三）项规定，企业所欠税款、滞纳金、因特别纳税调整产生的利息，税务机关按照《企业破产法》相关规定进行申报。可见国家税务总局亦明确了破产企业所欠税款税务机关应当按照《企业破产法》规定申报，认可适用《企业破产法》的规定。

（3）从法律体系内在逻辑来看，在企业破产背景下适用《税收征收管理法》第四十五条的规定，则会发生如果税收债权金额大于抵押物变现金额，因抵押物变现金额为限的税收债权优先于破产费用、共益债务和职工债权清偿，超出部分则将劣后于破产费用、共益债务和职工债权清偿，税收债权在破产程序中的清偿顺序出现混乱。《税收征收管理法》第四十五条规定与破产程序中破产债权的清偿体系不相容，二者之间存在根本性的逻辑冲突，《税收征收管理法》第四十五条规定只能调整常态下税收债权和担保债权的清偿顺序，无法适应破产背景下税收、债权有抵押担保债权的清偿顺序。

【法院裁判结果】

驳回吴江区税务局的全部诉讼请求。

【税务律师案例评析】

《国家税务总局关于税收征管若干事项的公告》（国家税务总局公告 2019 年第 48 号）明确了在破产清算程序中，税务机关如何申报税收债权的问题。

根据《税收征收管理法》第四十五条第一款，税收优先于欠缴税款发生之后的担保债权；《企业破产法》规定，有担保的债权优先受偿，剩余财产在优先清偿破产费用和共益债务后，再按规定顺序清偿。为更好保护其他债权人利益，促进市场经济发展，国家税务总局公告 2019 年第 48 号明确，税务机关按照《企业破产法》相关规定进行申报。

面对《税收征收管理法》第四十五条第一款与《企业破产法》第一百零九条、第一百一十三条第一款规定适用冲突问题时，法院根据国家税务总局公告 2019 年第 48 号第四条第（三）项"企业所欠税款、滞纳金、因特别纳税调整产生的利息，税务机关按照企业破产法相关规定进行申报"规定，认为：国家税务总局亦明确了破产企业所欠税款税务机关应当按照《企业破产法》规定申报，认可适用《企业破产法》的规定。并进而认为：资管公司抵押担保债权在抵押物折价或者拍卖、变卖所得价款范围内应优先于吴江区税务局涉案税收债权清偿。

【法条摘录】

中华人民共和国税收征收管理法

第二条 凡依法由税务机关征收的各种税收的征收管理，均适用本法。

第四十五条（第一款） ……纳税人欠缴的税款发生在纳税人以其财产设定抵押、质押或者纳税人的财产被留置之前的，税收应当先于抵押担保债权、质权、留置权执行。

中华人民共和国企业破产法

第二条（第一款） 企业法人不能清偿到期债务，并且资产不足以清偿全部债务或者明显缺乏清偿能力的，依照本法规定清理债务。

第一百零九条 对破产人的特定财产享有担保权的权利人，对该特定财产享有优先受偿的权利。

第一百一十三条（第一款） 破产财产在优先清偿破产费用和共益债务

后，依照下列顺序清偿：

（一）破产人所欠职工的工资和医疗、伤残补助、抚恤费用，所欠的应当划入职工个人账户的基本养老保险、基本医疗保险费用，以及法律、行政法规规定应当支付给职工的补偿金；

（二）破产人欠缴的除前项规定以外的社会保险费用和破产人所欠税款；

（三）普通破产债权。

国家税务总局关于税收征管若干事项的公告

2019年12月12日　国家税务总局公告2019年第48号

四、关于企业破产清算程序中的税收征管问题

……

（三）企业所欠税款、滞纳金、因特别纳税调整产生的利息，税务机关按照企业破产法相关规定进行申报，其中，企业所欠的滞纳金、因特别纳税调整产生的利息按照普通破产债权申报。

10. 不满足税收优惠政策所补税款，属优先债权还是普通债权？

【案例来源】

《苏州盛隆光电科技有限公司与国家税务总局张家港市税务局破产债权确认纠纷二审判决书》[（2019）苏05民终9162号]

【案情简介】

一、当事人关系梳理

上诉人（原审被告）：苏州盛隆光电科技有限公司

被上诉人（原审原告）：国家税务总局张家港市税务局

二、基本案情

2006年10月，苏州盛隆光电科技有限公司（以下简称盛隆公司）设立，经营期限至2026年10月9日，系台港澳法人独资有限公司。同日，盛隆公司进行了税务登记，登记为港、澳、台商独资经营企业，投资方为盛隆光电投资有限公司，投资比例100%。

2007年度企业所得税年度纳税申报表反映：全年已预缴企业所得税，所

得税额均未予减免。2008年度至2010年度合计享受过渡期优惠退还的所得税额为42797250.24元。

2013年11月,张家港法院裁定受理债权人金茂投资发展有限公司申请盛隆公司破产清算一案。国家税务总局张家港市税务局(以下简称张家港市税务局)遂于2014年2月向盛隆公司管理人申报税金债权42797250.24元,债权性质为欠缴税款。2018年8月,盛隆公司管理人编制《公司破产债权额终审表》在债权人会议上进行审议,该终审表将上述债权暂登记为优先债权。

2019年3月,盛隆公司管理人向张家港市税务局发出《债权终审确认函》,载明其申报的税收债权中42797250.24元认定为普通债权。张家港市税务局对此回函表示不认可,并根据盛隆公司管理人的回函于期限内提起本案诉讼。

【争议焦点】

破产企业不满足税收优惠政策补缴的税款,属于优先债权还是普通债权?

【各方观点】

张家港市税务局(被上诉人、原审原告)认为:(1)盛隆公司是港、澳、台商独资经营企业,设立日期为2006年10月,至被宣告破产时,经营期限不满10年。对在2008年、2009年、2010年3年中已经减免的企业所得税,由于经营期限不满10年,不符合减免企业所得税的条件,已经享受的减免税优惠应当按照欠税补缴。(2)申报的此笔欠税应适用《企业破产法》第一百一十三条第一款第(二)项的规定:"破产财产在优先清偿破产费用和共益债务后,依照下列顺序清偿:……(二)破产人欠缴的除前项规定以外的社会保险费用和破产人所欠税款;"即属于优先债权,受清偿顺位应在普通破产债权之前。

盛隆公司(上诉人、原审被告)认为:该税款债权不属于法律规定的"破产人所欠税款",盛隆公司在2007年至2011年的整个经营期内累计亏损,税务机关申报的税款债权应认定为普通债权。

【裁判要旨】

1. 企业按照原税收法律、行政法规和具有行政法规效力文件规定享受的企业所得税优惠政策,按以下办法实施过渡:自2008年1月1日起,原享受企业所得税"两免三减半""五免三减半"等定期减免税优惠的企业,新税法施行后继续按原税收法律、行政法规及相关文件规定的优惠办法及年限享受至期满为止。

2. 《中华人民共和国外商投资企业和外国企业所得税法》（以下简称《外商投资企业和外国企业所得税法》）第八条规定，对生产性外商投资企业，经营期在 10 年以上的，从开始获利的年度起，第 1 年和第 2 年免征企业所得税，第 3 年至第 5 年减半征收企业所得税。外商投资企业实际经营期不满 10 年的，应当补缴已免征、减征的企业所得税税款。

3. 盛隆公司实际经营期未满 10 年，符合《外商投资企业和外国企业所得税法》第八条规定的应当补缴已减免税款的情形，故从性质上看，盛隆公司因应当补缴而未缴的已减免企业所得税税款，属于企业所欠税款。

【法院裁判观点】

1. 盛隆公司因应当补缴而未缴的已减免企业所得税税款，是否属于企业所欠税款？

《外商投资企业和外国企业所得税法》第八条规定，对生产性外商投资企业，经营期在 10 年以上的，从开始获利的年度起，第 1 年和第 2 年免征企业所得税，第 3 年至第 5 年减半征收企业所得税。外商投资企业实际经营期不满 10 年的，应当补缴已免征、减征的企业所得税税款。

《税收征收管理法》第四条第三款规定，纳税人必须依照法律、行政法规的规定缴纳税款。故纳税人在规定期限内不缴或者少缴应纳或者应解缴的税款，属于欠税。

盛隆公司于 2014 年 4 月被张家港法院裁定宣告破产，其实际经营期未满 10 年，符合《外商投资企业和外国企业所得税法》第八条规定的应当补缴已减免税款的情形，故从性质上看，盛隆公司因应当补缴而未缴的已减免企业所得税税款，属于企业所欠税款。

2. 关于盛隆公司上诉主张的《外商投资企业和外国企业所得税法》已经废止、不予适用相关规定的问题。

2008 年 1 月 1 日施行的《中华人民共和国企业所得税法》（以下简称《企业所得税法》）第五十七条规定，该法公布前已经批准设立的企业，依照当时的税收法律、行政法规规定，享受低税率优惠的，按照国务院规定，可以在该法施行后 5 年内，逐步过渡到该法规定的税率；享受定期减免税优惠的，按照国务院规定，可以在该法施行后继续享受到期满为止，但因未获利而尚未享受优惠的，优惠期限从该法施行年度起计算。

对此，2007年12月国务院发布《关于实施企业所得税过渡优惠政策的通知》（国发〔2007〕39号），针对企业所得税优惠政策过渡问题，明确企业按照原税收法律、行政法规和具有行政法规效力文件规定享受的企业所得税优惠政策，按以下办法实施过渡：自2008年1月1日起，原享受企业所得税"两免三减半""五免三减半"等定期减免税优惠的企业，新税法施行后继续按原税收法律、行政法规及相关文件规定的优惠办法及年限享受至期满为止。

2008年2月27日，国家税务总局发布《关于外商投资企业和外国企业原有若干税收优惠政策取消后有关事项处理的通知》（国税发〔2008〕23号），其中第三条就此进一步作出规定：外商投资企业按照《外商投资企业和外国企业所得税法》规定享受定期减免税优惠，2008年后，企业生产经营业务性质或经营期发生变化，导致其不符合《外商投资企业和外国企业所得税法》规定条件的，仍应依据《外商投资企业和外国企业所得税法》规定补缴其此前（包括在优惠过渡期内）已经享受的定期减免税税款。

故依照相关规定，新《企业所得税法》实施后对于依照原《外商投资企业和外国企业所得税法》享有的减免税优惠政策有过渡期，企业在此期间可继续按照原政策实施至期满，过渡期企业在不符合减免条件情况下应当承担补缴义务。故张家港市税务局依照上述规定申报涉案税收债权于法有据。

【法院裁判结果】

一审法院确认张家港市税务局对盛隆公司享有42797250.24元的债权。二审法院驳回上诉，维持原判。

【税务律师案例评析】

盛隆公司作为外商投资企业因符合《外商投资企业和外国企业所得税法》第八条有关免征与减征企业所得税的规定，而实际获得了相应的减免税款。后实际经营期限未满10年即破产，应予补缴减免的税款。

虽然取代《外商投资企业和外国企业所得税法》的《企业所得税法》并没有规定"两免三减半"的税收优惠，但国税发〔2008〕23号文件第三条规定的"2008年后，企业生产经营业务性质或经营期发生变化，导致其不符合《外商投资企业和外国企业所得税法》规定的，仍应依据《外商投资企业和外国企业所得税法》规定补缴其此前（包括优惠过渡期内）已经享受的定期减免税税款"并非创设新的法律规定。

该规定既未增加企业的负担也未减损企业的权利，只是在企业所得税新旧法衔接过程中对外商投资企业享受减免税款权利与义务的重申。盛隆公司未满10年经营期限是客观事实，因此，张家港市税务局让其补缴已享受的减免税款，并不违反公平原则与信赖利益保护原则。

既然此笔税款性质属于欠税，就应适用《企业破产法》第一百一十三条第一款第（二）项的规定，按优先债权清偿顺位，排在普通破产债权之前进行清偿。

【法条摘录】

中华人民共和国外商投资企业和外国企业所得税法[①]

第八条 对生产性外商投资企业，经营期在十年以上的，从开始获利的年度起，第一年和第二年免征企业所得税，第三年至第五年减半征收企业所得税，但是属于石油、天然气、稀有金属、贵重金属等资源开采项目的，由国务院另行规定。外商投资企业实际经营期不满十年的，应当补缴已免征、减征的企业所得税税款。

中华人民共和国税收征收管理法

第四条（第三款） 纳税人、扣缴义务人必须依照法律、行政法规的规定缴纳税款、代扣代缴、代收代缴税款。

中华人民共和国企业所得税法

第五十七条（第一款） 本法公布前已经批准设立的企业，依照当时的税收法律、行政法规规定，享受低税率优惠的，按照国务院规定，可以在本法施行后五年内，逐步过渡到本法规定的税率；享受定期减免税优惠的，按照国务院规定，可以在本法施行后继续享受到期满为止，但因未获利而尚未享受优惠的，优惠期限从本法施行年度起计算。

国务院关于实施企业所得税过渡优惠政策的通知

2007 年 12 月 26 日　国发〔2007〕39 号

企业按照原税收法律、行政法规和具有行政法规效力文件规定享受的企业

[①] 《中华人民共和国外商投资企业和外国企业所得税法》已于 2008 年 1 月 1 日起废止。参见《中华人民共和国企业所得税法》（中华人民共和国主席令第六十三号）。

所得税优惠政策，按以下办法实施过渡：

......

自 2008 年 1 月 1 日起，原享受企业所得税"两免三减半"、"五免三减半"等定期减免税优惠的企业，新税法施行后继续按原税收法律、行政法规及相关文件规定的优惠办法及年限享受至期满为止，但因未获利而尚未享受税收优惠的，其优惠期限从 2008 年度起计算。

**国家税务总局关于外商投资企业和外国企业原有若干
税收优惠政策取消后有关事项处理的通知**

2008 年 2 月 27 日　国税发〔2008〕23 号

第三条　关于享受定期减免税优惠的外商投资企业在 2008 年后条件发生变化的处理

外商投资企业按照《中华人民共和国外商投资企业和外国企业所得税法》规定享受定期减免税优惠，2008 年后，企业生产经营业务性质或经营期发生变化，导致其不符合《中华人民共和国外商投资企业和外国企业所得税法》规定条件的，仍应依据《中华人民共和国外商投资企业和外国企业所得税法》规定补缴其此前（包括在优惠过渡期内）已经享受的定期减免税税款。......

第二节　其他破产债权确认问题

11. 受理破产裁定后的新生税款、滞纳金等属于破产债权吗？

【案例来源】

《国家税务总局重庆市江津区税务局与重庆万铸重工设备有限公司普通破产债权确认纠纷一审民事判决书》〔（2019）渝 0116 民初 10162 号〕

【案情简介】

一、当事人关系梳理

原告：国家税务总局重庆市江津区税务局

被告：重庆万铸重工设备有限公司

诉讼代表人：重庆瑞泰资产清算服务有限公司，重庆万铸重工设备有限公

司破产管理人

二、基本案情

2017年2月24日，重庆市第五中级人民法院裁定受理重庆万铸重工设备有限公司（以下简称万铸公司）破产清算一案。原告国家税务总局重庆市江津区税务局（以下简称江津区税务局）经过核查，确认截至2017年2月24日，万铸公司欠缴各项税款本金2839018.11元，税款滞纳金1594463.36元。2017年2月24日后，上述税款截至2019年7月16日又产生滞纳金1207802.43元。

2017年5月23日，万铸公司原法定代表人黄某以要收款为由，擅自安排人员向原告申请领取了30份发票。后于2017年6月1日开具发票29份，金额2868100.82元，产生增值税额487577.18元。后又用虚假增值税专用发票20张抵扣增值税327722.27元，年初留抵进项税额2328.68元，于2017年8月，申报税款金额157526.23元。2017年10月又将上述虚假增值税专用发票抵扣及年初留抵进项税额共计330050.95元转出，共计欠税款487577.18元。另由于开具发票又产生城市维护建设税34130.41元、地方教育附加9751.54元、教育费附加14627.32元，上述税款共计546086.45元，截至2019年7月16日又产生滞纳金174439.02元。万铸公司由于接受虚开的增值税发票，虚构购进货物，应缴纳印花税860.43元，截至2019年7月16日，由此产生滞纳金314.49元。

如果按《税收征收管理法》及其实施细则，城镇土地使用税、房产税暂行条例及实施细则，万铸公司在破产案件受理后，清算期间，从2017年3月至2019年6月产生房产税375911.28元，截至2019年7月16日，该部分房产税产生滞纳金78055.29元；2017年3月至2019年6月产生城镇土地使用税539213.92元，截至2019年7月16日，该部分城镇土地使用税产生滞纳金111963.91元。

原告在破产债权申报期间，向万铸公司管理人申报债权，经第一次债权人会议核查后，管理人向法院提起确认无异议债权报告，法院于2018年1月25日裁定，确认原告共计享有税款债权本金1948997.48元、滞纳金578508.70元。

【争议焦点】

破产申请受理后，新产生的增值税、印花税、城镇土地使用税、房产税及滞纳金等是否属于破产债权？

【各方观点】

江津区税务局（原告）认为：2017年2月24日，重庆市第五中级人民法院裁定受理万铸公司破产清算一案，截至2017年2月24日，万铸公司欠缴各项税款本金2839018.11元，税款滞纳金1594463.36元。2017年2月24日后，上述税款截至2019年7月16日继续产生滞纳金1207802.43元。2017年2月24日后，万铸公司新增应缴未缴的税款本金1462072.07元，税款滞纳金364772.71元。以上税款本金债权4301090.19元，税款滞纳金债权3167038.50元，因此，原告起诉请求确认对被告万铸公司享有税款债权7468128.69元。

万铸公司（被告）认为：对2017年2月24日前万铸公司欠缴各项税款本金2839018.11元，税款滞纳金1594463.36元无异议，对2017年2月24日前欠税在2017年2月24日之后产生的滞纳金不予认可；对万铸公司在破产受理后接受虚开增值税发票所产生的税款及滞纳金不予认可；对万铸公司在破产受理后产生的房产税及城镇土地使用税不应计算，也不予认可。

【裁判要旨】

破产案件受理后欠缴款项产生的滞纳金，债权人作为破产债权申报的，人民法院不予确认。破产案件受理后，管理人经人民法院许可，为债权人利益继续营业，或者在使用、处置债务人财产过程中产生的增值税、印花税、城镇土地使用税、房产税等欠缴税款，不属于破产债权的范畴，不应作为债权处理，主管税务机关可根据破产企业申报、缴纳税费的实际情况，依法作出处理。

【法院裁判观点】

1. 关于破产申请受理前欠缴税款，在破产申请受理后，又产生滞纳金1207802.43元的问题。

根据《最高人民法院关于适用〈中华人民共和国企业破产法〉若干问题的规定（三）》的规定，破产案件受理后欠缴款产生的滞纳金，债权人作为破产债权申报的，人民法院不予确认，故原告的该项诉讼请求，法院不予支持。

2. 关于破产申请受理后，新产生的增值税、印花税、城镇土地使用税、房产税、城市维护建设税、教育费附加、地方教育附加及滞纳金等欠缴款项问题。

根据《企业破产法》的规定，破产案件受理后，管理人经人民法院许可，为债权人利益继续营业，或者在使用、处置债务人财产过程中产生的税费，不属于破产债权的范围，不应作为债权处理，主管税务机关可以根据破产企业申报、缴纳税费的实际情况，依法作出处理。因此，原告的该项诉讼请求，法院不予支持。

【法院裁判结果】

确认原告江津区税务局享有被告万铸公司税款债权890020.63元，滞纳金债权（普通债权）1015954.66元（已扣除法院于2018年1月25日裁定确认原告享有的税款债权1948997.48元、滞纳金债权578508.70元），驳回原告江津区税务局的其他诉讼请求。

【税务律师案例评析】

本案原告要求确认的税收债权包括三部分：第一部分是2017年2月24日前即法院裁定受理万铸公司破产清算前，万铸公司欠缴各项税款本金2839018.11元，税款滞纳金1594463.36元。第二部分是2017年2月24日后，上述税款截至2019年7月16日继续产生的滞纳金1207802.43元。第三部分是2017年2月24日后，万铸公司新增应缴未缴的税款本金1462072.07元，税款滞纳金364772.71元。以上税款本金债权4301090.19元，税款滞纳金债权3167038.50元，因此，原告起诉请求确认对被告万铸公司享有税款债权7468128.69元。法院仅支持了原告江津区税务局第一部分的欠缴各项税款本金2839018.11元，税款滞纳金1594463.36元，驳回了其他诉求。

根据《企业破产法》第一百零七条第二款的规定，人民法院受理破产申请时对债务人享有的债权称为破产债权。对于原告主张的第一部分税收债权，即法院裁定受理万铸公司破产清算前，万铸公司欠缴各项税款本金2839018.11元，税款滞纳金1594463.36元，属于破产债权，法院依法予以支持。

《最高人民法院关于税务机关就破产企业欠缴税款产生的滞纳金提起的债权确认之诉应否受理问题的批复》（法释〔2012〕9号）规定，税务机关就破产企业欠缴税款产生的滞纳金提起的债权确认之诉，人民法院应依法受理。依照《企业破产法》《税收征收管理法》的有关规定，破产企业在破产案件受理前因欠缴税款产生的滞纳金属于普通破产债权。对于破产案件受理后因欠缴税款产生的滞纳金，人民法院应当依照《最高人民法院关于审理企业破产案件若干问题的规定》（法释〔2002〕23号）第六十一条规定处理。法释〔2002〕23号文件第六十一条第一款第（二）项规定，人民法院受理破产案件后债务人未支付应付款项的滞纳金，包括债务人未执行生效法律文书应当加倍支付的迟延利息和劳动保险金的滞纳金，不属于破产债权。因此，一审法院判决驳回原告要求确认法院裁定受理破产案件前欠缴上述税款自2017年2月24日至2019年7月16日继续产生的滞纳金1207802.43元的诉讼请求，具有法律依据。

但对第三部分债权，法院认为：根据《企业破产法》的规定，破产案件受理后，管理人经人民法院许可，为债权人利益继续营业，或者在使用、处置债务人财产过程中产生的税费，不属于破产债权的范畴，不应作为债权处理，主管税务机关可根据破产企业申报、缴纳税费的实际情况，依法作出处理。因此，原告的该项诉讼请求，法院不予支持。笔者认为，破产案件受理后新生税款虽不属于破产债权，但破产清算过程中产生的增值税、印花税、城镇土地使用税、房产税、城市维护建设税等税款，都是为全体债权人的共同利益而支付的各项费用，可以增进所有债权人的利益，其主要目的是保障破产程序的顺利进行，应属于《企业破产法》第四十一条、第四十二条所规定的破产费用、共益债务，应由债务人财产随时清偿。国家税务总局青岛市黄岛区市税务局《企业破产涉税事项办理指南（试行）》（青黄税办函〔2020〕5号）规定，人民法院受理破产清算后，纳税人经人民法院许可，为债权人利益继续生产经营，或者在纳税人财产的使用、拍卖、变现过程中产生的应当由纳税人缴纳的税（费），属于《企业破产法》第四十一条破产费用中的"管理、变价和分配债务人财产的费用"。

【法条摘录】

中华人民共和国企业破产法

第四十一条 人民法院受理破产申请后发生的下列费用，为破产费用：
（一）破产案件的诉讼费用；
（二）管理、变价和分配债务人财产的费用；
（三）管理人执行职务的费用、报酬和聘用工作人员的费用。

第四十二条 人民法院受理破产申请后发生的下列债务，为共益债务：

（一）因管理人或者债务人请求对方当事人履行双方均未履行完毕的合同所产生的债务；

（二）债务人财产受无因管理所产生的债务；

（三）因债务人不当得利所产生的债务；

（四）为债务人继续营业而应支付的劳动报酬和社会保险费用以及由此产生的其他债务；

（五）管理人或者相关人员执行职务致人损害所产生的债务；

（六）债务人财产致人损害所产生的债务。

第四十三条 破产费用和共益债务由债务人财产随时清偿。

债务人财产不足以清偿所有破产费用和共益债务的，先行清偿破产费用。

债务人财产不足以清偿所有破产费用或者共益债务的，按照比例清偿。

债务人财产不足以清偿破产费用的，管理人应当提请人民法院终结破产程序。人民法院应当自收到请求之日起十五日内裁定终结破产程序，并予以公告。

最高人民法院关于税务机关就破产企业欠缴税款产生的滞纳金提起的债权确认之诉应否受理问题的批复

2012年6月26日　法释〔2012〕9号

……

税务机关就破产企业欠缴税款产生的滞纳金提起的债权确认之诉，人民法院应依法受理。依照企业破产法、税收征收管理法的有关规定，破产企业在破产案件受理前因欠缴税款产生的滞纳金属于普通破产债权。对于破产案件受理后因欠缴税款产生的滞纳金，人民法院应当依照《最高人民法院关于审理企业破产案件若干问题的规定》第六十一条规定处理。……

最高人民法院关于审理企业破产案件若干问题的规定

2002年7月30日　法释〔2002〕23号

第六十一条 下列债权不属于破产债权：

（一）行政、司法机关对破产企业的罚款、罚金以及其他有关费用；

（二）人民法院受理破产案件后债务人未支付应付款项的滞纳金，包括债务人未执行生效法律文书应当加倍支付的迟延利息和劳动保险金的滞纳金；

（三）破产宣告后的债务利息；

（四）债权人参加破产程序所支出的费用；

（五）破产企业的股权、股票持有人在股权、股票上的权利；

（六）破产财产分配开始后向清算组申报的债权；

（七）超过诉讼时效的债权；

（八）债务人开办单位对债务人未收取的管理费、承包费。

上述不属于破产债权的权利，人民法院或者清算组也应当对当事人的申报进行登记。

12. 企业破产受理后的新生税款都属于破产费用或共益债务吗？

【案例来源】

《国家税务总局桂阳县税务局、湖南黄沙坪铅锌矿破产债权确认纠纷二审民事判决书》[（2020）湘10民终1585号]

【案情简介】

一、当事人关系梳理

上诉人（原审原告）：国家税务总局桂阳县税务局

上诉人（原审被告）：湖南黄沙坪铅锌矿

二、基本案情

2018年12月19日湖南省桂阳县人民法院裁定受理湖南黄沙坪铅锌矿（以下简称黄沙坪铅锌矿）的破产清算申请，并指定湖南奋斗者律师事务所为破产管理人。而后国家税务总局桂阳县税务局（以下简称桂阳县税务局）依法向管理人申报税务债权。经确认2018年12月19日（破产受理日）以前，黄沙坪铅锌矿应缴纳的城镇土地使用税803216.4元，2018年12月20日至2019年9月30日应缴纳城镇土地使用税1169718.60元、房产税104047.54元、增值税34232.58元、城市维护建设税1711.63元四项共计1309710.35元。截至2019年10月18日，欠缴税款803216.4元产生滞纳金87148.96元，欠缴税款1309710.35元产生滞纳金76171.29元，两项滞纳金共计163320.25元。2019年10月30日，管理人确认黄沙坪铅锌矿破产受理日以前欠缴的城镇土地使用税 803216.4 元为有效税务债权，其余的税款 1309710.35 元与滞纳金 163320.25 元没有被认定为有效税务债权，也不属于破产债权。桂阳县税务局不服，故于法定期间内起诉。

一审判决：（1）确认被告黄沙坪铅锌矿破产受理后至 2019 年 9 月 30 日欠缴原告桂阳县税务局城镇土地使用税 1169718.60 元、房产税 104047.54 元、增值税 34232.58 元、城市维护建设税 1711.63 元共计 1309710.35 元属于共益债务，由被告黄沙坪铅锌矿的财产随时清偿；（2）驳回桂阳县税务局的其他诉讼请求。黄沙坪铅锌矿和桂阳县税务局均不服一审判决，提起上诉。

【争议焦点】

1. 黄沙坪铅锌矿在破产受理后的城镇土地使用税、房产税、增值税、城市维护建设税以及破产管理人处置资产和出租门面等应税行为所产生的新生税款是否属于破产费用、共益债务？

2. 黄沙坪铅锌矿因欠缴破产受理后产生的城镇土地使用税、房产税、增值税、城市维护建设税等税款所产生的滞纳金是否属于破产费用、共益债务？

【各方观点】

桂阳县税务局（原审原告）认为：税款及滞纳金是根据《税收征收管理法》及相关税收法律法规产生，共同组成税收，形成税收债权，不因纳税人进入破产程序而不获清偿。黄沙坪铅锌矿虽申请破产，但纳税人资格依然存在，仍然有新的应税行为，产生新的税收。黄沙坪铅锌矿新欠的税款、滞纳金属于必然产生的债务，应认定为共益债务，随时清偿。

黄沙坪铅锌矿（原审被告）认为：（1）黄沙坪铅锌矿破产受理后至 2019 年 9 月 30 日所申报的税款不应认定为共益债务。理由如下：一是我国《企业破产法》第四十二条对共益债务作出了明确规定，并未包含税款；二是破产企业的税款已经被明确规定为第三顺位的债务，而非共益债务；三是将破产受理后的税款定性为共益债务，有违公平原则。（2）破产受理后因欠缴税款产生的滞纳金 163320.25 元认定为共益债务无法律依据。

【裁判要旨】

1. 破产申请受理后欠缴税款所产生的滞纳金，不予确认为破产债权。
2. 企业破产受理后根据新生税款的性质可认定为共益债务或破产费用。

【法院裁判观点】

1. 在破产清算过程中产生的城镇土地使用税、房产税、增值税、城市维护建设税等税款，以及处置资产和出租门面等行为产生的房产税、增值税、教育费附加等，都是在破产程序中为全体债权人的共同利益而支付的各项费用或承担的必要债务，其主要目的旨在保障破产程序的顺利进行，在使用效果上，可以增进所有债权人的利益，与我国《企业破产法》第四十一条和第四十二条所规定的"破产费用""共益债务"的本质属性是相同的，属于"破产费用""共益债务"。

2. 《最高人民法院关于适用〈中华人民共和国企业破产法〉若干问题的规定（三）》第三条规定："破产申请受理后，债务人欠缴款项产生的滞纳金，包括债务人未履行生效法律文书应当加倍支付的迟延利息和劳动保险金的滞纳金，债权人作为破产债权申报的，人民法院不予确认。"根据上述规定，黄沙坪铅锌矿破产申请受理后欠缴税款所产生的滞纳金，不予确认为破产债权，桂阳县税务局请求确认为"共益债务"于法无据。

【法院裁判结果】

确认黄沙坪铅锌矿破产受理后（2019年10月1日后）至注销登记前的城镇土地使用税、房产税、增值税、城市维护建设税，以及破产管理人在资产处置过程产生的房产税、增值税、教育费附加等均属于破产费用、共益债务。破产受理后（2019年10月1日后）新生税款欠税所产生的滞纳金不属于破产费用、共益债务。

【税务律师案例评析】

1. 破产受理后因欠缴税款产生的滞纳金是否属于破产债权或者破产费用、共益债务的问题。

根据《最高人民法院关于适用〈中华人民共和国企业破产法〉若干问题的规定（三）》第三条规定，破产申请受理后，债务人欠缴款项产生的滞纳金，不属于破产债权申报。税款的滞纳金系被告未按时缴纳税款而产生，兼具罚款与利息性质，并非破产程序之必须，故亦不适合认定为破产费用。根据《企业破产法》第四十六条第二款附利息的债权自破产申请受理时起停止计息，以及《企业破产法》第一百一十三条破产财产应在优先清偿破产费用和共益债务后，再来清偿其他破产债权的规定，可见，破产宣告后清偿顺序是破产费用与共益债务优先，甚至优先于破产申请受理前已发生的劳资、社保以及税款。现对破产申请受理后新生的滞纳金都不主张确认为破产债权，那举轻以明重，该滞纳金也并非为全体债权人之利益而必然发生，当然也不能认定为共益债务。

2. 企业破产受理后产生的所有税款是否都属于破产债权或者破产费用、共益债务的问题。

笔者认为，应就企业破产受理后新生税款的性质认定，而不能一味认定破产受理后所有税款都属于破产费用或共益债务。

首先，根据《企业破产法》第一百零七条第二款的规定，债务人被宣告破产后，债务人称为破产人，债务人财产称为破产财产，人民法院受理破产申请时对债务人享有的债权称为破产债权。根据上述规定，是否认定为破产债权的条件之一是破产案件受理时债权人是否享有债权，除非法律另有规定，故本案被告在破产案件受理后应纳税款，不属于破产债权。

其次，《企业破产法》第四十一条规定的破产费用范围如下：一是破产案件的诉讼费用；二是管理、变价和分配债务人财产的费用；三是管理人执行职务的费用、报酬和聘用工作人员的费用。破产费用是维持破产程序而必然发生的，就本案破产受理后因处置资产产生的税款属于破产费用中的债务人财产变价费用，但因其门面出租产生的税款不是维持破产程序而必然发生的，不宜认定为破产费用。

最后，根据《企业破产法》第四十二条对共益债务的范围界定可以看出，共益债务发生的目的系为全体债权人之共同利益。就本案破产受理后出租门面或继续营业是对债务人财产价值最大化、债权人利益最大化有利的行为。根据《税收征收管理法》及《企业破产法》之相关规定，积极应税行为所产生的后果归属为共益债务存在解释空间，而且本身具有合理性。即破产程序并未灭失企业的纳税义务及相应法律后果，对应税行为项下的税款认定为共益债务也符合《企业破产法》第四十二条对共益债务之规定。

3. 若企业破产受理后的生产经营停止，持有的不动产也没有对外出租，其产生的城镇土地使用税、房产税不宜认定为共益债务。

共益债务是指在破产程序中，为债权人、债务人的共同利益所负担的债务，其发生的目的系为全体债权人、债务人之共同利益。除有望破产重整的企业外，大部分的破产企业均进入清算程序。企业的生产经营停止，持有的不动产不一定会带来增长的价值。就算破产企业持有的不动产会带来增长的价值，多数破产企业的不动产已经抵押，那么不动产持有期间增加价值的利益也是归抵押权人，而非所有债权人。故税务机关持续征收城镇土地使用税、房产税会让债权人利益减少，与破产法保护债权人利益的理念产生冲突。

4. 破产管理人应当积极履行职责，向破产企业的主管税务机关申请城镇土地使用税、房产税减免。

对于房产税、城镇土地使用税，不论是在破产受理前、破产清算程序中或是破产重整程序中，只要破产企业持有不动产，房产税、城镇土地使用税将会持续产生。破产管理人应当根据相关规定，以破产企业缴纳税款确有困难为由，积极向主管税务机关申请减免税款。

【法条摘录】

中华人民共和国企业破产法

第四十一条 人民法院受理破产申请后发生的下列费用，为破产费用：

（一）破产案件的诉讼费用；

（二）管理、变价和分配债务人财产的费用；

（三）管理人执行职务的费用、报酬和聘用工作人员的费用。

第四十六条 未到期的债权，在破产申请受理时视为到期。

附利息的债权自破产申请受理时起停止计息。

第一百零七条 人民法院依照本法规定宣告债务人破产的，应当自裁定作出之日起五日内送达债务人和管理人，自裁定作出之日起十日内通知已知债权人，并予以公告。

债务人被宣告破产后，债务人称为破产人，债务人财产称为破产财产，人民法院受理破产申请时对债务人享有的债权称为破产债权。

第一百一十三条 破产财产在优先清偿破产费用和共益债务后，依照下列顺序清偿：

（一）破产人所欠职工的工资和医疗、伤残补助、抚恤费用，所欠的应当划入职工个人账户的基本养老保险、基本医疗保险费用，以及法律、行政法规规定应当支付给职工的补偿金；

（二）破产人欠缴的除前项规定以外的社会保险费用和破产人所欠税款；

（三）普通破产债权。

破产财产不足以清偿同一顺序的清偿要求的，按照比例分配。

破产企业的董事、监事和高级管理人员的工资按照该企业职工的平均工资计算。

中华人民共和国房产税暂行条例

第二条（第一款） 房产税由产权所有人缴纳。产权属于全民所有的，由经营管理的单位缴纳。产权出典的，由承典人缴纳。产权所有人、承典人不在房产所在地的，或者产权未确定及租典纠纷未解决的，由房产代管人或者使用人缴纳。

第六条 除本条例第五条规定者外，纳税人纳税确有困难的，可由省、自治区、直辖市人民政府确定，定期减征或者免征房产税。

中华人民共和国城镇土地使用税暂行条例

第二条（第一款） 在城市、县城、建制镇、工矿区范围内使用土地的单位和个人，为城镇土地使用税（以下简称土地使用税）的纳税人，应当依照本条例的规定缴纳土地使用税。

第七条 除本条例第六条规定外，纳税人缴纳土地使用税确有困难需要定期减免的，由县以上税务机关批准。

最高人民法院关于适用《中华人民共和国企业破产法》若干问题的规定（三）[①]

2019年3月27日　法释〔2019〕3号

第三条 破产申请受理后，债务人欠缴款项产生的滞纳金，包括债务人未履行生效法律文书应当加倍支付的迟延利息和劳动保险金的滞纳金，债权人作为破产债权申报的，人民法院不予确认。

国家税务总局关于税收征管若干事项的公告

2019年12月12日　国家税务总局公告2019年第48号

四、关于企业破产清算程序中的税收征管问题

……

[①] 该文件已被修改。参见《最高人民法院关于修改〈最高人民法院关于破产企业国有划拨土地使用权应否列入破产财产等问题的批复〉等二十九件商事类司法解释的决定》（法释〔2020〕18号）。

（二）在人民法院裁定受理破产申请之日至企业注销之日期间，企业应当接受税务机关的税务管理，履行税法规定的相关义务。破产程序中如发生应税情形，应按规定申报纳税。

广东省地方税务局关于房产税困难减免税有关事项的公告

2017年10月18日　广东省地方税务局公告2017年第6号

一、纳税人符合以下情形之一，纳税确有困难的，可酌情给予减税或免税：

……

（三）依法进入破产程序或停产、停业连续6个月以上的；

……

广东省地方税务局关于城镇土地使用税困难减免税有关事项的公告

2017年10月18日　广东省地方税务局公告2017年第7号

一、纳税人符合以下情形之一，纳税确有困难的，可酌情给予减税或免税：

……

（三）依法进入破产程序或停产、停业连续6个月以上的；

……

13. 关联企业实质合并破产如何认定税收滞纳金计算截止日？

【案例来源】

《国家税务总局淮南市大通区税务局、安徽淮化股份有限公司、安徽淮化集团有限公司普通破产债权确认纠纷一审民事判决书》[（2020）皖04民初95号]

【案情简介】

一、当事人关系梳理

原告：国家税务总局淮南市大通区税务局

被告：安徽淮化股份有限公司、安徽淮化集团有限公司

二、基本案情

2019年7月25日，安徽省淮南市中级人民法院裁定受理安徽淮化股份有

限公司（以下简称淮化股份公司）的破产清算申请。2019年9月2日，安徽省淮南市中级人民法院作出裁定，受理淮化股份公司管理人对安徽淮化集团有限公司（以下简称淮化集团公司）与淮化股份公司合并破产申请。案外人大唐（海外）北京国际贸易有限公司、淮南市软银投资管理有限公司等人因对淮南市中级人民法院决定合并破产的裁定不服，提出异议。案经安徽省高级人民法院复议，于2019年12月10日作出裁定驳回复议申请。

2019年10月25日，国家税务总局淮南市大通区税务局（以下简称大通区税务局）向淮化公司管理人提交债权申报书，申报书载明：截至2019年10月25日，淮化集团公司欠缴城镇土地使用税6273889.58元，房产税714935.88元，印花税13.40元，滞纳金918518.13元，总计税务债权7907356.99元。淮化股份公司欠缴城镇土地使用税2076485.80元，房产税2953577.40元，滞纳金472322.94元，合计税务债权5502386.14元。上述两单位合并计算，税务债权13409743.13元。

2020年1月15日，淮化股份公司管理人出具申报债权结论，债权总额为人民币10697101.57元。其中税收债权为9855594.01元，普通债权（滞纳金）为841507.56元。大通区税务局对该结论不服，诉至法院。

【争议焦点】

淮化股份公司管理人将在先破产的淮化股份公司的破产裁定受理日作为计算大通区税务局申报的淮化集团公司税收债权计算截止日期是否合法？

【各方观点】

大通区税务局（原告）认为：按照《企业破产法》第四十六条规定，破产申请受理日为计税及计息截止时间，且《税收征收管理法》规定，企业纳税是法定义务，大通区税务局所主张的税务债权系法定应征收的国家税款，淮化股份公司、淮化集团公司的破产管理人结论显然于法无据。

淮化股份公司、淮化集团公司（两被告）认为：（1）大通区税务局申报的债权应当以淮化股份公司2019年7月25日被裁定受理破产申请之日，作为截止计算税收以及利息的日期。原因在于破产程序是一种概括的偿债程序，破产的宗旨在于债务人无法清偿到期债务时，通过破产程序实现全体债权人的公平清偿。因淮化股份公司与淮化集团公司存在法人人格高度混同，资产债权归属混乱，通过合并破产可以最大程度简化破产，保障全体债权人公平受偿。将后破产的企业财产、债权，全部归并到在先破产企业淮化股份公司统一进行清偿，淮化股份公司与淮化集团公司不再是独立主体。因此将在先破产的企业破产裁定受理日，作为破产税收债权计算截止日，符合实质公平原则，也符合《企业破产法》的公平清偿的立法宗旨。(2) 淮化股份公司、淮化集团公司对所有的债权人都是统一将停止债权到期日以及利息停息日全部归为2009年的7月25日。根据淮化股份公司管理人提交的合并破产清算申请及安徽省淮南市中级人民法院、安徽省高级人民法院认定的事实，淮化集团公司之所以会被纳入合并破产清算程序，是因为淮化集团公司与淮化股份公司存在法人人格高度混同，土地、房产及其他资产无法准确区分的情形。淮化股份公司已于2019年7月25日进入破产清算程序，而淮化集团公司于2019年9月2日被纳入实质合并破产程序后，实质上是将名义上属于淮化集团公司的资产，与先行进入破产清算程序的淮化股份公司的资产，作为统一的破产财产由全体债权人公平受偿。若淮化股份公司管理人将大通区税务局申报的债权计算截止日认定为2019年9月2日，其所获清偿债权数额相对其他债权人来说受到了优先，此举有悖《企业破产法》立法宗旨及《全国法院破产审判工作会议纪要》（法〔2018〕53号印发）第36条精神。而将在先破产企业的破产裁定受理日作为税收债权计算截止日符合实质公平原则，有利于保障全体债权人公平清偿利益。

【裁判要旨】

在关联企业实质合并破产清算中，在后进入实质合并破产清算程序企业破产税收债权计算滞纳金截止日，以在先进入实质合并破产清算程序企业裁定破产受理日为准。

【法院裁判观点】

合并破产清算是人民法院审理关联企业破产清算案件的一种审理方式。《企业破产法》有关破产清算的规定，是针对单个破产企业如何进行破产清算作出的，并无针对不同企业合并破产清算的规定。最高人民法院发布的《全国法院破产审判工作会议纪要》（法〔2018〕53号）第32条规定："……当关联企业成员之间存在法人人格高度混同、区分各关联企业成员财产的成本过高、严重损害债权人公平清偿利益时，可例外适用关联企业实质合并破产方式进行审理"。《全国法院破产审判工作会议纪要》第36条规定："实质合并审理的法律后果。人民法院裁定采用实质合并方式审理破产案件的，各关联企成员之间的债权债务归于消灭,各成员的财产作为合并后统一的破产财产,由各成员的债权人在同一程序中按照法定顺序公平受偿。采用实质合并方式进行重整的,重整计划草案中应当制定统一的债权分类,债权调整和债权受偿方案。"对不同破产企业进行实质合并破产审理,涉及法人独立人格的否定、法人财产和债权债务混同的认定、全体债权人统一清偿等实体和程序问题。既要通过合并审理方式处理法人人格高度混同的关联关系,确保全体债权人公平清偿,也要避免不当采用实质合并审理方式,损害相关利益主体的合法权益。本案中,淮化股份公司与淮化集团公司虽然为形式上的独立法人,但两家公司为关联公司,法人人格高度混同,没有可以相互独立支配的财产,不具有独立承担民事责任的物质基础,不具备分别进行破产清算的条件。因此,经安徽省淮南市中级人民法院及安徽省高级人民法院裁定,受理淮化股份公司管理人对淮化集团公司合并破产申请。淮化集团公司与淮化股份公司进入合并破产审理后,各自不再视为独立的主体,两家公司的财产亦是作为合并后统一的破产财产予以处置。由此,对于两家公司的债权计算截止日期应予以统一,若以淮化股份公司与淮化集团公司各自的法院裁定受理时间分别作为债权计算截止时间,将会影响在先进入裁定受理破产申请的淮化股份公司债权人的公平受偿权,故淮化股份公司管理人将在先破产的淮化股份公司的破产裁定受理日作为计算大通区税务局申报的税收债权计算截止日期更符合实质合并破产的财产处置原则,对于全体债权人亦能体现公平性。因此淮化股份公司管理人核减的淮化集团公司2019年7月25日至2019年9月2日的税款及滞纳金并无不当。

【法院裁判结果】

驳回大通区税务局的诉讼请求。

【税务律师案例评析】

破产申请受理后欠缴税款所产生的滞纳金,不予确认为破产债权。在关联企业实质合并破产清算中,在后进入实质合并破产清算程序企业破产税收债权计算滞纳金截止日,以在先进入实质合并破产清算程序企业裁定破产受理日为准,这样会导致先进入实质合并破产清算程序企业裁定破产受理日至后进入实质合并破产清算程序企业裁定破产受理日期间的税收滞纳金不属于破产债权。本案中淮化集团公司2019年7月25日至2019年9月2日期间的税收滞纳金841507.56元未被管理人认定为破产债权(普通债权)。故税务局认为税收利益受到损失而起诉。

但在此案中,虽然淮化集团公司 2019 年 7 月 25 日至 2019 年 9 月 2 日期间的税收滞纳金 841507.56 元未被认定为破产债权(普通债权),但多数破产企业债务清偿率较低,特别是普通债权。由于破产受理后新产生的税款通常在实务中会作为破产费用或共益债务认定,其清偿顺位先于税收债权,以先进入实质合并破产清算程序企业裁定破产受理日(2019 年 7 月 25 日)作为截止日,那么 2019 年 7 月 25 日之后产生的税款通常作为破产费用或共益债务认定,优先于税收债权。故总体上管理人的做法实质上并未损害税务机关的权益。

【法条摘录】

最高人民法院关于审理企业破产案件若干问题的规定
2002 年 7 月 30 日　法释〔2002〕23 号

第六十一条　下列债权不属于破产债权:
(一)行政、司法机关对破产企业的罚款、罚金以及其他有关费用;
(二)人民法院受理破产案件后债务人未支付应付款项的滞纳金,包括债务人未执行生效法律文书应当加倍支付的迟延利息和劳动保险金的滞纳金;
(三)破产宣告后的债务利息;
(四)债权人参加破产程序所支出的费用;
(五)破产企业的股权、股票持有人在股权、股票上的权利;
(六)破产财产分配开始后向清算组申报的债权;
(七)超过诉讼时效的债权;
(八)债务人开办单位对债务人未收取的管理费、承包费。

上述不属于破产债权的权利,人民法院或者清算组也应当对当事人的申报进行登记。

最高人民法院关于税务机关就破产企业欠缴税款产生的滞纳金提起的债权确认之诉应否受理问题的批复
2012 年 6 月 26 日　法释〔2012〕9 号

……对于破产案件受理后因欠缴税款产生的滞纳金,人民法院应当依照《最高人民法院关于审理企业破产案件若干问题的规定》第六十一条规定处理。……

国家税务总局关于税收征管若干事项的公告

2019 年 12 月 12 日　国家税务总局公告 2019 年第 48 号

四、关于企业破产清算程序中的税收征管问题

……

（二）在人民法院裁定受理破产申请之日至企业注销之日期间，企业应当接受税务机关的税务管理，履行税法规定的相关义务。破产程序中如发生应税情形，应按规定申报纳税。

14. 破产案件受理后欠缴税款产生的滞纳金是否属于破产债权？

【案例来源】

《漳州市龙文区地方税务局与漳州市龙文区桂溪房地产开发有限公司破产债权确认纠纷一审判决书》[（2017）闽0603民初1335号]

【案情简介】

一、当事人关系梳理

原告：漳州市龙文区地方税务局

被告：漳州市龙文区桂溪房地产开发有限公司

二、基本案情

根据福建省惠三建设发展有限公司的申请，漳州市龙文区人民法院于2016年1月20日裁定受理漳州市龙文区桂溪房地产开发有限公司（以下简称桂溪公司）重整一案，并于同日指定桂溪公司破产重整清算小组担任桂溪公司管理人。

漳州市龙文区地方税务局（以下简称龙文区税务局）接到相关通知后即向桂溪公司管理人申报相关债权，申报的债权为：税费本金39061559.27元，暂计至2016年3月24日滞纳金3091890.77元，自2016年3月25日至缴清税费之日止，以所欠税费金额39061559.27元为基数按每天0.5‰计算滞纳金。

2016年8月31日，龙文区税务局收到桂溪公司管理人《债权确认通知书》，管理人认为经核查确认的债权为本金39061559.27元，滞纳金

2613152.96 元。管理人将债权本金确认为 39061559.27 元及至 2016 年 1 月 20 日滞纳金债权确认为 2613152.96 元，对此，龙文区税务局没有异议。但龙文区税务局认为，管理人遗漏债权，对于人民法院受理破产案件后即 2016 年 1 月 21 日起的滞纳金未列入龙文区税务局破产债权是错误的，故提起本案诉讼。最终，漳州市龙文区人民法院以发生在人民法院受理破产案件后的滞纳金不属于破产债权为由，驳回龙文区税务局的诉讼请求。

【争议焦点】

受理破产案件后，欠缴税费所产生的滞纳金是否属于破产债权？

【各方观点】

龙文区税务局（原告）认为：（1）根据《税收征收管理法》第三十二条规定，纳税人未按照规定期限缴纳税款的，扣缴义务人未按照规定期限解缴税款的，税务机关除责令限期缴纳外，从滞纳税款之日起，按日加收滞纳税款 0.5‰ 的滞纳金。（2）桂溪公司管理人将滞纳金只计算至 2016 年 1 月 20 日，对于法院受理破产案件后的滞纳金未列入破产债权是错误的，滞纳税款的滞纳金应计算至桂溪公司实际缴清全部税费之日止。

桂溪公司（被告）认为：2016 年 1 月 20 日，法院受理了公司破产重整申请。依据《企业破产法》第四十六条第二款规定，税费应计算至破产申请时停止计息，即龙文区税务局的税费滞纳金债权只应计算至 2016 年 1 月 20 日。

【裁判要旨】

人民法院受理破产案件后债务人未支付应付款项的滞纳金，包括债务人未执行生效法律文书应当加倍支付的迟延利息和劳动保险金的滞纳金不属于破产债权，即发生在人民法院受理破产案件后的滞纳金不属于破产债权。

【法院裁判观点】

《最高人民法院关于审理企业破产案件若干问题的规定》（法释〔2002〕23 号）第六十一条第一款第（二）项规定："人民法院受理破产案件后债务人未支付应付款项的滞纳金，包括债务人未执行生效法律文书应当加倍支付的迟延利息和劳动保险金的滞纳金"不属于破产债权，即发生在人民法院受理破产案件后的滞纳金不属于破产债权。故龙文区税务局主张自 2016 年 1 月 21

日起至缴清税费之日止以所欠税费金额 39061559.27 元为基数按每天 0.5‰ 计算滞纳金债权，法院不予支持。

【法院裁判结果】

法院以发生在人民法院受理破产案件后的滞纳金不属于破产债权为由驳回了龙文区税务局的诉讼请求。

【税务律师案例评析】

该案裁判观点"破产案件受理后，欠缴税费产生的滞纳金不属于破产债权"除了法释〔2002〕23 号文件第六十一条规定作支撑外，《最高人民法院关于税务机关就破产企业欠缴税款产生的滞纳金提起的债权确认之诉应否受理问题的批复》（法释〔2012〕9 号）也可作参考。

该批复明确，税务机关就破产企业欠缴税款产生的滞纳金提起的债权确认之诉，人民法院应依法受理。依照《企业破产法》《税收征收管理法》的有关规定，破产企业在破产案件受理前因欠缴税款产生的滞纳金属于普通破产债权。对于破产案件受理后因欠缴税款产生的滞纳金，人民法院应当依照法释〔2002〕23 号文件第六十一条规定处理。

【法条摘录】

中华人民共和国企业破产法

第五十八条（第三款） 债务人、债权人对债权表记载的债权有异议的，可以向受理破产申请的人民法院提起诉讼。

最高人民法院关于审理企业破产案件若干问题的规定
2002 年 7 月 30 日　法释〔2002〕23 号

第六十一条 下列债权不属于破产债权：

……

（二）人民法院受理破产案件后债务人未支付应付款项的滞纳金，包括债务人未执行生效法律文书应当加倍支付的迟延利息和劳动保险金的滞纳金；

……

15. 未依法缴纳预征税款产生的滞纳金能否被确认为破产债权？

【案例来源】

《国家税务总局重庆市大足区税务局与重庆雅塑置业有限公司普通破产债权确认纠纷一审判决书》[（2021）渝0111民初1105号]

【案情简介】

一、当事人关系梳理

原告：国家税务总局重庆市大足区税务局

被告：重庆雅塑置业有限公司

二、基本案情

重庆雅塑置业有限公司（以下简称雅塑公司）于2012年7月注册登记成立，注册资本800万元（2015年5月15日变更为3800万元）公司经营范围：房地产开发、房屋销售、物业管理、置业咨询。

2012年12月雅塑公司竞得花市街片区土地，用于"盛世龙成"开发项目。

2018年4月26日，申请人丁义林申请雅塑公司进行破产清算。2018年5月24日，重庆市大足区人民法院依法裁定受理并于2018年6月25日作出决定书，指定中豪律师事务所担任被告破产管理人。

后国家税务总局重庆市大足区税务局（以下简称大足区税务局）向管理人申报了破产债权，管理人对包括预征土地增值税滞纳金在内的部分税款债权不予确认，故产生本案纠纷。

【争议焦点】

下列税款及滞纳金能否被确认为破产债权：①预征土地增值税滞纳金；②企业所得税本金及滞纳金；③资金账簿的印花税本金及滞纳金；④产权转移书据印花税本金及滞纳金。

【各方观点】

大足区税务局（原告）认为：（1）破产公司及其管理人在《债权审核通知书》及《关于债权审核异议的回复函》中均未说明不予确认债权的理由及法律依据，随意否定原告税务机关依法申报的税收债权，未恰当履行破产债权审查权责，也违反了《重庆市高级人民法院 国家税务总局重庆市税务局关于企业破产程序涉税问题处理的实施意见》（渝高法〔2020〕24号）第一条第（五）项"管理人对主管税务机关申报的债权不予认可的，应当及时向主管税务机关说明理由和法律依据"的规定。（2）其申报的全部税收债权基于已掌握的法律事实，依据税收法律、法规规定进行计算，事实清楚，证据确实、充分，适用法律法规正确，计算准确，依法应予以确认。

雅塑公司（被告）认为：（1）雅塑公司不应缴纳土地增值税预征的滞纳金。"盛世龙成"项目经清算审核，实际上应缴纳土地增值税税额为零，雅塑公司之前预缴的土地增值税原告税务机关亦全额退还。既然雅塑公司不应缴纳土地增值税，自然也不应当缴纳土地增值税预征的滞纳金。（2）雅塑公司不应缴纳未实收资本的印花税及滞纳金。因资金账簿印花税及滞纳金应当按照实收资本计算，股东有3000万元认缴出资尚未实缴，因此不应对未实收的3000万元缴纳资金账簿印花税及滞纳金。

【裁判要旨】

雅塑公司自2014年10月至2016年2月期间未按法律规定缴纳预征土地增值税款，且也未在当年年度终了之日起5个月内，向税务机关报送年度企业所得税纳税申报表，进行汇算清缴，结清应缴应退税款。其行为属于违反法律法规应缴纳而未缴纳的情形，应当被征收滞纳金。因此雅塑公司欠缴预征土地增值税的滞纳金为破产债权。

【法院裁判观点】

1. 预征土地增值税滞纳金能否被确认为破产债权？

预征土地增值税是在还没有正确计算出房地产项目增值税的情况下，为确保税款平稳、均匀的流入国库，而采取是预先征收土地增值税的办法。

根据《企业所得税法》第五十四条、《税收征收管理办法》第三十二条、《中华人民共和国企业所得税法实施条例》（以下简称《企业所得税法实施条例》）第一百二十八条规定来看，预缴税款应当按每月或季度进行。

雅塑公司开发的"盛世龙成"项目自2014年起开始预售，其应按照每月预售收入预征率申报缴纳土地增值税，纳税义务发生时间为实际收到售房款的当月，期限为次月15日内。即使如其在庭审所述公司面临经营困难，也仍需向税务机关提出免征或缓征的申请，并以税务机关同意的其他方式进行预缴。

雅塑公司自2014年10月至2016年2月期间并未按照上述法律规定缴纳预征土地增值税款，且也未在当年年度终了之日起5个月内，向税务机关报送年度企业所得税纳税申报表，进行汇算清缴，结清应缴应退税款。其行为属于违反法律法规应缴纳而未缴纳的情形，应当被征收滞纳金。故对原告要求确认被告欠缴预征土地增值税的滞纳金为破产债权的诉讼请求，法院予以支持。

2. 企业所得税本金及滞纳金能否被确认为破产债权？

企业所得税是对我国境内企业和其他组织取得的生产经营所得和其他所得征收的一种所得税。根据《企业所得税法》第四条和第五条、《企业所得税汇算清缴管理办法》（国税发〔2009〕79号印发）第四条规定来看，企业所得税系年度汇算清缴，且应当在年度终了之日起5个月内进行，并非以整个项目清算后的损益来缴纳企业所得说。

从税务机关举示的证据来看，雅塑公司是在2018年5月24日被法院裁定破产清算的，在破产清算前的2015年和2016年间，其开发的产品虽未完工，但已取得《重庆市商品房预售（预租）许可证》，且一直在销售其开发的产品，按照规定预售阶段取得的收入，应按照毛利率计入当期应纳税所得额。

而雅塑公司并未在2015年度和2016年度终了之日起5个月内报送企业年度所得税纳税申请表，汇算清缴当年度的企业所得税，其行为属于违反法律法规应缴纳而未缴纳的情形，除应补缴企业所得税外，还应当被征收滞纳金。

故对大足区税务局要求确认雅塑公司欠缴2015年度和2016年度企业所得税及滞纳金为破产债权的诉讼请求，法院予以支持。

3. 产权转移书据印花税本金及滞纳金能否被确认为破产债权？

虽然雅塑公司开发的产品未完工，但其在2014年10月已取得了《重庆市商品房预售（预租）许可证》。根据雅塑公司向大足区税务局提交的商品房买卖合同来看，雅塑公司在破产清算前的2014年至2016年间一直在销售房屋，且与购房户签订了买卖合同，该系列合同为买卖房屋所订立的书据，按照《中华人民共和国印花税暂行条例施行细则》第五条规定应缴纳相应的印花税。

雅塑公司未汇缴书据印花税的行为属于违反法律法规应缴纳而未缴纳的情形，除应补缴书据印花税外，还应当被征收滞纳金。故对大足区税务局要求确认雅塑公司欠缴产权转移书据印花税本金及滞纳金为破产债权的诉讼请求，法院予以支持。

4. 资金账簿的印花税本金及滞纳金能否被确认为破产债权？

根据《国家税务总局关于资金账簿印花税问题的通知》（国税发〔1994〕25

号）第一条规定，对认缴注册资金已计入"实收资本"与"资本公积"的，应按资金总额 0.5‰计缴印花税，未计入记载资金账簿的，不征收印花税。

雅塑公司于 2015 年 7 月将增资的 3000 万元已实际计入了"实收资本"，并记载于公司的资金账簿中，因此该增资的 3000 万元，应计缴印花税。雅塑公司未缴印花税的行为属于违反法律法规应缴纳而未缴纳的情形，除应补缴外，还应当被征收滞纳金。故对大足区税务局要求确认雅塑公司欠缴印花税及滞纳金为破产债权的诉讼请求，法院予以支持。

【法院裁判结果】

预征土地增值税滞纳金、企业所得税本金及滞纳金、产权转移书据印花税本金及滞纳金、资金账簿的印花税本金及滞纳金均被确认为破产债权。

【税务律师案例评析】

1. 雅塑公司应缴纳预征土地增值税的滞纳金。

虽然雅塑公司在清算后实际应缴纳土地增值税税额为零，但并不能改变雅塑公司在清算前的 2014 年 10 月至 2016 年 2 月期间需正常纳税的事实，其应纳未纳的预征土地增值税滞纳金在当期已实际发生，且雅塑公司并未提交申报表，故认为不应缴纳预征土地增值税滞纳金的观点未被法院采纳。

2. 雅塑公司应缴纳企业所得税及滞纳金。

雅塑公司认为，在 2015 年至 2016 年间实际经营状况已发生变化，工地已处于停工状态，税务机关应按当时的实际情况征税，而不应按未完工阶段预计毛利率 15%计算当年缴纳企业所得税。

大足区税务局提交的证据（也系雅塑公司自己提供的）证实了 2015 年至 2016 年间，雅塑公司有销售其开发的产品行为，销售所得仍为年度所得。根据其年度销售额，减除不征税收入、免税收入等后即为其年度纳税所得额。

而雅塑公司在当年度或年度终了之日起 5 个月内并未报送企业所得税纳税申报表，汇算清缴当年度的企业所得税，其行为已违反税收法律法规的规定，故认为不应缴纳企业所得税及滞纳金的观点未被法院采纳。

3. 雅塑公司应缴的税收滞纳金为普通债权。

依照《企业破产法》《税收征收管理法》的有关规定，破产企业在破产案件受理前因欠缴税款产生的滞纳金属于普通破产债权。因此，雅塑公司应缴纳的税收滞纳金为普通债权，清偿顺位在税款债权之后。

【法条摘录】

中华人民共和国企业所得税法

第四条 企业所得税的税率为25%。

非居民企业取得本法第三条第三款规定的所得，适用税率为20%。

第五条 企业每一纳税年度的收入总额，减除不征税收入、免税收入、各项扣除以及允许弥补的以前年度亏损后的余额，为应纳税所得额。

第五十四条 企业所得税分月或者分季预缴。

企业应当自月份或者季度终了之日起十五日内，向税务机关报送预缴企业所得税纳税申报表，预缴税款。

……

企业应当自年度终了之日起五个月内，向税务机关报送年度企业所得税纳税申报表，并汇算清缴，结清应缴应退税款。

企业在报送企业所得税纳税申报表时，应当按照规定附送财务会计报告和其他有关资料。

中华人民共和国税收征收管理法

第三十二条 纳税人未按照规定期限缴纳税款的，扣缴义务人未按照规定期限解缴税款的，税务机关除责令限期缴纳外，从滞纳税款之日起，按日加收滞纳税款万分之五的滞纳金。

中华人民共和国企业所得税法实施条例[①]

第一百二十八条 企业所得税分月或者分季预缴，由税务机关具体核定。

……

企业根据企业所得税法第五十四条规定分月或者分季预缴企业所得税时，应当按照月度或者季度的实际利润额预缴；按照月度或者季度的实际利润额预缴有困难的，可以按照上一纳税年度应纳税所得额的月度或者季度平均额预缴，或者按照经税务机关认可的其他方法预缴。预缴方法一经确定，该纳税年度内不得随意变更。

[①] 现已变更为第一百二十七条。参见《国务院关于修改部分行政法规的决定》（中华人民共和国国务院令第714号）。

企业所得税汇算清缴管理办法

2009 年 4 月 16 日　国税发〔2009〕79 号

第四条　纳税人应当自纳税年度终了之日起 5 个月内，进行汇算清缴，结清应缴应退企业所得税税款。

纳税人在年度中间发生解散、破产、撤销等终止生产经营情形，需进行清算的，应在清算前报告主管税务机关，并自实际经营终止之日起 60 日内进行汇算清缴，结清应缴应退企业所得税税款；纳税人有其他情形依法终止纳税义务的，应当自停止生产、经营之日起 60 日内，向主管税务机关办理当期企业所得税汇算清缴。

中华人民共和国印花税暂行条例施行细则

第五条　条例第二条所说的产权转移书据，是指单位和个人产权的买卖、继承、赠与、交换、分割等所立的书据。

国家税务总局关于资金账簿印花税问题的通知[①]

1994 年 2 月 5 日　国税发〔1994〕25 号

第一条　生产经营单位执行"两则"后，其"记载资金的账簿"的印花税计税依据改为"实收资本"与"资本公积"两项的合计金额。

16. 当事人对税费负担主体的约定是否改变法定的纳税义务主体？

【案例来源】

《国家税务总局重庆市大足区税务局与重庆华川置业有限公司破产债权确认纠纷二审判决书》[（2021）渝民终 15 号]

【案情简介】

一、当事人关系梳理

上诉人（原审原告）：国家税务总局重庆市大足区税务局

[①]《国家税务总局关于资金账簿印花税问题的通知》已于 2022 年 7 月 1 日起全文废止。参见《国家税务总局关于实施〈中华人民共和国印花税法〉等有关事项的公告》（国家税务总局公告 2022 年第 14 号）。

被上诉人（原审被告）：重庆华川置业有限公司

二、基本案情

重庆中泰创展典当有限公司（以下简称中泰创展公司）申请执行重庆华川置业有限公司（以下简称华川置业公司）公证债权文书一案，重庆市渝北区人民法院于2019年6月12日、8月26日作出（2018）渝0112执恢97号之三、（2018）渝0112执恢98号之三、（2018）渝0112执恢99号之三执行裁定书，裁定：将被执行人华川置业公司的40套商服用房抵偿给申请执行人中泰创展公司，用于清偿三案的执行案款，该40套商服用房过户的税费等费用由申请执行人中泰创展公司自行负担。2019年8月26日，重庆市渝北区人民法院向重庆市大足区不动产登记中心发出协助执行通知书，该协助执行通知书亦载明上述40套房屋的过户税费由申请执行人自行负担。2020年3月16日，重庆市第三中级人民法院作出（2020）渝03破申1号民事裁定书，裁定受理华川置业公司的重整申请，并指定重庆经纬资产清算有限公司为管理人。2020年7月9日，国家税务总局重庆市大足区税务局（以下简称大足区税务局）向重庆经纬资产清算有限公司申报相关税收债权共计1477474.17元。2020年7月27日，重庆经纬资产清算有限公司书面告知大足区税务局，对其申报的相关税收债权共计1477474.17元不予确认为破产债权。2020年7月28日，大足区税务局向重庆经纬资产清算有限公司提出书面异议。2020年8月20日，重庆经纬资产清算有限公司书面否定了大足区税务局的债权异议。另查明：案涉40套商服用房至今没有办理过户登记手续。

一审法院认为，执行裁定书，在裁定将案涉40套房屋折价抵偿给中泰创展公司用于清偿债务时，均明确该40套房屋过户的税费等费用由中泰创展公司自行负担，故应认定中泰创展公司接收的房屋中已经包含了华川置业公司应缴纳的税费，中泰创展公司是人民法院生效法律文书确定的纳税义务人和代扣代缴人。中泰创展公司在收到人民法院以物抵债的执行裁定书后，应当及时向大足区税务局缴纳相应税费，办理房屋过户登记，其未及时缴纳税款和办理房屋过户，应自行承担相应法律后果。大足区税务局依据人民法院生效法律文书征收案涉房屋过户税费及滞纳金，应向该生效法律文书确定的纳税义务人和代扣代缴人中泰创展公司征收，其向华川置业公司征收，与征收依据即生效法律文书不符，不予支持。上诉人不符一审判决后上诉至重庆市高级人民法院。

【争议焦点】

大足区税务局对华川置业公司是否享有破产债权？

【各方观点】

大足区税务局（上诉人）认为：（1）华川置业公司将案涉房屋以物抵债的行为，属于销售房地产的应税行为，应该按照税法相关规定缴纳税款。（2）本案所涉的以物抵债裁定中关于相关税费由申请执行人负担的约定，属于税费负担的转移条款，仅约束申请执行人和被执行人，不改变税收法定原则下纳税人及其纳税义务。（3）华川置业公司进入破产程序，也不免除其纳税义务。（4）大足区税务局无权向案外人中泰创展公司追缴税款。

华川置业公司（被上诉人）认为：案涉以物抵债裁定并未改变纳税义务主体，但改变了税款负担主体。税务机关应该依照以物抵债裁定向申请执行人中泰创展公司追缴税款。

【裁判要旨】

当事人双方或法律文书对税费负担主体进行的约定并未改变法定的纳税义务主体，大足区税务局对华川置业公司享有破产债权。

【法院裁判观点】

《税收征收管理法》第四条规定，法律、行政法规规定负有纳税义务的单位和个人为纳税人。法律、行政法规规定负有代扣代缴、代收代缴税款义务的单位和个人为扣缴义务人。纳税人、扣缴义务人必须依照法律、行政法规的规定缴纳税款、代扣代缴、代收代缴税款。由上可知，不论是税务机关对纳税人征税，还是纳税人缴纳税款，都必须有法律、行政法规的依据。对法律、行政法规没有规定负有纳税义务的单位和个人，任何机关、单位和个人都不得向其征收任何税收。

本案中，重庆市渝北区人民法院作出的三份以物抵债裁定书，载明相关过户的税费等费用由中泰创展公司自行负担，是确定相关税费的负担主体，并未改变法律、行政法规规定的纳税义务主体。同时其法律效力仅约束作为以物抵债裁定书当事人的华川置业公司和中泰创展公司，不约束非当事人的税务机关。

另外，《企业破产法》第一百一十三条第一款规定，破产财产在优先清偿破产费用和共益债务后，依照下列顺序清偿：（1）破产人所欠职工的工资和医疗、伤残补助、抚恤费用，所欠的应当划入职工个人账户的基本养老保险、基本医疗保险费用，以及法律、行政法规规定应当支付给职工的补偿金；(2) 破产人欠缴的除前项规定以外的社会保险费用和破产人所欠税款；(3) 普通破产债权。《最高人民法院关于税务机关就破产企业欠缴税款产生的滞纳金提起的债权确认之诉应否受理问题的批复》（法释〔2012〕9号）规定，依照《企业破产法》《税收征收管理法》的有关规定，破产企业在破产案件受理前因欠缴税款产生的滞纳金属于普通破产债权。由上可知，欠缴税款本金和滞纳金均属于破产债权。

【法院裁判结果】

1. 撤销重庆市第三中级人民法院民事判决。
2. 确认大足区税务局对华川置业公司享有1407533.14元的破产债权。

【税务律师案例评析】

本案中涉及两个关键词即"纳税义务主体"和"税费负担主体"，通常我们会把这两个概念给混淆。纳税义务主体是指由相关法律和行政法规规定的纳税人。税费负担主体是指实际承担税费的主体，一般指经济活动中当事人双方或法律文书对税费实际负担主体进行约定，该约定并未改变法定的纳税义务主体。

《企业破产法》第一百一十三条第一款规定，欠缴税款属于破产债权，根据法释〔2012〕9号文件规定，破产企业在破产案件受理前因欠缴税款产生的滞纳金属于普通破产债权。因此，欠缴税款本金和滞纳金均属于破产债权。

【法条摘录】

中华人民共和国税收征收管理法

第四条（第一款） 法律、行政法规规定负有纳税义务的单位和个人为纳税人。

中华人民共和国企业破产法

第一百一十三条（第一款） 破产财产在优先清偿破产费用和共益债务后，依照下列顺序清偿：

（一）破产人所欠职工的工资和医疗、伤残补助、抚恤费用，所欠的应当划入职工个人账户的基本养老保险、基本医疗保险费用，以及法律、行政法规规定应当支付给职工的补偿金；

（二）破产人欠缴的除前项规定以外的社会保险费用和破产人所欠税款；

（三）普通破产债权。

最高人民法院关于税务机关就破产企业欠缴税款产生的滞纳金提起的债权确认之诉应否受理问题的批复
2012年6月26日　法释〔2012〕9号

……税务机关就破产企业欠缴税款产生的滞纳金提起的债权确认之诉，人民法院应依法受理。依照企业破产法、税收征收管理法的有关规定，破产企业在破产案件受理前因欠缴税款产生的滞纳金属于普通破产债权。对于破产案件受理后因欠缴税款产生的滞纳金，人民法院应当依照《最高人民法院关于审理企业破产案件若干问题的规定》第六十一条规定处理。……

17. 破产受理前后产生的税款及社保滞纳金债权性质如何确定？

【案由来源】

《国家税务总局银川市金凤区税务局与宁某1破产债权确认纠纷一审判决书》〔（2021）宁02民初12号〕

【案情简介】

一、当事人关系梳理

原告：国家税务总局银川市金凤区税务局

被告：宁某1

二、基本案情

被告宁某1系原告国家税务总局银川市金凤区税务局（以下简称金凤区税务局）辖区的纳税人。2020年1月8日，宁夏回族自治区石嘴山市中级人民法院作出（2019）宁02破申5号民事裁定书，裁定受理宁某1破产清算申请，同日作出（2020）宁02破1号决定书，指定宁夏合天律师事务所担任宁某1管理人。2020年4月10日，原告就被告自2013年1月至2020年1月期间所欠缴的税款及其滞纳金和欠缴的社会保险费及其滞纳金向被告管理人进行了债权申报。

2020年11月6日，被告管理人经审核向原告出具了债权确认通知书，内容为：原告向债务人宁夏西部吉运国际物流有限公司、宁某1申报债权共2笔，其中：申报税金债权数额共计1005046元，确认税金本金为661308.40元，清偿顺序为税收债权；滞纳金为343737.60元，清偿顺序为普通债权；申报社会保险费用债权数额共计3131328.29元，确认社会保险费用本金为1763993.26元，清偿顺序为职工债权；滞纳金为1367335.03元，清偿顺序为普通债权。

2020年12月15日，原告就被告自2020年1月9日至2020年12月14日欠缴的税款及其滞纳金向被告管理人进行了债权申报。2020年12月25日，经被告管理人审核向原告出具了债权不予确认通知书，内容为：原告于2020年12月15日向债务人宁某1补充申报债权1笔，申报债权数额为507464.87元，对于原告申报的欠税滞纳金477899.73元（2020年1月9日至2020年12月14日）不予认可。现原告认为被告管理人对上述3笔债权的确认不符合法律规定。

【争议焦点】

1. 破产企业在破产受理前因欠缴税款和社会保险费产生的滞纳金是否属于优先债权？

2. 破产企业在破产受理后因欠缴税款和社会保险费产生的滞纳金是否属于破产债权？

【各方观点】

金凤区税务局（原告）认为：（1）破产受理前债务人欠缴税款和社会保险费的滞纳金列入优先债权清偿。（2）破产受理日次日起至欠缴税款实际缴纳之日止的滞纳金列入破产债权并以优先债权清偿。

宁某1（被告）认为：（1）依据《最高人民法院关于税务机关就破产企业欠缴税款产生的滞纳金提起的债权确认之诉应否受理问题的批复》（法释〔2012〕9号）之规定，税务机关就破产企业欠缴税款产生的滞纳金提起的债权确认之诉，人民法院应依法受理。依照《企业破产法》《税收征收管理法》的有关规定，破产企业在破产案件受理前因欠缴税款产生的滞纳金属于普通破产债权。（2）对于破产案件受理后因欠缴税款产生的滞纳金，人民法院应当依照《最高人民法院关于审理企业破产案件若干问题的规定》（法释〔2002〕23号）第六十一条规定处理，不属于破产债权。

【裁判要旨】

1. 破产申请受理前因欠缴的税款和社会保险费产生的滞纳金属于普通债权。
2. 破产申请受理后因欠缴的税款和社会保险费产生的滞纳金不属于破产债权。

【法院裁判观点】

破产企业在破产案件受理前因欠缴税款和社会保险费所产生的滞纳金属于普通破产债权，人民法院受理破产案件后债务人未支付应付款项的滞纳金，包括债务人未执行生效法律文书应当加倍支付的迟延利息和劳动保险金的滞纳金不属于破产债权。本案中，宁夏回族自治区石嘴山市中级人民法院于2020年1月8日裁定受理宁某1破产清算一案，原告所请求的自2013年1月至2020年1月8日欠缴的税款和社会保险费的滞纳金属于被告在破产案件受理前欠缴的税款和社会保险费的滞纳金，参照法释〔2012〕9号文件中对于"依照企业破产法、税收征收管理法的有关规定，破产企业在破产案件受理前因欠缴税款产生的滞纳金属于普通破产债权"的批复，被告宁某1管理人确认被告自2013年1月至2020年1月8日欠缴的税款和社会保险费的滞纳金1711072.63元为普通债权并无不当。原告所请求的2020年1月9日起至欠缴税款实际缴纳之日止的滞纳金属于被告在破产案件受理后欠缴的税款滞纳金，依据《最高人民法院关于适用〈中华人民共和国企业破产法〉若干问题的规定（三）》以下简称《破产法司法解释（三）》）第三条之规定："破产申请受理后，债务人欠缴款项产生的滞纳金，包括债务人未履行生效法律文书应当加倍支付的迟延利息和劳动保险金的滞纳金，债权人作为破产债权申报的人民法院不予确认。"原告向被告管理人申报债权的该部分滞纳金不属于破产债权，管理人未确认该部分滞纳金为破产债权正确，原告所申报的该部分债权法院不予确认。

【法院裁判结果】

驳回原告金凤区税务局的全部诉讼请求。

【税务律师案例评析】

1. 破产企业在破产受理前因欠缴税款和社会保险费产生的滞纳金是否属于优先债权？

首先，2008年12月31日发布的《国家税务总局关于税收优先权包括滞纳金问题的批复》（国税函〔2008〕1084号）规定，按照《税收征收管理法》的立法精神，税款滞纳金与罚款两者在征收和缴纳时顺序不同，税款滞纳金在征缴时视同税款管理，税收优先权等情形也适用这一法律精神，《税收征收管理法》第四十五条规定的税收优先权执行时包括税款及其滞纳金。

其次，法释〔2012〕9号文件规定，税务机关就破产企业欠缴税款产生的滞纳金提起的债权确认之诉，人民法院应依法受理。依照《企业破产法》《税收征收管理法》的有关规定，破产企业在破产案件受理前因欠缴税款产生的滞纳金属于普通破产债权。对于破产案件受理后因欠缴税款产生的滞纳金，人民法院应当依照《最高人民法院关于审理企业破产案件若干问题的规定》（法释〔2002〕23号）第六十一条规定处理。

国家税务总局的批复和最高人民法院的批复对税款滞纳金的处理不一样，也是本案争议焦点产生的根本原因，关键在于对法律的理解与适用问题。《企业破产法》是为规范企业破产程序，公平清理债权债务，保护债权人和债务人的合法权益，维护社会主义市场经济秩序，制定的法律，属于特别法。法律适用原则中特别法优于一般法，最高人民法院在关于滞纳金在破产程序中如何处理的回复中明确其属于普通债权。因此，在破产程序中产生的关于滞纳金的债权确认纠纷应该优先适用破产法及其相关规定。

综上，破产企业在破产受理前因欠缴税款和社会保险费产生的滞纳金属于普通债权。

2. 破产企业在破产受理后因欠缴税款和社会保险费产生的滞纳金是否属于破产债权？

如前所述，在破产程序中产生的关于滞纳金的债权确认纠纷应该优先适用破产法及其相关规定。首先，根据法释〔2012〕9号文件规定，对于破产案件受理后因欠缴税款产生的滞纳金，人民法院应当依照《最高人民法院关于审理企业破产案件若干问题的规定》第六十一条规定处理，即人民法院受理破产案件后债务人未支付应付款项的滞纳金不属于破产债权，包括债务人未执行生效法律文书应当加倍支付的迟延利息和劳动保险金的滞纳金。同时，依据《破产法司法解释（三）》第三条之规定："破产申请受理后，债务人欠缴款项产生的滞纳金，包括债务人未履行生效法律文书应当加倍支付的迟延利息和劳动保险金的滞纳金，债权人作为破产债权申报的，人民法院不予确认。"

综上，破产企业在破产受理后因欠缴税款和社会保险费产生的滞纳金不属于破产债权。

【法条摘录】

最高人民法院关于税务机关就破产企业欠缴税款产生的滞纳金提起的债权确认之诉应否受理问题的批复
2012年6月26日　法释〔2012〕9号

……税务机关就破产企业欠缴税款产生的滞纳金提起的债权确认之诉，人民法院应依法受理。依照企业破产法、税收征收管理法的有关规定，破产企业在破产案件受理前因欠缴税款产生的滞纳金属于普通破产债权。对于破产案件受理后因欠缴税款产生的滞纳金，人民法院应当依照《最高人民法院关于审理企业破产案件若干问题的规定》第六十一条规定处理。……

最高人民法院关于审理企业破产案件若干问题的规定
2002年7月30日　法释〔2002〕23号

第六十一条　下列债权不属于破产债权：
（一）行政、司法机关对破产企业的罚款、罚金以及其他有关费用；
（二）人民法院受理破产案件后债务人未支付应付款项的滞纳金，包括债务人未执行生效法律文书应当加倍支付的迟延利息和劳动保险金的滞纳金；
（三）破产宣告后的债务利息；
（四）债权人参加破产程序所支出的费用；
（五）破产企业的股权、股票持有人在股权、股票上的权利；
（六）破产财产分配开始后向清算组申报的债权；
（七）超过诉讼时效的债权；
（八）债务人开办单位对债务人未收取的管理费、承包费。

上述不属于破产债权的权利，人民法院或者清算组也应当对当事人的申报进行登记。

最高人民法院关于适用《中华人民共和国企业破产法》若干问题的规定（三）[①]
2019年3月27日　法释〔2019〕3号

第三条　破产申请受理后，债务人欠缴款项产生的滞纳金，包括债务人未

[①] 该文件已被修改。参见《最高人民法院关于修改〈最高人民法院关于破产企业国有划拨土地使用权应否列入破产财产等问题的批复〉等二十九件商事类司法解释的决定》（法释〔2020〕18号）。

履行生效法律文书应当加倍支付的迟延利息和劳动保险金的滞纳金，债权人作为破产债权申报的，人民法院不予确认。

18. 税款滞纳金是否为普通债权？

【案例来源】

《国家税务总局漳浦县税务局、漳州市景南农业开发有限公司普通破产债权确认纠纷二审判决书》[（2020）闽06民终1777号]

【案情简介】

一、当事人关系梳理

上诉人（原审原告）：漳州市景南农业开发有限公司
被上诉人（原审被告）：国家税务总局漳浦县税务局

二、基本案情

2018年8月24日，福建省漳浦县人民法院作出（2018）闽0623破申1—1号民事裁定书，裁定受理申请人漳州市景南农业开发有限公司（以下简称景南公司）的破产申请，并于同年9月10日指定了福建衡评律师事务所为该案破产管理人，2019年5月14日，一审法院裁定宣告景南公司进入破产清算。景南公司自2013年以来未进行纳税申报，截至2018年8月24日，共拖欠国家税务总局漳浦县税务局（以下简称漳浦县税务局）税款1043331.90元（其中营业税、城市维护建设税、教育费附加及地方教育附加等税款189750元，房产税414000元，城镇土地使用税436131.90元，印花税3450元）及滞纳金612013.48元。2020年3月15日，漳浦县税务局致函景南公司管理人，请求协助扣缴景南公司欠缴的上述税款1043331.90元及滞纳金630600.10元。景南公司管理人于2020年3月26日出具（2018）景南破管字第31号《回复函》，确认630600.10元的滞纳金属于劣后债权，应待清偿所有普通破产债权之后才能获得清偿。漳浦县税务局对景南公司管理人的这一认定意见持有异议，经双方多次协商未果。为此，漳浦县税务局于2020年4月17日诉至一审法院，提出如下诉求：（1）确认景南公司因欠缴税款应向漳浦县税务局支付的自滞纳税款之日起计算至2018年8月24日的滞纳金合计630600.10元为普通破产债权，漳浦县税务局可就该滞纳金债权作为普通破产债权的债权人依法参与分配景南公司的破产财产；（2）本案诉讼费由景南公司负担。

一审认为，虽然税收滞纳金属于补偿性债权还是惩罚性债权理论界和实务界仍存在争议，但根据《税收征收管理法》第三十二条之规定，滞纳金是国家对不及时履行缴纳或者解缴税款义务的纳税人、扣缴义务人采用课以财产上新的给付义务，从立法目的看，税收滞纳金应兼具有补偿性和惩罚性功能。涉案税收滞纳金应按普通破产债权进行清偿。首先，根据《最高人民法院关于税务机关就破产企业欠缴税款产生的滞纳金提起的债权确认之诉应否受理问题的批复》（法释〔2012〕9号）规定，依照《企业破产法》《税收征收管理法》的有关规定，破产企业在破产案件受理前因欠缴税款产生的滞纳金属于普通破产债权，涉案税收滞纳金应属于普通破产债权。其次，涉案税收滞纳金不适用最高人民法院《全国法院破产审判工作会议纪要》（法〔2018〕53号印发）中第28条规定，该条规定仅适用"法律没有明确规定清偿顺序的债权"的清偿原则和顺序，对税收滞纳金，法释〔2012〕9号文件已对其清偿原则和顺序作出明确规定，因此，涉案债权不属于劣后债权，应作为普通破产债权按照《企业破产法》第一百一十三条第一款第（三）项规定的顺序进行清偿。

景南公司不服一审判决，上诉至福建省漳州市中级人民法院。

【争议焦点】

税收滞纳金是否为普通产权？

【各方观点】

景南公司（上诉人）认为：将漳浦县税务局申报的滞纳金认定为劣后于普通债权清偿合法合理。根据最高人民法院2018年3月4日印发的《全国法院破产审判工作会议纪要》（法〔2018〕53号印发）第28条规定，"破产债权的清偿原则和顺序。对于法律没有明确规定清偿顺序的债权，人民法院可以按照人身损害赔偿债权优于财产性债权、私法债权优于公法债权、补偿性债权优于惩罚性债权的原则合理确定清偿顺序"。而漳浦县税务局所主张的滞纳金具有惩罚性，以惩戒和遏制为主的性质出发，结合破产法公平保护全体债权人的立法宗旨以及弥补债权人实际损失的程序目的，在债务人破产清算的情况下，其现有财产已无法全额清偿所欠债务，故债权人获得的清偿具有补偿性，此时，破产企业的财产本质上应属于全体债权人所有，应由全体债权人公平分配。若将惩罚性债权赋予一般普通债权的清偿顺序，将降低处于同一清偿顺序的其他普通债权的清偿率，导致将对债务人的惩罚转嫁给其他普通债权人，使其他普通债权人对该惩罚性债权承担责任，从而违反了破产法规定的公平受偿原则，也超出了破产程序弥补债权人实际损失的目的。因此，将漳浦县税务局申报的税款滞纳金认定为劣后于普通破产债权清偿合法、合理，也符合最高人民法院最新司法精神，一审法院认定案涉税款滞纳金为普通破产债权不当，应给予更正。

漳浦县税务局（被上诉人）认为：案涉滞纳金的债权性质认定，不应当适用《全国法院破产审判工作会议纪要》第 28 条有关破产债权清偿原则和顺序的意见。因为，上述意见适用的对象是法律没有明确规定清偿顺序的债权。本案作为债权申报的滞纳金是在福建省漳浦县人民法院作出受理其破产申请的裁定之前因破产企业欠缴税款所产生的滞纳金，根据《最高人民法院关于税务机关就破产企业欠缴税款产生的滞纳金提起的债权确认之诉应否受理问题的批复》（法释〔2012〕9 号）规定，破产企业在破产案件受理前因欠缴税款产生的滞纳金属于普通破产债权；故本案滞纳金属于普通破产债权，属于《企业破产法》第一百一十三条有规定清偿顺序的债权，应当按照《企业破产法》第一百一十三条规定予以清偿。

【裁判要旨】

案涉滞纳金已为司法解释明确为普通债权，故本案滞纳金不属劣后债权。

【法院裁判观点】

本案漳浦县税务局申报的税款滞纳金系破产企业在裁定破产案件受理前因欠缴税款产生的滞纳金，根据法释〔2012〕9 号文件意见，"税务机关就破产企业欠缴税款产生的滞纳金提起的债权确认之诉，人民法院应依法受理。依照企业破产法、税收征收管理法的有关规定，破产企业在破产案件受理前因欠缴税款产生的滞纳金属于普通破产债权"，案涉滞纳金已为司法解释明确为普通债权，应按照《企业破产法》第一百一十三条第一款第（三）项规定的顺序进行清偿。故本案滞纳金不属于《全国法院破产审判工作会议纪要》规定的"法律没有明确规定清偿顺序的债权"，景南公司主张本案滞纳金应认定为劣后债权并适用《全国法院破产审判工作会议纪要》第 27 条、28 条和 39 条规定的清偿原则和清偿顺序予以清偿，属于法律适用错误，理由不能成立，不予采信。

【法院裁判结果】

景南公司的上诉请求缺乏依据，应予驳回。一审判决认定事实清楚，适用法律正确，判决并无不当，应予维持。

【税务律师案例分析】

1. 什么是劣后债权？

最高人民法院于 2018 年 3 月 4 日印发了《全国法院破产审判工作会议纪要》（以下简称《会议纪要》）。《会议纪要》第 28 条规定：对于法律没有明确规定清偿顺序的债权，人民法院可以按照人身损害赔偿债权优先于财产性债权、私法债权优先于公法债权、补偿性债权优先于惩罚性债权的原则合理确定清偿顺序。因债务人侵权行为造成的人身损害赔偿，可以参照《企业破产法》第一百一十三条第一款第（一）项规定的顺序清偿，但其中涉及的惩罚性赔偿除外。破产财产依照《企业破产法》第一百一十三条规定的顺序清偿后仍有剩余的，可依次用于清偿破产受理前产生的民事惩罚性赔偿金、行政罚款、刑事罚金等惩罚性债权。该规定建立了劣后债权及其清偿制度，对《企业破产法》第一百一十三条关于债权清偿顺序作了一个补充。

《会议纪要》第 28 条规定可以分两层意思来理解：（1）对于普通债权，又包括不同性质的债权，当出现破产财产不能清偿全部普通债权时，对清偿顺序作了规定；（2）根据《最高人民法院关于审理企业破产案件若干问题的规定》（法释〔2002〕23 号）第六十一条规定："下列债权不属于破产债权：（一）行政、司法机关对破产企业的罚款、罚金以及其他有关费用……"显示，行政罚款等惩罚性债权列为除斥债权，不属于破产债权，该规定对 2002 年的司法解释作了一些补充，即虽然行政罚款不属于破产债权，但当破产财产清偿完所有的普通债权后还有剩余的情况下，惩罚性债权可以劣后于其他破产债权清偿，并且规定了清偿顺序，即仅在债务人财产全额清偿所有普通破产债权后仍有剩余时，才可依次用于清偿破产受理前产生的民事惩罚性赔偿金、行政罚款、刑事罚金等惩罚性债权。该规定对司法实践具有重要的指导意义。

2. 税收滞纳金属于普通债权还是劣后债权？

根据《最高人民法院关于税务机关就破产企业欠缴税款产生的滞纳金提起的债权确认之诉应否受理问题的批复》（法释〔2012〕9 号）意见，"税务机关就破产企业欠缴税款产生的滞纳金提起的债权确认之诉，人民法院应依法受理。依照企业破产法、税收征收管理法的有关规定，破产企业在破产案件受理前因欠缴税款产生的滞纳金属于普通破产债权"。前述批复明确了滞纳金属于普通债权，并不适用《会议纪要》第 28 条"对于法律没有明确规定清偿顺序的债权"之规定。因此，税收滞纳金属于普通债权。

【法条摘录】

全国法院破产审判工作会议纪要
2018 年 3 月 4 日　法释〔2018〕53 号

28. 破产债权的清偿原则和顺序。　对于法律没有明确规定清偿顺序的债权，人民法院可以按照人身损害赔偿债权优先于财产性债权、私法债权优先于公法债权、补偿性债权优先于惩罚性债权的原则合理确定清偿顺序。因债务人侵权行为造成的人身损害赔偿，可以参照企业破产法第一百一十三条第一款第一项规定的顺序清偿，但其中涉及的惩罚性赔偿除外。破产财产依照企业破产法第一百一十三条规定的顺序清偿后仍有剩余的，可依次用于清偿破产受理前产生的民事惩罚性赔偿金、行政罚款、刑事罚金等惩罚性债权。

最高人民法院关于审理企业破产案件若干问题的规定
2002 年 7 月 30 日　法释〔2002〕23 号

第六十一条　下列债权不属于破产债权：
（一）行政、司法机关对破产企业的罚款、罚金以及其他有关费用；
（二）人民法院受理破产案件后债务人未支付应付款项的滞纳金，包括债务人未执行生效法律文书应当加倍支付的迟延利息和劳动保险金的滞纳金；
（三）破产宣告后的债务利息；
（四）债权人参加破产程序所支出的费用；
（五）破产企业的股权、股票持有人在股权、股票上的权利；
（六）破产财产分配开始后向清算组申报的债权；
（七）超过诉讼时效的债权；
（八）债务人开办单位对债务人未收取的管理费、承包费。
上述不属于破产债权的权利，人民法院或者清算组也应当对当事人的申报进行登记。

**最高人民法院关于税务机关就破产企业欠缴税款产生的滞纳金
提起的债权确认之诉应否受理问题的批复**

2012 年 6 月 26 日　法释〔2012〕9 号

……税务机关就破产企业欠缴税款产生的滞纳金提起的债权确认之诉，人民法院应依法受理。依照企业破产法、税收征收管理法的有关规定，破产企业在破产案件受理前因欠缴税款产生的滞纳金属于普通破产债权。对于破产案件受理后因欠缴税款产生的滞纳金，人民法院应当依照《最高人民法院关于审理企业破产案件若干问题的规定》第六十一条规定处理。……

19. 破产债权核查结束 15 天后，还可以提起债权确认之诉吗？

【案例来源】

《国家税务总局枣庄市山亭区税务局与山东稼禾生物（山亭）有限公司破产债权确认纠纷破产债权确认纠纷二审判决书》〔（2021）鲁 04 民终 830 号〕

【案情简介】

一、当事人关系梳理

上诉人（原审原告）：山东稼禾生物（山亭）有限公司

被上诉人（原审被告）：国家税务总局枣庄市山亭区税务局

二、基本案情

根据枣庄市山亭区人民法院（2020）鲁 0406 破 4 号民事裁定书，山东稼禾生物（山亭）有限公司（以下简称稼禾公司）进入破产程序，于 2020 年 10 月 9 日召开第一次债权人会议，并于当日对债权核查结束，稼禾公司的代理人亦到场参加会议，编制的"债权表"确认了包含涉案 15184198.17 元债权在内的部分债权。稼禾公司对破产管理人认定的债权不服，于 2020 年 10 月 22 日以邮寄的方式，向破产管理人提出《破产异议书》，但破产管理人置之不理。2020 年 11 月 19 日，嫁禾公司向枣庄市山亭区人民法院提起诉讼。稼禾公司向一审法院起诉请求为：（1）依法确认破产管理人认定的国家税务总局枣庄市山亭区税务局（以下简称山亭区税务局）15184198.17 元的债权无效；（2）本案诉讼费由山亭区税务局承担。

一审法院认为，稼禾公司的诉讼请求为要求确认破产管理人认定的山亭区税务局 15184198.17 元债权无效，故本案案由应为破产债权确认纠纷。《最高人民法院关于适用〈中华人民共和国企业破产法〉若干问题的规定（三）》（以下简称《破产法司法解释（三）》）第八条规定，债务人、债权人对债权表记载的债权有异议的，应当说明理由和法律依据。经管理人解释或调整后，异议人仍然不服的，或者管理人不予解释或调整的，异议人应当在债权人会议核查结束后 15 日内向人民法院提起债权确认的诉讼。上述规定的 15 日虽非诉讼时效，但为附不利后果的规定，该规定的目的就是为了避免有债权人拖延时间而延缓破产清算的推进。依据上述规定，异议人在债权人会议核查结束后的 15 日内未依法提起债权确认诉讼的，该债权确定。根据枣庄市山亭区人民法院（2020）鲁 0406 破 4 号民事裁定书，稼禾公司进入破产程序，于 2020 年 10 月 9 日召开第一次债权人会议，并于当日对债权核查结束，稼禾公司的代理人亦到场参加会议，编制的"债权表"确认了包含涉案 15184198.17 元债权在内的部分债权。第一次债权人会议核查结束之日为 2020 年 10 月 9 日，稼禾公司于 2020 年 11 月 19 日初次申请立案登记，已经超过法律规定的期限，应承担对其不利的法律后果，丧失依照法律规定程序提起诉讼的权利，应予驳回。

稼禾公司不符一审裁定，遂上诉至山东省枣庄市中级人民法院。

【争议焦点】

债权核查 15 天内未对异议债权提起诉讼，该债权是否确定？异议人是否丧失提起诉讼的权利？

【各方观点】

稼禾公司（上诉人）认为：稼禾公司起诉时间并未超出法律规定。2020 年 10 月 9 日，在枣庄市山亭区人民法院主持下召开了第一次债权人会议，稼禾公司对破产管理人认定的债权不服，于 2020 年 10 月 22 日以邮寄的方式，向破产管理人提出《破产异议书》，但破产管理人置之不理，拒不履行破产管理人职责，没有尽到勤勉义务。稼禾公司在 2020 年 10 月 9 日第一次债权人会议后的 15 天内（2020 年 10 月 22 日）向破产管理人提出异议，在 2020 年 11 月 19 日提起诉讼，并未故意拖延时间。提起债权确认诉讼只是对债权申报权利的延续行使，逾期申报债权者，法律都未剥夺其权利，司法解释更无权规定剥夺债权人提起债权确认诉讼权利的特别时效。对《破产法司法解释（三）》第八条规定的异议人提起债权确认诉讼的 15 日期限，不能理解为诉讼时效或除斥期间，而应当且只能是与《企业破产法》债权申报期限相同性质的附不利后果承担的引导性规定。

一审法院认为：《破产法司法解释（三）》第八条规定的 15 日虽非诉讼时效，但未附不利后果的规定，该规定的目的就是为了避免有债权人拖延时间而延缓破产清算的推进。稼禾公司第一次债权人会议核查结束之日为 2020 年 10 月 9 日，稼禾公司于 2020 年 11 月 19 日初次申请立案登记，已经超过法律规定的期限，应承担对其不利的法律后果，丧失依照法律规定程序提起诉讼的权利，应予驳回。

【裁判要旨】

本案中，稼禾公司未在指定时间内提起诉讼，应对其行为承担不利后果，即其无权再提起关于该项债权的债权确认之诉。

【法院裁判观点】

《破产法司法解释（三）》第八条规定的"十五日"系异议人向人民法院提起破产债权确认之诉的法定期间，如在此期间异议人不及时起诉，就会使他人债权长期处于不确定状态，导致拖延破产程序，损害他人权益。因此，基于推进破产进程，提高破产效率，尽快确定各债权人债权的需要，稼禾公司如对债权表记载的债权有异议，则应在规定的期限内提起诉讼。本案中，稼禾公司未在指定时间内提起诉讼，应对其行为承担不利后果，即其无权再提起关于该项债权的债权确认之诉。

【法院裁判结果】

稼禾公司的上诉请求不能成立，一审裁定认定事实清楚，适用法律正确。依照《中华人民共和国民事诉讼法》（以下简称《民事诉讼法》）第一百七十条第一款第（一）项、第一百七十一条规定，裁定如下：

驳回上诉，维持原裁定。

【税务律师案例评析】

1. 管理人对于债权人提出的异议怠于回复，影响异议人提出诉讼的时间，管理人是否失职，是否承担相应的赔偿责任。

本案中，作为债务人稼禾公司对管理人确定的税款债权有异议，稼禾公司应在2020年10月9日第一次债权人会议核查结束之日后的15天内，即2020年10月22日之前向人民法院提起债权确认的诉讼。而非向破产管理人提出异议。稼禾公司在2020年11月19日提起诉讼，该时间已经超过债权核查结束后15天。

根据《破产法司法解释（三）》第八条规定，债务人、债权人对债权表记载的债权有异议的，应当说明理由和法律依据。经管理人解释或调整后，异议人仍然不服的，或者管理人不予解释或调整的，异议人应当在债权人会议核查结束后15日内向人民法院提起债权确认的诉讼。根据该条规定，异议人对异议债权提起债权确认之诉的前置程序是先向管理人提出异议并同时说明理由和法律依据。但是并未规定异议人何时向管理人提出异议，也并未规定管理人在收到异议后何时回复。如果管理人怠于对异议进行处理，就有可能导致异议人向法院起诉的时间会超过法律规定的15天。

笔者认为，不管对异议债权是否进行调整，应该规定管理人收到异议后必须在几天内给予答复，异议人收到回复后可以决定是否向人民法院提起诉讼。如果因管理人未尽勤勉义务造成异议人丧失起诉的权利，则管理人应承担由此产生不利后果的赔偿责任。

在实践中，管理人会在债权核查之前，将债权审查意见提前发给各位债权人，这样债权人有充足的时间对债权进行审查，并和管理人沟通，如确实意见不一致的，可以提前做好起诉的准备。

笔者也提醒，作为异议债权人，在收到债权表和债权审查意见后，如对债权有异议，应及时向管理人提出，并提前做好起诉的准备，如管理人不予调整或不予回复，可以在债权核查结束后15天内及时起诉。

2. 管理人该如何审查税款债权。

本案中根据原告的陈述，纳税人与征缴人是有纳税争议的，那作为管理人又是如何审查这笔税款债权的？实务中，一般管理人是根据税务机关的申报来确定的，主要是一般管理人团队没有税务相关的专业人员，无法确定债务人真实的应纳税情况。税款债权属于优先债权，它的金额大小会影响清偿顺序在其后的债权人的受偿额。有些破产清算案，只有税款债权才能受偿，因此，税款债权的确定至关重要。那么作为管理人，该如何审查税款债权呢？笔者认为，作为税款金额较大，涉税项目多且复杂的破产企业，管理人在审查税款债权时,可以聘请专业第三方机构对破产企业的税款进行专项清理,借助于专业机构的清理结果作为管理人的审查意见。

【法条摘录】

最高人民法院关于适用《中华人民共和国企业破产法》
若干问题的规定（三）①
2019年3月27日　法释〔2019〕3号

第八条　债务人、债权人对债权表记载的债权有异议的,应当说明理由和法律依据。经管理人解释或调整后,异议人仍然不服的,或者管理人不予解释或调整的,异议人应当在债权人会议核查结束后十五日内向人民法院提起债权确认的诉讼。

20. 超过税款本金的滞纳金是否确认为破产债权?

【案例来源】

《国家税务总局济南市槐荫区税务局与山东省建材物资总公司破产债权确认纠纷二审判决书》〔（2019）鲁01民终4926号〕

【案情简介】

一、当事人关系梳理
上诉人（一审原告）：国家税务总局济南市槐荫区税务局
被上诉人（一审被告）：山东省建材物资总公司

二、基本案情
2018年7月2日,一审法院济南市槐荫区人民法院作出（2018）鲁0104破申2号民事裁定书,裁定受理山东省建材物资总公司（以下简称建材公司）的破产清算申请。国家税务总局济南市槐荫区税务局（以下简称槐荫区税务局）于2018年9月11日向建材公司管理人申报债权。2018年9月17日,建材公司管理人作出两份《债权审查结果通知书》,认为税金滞纳金不能超过税金本身,最终确认债权总额分别为232932.28元（其中滞纳金为116466.14

---

① 该文件已被修改。参见《最高人民法院关于修改〈最高人民法院关于破产企业国有划拨土地使用权应否列入破产财产等问题的批复〉等二十九件商事类司法解释的决定》（法释〔2020〕18号）。

元，列入普通债权参与分配）和 2596449.58 元（其中滞纳金为 1298224.79 元，列入普通债权参与分配）。

建材公司有两笔欠缴税款：增值税呆账 1298224.79 元，税款所属期为 1998 年 11 月，缴款期限为 1998 年 12 月 10 日，自 1998 年 12 月 10 日起至 2018 年 7 月 2 日（即破产清算受理之日），滞纳金为 6335336.98 元；城市维护建设税 81526.30 元、教育费附加 34939.84 元，共计 116466.14 元，自 1998 年 1 月 12 日起计算至 2018 年 7 月 2 日，滞纳金为 451818.75 元。

槐荫区税务局对管理人认定有异议，遂起诉至破产清算受理法院济南市槐荫区人民法院。槐荫区税务局认为税收滞纳金的加收按照征管法执行，不适用《行政强制法》，不存在是否超出税款本金的问题。如滞纳金加收数据超过本金，按《税收征收管理法》的规定进行加收。

一审法院驳回了槐荫区税务局的诉讼请求，槐荫区税务局上诉至山东省济南市中级人民法院。

【争议焦点】

税收滞纳金是否可以超过税款本金？

【各方观点】

槐荫区税务局（上诉人）认为： "税款滞纳金"与"行政强制执行滞纳金"系两个不同的概念。建材公司的破产管理人将"税款滞纳金"认定为"行政强制执行滞纳金"继而对超出税款金额部分的滞纳金没有认定为破产债权是错误的，侵犯了槐荫区税务局的合法权益，损害了国家利益。

建材公司（被上诉人）认为： 本案中税款滞纳金不应超过税款本金。（1）《税收征收管理法》第三十二条与《行政强制法》第四十五条第二款之间不存在冲突，应当对税款滞纳金数额进行限制。（2）按照《企业破产法》的相关规定，应当对债权人进行公平清偿，税款本金债权按照该法规定，已经优先于其他普通债权将在第二顺序得到清偿，若对税款滞纳金不加以限制，将更不利于其他普通债权人权利的实现与维护，因此对税款滞纳金应当进行限制。

【裁判要旨】

依照《行政强制法》第四十五条第二款"加处罚款或者滞纳金的数额不得超出金钱给付义务的数额"之规定，建材公司管理人认定的滞纳金数额，符合法律规定，法院予以确认。

【法院裁判观点】

加收滞纳金系纳税人未在法律规定期限内完税的一种处罚举措，系行政强制执行的一种方式，一审法院对此认定并无不当。《行政强制法》第四十五条第二款规定，"加处罚款或者滞纳金的数额不得超出金钱给付义务的数额"。建材公司管理人认定的滞纳金数额，符合法律规定。对于槐荫区税务局要求建材公司管理人确认超出本金的税款滞纳金，不符合法律规定，不应支持。

【法院裁判结果】

1. 经审理二审法院认定，一审法院认定的事实属实，法院予以确认；驳回上诉，维持原判。
2. 二审案件受理费59310元，由上诉人槐荫区税务局负担。

【税务律师案例分析】

本案中争议的焦点在于税收滞纳金是否可以超过税款本金。根据《税收征收管理法》的相关规定，纳税人未按规定期限缴纳税款的，从滞纳税款之日起，按日加收滞纳税款0.5‰的滞纳金。该规定并未限制滞纳金的上限，只要纳税人欠税就会一直计算，直至税款缴清为止。根据《国家税务总局关于税收征管若干事项的公告》（国家税务总局公告2019年第48号）规定，企业所欠税款、滞纳金、罚款，以及因特别纳税调整产生的利息，以人民法院裁定受理破产申请之日为截止日计算确定。《行政强制法》规定，行政机关依法作出金钱给付义务的行政决定，当事人逾期不履行的，行政机关可以依法加处罚款或者滞纳金。加处罚款或者滞纳金的标准应当告知当事人。加处罚款或者滞纳金的数额不得超出金钱给付义务的数额。

作为税款滞纳金，到底适用哪部法律？有观点认为《税收征收管理法》属于特殊法，《行政强制法》属于普通法，根据《立法法》的规定，特别法优于普通法，在计算税款滞纳金时应适用《税收征收管理法》。有观点认为，税务机关也属行政机构，其对纳税人的强制执行措施同样受《行政强制法》的约束，因此，在计算税款滞纳金时不能超过税款本金。显然，本案中一审和二审法院均支持第二种观点。笔者认为，两部法对于滞纳金的规定其实并不冲突，只是《行政强制法》对滞纳金进行了限制性规定。所以，针对税款滞纳金的判定问题，不存在特别法优于普通法，同时受两部法的约束。

【法条摘录】

中华人民共和国税收征收管理法

第三十二条　纳税人未按照规定期限缴纳税款的，扣缴义务人未按照规定期限解缴税款的，税务机关除责令限期缴纳外，从滞纳税款之日起，按日加收滞纳税款万分之五的滞纳金。

中华人民共和国行政强制法

第四十五条　行政机关依法作出金钱给付义务的行政决定，当事人逾期不履行的，行政机关可以依法加处罚款或者滞纳金。加处罚款或者滞纳金的标准应当告知当事人。

加处罚款或者滞纳金的数额不得超出金钱给付义务的数额。

21. 破产申请受理前产生的社保滞纳金是否属于破产债权？

【案例来源】

《国家税务总局黟县税务局与黄山智恒投资有限公司普通破产债权确认纠纷一审判决书》[（2019）皖1023民初363号]

【案情简介】

一、当事人关系梳理

原告：国家税务总局黟县税务局

被告：黄山智恒投资有限公司

二、基本案情

2018年6月29日，黟县人民法院裁定受理黄山智恒投资有限公司（以下简称智恒公司）的破产清算申请，2018年12月20日指定安徽道同律师事务所为智恒公司管理人。

管理人第一次债权人会议认定，国家税务总局黟县税务局（以下简称黟县税务局）对智恒公司享有的税费优先债权为287824.06元，普通债权为90747.56元，另有14037.28元（从智恒公司社会保险费逾期之日算至债权申报之日）社会保险费滞纳金未予确认。

黟县税务局对智恒公司破产清算案的《黄山智恒投资有限公司管理人关于提请债权人会议核查债权的报告》及《债权表》记载其的债权有异议，认为其申报的社会保险费的滞纳金9243.21元应为破产债权，故于2019年4月16日向智恒公司管理人提出复核申请。

2019年5月23日，管理人作出债权复核意见，即对黟县税务局所提出的异议不予支持，即认为社会保险费的滞纳金不属于破产债权。黟县税务局于2019年6月10日向黟县人民法院提起普通破产债权确认之诉。

法院认为社会保险费滞纳金带有惩罚性，具有特定实施对象。若确定为破产债权，实际受惩罚的是全体债权人，有违破产法公平保护全体债权人的精神。

【争议焦点】

破产申请受理前产生的社保滞纳金，是否属于破产债权？

【各方观点】

黟县税务局（原告）认为：其申报的社会保险费滞纳金9243.21元应为破产债权，理由如下：

（1）根据《最高人民法院关于审理企业破产案件若干问题的规定》（法释〔2002〕23号）第六十一条第一款第（二）项之规定，人民法院受理破产案件后，债务人未执行劳动保险金的滞纳金不属于破产债权，没有讲之前的滞纳金不属于破产债权（强调的是"受理破产案件后"和"未执行"）。

（2）根据《最高人民法院关于适用〈中华人民共和国企业破产法〉若干问题的规定（三）》，以下简称《破产法司法解释（三）》）第三条，破产申请受理后，债务人未履行劳动保险金的滞纳金人民法院不予确认，未讲之前滞纳金不认可、不确认（强调的是"破产申请受理后"和"未履行"）。

（3）两个司法解释措辞虽有区别，但实质内容一致，即破产案件（申请）受理之前的劳动保险金的滞纳金应予支持。

（4）从最高人民法院于2018年3月4日印发的《全国法院破产审判工作会议纪要》第28条中不能得出结论以排除劳动保险金的滞纳金。退一步讲，即便该条排除了该"滞纳金"，前述两个司法解释一个在该纪要前，一个在该纪要后，也应以后一个司法解释为准，且纪要的地位要低于司法解释。

智恒公司（被告）认为：案涉滞纳金不属于破产债权，理由如下：

（1）社会保险费滞纳金是对智恒公司未按期足额缴纳社保费用的惩罚，该惩罚具有人身不可替代性，如果惩罚性债权认定为破产债权，将降低其他普通债权人的清偿率，导致债务人惩罚转嫁到其他债权人身上，使其他债权人对此惩罚性债权承担连带责任，违反《企业破产法》第一条公平受偿原则。

（2）《破产法司法解释（三）》第三条所说的破产申请受理后，应当理解为破产申请受理这件事的发生，而不应当理解为一个时间点，即一旦破产申请被受理，所有的社会保险费滞纳金自始不应作为破产债权。

【裁判要旨】

1. 破产申请受理后，债务人欠缴款项产生的滞纳金，包括债务人未履行生效法律文书应当加倍支付的迟延利息和劳动保险金的滞纳金，债权人作为破产债权申报的，人民法院不予确认。

2. 社会保险费滞纳金带有惩罚性，具有特定实施对象，若确定为破产债权，实际受惩罚的是全体债权人，这有违该措施的本意和破产法公平保护全体债权人的精神。

【法院裁判观点】

1. 根据《破产法司法解释（三）》第三条规定，破产申请受理后，债务人欠缴款项产生的滞纳金，包括债务人未履行生效法律文书应当加倍支付的迟延利息和劳动保险金的滞纳金，债权人作为破产债权申报的，人民法院不予确认。

2. 上述法律规定并不能反推破产申请受理前产生的该条表述的滞纳金、加倍支付的迟延利息可确认为破产债权。

3. 社会保险费滞纳金带有惩罚性，具有特定实施对象，若确定为破产债权，实际受惩罚的是全体债权人，这有违该措施的本意和破产法公平保护全体债权人的精神。

4. 《最高人民法院关于审理企业破产案件若干问题的规定》（法释〔2002〕23号）第六十一条第一款第（二）项亦规定：人民法院受理破产案件后债务人未支付应付款项的滞纳金，包括债务人未执行生效法律文书应当加倍支付的迟延利息和劳动保险金的滞纳金；该规定与上述《破产法司法解释（三）》第三条规定的精神是一致的。

5. 本案中的社会保险费滞纳金不属于破产债权,对智恒公司的抗辩意见予以采纳。

【法院裁判结果】

驳回黟县税务局的诉讼请求。

【税务律师案例评析】

本案中,黟县税务局认为根据《破产法司法解释（三）》第三条规定"破产申请受理后,债务人欠缴款项产生的滞纳金,包括债务人未履行生效法律文书应当加倍支付的迟延利息和劳动保险金的滞纳金,债权人作为破产债权申报的,人民法院不予确认",应以破产受理的时间点为节点来确认破产债权。即破产受理之前的社会保险费滞纳金属于破产债权,破产受理之后的社会保险费滞纳金不属于破产债权。

法院认为,根据《破产法司法解释（三）》第三条规定,不能反推出破产申请受理前产生的滞纳金、加倍支付的迟延利息可确认为破产债权的结论。且社会保险费滞纳金带有惩罚性,若确定为破产债权,实际受惩罚的是全体债权人,有违破产法公平保护全体债权人的精神。

再参考以下两份文件：(1)《江苏省高级人民法院民事审判第二庭关于印发〈破产案件审理指南（修订版）〉的通知》（苏高法电〔2017〕794号）"七、破产债权及清偿顺序……下列债权不属于破产债权：一是行政、司法机关对债务人的罚款、罚金以及其他有关费用。二是债务人未执行生效法律文书应当加倍支付的迟延利息和劳动保险金的滞纳金。……"(2)《深圳市中级人民法院关于印发〈破产案件债权审核认定指引〉的通知》（深中法发〔2017〕5号）第五十四条"债权人申报的下列债权不予认定：（一）行政、司法机关对债务人的罚款、罚金及其他有关费用；（二）债务人未履行生效法律文书应当加倍支付的迟延利息和劳动保险金的滞纳金；……"上述两份文件均规定"迟延利息和滞纳金不属于破产债权"。

对于"破产申请受理前产生的滞纳金,是否属于破产债权"的问题本身仍存有争议。我国并非判例法国家,且每个案例的细节千差万别,该案的裁判观点提供了新的思路供参考,也即"社会保险费滞纳金带有惩罚性,具有特定实施对象。若确定为破产债权,实际受惩罚的是全体债权人,有违破产法公平保护全体债权人的精神。"

【法条摘录】

最高人民法院关于适用《中华人民共和国企业破产法》若干问题的规定（三）①

2019年3月27日　法释〔2019〕3号

第三条　破产申请受理后，债务人欠缴款项产生的滞纳金，包括债务人未履行生效法律文书应当加倍支付的迟延利息和劳动保险金的滞纳金，债权人作为破产债权申报的，人民法院不予确认。

最高人民法院关于审理企业破产案件若干问题的规定

2002年7月30日　法释〔2002〕23号

第六十一条　下列债权不属于破产债权：

（一）行政、司法机关对破产企业的罚款、罚金以及其他有关费用；

（二）人民法院受理破产案件后债务人未支付应付款项的滞纳金，包括债务人未执行生效法律文书应当加倍支付的迟延利息和劳动保险金的滞纳金；

（三）破产宣告后的债务利息；

（四）债权人参加破产程序所支出的费用；

（五）破产企业的股权、股票持有人在股权、股票上的权利；

（六）破产财产分配开始后向清算组申报的债权；

（七）超过诉讼时效的债权；

（八）债务人开办单位对债务人未收取的管理费、承包费。

上述不属于破产债权的权利，人民法院或者清算组也应当对当事人的申报进行登记。

22. 破产案件受理后欠缴税款产生的滞纳金是否属于破产债权？

【案例来源】

《国家税务总局哈密市伊州区税务局与哈密星鑫镍铁合金有限责任公司破产债权确认纠纷一审判决书》〔（2018）兵12民初15号〕

---

① 该文件已被修改。参见《最高人民法院关于修改〈最高人民法院关于破产企业国有划拨土地使用权应否列入破产财产等问题的批复〉等二十九件商事类司法解释的决定》（法释〔2020〕18号）。

【案情简介】

一、当事人关系梳理

原告：国家税务总局哈密市伊州区税务局

被告：哈密星鑫镍铁合金有限责任公司

二、基本案情

哈密星鑫镍铁合金有限责任公司（以下简称星鑫镍铁公司）欠缴属期为2017年9月1日至2017年9月30日的增值税税款，金额为500958.22元，该笔税款应于2017年10月25日之前缴纳。

2017年11月21日，经星鑫镍铁公司申请，新疆生产建设兵团第十三师中级人民法院作出裁定书，裁定受理星鑫镍铁公司破产清算一案，并于2017年12月12日作出决定书，指定新疆天阳律师事务所担任星鑫镍铁公司的管理人。

国家税务总局哈密市伊州区税务局（以下简称伊州区税务局）接到通知后，向星鑫镍铁公司管理人申报了债权，申报债权为星鑫镍铁公司欠缴的税款及滞纳金，金额为税款500958.22元及自滞纳之日起（即2017年10月26日）按照每日0.5‰计算至实际缴纳之日止的滞纳金。

2018年10月22日，星鑫镍铁公司管理人出具《管理人破产债权初审意见》，确认伊州区税务局申报的有效债权为500958.22元及按照每日0.5‰自2017年10月26日起计算至2017年11月21日的滞纳金6512.46元。对于2017年11月21日后因欠缴税款产生的滞纳金不予确认为破产债权。伊州区税务局遂向星鑫镍铁公司管理人提出异议，认为滞纳金应计算至实际缴纳之日。

2018年11月6日，星鑫镍铁公司管理人出具《管理人破产债权复核意见》，经复核，该管理人维持了初审确认债权意见。为此，伊州区税务局向法院提起诉讼。

【争议焦点】

破产案件受理后，欠缴税款产生的滞纳金是否属于破产债权？

【各方观点】

伊州区税务局（原告）认为：根据《税收征收管理法实施细则》第七十五条和《税收征收管理法》第三十二条规定，加收滞纳金的起止时间，为法律、行政法规规定或者税务机关依照法律、行政法规的规定确定的税款缴纳期限届满次日起至纳税人、扣缴义务人实际缴纳或者解缴税款之日止。因此,星鑫镍铁公司 2017 年 11 月 22 日(破产案件受理后)至实际缴纳之日止的滞纳金应列入破产债权。

星鑫镍铁公司(被告)认为:

(1)根据《最高人民法院关于税务机关就破产企业欠缴税款产生的滞纳金提起的债权确认之诉应否受理问题的批复》(法释〔2012〕9 号)的规定,对于破产案件受理后因欠缴税款产生的滞纳金,人民法院应当依照《最高人民法院关于审理企业破产案件若干问题的规定》(法释〔2002〕23 号)第六十一条规定处理。

(2)法释〔2002〕23 号文件第六十一条第一款第(二)项规定,人民法院受理破产案件后债务人未支付应付款项的滞纳金,包括债务人未执行生效法律文书应当加倍支付的迟延利息和劳动保险金的滞纳金,不属于破产债权。

(3)因此,破产案件受理前欠缴的税款滞纳金依法属于普通破产债权,不享有税收优先权。破产案件受理后欠缴税款产生的滞纳金则不属于破产债权。

【裁判要旨】

根据法释〔2012〕9 号文件及法释〔2002〕23 号文件第六十一条第一款第(二)项规定,公司破产清算日之前欠缴税款产生的税款滞纳金属于普通破产债权,之后的部分依法不属于破产债权。

【法院裁判观点】

1. 根据法释〔2012〕9 号文件之规定,对于破产案件受理后因欠缴税款产生的滞纳金,人民法院应当依照法释〔2002〕23 号文件第六十一条规定处理。

2. 法释〔2002〕23 号文件第六十一条第一款第(二)项规定,人民法院受理破产案件后债务人未支付应付款项的滞纳金,包括债务人未执行生效法律文书应当加倍支付的迟延利息和劳动保险金的滞纳金,不属于破产债权。

3. 因此,破产案件受理后欠缴税款产生的滞纳金不属于破产债权。本案中,法院裁定星鑫镍铁公司破产清算日(即 2017 年 11 月 21 日)之前欠缴税款产生的税款滞纳金属于普通破产债权,之后的部分依法不属于破产债权。

【法院裁判结果】

判决驳回原告伊州区税务局的诉讼请求。

【税务律师案例评析】

由于星鑫镍铁公司进入破产程序,因此欠缴税款产生的滞纳金应当依照企业破产法及相关司法解释的规定处理。

根据《企业破产法》规定,附利息的债权自破产申请受理时起停止计息。那么欠税滞纳金是否属于税款债权的利息?法释〔2012〕9号文件规定对此予以明确,欠税滞纳金也适用"人民法院受理破产案件后债务人未支付应付款项的滞纳金不属于破产债权"的规定。

在地方层面,四川省高级人民法院印发的《关于审理破产案件若干问题的解答》(川高法〔2019〕90号)规定持以下观点:"税款滞纳金具有经济补偿性质,是企业因占用税款而应对国家作出的经济补偿,属于国家税款被占用期间的法定孳息,相当于利息。……破产案件受理后债务人欠缴的税款滞纳金,应遵守一般债权人破产受理停止计息的规则,不属于破产债权。"[①]

【法条摘录】

中华人民共和国企业破产法

第一百一十三条(第一款) 破产财产在优先清偿破产费用和共益债务后,依照下列顺序清偿:

(一)破产人所欠职工的工资和医疗、伤残补助、抚恤费用,所欠的应当划入职工个人账户的基本养老保险、基本医疗保险费用,以及法律、行政法规规定应当支付给职工的补偿金;

(二)破产人欠缴的除前项规定以外的社会保险费用和破产人所欠税款;

(三)普通破产债权。

中华人民共和国税收征收管理法

第三十二条 纳税人未按照规定期限缴纳税款的,扣缴义务人未按照规定期限解缴税款的,税务机关除责令限期缴纳外,从滞纳税款之日起,按日加收

---

① 徐战成. 企业破产涉税百问及经典案例解析[M]. 北京:中国税务出版社,2021:160.

滞纳税款万分之五的滞纳金。

中华人民共和国税收征收管理法实施细则

第七十五条 税收征管法第三十二条规定的加收滞纳金的起止时间，为法律、行政法规规定或者税务机关依照法律、行政法规的规定确定的税款缴纳期限届满次日起至纳税人、扣缴义务人实际缴纳或者解缴税款之日止。

最高人民法院关于税务机关就破产企业欠缴税款产生的滞纳金提起的债权确认之诉应否受理问题的批复
2012年6月26日　法释〔2012〕9号

……税务机关就破产企业欠缴税款产生的滞纳金提起的债权确认之诉，人民法院应依法受理。依照企业破产法、税收征收管理法的有关规定，破产企业在破产案件受理前因欠缴税款产生的滞纳金属于普通破产债权。对于破产案件受理后因欠缴税款产生的滞纳金，人民法院应当依照《最高人民法院关于审理企业破产案件若干问题的规定》第六十一条规定处理。……

最高人民法院关于审理企业破产案件若干问题的规定
2002年7月30日　法释〔2002〕23号

第六十一条 下列债权不属于破产债权：

……

（二）人民法院受理破产案件后债务人未支付应付款项的滞纳金，包括债务人未执行生效法律文书应当加倍支付的迟延利息和劳动保险金的滞纳金；

……

23. 第三人代为支付的税款能否向管理人申报债权？

【案例来源】

《王训宇与宜昌律信投资有限公司破产管理人合同、无因管理、不当得利纠纷一审判决书》[（2019）鄂0506民初834号]

【案情简介】

一、当事人关系梳理

原告：王训宇

被告：宜昌律信投资有限公司破产管理人

二、基本案情

原告王训宇因与宜昌律信投资有限公司（以下简称律信公司）借款合同纠纷一案，宜昌市中级人民法院依法作出判决。法院通知律信公司向原告王训宇清偿本金3000万元，并承担相应利息，律信公司未能自动清偿债务。

2017年宜昌市中级人民法院在执行中查封了律信公司位于夷陵区的涉案房屋。并以保留价3200万元在京东商城进行了司法网络拍卖，后因无人竞买而流拍。

经原告王训宇申请，法院裁定以涉案房屋流拍保留价即3200万元交付原告王训宇用以抵偿判决书确认的债权。原告王训宇办理了涉案房屋的过户手续并缴纳了所有的税款共计6454887.24元。其中税务机关向律信公司出具发票税额共计5219809.52元；向原告王训宇个人出具的发票共计1235077.72元。

2018年6月1日律信公司进入破产程序，原告王训宇向其破产管理人申报债权，并主张其代缴的5219809.52元税款所形成的债权具有优先权。双方遂就原告王训宇是否因代缴税款取得债权5219809.52元，且该债权是否属于税收债权具有优先性发生争议。

【争议焦点】

1. 原告以律信公司名义缴纳的税款应由谁负担？
2. 原告代缴税款后，原告与律信公司之间是否形成债权债务关系？
3. 如债权成立，该债权按普通债权还是税款债权处理？

【各方观点】

王训宇（原告）认为： 律信公司应向税务机关缴纳税款5219809.52元，如其未缴，则税务机关对律信公司享有税款债权。现原告垫缴，实质上形成了税务机关债权的转让，故原告垫缴的5219809.52元应为律信公司的税款债权，具有优先受偿权。

律信公司破产管理人（被告）认为： 原告因以物抵债办理过户手续产生的费用应当由其自行负担，其所缴费用与律信公司无关，该笔费用不属于律信公司的破产债权。

【裁判要旨】

1. 从拍卖公告的约定及我国现行税收政策来看，税务机关向律信公司出具发票载明的税额，应属律信公司作为房屋出卖人应缴纳的税费，向王训宇个人出具的发票载明的税额应属王训宇作为房屋买受人应当承担的税费。在没有证据证实原告王训宇系自愿承担全部税费的情况下，应认定本案所涉税款应当由律信公司负担。

2. 原告代缴后，律信公司事实上构成不当得利，原告与律信公司之间形成不当得利之债，律信公司负有返还义务。

3. 原告王训宇享有的该税款债权，并非基于担保权而享有的优先权，而是享有按税款债权顺序依法受偿的权利。其要求优先受偿权的诉讼请求，法院不予支持，依法调整为按税款债权顺序受偿。

【法院裁判观点】

1. 原告以律信公司名义缴纳的税款应由谁负担？

原告王训宇因与律信公司借款合同纠纷一案进入执行程序后，法院依法查封了律信公司位于夷陵区的涉案房屋，并就涉案房屋发布拍卖公告，公告第七条规定："标的物交付手续由买受人自行办理，所有涉及的税费及办理权证所需费用按法律规定办理，所产生的其他费用由买受人负担"。

从拍卖公告的约定及我国现行税收政策来看，税务机关向律信公司出具发票载明的税额共计5219809.52元，应属律信公司作为房屋出卖人应缴纳的税费，向王训宇个人出具的发票载明的税额共计1235077.72元，应属王训宇作为房屋买受人应当承担的税费。

在没有证据证实原告王训宇系自愿承担全部税费的情况下，应认定本案所涉税款5219809.52元应当由律信公司负担。

2. 原告代缴税款后，原告与律信公司之间是否形成债权债务关系？

前已述及，原告王训宇以律信公司名义缴纳的税费5219809.52元，本应由律信公司依法缴纳，因律信公司主观认识和客观不能的原因未缴纳，原告王训宇的代缴行为不能否认涉案缴税主体是律信公司的事实。

原告代缴后，律信公司事实上构成不当得利，原告与律信公司之间形成不当得利之债，律信公司负有返还义务。在破产程序中，应当依法认定系原告王训宇对律信公司所享有的债权。

3. 如债权成立，该债权按普通债权还是税款债权处理？

判断债权受偿顺序，关键在于考察债权的取得方式。本案中，原告王训宇源于代律信公司缴纳税款而取得之债权，参照《最高人民法院关于正确审理企业破产案件为维护市场秩序提供司法保障若干问题的意见》（法发〔2009〕36号）第5条对职工债权的处理方式，不宜认定为普通债权，而应按税款债权受偿，如此认定，亦符合民事活动的公平原则。

《企业破产法》第一百零九条规定："对破产人的特定财产享有担保权的权利人，对该特定财产享有优先受偿的权利"；第一百一十三条第一款规定："破产财产在优先清偿破产费用和共益债务后，按照下列顺序清偿：（一）破产人所欠职工的工资和医疗、伤残补助、抚恤费用，所欠的应当划入职工个人账户的基本养老保险、基本医疗保险费用，以及法律、行政法规规定应当支付给职工的补偿金；（二）破产人欠缴的除前项规定以外的社会保险费用和破产人所欠税款；（三）普通破产债权"。

根据前述规定，原告王训宇享有的该税款债权，并非基于担保权而享有的优先权，而是享有按税款债权顺序依法受偿的权利。

【法院裁判结果】

原告王训宇要求确认其垫缴的5219809.52元系其对律信公司享有的税款债权的诉讼请求，理由成立，法院予以支持；其要求优先受偿权的诉讼请求，法院不予支持，依法调整为按税款债权顺序受偿；被告律信公司破产管理人辩称原告王训宇垫付的税款应由其承担的辩解意见，理由不能成立，法院不予采信。

【税务律师案例评析】

1. 司法拍卖涉及税费由谁承担？

按照《税收征收管理法》第四条第一款规定，"法律、行政法规规定负有纳税义务的单位和个人为纳税人"，司法拍卖过程中涉及的各税种均在相应的法律、法规中有明确的纳税义务主体，应当由法定的纳税义务人缴纳相应的税款。也就是说，司法拍卖过程中涉及的税费由买卖双方按法律、法规规定各自负担。

2. 其他参考案例[（2020）辽1224民初2400号民事判决书]。

在该案件中，法院认为，网络司法拍卖的竞买公告及执行裁定书中对税费负担都未明确，以物抵债过程中双方当事人对税费负担未能达成一致意见。根据《最高人民法院关于人民法院网络司法拍卖若干问题的规定》（法释〔2016〕18号）第三十条规定，"因网络司法拍卖本身形成的税费，应当依照相关法律、行政法规的规定，由相应主体承担；没有规定或者规定不明的，人民法院可以根据法律原则和案件实际情况确定税费承担的相关主体、数额"。现双方就税费负担产生争议，应当参照民事交易中自主买卖的相关规定确定抵债双方的税费承担标准，即参考在一般房地产买卖交易中买受人与出卖人承担税费的一般规则予以确定，由被执行人承担转让方的税费，由接受抵债的申请执行人承担买受方的税费。

3. 为避免类似争议，笔者提出如下建议：在司法拍卖公告中充分提示涉及税费的种类、税率和金额。尽可能完善司法拍卖公告内容，充分向买受人披露标的现状与问题，提示标的拍卖涉及税费的种类、税率和金额，提示标的所有权人是否有履行纳税义务的能力及意愿。买受人知悉有关情况后，可提前充分评估是否有必要和有能力参与竞拍，避免因缴纳较高税费而产生争议。

【法条摘录】

中华人民共和国企业破产法

第一百零九条 对破产人的特定财产享有担保权的权利人，对该特定财产享有优先受偿的权利。

第一百一十三条（第一款） 破产财产在优先清偿破产费用和共益债务后，按照下列顺序清偿：

（一）破产人所欠职工的工资和医疗、伤残补助、抚恤费用，所欠的应当划入职工个人账户的基本养老保险、基本医疗保险费用，以及法律、行政法规规定应当支付给职工的补偿金；

（二）破产人欠缴的除前项规定以外的社会保险费用和破产人所欠税款；

（三）普通破产债权。

中华人民共和国税收征收管理法

第四条 法律、行政法规规定负有纳税义务的单位和个人为纳税人。

法律、行政法规规定负有代扣代缴、代收代缴税款义务的单位和个人为扣缴义务人。

纳税人、扣缴义务人必须依照法律、行政法规的规定缴纳税款、代扣代缴、代收代缴税款。

24. 国土资源局申报的土地闲置费是否属于破产债权？[①]

【案例来源】

《杭州市国土资源局临安分局与浙江新广发置业有限公司破产债权确认纠纷一审判决书》[（2018）浙0185民初1148号]

【案情简介】

一、当事人关系梳理

原告：杭州市国土资源局临安分局

被告：浙江新广发置业有限公司

浙江新广发置业有限公司破产管理人：浙江法君律师事务所

二、基本案情

原告杭州市国土资源局临安分局（以下简称国土资源局临安分局）与案外人华电房地产公司于2002年签订《国有土地使用权出让合同》约定：（1）原告出让案涉宗地面积305333平方米，总金额为50050000元；（2）受让人应当在该合同签订后1年内动工建设；（3）受让人应当按照合同约定进行开发建设，超过合同约定的动工开发日期满1年未动工开发的，出让人可以向受让人征收相当于土地使用权出让金20%以下的土地闲置费。

2002年2月7日，华电房地产公司的企业名称变更为恒晟房地产公司，2004年8月13日又变更为置业公司。2005年3月23日，置业公司与振兴集团投资设立本案被告浙江新广发置业有限公司（以下简称新广发公司）。置业公司以其前述受让取得的国有土地使用权入股。2005年4月29日，案涉国有土地使用权所有人变更为被告新广发公司。2017年3月2日，法院裁定受理申请人浙江万××建设工程有限公司对被申请人新广发公司的破产重整申请。

2017年11月20日，原告国土资源局临安分局以收缴20%闲置费1001000元为由，向被告新广发公司管理人申报普通债权。2017年12月14日，原告向

---

① 自2021年7月1日起，土地闲置费划转至税务部门征收。

被告新广发公司送达《闲置土地处置情况告知书》，要求收缴前述土地闲置费。2018年1月25日，原告应被告听证要求，向其送达《听证告知书》。

2018年2月9日，被告新广发公司破产管理人向原告送达《债权审核结果通知书》，告知原告申报的债权属行政处罚，不属于破产债权，认定债权为0。原告对该审核结果有异议，故产生本案纠纷。

【争议焦点】

原告申报的土地闲置费是否属于破产债权？

【各方观点】

国土资源局临安分局（原告）认为：被告管理人的审核结果有误，土地闲置费是违约责任，不属于罚款、罚金，故应属于破产债权。

新广发公司（被告）认为：原告申报的债权属行政处罚，不属于破产债权。

【裁判要旨】

原告起诉要求确认破产债权，其应对债权的性质予以明确，即案涉土地闲置费属于行政处罚还是民事合同违约责任的问题。如属于行政处罚，则原告应按照法定的程序作出行政处罚决定，且应给予被告相应的救济途径，待作出行政处罚决定后才能向管理人申报债权。如属于民事违约责任，则应按破产债权确认之诉处理。

【法院裁判观点】

1. 债权人对管理人编制的债权表记载的债权有异议的，可以向受理破产申请的人民法院提起诉讼。民事诉讼起诉必须有具体的诉讼请求和事实、理由。本案中，原告起诉要求确认破产债权，其应对债权的性质予以明确，即案涉土地闲置费属于行政处罚还是民事合同违约责任的问题。如属于行政处罚，则原告应按照法定的程序作出行政处罚决定，且应给予被告相应的救济途径（依法申请行政复议或者提起行政诉讼），待作出行政处罚决定后才能向管理人申报债权。如属于民事违约责任，则应按破产债权确认之诉处理。

2. 关于原告要求法院认定其行为性质的问题，原告作为具有相应职权的行政机关，应对其作出的行为性质及责任后果具有明确认识，才能依法作出行政行为，故对其该项意见，法院不予采纳。鉴于土地闲置费的性质问题与本案审理结果具有实质关联性，原告未能明确的，其诉讼请求相应也不能明确，故不符合民事诉讼的起诉条件，依法应裁定驳回。

【法院裁判结果】

驳回原告杭州市国土资源局临安分局的起诉。

【税务律师案例评析】

1. 原告能否依据《闲置土地处置情况告知书》直接向管理人申报破产债权？

《行政处罚法》第四十四条规定"行政机关在作出行政处罚决定之前，应当告知当事人拟作出的行政处罚内容及事实、理由、依据，并告知当事人依法享有的陈述、申辩、要求听证等权利。"第四十五条规定"当事人有权进行陈述和申辩。行政机关必须充分听取当事人的意见，对当事人提出的事实、理由和证据，应当进行复核；当事人提出的事实、理由或者证据成立的，行政机关应当采纳。"《最高人民法院关于适用〈中华人民共和国企业破产法〉若干问题的规定（三）》第七条第一款规定"已经生效法律文书确定的债权，管理人应当予以确认。"

原告起诉要求将1000万余元的土地闲置费确认为破产债权，首先需要对债权性质予以明确。即便被认定为行政处罚，原告也应先按照法定程序作出行政处罚决定，并给予对方相应的救济途径。其后，才涉及向管理人申报债权的问题。

因此，处置情况或处罚情况告知书不等于行政处罚决定书，不能被认定为已经生效法律文书向管理人申报破产债权。

2. 延伸问题探讨——行政处罚的罚款能否被确认为破产债权？

《最高人民法院关于审理企业破产案件若干问题的规定》（法释〔2002〕23号）第六十一条规定"下列债权不属于破产债权：（一）行政、司法机关对破产企业的罚款、罚金以及其他有关费用；……"

《全国法院破产审判工作会议纪要》（法〔2018〕53号印发）将罚款的性质从除斥债权转变为劣后债权，破产财产依照《企业破产法》规定的顺序清偿后仍有剩余的，可依次用于清偿破产受理前产生的民事惩罚性赔偿金、行政罚款、刑事罚金等惩罚性债权。该会议纪要出台前，各地法院制作的债权申报表中，基本上没有"罚款"这个栏目。为了避免主动放弃罚款的风险，税务机关往往另附说明，破产管理人也会按照规定进行登记。该会议纪要出台后，应当对债权申报表格式作出调整,另设"罚款"栏目,方便包括税务机关在内的行政机关申报。①

因此,对于行政处罚能否被确认为破产债权的问题实践中存有争议,最终需法官根据具体案情进行综合判定。

【法条摘录】

中华人民共和国企业破产法

第五十八条 依照本法第五十七条规定编制的债权表,应当提交第一次债权人会议核查。

债务人、债权人对债权表记载的债权无异议的,由人民法院裁定确认。

债务人、债权人对债权表记载的债权有异议的,可以向受理破产申请的人民法院提起诉讼。

中华人民共和国行政处罚法

第四十四条 行政机关在作出行政处罚决定之前,应当告知当事人拟作出的行政处罚内容及事实、理由、依据,并告知当事人依法享有的陈述、申辩、要求听证等权利。

第四十五条 当事人有权进行陈述和申辩。行政机关必须充分听取当事人的意见,对当事人提出的事实、理由和证据,应当进行复核;当事人提出的事实、理由或者证据成立的,行政机关应当采纳。

行政机关不得因当事人陈述、申辩而给予更重的处罚。

最高人民法院关于审理企业破产案件若干问题的规定
2002 年 7 月 30 日　法释〔2002〕23 号

第六十一条 下列债权不属于破产债权:

(一)行政、司法机关对破产企业的罚款、罚金以及其他有关费用;

(二)人民法院受理破产案件后债务人未支付应付款项的滞纳金,包括债务人未执行生效法律文书应当加倍支付的迟延利息和劳动保险金的滞纳金;

(三)破产宣告后的债务利息;

---

① 徐战成. 企业破产中的税收法律问题研究——以课税特区理论为指导 [M]. 北京:法律出版社,2018:47.

（四）债权人参加破产程序所支出的费用；
（五）破产企业的股权、股票持有人在股权、股票上的权利；
（六）破产财产分配开始后向清算组申报的债权；
（七）超过诉讼时效的债权；
（八）债务人开办单位对债务人未收取的管理费、承包费。

上述不属于破产债权的权利，人民法院或者清算组也应当对当事人的申报进行登记。

25. 税务机关申报税收债权是否需经过税收确定程序？

【案例来源】

《国家税务总局舒城县税务局与安徽正果电气技术有限公司破产债权确认纠纷一审民事判决书》[（2019）皖1523民初749号]

【案情简介】

一、当事人关系梳理

原告：国家税务总局舒城县税务局

被告：安徽正果电气技术有限公司

二、基本案情

2017年11月30日，舒城县人民法院裁定宣告安徽正果电气技术有限公司（以下简称正果公司）破产。2018年2月25日，原告国家税务总局舒城县税务局（以下简称舒城县税务局）向正果公司管理人申报债权。认为被告截至宣告破产日尚欠税款及滞纳金计1367459.95元，申报债权的种类为优先债权。正果公司管理人认为被告正果公司只欠缴税款11030.23元。舒城县税务局对正果公司管理人的初审结论有异议，故提起本案诉讼。

【争议焦点】

正果公司的欠税金额如何认定？

【各方观点】

舒城县税务局（原告） 认为：正果公司企业财务报表向税务局纳税申报表明，2016年11月30日资产负债表存货8008893.94元，2017年3月31日资产负债表存货为 0，即表明正果公司进行了所有权处理。根据《增值税暂行条例》第一条规定，被告应缴纳增值税销项税额 8008893.94×17% = 1361511.97（元）。正果公司于 2015 年 11 月 28 日取得一份增值税专用发票申报抵扣税款 16978.21 元，后该发票销货方作废，已申报的抵扣进项税额应转出，被告正果公司尚有留抵税款 11030.23 元，故应纳增值税 1361511.97 - 11030.23 + 16978.21 = 1367459.95（元）。又根据相关法律、法规规定，上述滞纳税款应自滞纳之日起按日 0.5‰ 加征滞纳金，截至宣告破产之日滞纳金为 156574.16 元。故应确认的税收债权为 1524304.11 元。

正果公司（被告）认为：正果公司于 2015 年已全面停产，舒城县税务局所述的存货不存在。舒城县税务局未提供存货销售相应的销售合同、完税凭证等证据，仅依据两份资产负债表无法认定正果公司存货所有权发生了转移。

【裁判要旨】

税务机关向破产管理人申报税收债权应当经过税收确定程序。

【法院裁判观点】

正果公司管理人对欠缴税款数额存有异议，而企业是否纳税，纳税多少，由税务机关决定或处罚，纳税人对决定或处罚不服的，可提起行政诉讼。原告舒城县税务局未能提出证据证明已向被告书面要求缴纳 1524034.11 元税款及滞纳金或相关处理决定等，故舒城县税务局诉请要求确认享有的破产优先债权为 1524034.11 元的证据不足，不予支持。

【法院裁判结果】

驳回原告舒城县税务局的诉讼请求。

【税务律师案例评析】

税收债权，是指税收债权人请求税收债务人为其给付的权利，即国家请求纳税义务人缴纳税款的权利。税收债权必须基于法定的原因发生之时，在法律规定的时间，依照法律规定的程序形成并征纳。多数情况下，税收债权的成立不需要行政权力的介入，但是税收债权的行使或税收债务的履行，须按照法律规定的时间和程序确定税额和征纳。

税额确定的主要表现为纳税人自行申报和税务机关确定两种方式。纳税人自行申报的，如果税务机关没有充分证据推翻，则推定纳税人申报正确；如果纳税人不申报，或者税务机关有充分证据证明申报不实的，税务机关可以依法重新确定税额，并向纳税人出具书面的法律文件——通常是《税务处理决定书》。特殊情况下，税收债权需要行政权力的介入才能成立，比如核定征收情况，特别纳税调整的情况，必须由税务机关作出相应的行政决定，税收债权才能成立，并且同时确定税额。因此，税务机关向破产管理人申报税收债权必须提供税收债权成立且税额确定的证据，通常是纳税申报表、《税务处理决定书》、《特别纳税调整通知书》、《核定征收税款通知书》等。[①]

【法条摘录】

中华人民共和国企业破产法

第五十八条　依照本法第五十七条规定编制的债权表，应当提交第一次债权人会议核查。

债务人、债权人对债权表记载的债权无异议的，由人民法院裁定确认。

债务人、债权人对债权表记载的债权有异议的，可以向受理破产申请的人民法院提起诉讼。

26. 破产企业可以突破税务复议的"纳税前置"程序吗？

【案例来源】

《温州市洞头区国家税务局与温州华光海藻食品有限公司破产债权确认纠纷一审民事判决书》[〔2018〕浙0305民初169号]

【案情简介】

一、当事人关系梳理

原告：温州市洞头区国家税务局

被告：温州华光海藻食品有限公司

二、基本案情

2013年温州华光海藻食品有限公司（以下简称华光公司）法定代表人金

---

① 张铁柱："破产管理人与税务机关发生债权确认争议应当如何处理？"，载微信公众号《誉格法律人》2020年3月10日。

配球在经营华光公司和浙江三丰水产食品有限公司时，利用其经营的龙须菜及羊栖菜骗取出口退税。金配球在2013年2月至2014年4月期间以虚构向他人收购"海菜芽"（实际为龙须菜）的事实，虚开农副产品进项发票合计4942份，虚开抵扣税款63817417.4元。其中以被告华光公司名义虚开农副产品进项发票121份，计12015200元，抵扣增值税税款1561976元。2016年10月30日温州市中级人民法院作出判决，金配球犯骗取出口退税罪，判处无期徒刑，责令退赔犯罪所得，退赔给浙江汇联进出口有限公司及温州市粮油食品对外贸易有限公司。

2017年6月28日，温州市洞头区人民法院裁定华光公司的破产清算申请，指定浙江泽商律师事务所为破产管理人。2017年10月27日，温州市国家税务局稽查局以华光公司违法为由，分别作出税务处理决定：追缴被告虚开"海菜芽"农产品收购凭证抵扣的增值税1561976元，并依法加收滞纳金；作出税务行政处罚决定：被告按应追缴的增值税1561976元，处一倍罚款，计罚款额1561976元。温州市国家税务局稽查局作出上述税务决定与税务行政处罚决定后，华光公司破产管理人向浙江省国家税务局提起行政复议并提出免除限期缴纳税款或提供相应担保的申请。2017年12月4日，浙江省国家税务局以华光公司在申请行政复议前未依照税务机关的纳税决定缴纳税款及滞纳金，也未提供相应担保为由，作出《不予受理行政复议决定书》。2017年12月25日，温州市洞头区国家税务局向华光公司破产管理人申报债权4150170.23元（其中本金1561976元、滞纳金1026218.23元、罚款1561976元）。2018年1月3日，华光公司破产管理人以温州市洞头区国家税务局提供的材料不足以确认债权为由，向温州市洞头区国家税务局发送《债权不予确认通知书》。故温州市洞头区国家税务局（以下简称洞头区国税局）提起本案诉讼。

【争议焦点】

破产企业的法定代表人利用破产企业作为实现犯罪目的而产生的税款，税务机关是否享有破产企业的债权？

【各方观点】

洞头区国税局（原告）认为：华光公司涉及虚开增值税专用发票、偷税等违法行为，税务局依法作出《税务处理决定书》《税务行政处罚决定书》，而且两份决定书未经行政复议程序否定其效力，是已经发生法律效力的行政行为，故税务机关享有对破产企业的债权。

华光公司（被告）认为：（1）《税务处理决定书》和《税务行政处罚决定书》认定的事实错误，该违法事实的认定与已经生效的刑事判决书认定的事实相悖，上述刑事判决书系华光公司法定代表人金配球骗取出口退税，华光公司只是金配球实现犯罪目的的工具。

（2）在破产债权确认中，《税务处理决定书》与《税务行政处罚决定书》只能作为证据来判断，且与已经生效的司法文书认定的事实明显冲突，应该遵循法院的判决。

（3）华光公司法定代表人金配球骗取的出口退税款已经由税务部门全部追回，没有给国家造成财产损失。

【裁判要旨】

行为人利用破产企业作为实现犯罪目的的工具的，破产企业不对行为人应缴的税款、滞纳金及罚款承担缴纳义务，税务机关对破产企业不享有税收债权。

【法院裁判观点】

华光公司进入破产清算程序后，洞头区国税局申报的债权，系洞头区国税局认为华光公司虚开增值税专用发票、偷税违法行为而应追缴的税款、滞纳金及罚款。由于华光公司该行为已被温州市中级人民法院生效刑事判决认定系金配球利用华光公司名义从事犯罪的行为，华光公司只是金配球实现犯罪目的的工具，加之洞头区国税局也未提供国家税款有为此造成流失的证据，故华光管理人对洞头区国税局申报的该债权作出不予确认决定，合法合理。

【法院裁判结果】

驳回原告洞头区国税局要求确认对被告华光公司享有债权 4150170.23 元的诉讼请求。

【税务律师案例评析】

我国现行《税收征收管理法》第八十八条规定了"纳税前置"和"复议前置"两个前置条件。即纳税人、扣缴义务人、纳税担保人同税务机关在纳税上发生争议时，必须先依照税务机关的纳税决定缴纳或者解缴税款及滞纳金或者提供相应的担保，然后可以依法申请行政复议；对行政复议决定不服的，可以依法向人民法院起诉。

有观点认为破产管理人对税务机关申报的税款应当记入债权表。对此有异议的债务人和其他债权人可以以税务机关为被告提出行政诉讼。但在破产程序之中，因作为纳税人的债务人已被管理人接管，破产财产将统一清偿各方债务，此时可以不再要求债务人必须提供纳税担保。[1]

然而，对于该问题，笔者更认同王欣新教授的观点，即：税收征管法规定的行政复议、行政诉讼只能适用于解决常态化非破产企业的税收债权确认问题，属于一般法，无法适用于破产程序中的税收破产债权确认。只有适用具备对上述问题特别解决功能的企业破产法，才能公正合理地解决税收破产债权的确认问题，才能实现国家立法要实现的目的。所以在破产程序中，企业破产法是应当适用的特别法，法院应当适用企业破产法规定的债权确认诉讼程序，而不应以行政复议和行政诉讼解决税收破产债权的确认问题。[2]

【法条摘录】

中华人民共和国企业破产法

第五十八条 依照本法第五十七条规定编制的债权表，应当提交第一次债权人会议核查。

债务人、债权人对债权表记载的债权无异议的，由人民法院裁定确认。

债务人、债权人对债权表记载的债权有异议的，可以向受理破产申请的人民法院提起诉讼。

中华人民共和国税收征收管理法

第八十八条 纳税人、扣缴义务人、纳税担保人同税务机关在纳税上发生争议时，必须先依照税务机关的纳税决定缴纳或者解缴税款及滞纳金或者提供相应的担保，然后可以依法申请行政复议；对行政复议决定不服的，可以依法向人民法院起诉。

当事人对税务机关的处罚决定、强制执行措施或者税收保全措施不服的，

---

[1] 吴宁：“是民事诉讼还是行政诉讼——谈谈破产程序中对税款异议的确认"，载微信公众号《审判研究》2019年10月29日。
[2] 王欣新. 税收破产债权确认中破产法与税法的适用选择[N]. 人民法院报，2021-06-17（7）.

可以依法申请行政复议，也可以依法向人民法院起诉。

当事人对税务机关的处罚决定逾期不申请行政复议也不向人民法院起诉、又不履行的，作出处罚决定的税务机关可以采取本法第四十条规定的强制执行措施，或者申请人民法院强制执行。

27. 破产企业留抵增值税款，能否抵减欠税？

【案例来源】

《国家税务总局大英县税务局、四川盛马化工股份有限公司破产债权确认纠纷二审民事判决书》[（2018）川09民终1325号]

【案情简介】

一、当事人关系梳理

上诉人（原审原告）：国家税务总局大英县税务局

被上诉人（原审被告）：四川盛马化工股份有限公司

二、基本案情

四川盛马化工股份有限公司（以下简称盛马公司）系国家税务总局大英县税务局（以下简称大英县税务局）管理的纳税人，2018年5月29日经一审法院裁定进入破产程序。一审法院裁定盛马公司与其他三家公司合并破产重整。截至2018年11月，盛马公司在税务机关留抵增值税款86860689.92元，盛马公司欠缴税款中不包括增值税。《盛马公司合并专项审计报告》将增值税列入盛马公司"其他流动资产"。

大英县税务局申报税款债权329257062.97元，滞纳金334030264.27元。管理人审查认定税款235682234.45元，滞纳金334030264.27元，对申报中的税款93574828.52元不予确认，并将滞纳金列入普通债权。

大英县税务局认为盛马公司欠缴税款中不包括增值税，因此留抵增值税款86860689.92元不能抵减增值税以外的税种。且滞纳金应为优先债权，故产生本案争议。

案件经过两级法院审理，均认为上述增值税留抵税款是盛马公司的企业资产，系对税务机关享有的债权。在双方互负债务的情形下，可以抵减其欠缴的税款。且本案滞纳金系普通破产债权，最终税务局败诉。

【争议焦点】

1. 盛马公司在税务机关留抵增值税款86860689.92元是否可以抵减其所欠缴的税款？

2. 税款滞纳金是否系优先债权？

【各方观点】

大英县税务局（上诉人）认为：《国家税务总局关于增值税一般纳税人用进项留抵税额抵减增值税欠税问题的通知》（国税发〔2004〕112号）第一条规定："对纳税人因销项税额小于进项税额而产生期末留抵税额的，应以期末留抵税额抵减增值税欠税。"但盛马公司少缴的税款未包含增值税，故其增值税留抵税额86860689.92元不能抵减增值税以外的税种，即不能抵减少缴税款本金。

盛马公司（被上诉人）认为：86860689.92元增值税留抵税额是公司资产，在不损害公司财产的前提下，公司破产重整管理人可行使抵销权，将该笔增值税留抵税额抵扣公司欠缴的税款本金。

【裁判要旨】

1. 在企业进入破产程序后，人民法院审理破产企业欠缴税款相关民事案件，应当适用企业破产方面的法律法规和税收等其他方面的法律规范，同时，企业破产方面的法律法规属于特别法，应当优先适用。

2. 破产重整期间，盛马公司没有进行生产，不再缴纳增值税，更无法用留抵增值税款抵减增值税，如果不能抵减所欠其他税款，就相当于该笔资产没有纳入重整程序处理，这会损害其他债权人利益。

【法院裁判观点】

1. 双方当事人均认可该86860689.92元增值税留抵税款是盛马公司的企业资产，实质上系盛马公司对税务机关享有的债权，故本案属于双方互负债务的情形。

2. 盛马公司管理人将该笔增值税留抵税款抵减了盛马公司所欠缴的税款本金，系主动行使抵销权，通过债务抵销使盛马公司财产受益。在不损害税务机关所享有的税收优先权的同时，也提高了普通债权受偿率，维护了普通债权人的利益。

3.《国家税务总局关于税收优先权包括滞纳金问题的批复》（国税函〔2008〕1084号）以及《税收征收管理法》中提及的税款优先权仅适用于普通税收征缴程序或者普通诉讼中的执行程序，对于滞纳金在企业破产重整程序中是否应当被认定为优先债权并无明确规定，应当适用《最高人民法院关于税务机关就破产企业欠缴税款产生的滞纳金提起的债权确认之诉应否受理问题的批复》（法释〔2012〕9号），确定本案中因欠缴税款产生的滞纳金属于普通破产债权。

4. 破产企业在资不抵债被宣告破产后，已丧失生产、经营的能力，破产管理人显然不是从事生产、经营的纳税人。国家制定《企业破产法》的目的，在于严格保护破产企业和其他债权人的合法权益，破产申请一经人民法院受理，即进入司法程序，其对破产财产的保全、执行、债务清偿顺序等均有严格限定，所以破产程序不同于一般的民事法律执行程序，对此《企业破产法》第十六条、第十九条、第一百一十三条（第一款）、第一百一十六条等均对个别债务人的债务清偿、有关债务人财产的保全执行、破产费用的清偿顺序、破产财产分配方案需经人民法院裁定认可等事项作了规定，也就是说不管任何债务或费用的强制划扣，在破产司法程序中，必须经过人民法院审查准许或在清偿顺序中依法清偿。

【法院裁判结果】

驳回大英县税务局上诉。

【税务律师案例评析】

笔者认为盛马公司在税务机关的留抵增值税款可以抵减欠缴税款，也即税款抵减可以跨税种。

《国家税务总局关于应退税款抵扣欠缴税款有关问题的通知》（国税发〔2002〕150号）规定："国家税务局与地方税务局分别征退的税款、滞纳金和罚没款，相互之间不得抵扣；由税务机关征退的农业税及教育费附加、社保费、文化事业建设费等非税收入不得与税收收入相互抵扣。抵扣欠缴税款时，应按欠缴税款的发生时间逐笔抵扣，先发生的先抵扣。"2018年6月15日，《国家税务总局关于修改部分税收规范性文件的公告》（国家税务总局公告2018年第31号）对上述条款作了修订，修订为："税务机关征退的教育费附加、社保费、文化事业建设费等非税收入不得与税收收入相互抵扣。抵扣欠缴税款时，应按欠缴税款的发生时间逐笔抵扣，先发生的先抵扣。"

可见，原规定下，国税、地税各自征收范围内的可以跨税种抵减，非税收入和税收收入之间不可互相抵欠。规定修订后，所有税种均可互相抵减，但非税收入和税收收入之间不可互相抵欠。上述规定完全符合《税收征收管理法实施细则》第七十九条的规定"当纳税人既有应退税款又有欠缴税款的，税务机关可以将应退税款和利息先抵扣欠缴税款；抵扣后有余额的，退还纳税人"。该规定并未限制退税款和抵扣税款必须税种一致。

这也符合债法的一般性原理，税收债权发生在国家和纳税人之间，不同税种，不同所属期，仅仅是不同笔而已，正如企业之间发生的若干笔债务往来。对于既有多缴，又有欠缴的，属于《中华人民共和国民法典》（以下简称《民法典》）第五百六十八条规定的互负债务，且债务的标的物种类、品质相同的，任何一方可以将自己的债务与对方的到期债务抵销。

结合该案裁判观点，法院认为留抵增值税款可以抵减所欠税款的主要理由为：（1）案涉留抵增值税款属于盛马公司资产，此种情形可认为双方互负债务。（2）破产重整期间，盛马公司没有进行生产，不用再缴纳增值税，更无法用留抵增值税款抵减增值税，如果不能抵减所欠其他税款，就相当于该笔资产没有纳入重整程序处理，这会损害其他债权人利益。

实务操作中，税务局一般允许企业同一税种抵税，但跨税种抵税很难操作。该案例实现了跨税种抵税，同时保护了征纳税双方利益。

【法条摘录】

中华人民共和国企业破产法

第一百一十三条（第一款） 破产财产在优先清偿破产费用和共益债务后，依照下列顺序清偿：

（一）破产人所欠职工的工资和医疗、伤残补助、抚恤费用，所欠的应当划入职工个人账户的基本养老保险、基本医疗保险费用，以及法律、行政法规规定应当支付给职工的补偿金；

（二）破产人欠缴的除前项规定以外的社会保险费用和破产人所欠税款；

（三）普通破产债权。

中华人民共和国税收征收管理法实施细则

第七十九条 当纳税人既有应退税款又有欠缴税款的，税务机关可以将应退税款和利息先抵扣欠缴税款；抵扣后有余额的，退还纳税人。

中华人民共和国民法典

第五百六十八条 当事人互负债务，该债务的标的物种类、品质相同的，任何一方可以将自己的债务与对方的到期债务抵销；但是，根据债务性质、按照当事人约定或者依照法律规定不得抵销的除外。

当事人主张抵销的，应当通知对方。通知自到达对方时生效。抵销不得附条件或者附期限。

最高人民法院关于适用〈中华人民共和国企业破产法〉若干问题的规定（二）①

2013年9月5日　法释〔2013〕22号

第四十一条 债权人依据企业破产法第四十条的规定行使抵销权，应当向管理人提出抵销主张。

管理人不得主动抵销债务人与债权人的互负债务，但抵销使债务人财产受益的除外。

最高人民法院关于审理企业破产案件若干问题的规定

2002年7月30日　法释〔2002〕23号

第六十一条（第一款） 下列债权不属于破产债权：
（一）行政、司法机关对破产企业的罚款、罚金以及其他有关费用；
……

28. 破产时被要求补缴的减免税款是否属于破产债权？

【案例来源】

《江西实业有限公司与江西省宜春市地方税务局直属局破产债权确认纠纷一审判决书》〔（2017）赣0902民初5122号〕

---

① 该文件已被修改。参见《最高人民法院关于修改〈最高人民法院关于破产企业国有划拨土地使用权应否列入破产财产等问题的批复〉等二十九件商事类司法解释的决定》（法释〔2020〕18号）。

【案情简介】

一、当事人关系梳理

原告：江西实业有限公司

被告：江西省宜春市地方税务局直属局

第三人：江西实业有限公司破产管理人

二、基本案情

2007年，因浙江梅荣公司愿意在宜春市投资发展，于2007年2月28日与江西井竹公司签订了股权转让协议书。为保障其投资环境，宜春市人民政府作为甲方与浙江梅荣公司作为乙方签订了一份《招商引资协议书》。该协议约定乙方义务：遵循对宜春市政府的承诺，在享受政府各项优惠政策同时，对收购的公司投入资金8000万元，使其收购的公司在两年内生产能力达到年产5000吨，实现收入7.5亿，税收达2000万元的目标。协议中甲方承诺：乙方在宜春收购的公司，享受开发区入园企业同等政策待遇，具体按宜春市人民政府印发的《关于鼓励外商投资的办法》（宜府发〔2004〕12号）、《江西省宜春市经济技术开发区招商引资优惠办法》（宜府发〔2004〕13号）执行。

之后，浙江梅荣公司在宜春成立了江西实业有限公司（以下简称江西实业公司）经营江西井竹公司，但未大规模经营，远未完成"使其收购的公司在两年内生产能力达到年产5000吨，实现收入7.5亿，税收达2000万元的目标"。2010年12月，江西实业公司以资不抵债为由向宜春市袁州区人民法院申请破产，宜春市袁州区人民法院依法裁定受理，并指定了破产管理人。后税务机关向破产管理人提交了《债权人债权申报书》《纳税评估结算书》《纳税评估认定结论书》，申报债权金额2799537.31元，债权发生理由为2009—2011年底查补税款，破产管理人予以确认。

2017年8月，破产管理人向江西实业公司法定代表人徐某发出《通知书》以及《债权表》，告知确认债权情况。江西实业公司向破产管理人提交了《破产债权表债权异议说明》，认为其属于税收减免范围，破产管理人不应确认税务机关申报的债权。破产管理人出具《回复函》，认为江西实业公司的异议不成立，遂产生本案纠纷。

【争议焦点】

破产企业享受了减免税优惠，破产时未满足税收优惠政策条件需补缴已享受减免税款的，是否属于破产债权？

【各方观点】

江西实业公司（原告）认为： 浙江梅荣公司应宜春市人民政府邀请到宜春投资，其成立的江西实业公司符合宜府发〔2004〕12号文件和宜府发〔2004〕13号文件规定，应属于税收减免范围，税务机关不应向其征税，破产管理人对该债权应不予确认。

税务机关（被告）认为：（1）根据《税收征收管理法》第三条规定，税收的开征、停征以及减税、免税、退税、补税，依照法律的规定执行；法律授权国务院规定的，依照国务院制定的行政法规的规定执行。任何机关、单位和个人不得违反法律、行政法律的规定，擅自作出税收开征、停征以及减税、免税、退税、补税和其他同税收法律、行政法规相抵触的决定。换言之，只有法律和行政法规才能作出减免税的规定。

（2）宜府发〔2004〕12号和宜府发〔2004〕13号文件不属于法律和行政法规，只属于当地政府的规范性文件，其作出减免税规定不能作为税务机关作出具体行政行为的依据。

（3）其向破产管理人申报债权于法有据，评估清算的税款是依据现行税法作出的，评估底稿有详细的记录，《纳税评估结算书》和《纳税评估认定结论书》均经第三人签字认可，江西实业公司所欠税款应作为破产债权进行申报。

【裁判要旨】

1. 依据《企业破产法》第四十八条和第八十二条的规定，税务机关对江西实业公司所欠税款应在债权申报期限内向破产管理人申报。

2. 税务机关申报的债权数据来源于江西实业公司的涉税资料，依据《税收征收管理法》进行征收，破产管理人予以确认于法不悖。

【法院裁判观点】

1. 依据《企业破产法》第四十八条第一款和第八十二条的规定，税务机关对江西实业公司所欠税款应在债权申报期限内向破产管理人申报。

2. 江西实业公司认为根据浙江梅荣公司与宜春市人民政府签订的《招商引资协议书》，其有权享受《招商引资协议书》确定的税收优惠政策，同时因其未经营，不应该产生税收，故其应属于免税范围。

3. 但《招商引资协议书》中明确了浙江梅荣公司的义务，浙江梅荣公司及江西实业公司远未完成"使其收购的公司在两年内生产能力达到年产5000吨，实现收入7.5亿，税收达2000万元的目标"的任务，故江西实业公司不得据此主张有权享受《招商引资协议书》给予的优惠政策。

4. 税务机关申报的债权数据来源于江西实业公司的涉税资料，依据《税收征收管理法》进行征收，破产管理人予以确认于法不悖。

【法院裁判结果】

江西实业公司主张的其属于税收免征范围，于法无据，对其诉讼请求，法院不予支持。

【税务律师案例评析】

法院指定破产管理人后，税务机关能否对其进行纳税评估，并根据评估结果申报破产债权？

纵观判决书全文，并未对上述问题深入阐述。笔者认为，该案中，税务机关已经履行了相关债权申报程序，依法向破产管理人查阅了相关财务资料。据此作出的税务申报、债权申报，管理人认为合法有效的应予以确认。笔者查询了相关税收文件附后，供对该案感兴趣的读者朋友参考。

参考文件一：《苏州市中级人民法院 苏州市税务局破产涉税问题会议纪要》，"破产管理人应当聘请具有财务核算和办税能力的专业人员核算应纳税款，对需要向税务机关提出税收政策咨询的，可以向税务机关提出。税务机关应当及时为破产管理人提供税收政策咨询服务。"

参考文件二：《深圳市中级人民法院关于优化破产办理机制推进破产案件高效审理的意见》第九条第一款，【管理人工作的同步推进】管理人应当及时接管债务人的财产、印章和账簿、文书等资料，需要进行财务审计、资产评估、财产提前处置的，应当同步开展工作。

第十七条，【审计结果的沿用】债务人在申请破产清算前六个月内自行委托中介机构对企业财务进行审计，管理人经审查认定审计报告符合破产清算审计要求的，经债权人会议表决通过后，管理人可以直接沿用审计结论，不再另行委托审计。

第十八条，【委托审计的决定】管理人应当及时对接管到的债务人财务资料进行初步审查，并区分下列情形决定是否审计：（一）债务人财务账册不完整、重要财务资料严重缺失,明显不具备委托审计条件的,可以决定不委托审计;(二)债务人财务账册完整,或者虽不完整但具备委托审计条件的,应当委托审计,但符合本意见第十七条规定的情形除外。

第二十二条第一款,【中介机构的聘请】需要委托中介机构进行财务审计、资产评估的,管理人应当在具有资质的中介机构中自行公开聘请。但法律、法规有特别规定或者案件有特别需要的除外。

参考文件三:《北京破产法庭关于降低办理破产成本的工作办法(试行)》,破产申请受理前,执行程序中已经作出资产评估报告或审计报告,且评估结论在有效期内或审计结论满足破产案件需要的,可以在破产程序中继续使用。

【法条摘录】

中华人民共和国企业破产法

第四十八条(第一款) 债权人应当在人民法院确定的债权申报期限内向管理人申报债权。

第八十二条 下列各类债权的债权人参加讨论重整计划草案的债权人会议,依照下列债权分类,分组对重整计划草案进行表决:

(一)对债务人的特定财产享有担保权的债权;

(二)债务人所欠职工的工资和医疗、伤残补助、抚恤费用,所欠的应当划入职工个人账户的基本养老保险、基本医疗保险费用,以及法律、行政法规规定应当支付给职工的补偿金;

(三)债务人所欠税款;

(四)普通债权。

人民法院在必要时可以决定在普通债权组中设小额债权组对重整计划草案进行表决。

第三章 破产管理人责任纠纷

29. 管理人未履行纳税申报及缴纳税款义务，应否承担赔偿责任？

【案例来源】

《国家税务总局延津县税务局诉被告河南宇华大众律师事务所管理人责任纠纷民事裁定书》[（2021）豫0702民初606号]

【案情简介】

一、当事人关系梳理

原告：国家税务总局延津县税务局

被告：河南宇华大众律师事务所，系河南力新重工科技有限公司管理人

本案中的破产企业：河南力新重工科技有限公司

二、基本案情

河南力新重工科技有限公司（以下简称力新公司）于2018年12月11日申请破产，新乡市中级人民法院于2018年12月11日裁定受理，并指定延津县人民法院审理。2019年5月15日，延津县人民法院指定河南宇华大众律师事务所担任管理人。管理人于2020年9月14日进行资产拍卖，成交价4800万元。2020年12月，管理人以力新公司名义向税务局进行土地增值税申报。

国家税务总局延津县税务局（以下简称延津县税务局）向河南省新乡市红旗区人民法院（以下简称红旗区法院）提起下列诉讼请求：

（1）被告赔偿原告在破产受理后产生的房屋租赁收入应缴未缴各项款合计38761.74元（含增值税、城市维护建设税、教育费附加、地方教育附加、印花税）及相应滞纳金；

（2）被告赔偿原告自2019年1月1日至2020年9月30日应纳城镇土地使用税税款809469.50元及相应滞纳金；

（3）被告承担其未依法履行职责向原告申报的房产税1506789.39元及相

应滞纳金。

（4）被告承担因交易过程中未及时申报缴纳税款产生滞纳金 38820.01 元（以税款 2565710.81 元为基数，从滞纳税款之日起，按日加收滞纳金税款 0.5‰的滞纳金，计算至税款结清之日止）。

红旗区法院以本案起诉人起诉事项不属于人民法院民事诉讼的受案范围为由裁定不予受理。

【争议焦点】

1. 在企业破产程序中，税务局针对破产程序中的产生纳税义务，如何要求破产管理人履行职责？
2. 税务局以民事诉讼的角度起诉要求管理人赔偿是否适当？

【各方观点】

延津县税务局（原告）认为：依据《企业破产法》第四十一条第（二）项规定，"管理、变价和分配债务人财产的费用"为"破产费用"，在破产程序中因处置债务人财产所产生的税收及滞纳金等相关费用应视为《企业破产法》第四十一条第（二）项规定的"管理、变价和分配债务人财产的费用"，从管理费用中进行列支，及时申报纳税相关税款。被告作为破产管理人在破产程序中，负有以企业的名义代为进行纳税申报的职责，却未能按时履行该义务，根据《企业破产法》第一百三十条规定，管理人未依照该法规定勤勉尽责、忠实执行职务的，人民法院可以依法处以罚款；给债权人、债务人或者第三人造成损失，依法承担赔偿责任。

【裁判要旨】

根据《民法典》第二条"民法调整平等主体的自然人、法人和非法人组织之间的人身关系和财产关系"之规定，本案起诉人起诉事项不属于人民法院受理民事诉讼的范围。

【法院裁判观点】

根据《民法典》第二条"民法调整平等主体的自然人、法人和非法人组织之间的人身关系和财产关系"之规定，本案起诉人起诉事项不属于人民法院受理民事诉讼的范围。依照《民事诉讼法》第一百一十九条第（四）项、

第一百二十三条、第一百五十四条之规定，裁定如下：对延津县税务局的起诉，法院不予受理。

【法院裁判结果】

对延津县税务局的起诉，法院不予受理。

【税务律师案例评析】

本案例虽然是以不予受理的方式结案，但并不意味着本案中的管理人不应承担赔偿责任，因人民法院是以不属于民事诉讼的范围为由不予受理，但不排除税务局通过其他途径向管理人主张权利，要求承担赔偿责任。

本案中税务局提出的四个诉讼请求中，纳税义务根据税款产生的时间不同可分为两个阶段，一是在破产程序中由管理人接管后主导的行为产生的纳税义务，即租金收入和处置财产的拍卖收入，二是在破产程序之前亦存在的未申报房产税、城镇土地使用税并持续至破产程序财产处置完毕之时产生的纳税义务。针对这两个阶段的纳税义务，首先，由管理人主导完成的交易行为产生的纳税义务，税务局认为应当是按《税收征收管理法》《中华人民共和国增值税暂行条例》的相关规定，即时入库。对比，《国家税务总局关于税收征管若干事项的公告》（国家税务总局公告 2019 年第 48 号）也有规定。其次，针对债务人在破产前已存在的未申报缴纳房产税、城镇土地使用税的事实，税务局以管理人在破产程序中启动的针对债务人财产进行的审计、评估结论得出时即应知道原债务人没有进行申报，就直接推定管理人有责任和义务进行申报，即对破产受理前未申报的房产税、城镇土地使用税进行补充申报并通知税务机关申报税收债权，对破产受理后至当期的房产税、城镇土地使用税进行按期申报并及时缴纳。

税务局在企业破产清算程序中，亦负有配合破产企业顺利清算的义务，也有对新生税款监督入库的职责，针对新生税款的入库，其地位应是行政管理者。根据国家税务总局公告 2019 年第 48 号第四条的规定，也有关于对破产清算期间企业的应税行为应及时申报纳税的规定。

在人民法院受理破产前，实际已存在但处于破产重整中的企业未申报纳税的税款及纳税义务，笔者认为不应被当然推定为管理人的职责，应由税务局自行启动稽查程序进行处理，且税款及滞纳金应属于破产税收债权的范畴。因其实际产生于破产程序前，只是因为破产企业未申报而已，由税务局启动稽查程序后主动向管理人进行税收债权申报，按破产清偿顺序处理，不应纳入破产费用支出。

从这个案例得知，管理人在管理和处置破产财产时，未及时处理涉税行为的纳税义务，风险是极大的。因为管理人有"依法履行职责，接管企业的财产、印章和账簿、文书等资料，决定债务人的日常开支和其他必要开支，管理和处分破产企业的财产"等职责。根据《企业破产法》第一百三十条规定，管理人未依照该法规定勤勉尽责，忠实执行职务的，人民法院可以依法处以罚款；给债权人、债务人或者第三人造成损失，依法承担赔偿责任。

现部分中级法院已出台的关于处理企业涉税事项优化营商环境的政策文件，其中均有提到"税款入库，在破产企业财产分配时，管理人持人民法院关于财产分配的裁定书到办税服务厅办理税款入库手续"。这里的税款入库，是否仅指记载于财产分配方案中载明的税收债权的税款入库，是否还包含有破产企业在清算期间的新生税款的入库，但从国家税务总局公告2019年第48号第四条来看，应是不包含新生税款的。

【法条摘录】

中华人民共和国企业破产法

第四十一条 人民法院受理破产申请后发生的下列费用，为破产费用：
（一）破产案件的诉讼费用；
（二）管理、变价和分配债务人财产的费用；
（三）管理人执行职务的费用、报酬和聘用工作人员的费用。

第一百三十条 管理人未依照本法规定勤勉尽责，忠实执行职务的，人民法院可以依法处以罚款；给债权人、债务人或者第三人造成损失的，依法承担赔偿责任。

国家税务总局关于税收征管若干事项的公告

2019年12月12日　国家税务总局公告2019年第48号

四、关于企业破产清算程序中的税收征管问题

（一）税务机关在人民法院公告的债权申报期限内，向管理人申报企业所欠税款（含教育费附加、地方教育附加，下同）、滞纳金及罚款。因特别纳税调整产生的利息，也应一并申报。

企业所欠税款、滞纳金、罚款,以及因特别纳税调整产生的利息,以人民法院裁定受理破产申请之日为截止日计算确定。

(二)在人民法院裁定受理破产申请之日至企业注销之日期间,企业应当接受税务机关的税务管理,履行税法规定的相关义务。破产程序中如发生应税情形,应按规定申报纳税。

从人民法院指定管理人之日起,管理人可以按照《中华人民共和国企业破产法》(以下简称企业破产法)第二十五条规定,以企业名义办理纳税申报等涉税事宜。

企业因继续履行合同、生产经营或处置财产需要开具发票的,管理人可以以企业名义按规定申领开具发票或者代开发票。

(三)企业所欠税款、滞纳金、因特别纳税调整产生的利息,税务机关按照企业破产法相关规定进行申报,其中,企业所欠的滞纳金、因特别纳税调整产生的利息按照普通破产债权申报。

30. 拍卖处置债务人财产所产生的税金如何确认?

【案例来源】

《上诉人广发银行股份有限公司佛山分行与被上诉人佛山市南海广亿五金制品有限公司管理人、佛山市天启企业破产清算服务有限公司管理人责任纠纷民事判决书》[(2016)粤民终1942号]

【案情简介】

一、当事人关系梳理

上诉人(原审原告):广发银行股份有限公司佛山分行

被上诉人(原审被告):佛山市南海广亿五金制品有限公司管理人

被上诉人(原审被告):佛山市天启企业破产清算服务有限公司

破产企业:佛山市南海广亿五金制品有限公司

二、基本案情

2010年8月6日,佛山市南海区人民法院作出(2010)南民破字第1-1号民事裁定,受理佛山市南海广亿五金制品有限公司(以下简称广亿公司)的破产申请。同年8月31日,该院指定佛山市天启企业破产清算服务有限公司(以下简称天启公司)为广亿公司管理人。2010年10月18日,上诉人广发银行股份有限公司佛山分行（以下简称佛山广发行）向广亿公司管理人申报债权。

2010年12月2日，广亿公司管理人与捷顺诚公司签订《委托拍卖合同》，委托捷顺诚公司拍卖包括上诉人享有优先受偿权的质押物在内的广亿公司固定资产、已质押部分的存货、未用于质押担保的存货等。并约定标的物所欠的一切费用均由买受人承担，拍卖标的物在过户过程中产生的一切税、费等均由买受人承担，广亿公司管理人不在拍卖成交款中扣除上述费用，捷顺诚公司应在拍卖公告中及拍卖前向竞买人声明。后来，广亿公司包括上诉人质押仓单项下货物的全部财产拍卖成交，成交价合计为10520439.07元。双方在诉讼中确认上诉人享有优先受偿权的质押物变现价款为3876365.34元。

2012年3月5日，广亿公司管理人向上诉人发出《关于债权审查结果的确认函》，确认上诉人对广亿公司享有债权合计15847044.86元，并对广亿公司提供质押的仓单（编号为J××7A.B、C、D）项下的货物享有优先受偿权。2013年1月27日，佛山市南海区人民法院作出（2010）南法民破字第1-15号民事裁定，确认广亿公司管理人编制的包括上诉人优先债权15847044.86元在内的债权最终审查确认表记载的债权。2014年3月17日，佛山市中级人民法院作出（2014）佛中法民二破字第7-1号民事裁定，裁定由该院受理广亿公司的破产案件，已经进行的破产程序继续有效。

广亿公司管理人于2015年1月16日向上诉人发出《关于办理收款手续的通知》，通知在扣除厂房租金630899.76元、水电费8835.46元、企业税金410643.68元、评估费2185.49元、搬运费14569.94元、监管费168324.26元及管理人报酬40763.65元后，上诉人可收取担保物拍卖价款2600143.10元。

2015年3月9日，佛山市中级人民法院作出（2014）佛中法民二破字第7-11号通知，确认广亿公司管理人主张的破产财产变现税金411229.67元、破产财产监管费168324.26元是实现担保权利的费用和保管担保财产的费用，属合理破产费用范畴，上诉人应当负担的合理破产费用为厂房租金630899.76元、水电费8835.46元、企业税金411229.67元、评估费2185.49元、搬运费14569.94元、监管费168324.26元、部分破产案件申请费19279.25元、管理人报酬28535元，合计1283858.83元，扣除上述费用后，上诉人可收取优先受偿款为2592506.51元。2015年6月1日，广亿公司管理人向上诉人划付上述优先受偿款项2592506.51元。

上诉人以管理人扣除了应由买受人承担的税费给上诉人造成了损失为由

（应收 3802959.2 元，只收到 2592506.51 元）起诉要求管理人及天启公司承担连带赔偿责任。一审法院驳回其诉讼请求。后上诉人以一审认定事实错误为由提起上诉，二审法院驳回上诉，维持原判。

【争议焦点】

1. 拍卖处置债务人财产所产生的税金如何认定？
2. 债务人财产所产生的监管费及仓租如何认定？
3. 广亿公司管理人是否存在失职行为并造成上诉人佛山广发行利息损失？

【各方观点】

佛山广发行（上诉人）认为：管理人应在拍卖成交后及时将成交款在扣除相应费用后的余额划给上诉人，而管理人未及时划款，另外，管理人让上诉人分摊的费用过多，根据拍卖公司，被拍卖物的一切相关费用、如拖欠的仓租费和运输费等一切费用均由买受人承担。标的物的拆、装、卸等工作及产生的费用亦由买受人自行负责因此，不应由上诉人承担拍卖相关的费用。

广亿公司管理人及天启公司（被上诉人）认为：应该分摊多少费用不是由上诉人决定的，而是要根据法律规定和广亿公司破产案的实际情况来计算的。上诉人称被上诉人未尽勤勉义务、严重失职、损害其合法权益。但事实上付款时间长是广亿公司破产案客观原因所致，支付给上诉人款项的数额是依法据实计算得出来的，所付税费是依法依规执行的（税费是否应全部由买受人承担不是由上诉人决定的），提前支取管理人报酬合情合理。

【裁判要旨】

1. 广亿公司管理人与捷顺诚公司签订的《委托拍卖合同》约定了拍卖的标的在过户过程中产生的一切税、费均由买受人承担，但并未约定拍卖标的拍卖成交后所产生的增值税由买受人承担，而且案涉的税金并非拍卖标的过户过程中所产生的税费。因此，案涉税金应从本案债务人的破产财产中随时清偿。

2. 案涉监管费及仓租是为保管佛山广发行享有质权的广亿公司动产而发生的费用，其中监管费属共益债务，仓租属破产费用。故广亿公司管理人按债权比例由各债权人分摊上述费用的行为符合法律规定。

3. 广亿公司管理人未存在明显拖延付款的情形，故佛山广发行以广亿公司管理人违反勤勉尽责义务为由诉请天启公司赔偿迟延划款的利息损失，没有法律和事实依据。

【法院裁判观点】

1. 关于拍卖处置债务人财产所产生的税金如何认定的问题。佛山市南海区国家税务局××分局于 2011 年 1 月 16 日、4 月 20 日及 5 月 23 日分别向广亿公司管理人发出《关于督促破产清算变卖广亿资产需及时申报销售和交纳税款的提醒通知》，均明确管理人变卖债务人资产时应如实申报销售收入并申报缴纳增值税税款。因此，案涉税金是指拍卖处置债务人财产所产生的增值税税款。根据《企业破产法》第四十一条第（二）项及第四十三条之规定，上述税金应属于破产费用，应由债务人财产随时清偿。广亿公司管理人与捷顺诚公司签订的《委托拍卖合同》约定了拍卖的标的在过户过程中产生的一切税、费均由买受人承担，但并未约定拍卖标的拍卖成交后所产生的增值税由买受人承担，而且案涉的税金并非拍卖标的过户过程中所产生的税费。因此，案涉税金应从本案债务人的破产财产中随时清偿。本案中，广亿公司管理人按照债权人各自的债权比例由各债权人分摊上述税金，符合法律规定。上诉人佛山广发行主张案涉税金由买受人承担，依据不足，法院不予支持。

2. 关于债务人财产所产生的监管费及仓租如何认定的问题。案涉监管费 168324.26 元，产生于 2010 年 8 月 7 日至 2011 年 10 月 12 日，即人民法院裁定受理广亿公司的破产申请之后。对案涉的质押物委托他人进行监管，是管理人行使权利管理债务人财产的行为，而在此期间产生的监管费用，受益者是债权人佛山广发行。同样，案涉仓租费 630899.76 元，产生于 2010 年 8 月至 2011 年 9 月，也是在人民法院裁定受理广亿公司的破产申请之后。对案涉的质押物委托他人进行仓储保管，同样是管理人行使权利管理债务人财产的行为，而在此期间产生的仓租，受益者同样是债权人佛山广发行。根据《企业破产法》第四十二条第（一）项、第四十一条第（二）项和第四十三条之规定，案涉监管费属于因管理人或者债务人请求对方当事人履行双方均未履行完毕的合同所产生的债务，属于共益债务，案涉仓租属于管理债务人财产的费用，属于破产费用，依法均应由债务人财产随时清偿。本案中广亿公司管理人按照债权人各自的债权比例由各债权人分摊上述费用，符合法律规定。上诉人佛山广发行主张案涉监管费及仓租由买受人承担，依据不足，法院不予支持。

3. 关于广亿公司管理人是否存在失职行为并造成上诉人佛山广发行利息损失的问题。《企业破产法》第一百零九条规定："对破产人的特定财产享有担保权的权利人，对该特定财产享有优先受偿的权利。"根据上述法律规定，本案中佛山广发行对案涉的质押物变现价款享有优先受偿权。案涉质押物变现后，质押权人应何时领取变现价款，在现有法律并未作出明确规定的情况下，应当根据案件的实际情况进行判断。本案中，管理人委托中介机构拍卖处置债务人的财产，既包括上诉人佛山广发行享有质押权的财产，也包括其他债权人享有优先受偿权的财产，还有其他财产。上述财产变现后，涉及的破产费用、共益债务需要在各债权人之间予以确定分摊数额后予以清偿。上述工作需要一定的合理时间。而且，破产费用、共益债务的认定及各债权人如何分摊，也需应经人民法院审查确认。本案中广亿公司管理人经佛山市中级人民法院（2014）佛中法民二破字第7-11号通知确认佛山广发行可收取的优先受偿款金额为2592506.51元后向佛山广发行支付相关款项，并无违反法律规定。故上诉人佛山广发行主张广亿公司管理人存在失职行为的事实依据和法律依据不足。一审认定佛山广发行请求广亿公司管理人及天启公司承担赔偿迟延划款的利息损失没有事实依据和法律依据，法院予以支持。

【法院裁判结果】

  一审裁判结果：驳回佛山广发行的诉讼请求。
  二审裁判结果：驳回上诉，维持原判。

【税务律师案例评析】

  本案是一起因管理人管理、处分债权人享有抵押权、质押权的财产引发的管理人责任纠纷诉讼。上诉人认为，管理人在对外委托拍卖时约定："甲方委托拍卖的标的在过户过程中产生的一切税、费等均由买受人承担，甲方不在拍卖成交款中扣除上述费用。乙方应在拍卖公告中及拍卖前向竞买人声明"。因此，成交后的税款应由买受人承担。而管理人却自行用拍卖财产向税务局缴纳了相关的税金，直接导致上诉人少收回优先债权的金额，因此应承担赔偿责任。笔者提示管理人，在委托拍卖过程中，对相关税费承担条款须明确约定，否则极易产生纠纷。

  上诉人还认为，根据法律规定，优先权人有权就拍卖价款优先受偿，管理人未及时将拍卖价款支付给上诉人，应承担利息损失的赔偿责任。

  税务律师风险提示：本案虽然以人民法院确认拍卖过程中产生的税款为破产费用，但也给管理人一个提示，在委托拍卖时，对相关费用承担的约定一定要明确具体，否则就会产生歧义，直到导致风险的产生。

【法条摘录】

中华人民共和国企业破产法

第四十一条　人民法院受理破产申请后发生的下列费用，为破产费用：

（一）破产案件的诉讼费用；

（二）管理、变价和分配债务人财产的费用；

（三）管理人执行职务的费用、报酬和聘用工作人员的费用。

第四十二条　人民法院受理破产申请后发生的下列债务，为共益债务：

（一）因管理人或者债务人请求对方当事人履行双方均未履行完毕的合同所产生的债务；

（二）债务人财产受无因管理所产生的债务；

（三）因债务人不当得利所产生的债务；

（四）为债务人继续营业而应支付的劳动报酬和社会保险费用以及由此产生的其他债务；

（五）管理人或者相关人员执行职务致人损害所产生的债务；

（六）债务人财产致人损害所产生的债务。

第四十三条　破产费用和共益债务由债务人财产随时清偿。

债务人财产不足以清偿所有破产费用和共益债务的，先行清偿破产费用。

债务人财产不足以清偿所有破产费用或者共益债务的，按照比例清偿。

债务人财产不足以清偿破产费用的，管理人应当提请人民法院终结破产程序。人民法院应当自收到请求之日起十五日内裁定终结破产程序，并予以公告。

第一百零九条　对破产人的特定财产享有担保权的权利人，对该特定财产享有优先受偿的权利。

第一百一十三条（第一款）　破产财产在优先清偿破产费用和共益债务后，依照下列顺序清偿：

（一）破产人所欠职工的工资和医疗、伤残补助、抚恤费用，所欠的应当划入职工个人账户的基本养老保险、基本医疗保险费用，以及法律、行政法规规定应当支付给职工的补偿金；

（二）破产人欠缴的除前项规定以外的社会保险费用和破产人所欠税款；

（三）普通破产债权。

31.《竞买公告》《竞买须知》关于买受人承担税费的约定是否有效？

【案例来源】

《张继红、天津乾正清算事务有限公司管理人责任纠纷二审民事判决书》[（2021）津民终47号]

【案情简介】

一、当事人关系梳理

上诉人（原审原告）：张继红

被上诉人（原审被告）：天津乾正清算事务有限公司，系天津来福有限公司管理人

原审第三人：天津来福有限公司

二、基本案情

2017年10月16日，天津市第二中级人民法院（以下简称一审法院）作出（2017）津02破15号民事裁定，受理了天津来福有限公司（以下简称来福公司）破产清算申请，2017年10月18日作出决定书，指定天津乾正清算事务有限公司（以下简称乾正公司）为破产管理人。

2018年9月6日，一审法院在阿里巴巴司法拍卖网络平台上发布《竞买公告》《竞买须知》，对来福公司的房屋建筑物、构筑物、土地使用权、电子设备及货车等进行拍卖。《竞买公告》与《竞买须知》均明确：拍卖成交买受人付清全部拍卖价款后，标的物转让登记手续由买受人自行至相关部门办理，所涉及的买卖双方所需承担一切税、费和所需补缴的相关税、费及可能存在的物业费、水、电等欠费均由买受人自行承担，具体费用竞买人于拍卖前至相关单位自行查询，与拍卖人无关。

2018年2月26日，中通诚（天津）房地产土地资产评估有限公司出具《资产评估报告》，案涉拍卖标的物评估价值30267400元。通过四次司法拍卖，2018年9月26日，张继红以20618080元竞拍成功。2018年10月23日，张继

红在一审法院监督下签署《成交确认书》，载明：网络拍卖中竞买成功的用户，必须依照标的物《竞买公告》《竞买须知》要求，按时交付标的物网拍成交余款办理相关手续；买受人申明：我方已认真阅读并接受本次拍卖有关规定，自愿遵守执行，已在相关拍卖文件签字确认并当场签署《成交确认书》，我方对拍卖过程及结果均予认可，对自己的竞买行为负责，愿意承担相应的法律责任。前述内容加黑加粗处理进行提示，张继红签字确认。后张继红以《竞买公告》《竞买须知》中约定税费承担方式无效，乾正公司在执行管理人职务中存在过错为由，提起本案诉讼。

【争议焦点】

1. 乾正公司在执行管理人职务中是否存在过错？是否承担赔偿责任？
2. 《竞买公告》《竞买须知》关于由买受人承担税费的约定是否有效？

【各方观点】

张继红（买受人）认为：乾正公司作为来福公司的破产管理人，破产财产评估期间没有提交房地产权证、权属登记簿及审计报告明细，拍卖土地的土地使用权已经到期，现场勘验时未提交建筑物明细及建筑面积参照资料。乾正公司没有尽到勤勉义务，在网络拍卖过程中明显存在过错。乾正公司起草的《竞买公告》《竞买须知》关于买受人自行承担一切税费的条款，违反了《最高人民法院关于人民法院网络司法拍卖若干问题的规定》（法释〔2016〕18号）第三十条及税收相关法律的规定，应属无效条款。竞买过程中，乾正公司没有向买受人释明各项税费金额，未尽到审查及提示义务。张继红在拍卖期间不存在过错，乾正公司将本应由来福公司承担的税费转由张继红承担，致使张继红不能办理产权过户，造成的经济损失应予赔偿。

乾正公司认为：乾正公司在执行管理人职务期间勤勉尽责，不存在过错。第三人来福公司各项资料严重缺失，乾正公司进行财产调查，制作资产状况报告并向债权人会议报告，已尽最大努力协助完成财产评估并将相关文件在网上公开。张继红竞买后已完成土地性质变更，过户后可办理新的土地使用权证。《竞买公告》《竞买须知》等没有变更纳税义务人身份，约定税费的实际承担人没有违反法律强制性规定，合同条款有效。案涉网络拍卖系管理人根据债权人会议决议处置破产财产，不是司法强制拍卖，所有潜在竞买人均知晓竞买条件，张继红自愿参加竞拍并签署《成交确认书》，依约应承担税费。张继红违反诚实信用原则，未缴纳税费导致无法办理产权过户，相应后果由其自行承担。

【裁判要旨】

虽然我国税收管理方面的法律、法规对于各种税收的征收明确规定了纳税义务人，但是并未禁止纳税义务人与合同相对人约定由合同相对人或者第三人缴纳税款，即对于实际由谁缴纳税款并未作出强制性或禁止性规定。《竞买公告》《竞买须知》中关于税费的约定不违反相关法律、法规的强制性规定，应认定为合法有效。

【法院裁判观点】

1. 乾正公司执行职务是否存在过错？

乾正公司被一审法院指定为来福公司管理人后，依法履行了接管债务人财产、印章和文书等资料，调查债务人财产状况，对申报债权进行登记及审查、管理和处分债务人财产等职责。期间，一审法院委托中通诚（天津）房地产土地资产评估有限公司对拍卖标的进行资产评估。张继红主张乾正公司没有向评估机构提供产权证、登记簿原件及审计明细等，对评估意见提出异议，但是没有提交评估结论存在错误的相应证据。

按照债权人会议通过的破产财产变价方案，管理人对有关破产财产进行网络拍卖，公示了拍卖标的情况及竞拍条件。案涉土地使用权证作为《竞买公告》附件已在网络公示，且张继红竞买后办理了土地使用权出让手续，原使用期限到期不影响张继红受让和使用土地。

张继红上诉主张乾正公司在执行职务期间存在过错，没有提交充分证据，法院不予支持。

2. 《竞买公告》《竞买须知》关于买受人承担税费约定的效力。

法释〔2016〕18号文件第一条规定："本规定所称的网络司法拍卖，是指人民法院依法通过互联网拍卖平台，以网络电子竞价方式公开处置财产的行为。"来福公司破产清算期间，管理人依照《企业破产法》规定和债权人会议决议对破产财产进行变价处置，一审法院经来福公司债权人和管理人请求，通过网络拍卖平台实施破产财产拍卖，不属于司法强制拍卖。《竞买公告》《竞买须知》中由买受人承担有关税费的条款系合同相对人对缴纳税款的实际承担主体的约定，没有变更税收管理法律规定的纳税义务人身份，不违反法律、行政法规的强制性规定。《竞买公告》《竞买须知》系公开向不特定竞拍参与人作出，张继红自愿参加竞买，《竞买公告》《竞买须知》应对其发生效力。张继红主张《竞买公告》《竞买须知》有关条款无效，法院不予支持。

3. 乾正公司是否承担赔偿责任？

《企业破产法》第一百三十条规定："管理人未依照本法规定勤勉尽责，忠实执行职务的，人民法院可以依法处以罚款；给债权人、债务人或者第三人造成损失的，依法承担赔偿责任。"张继红没有提交证据证明乾正公司存在怠于执行管理人职务的情形。张继红没有按照《竞买公告》《竞买须知》《成交确认书》约定缴纳相应税款，其主张由管理人承担拍卖标的未过户的损害赔偿责任，法院不予支持。

【法院裁判结果】

一审法院认为张继红要求乾正公司承担赔偿责任，没有事实和法律依据，判决驳回张继红的全部诉讼请求，二审法院予以维持。

【税务律师案例评析】

虽然我国税收法律、法规明确规定了纳税义务人，但并未禁止纳税义务人与合同相对人约定税款承担主体。因此，《竞买公告》《竞买须知》中关于税费的约定不违反相关法律、法规的强制性规定，应认定为合法有效。

税收法律规定明确纳税主体是向国家应缴纳税款的主体。但纳税主体与合同相对方约定，这部分税款由合同相对方承担，可理解为合同相对方以纳税主体的名义支付税金，纳税主体仍是原来的纳税义务人，并未违反国家强制性法律、法规的强制性规定，故张继红的诉讼请求不应得到支持。

【法条摘录】

中华人民共和国企业破产法

第一百三十条 管理人未依照本法规定勤勉尽责，忠实执行职务的，人民法院可以依法处以罚款；给债权人、债务人或者第三人造成损失的，依法承担赔偿责任。

最高人民法院关于人民法院网络司法拍卖若干问题的规定
2016 年 8 月 2 日　法释〔2016〕18 号

第一条　本规定所称的网络司法拍卖，是指人民法院依法通过互联网拍卖平台，以网络电子竞价方式公开处置财产的行为。

第三十条　因网络司法拍卖本身形成的税费，应当依照相关法律、行政法规的规定，由相应主体承担；没有规定或者规定不明的，人民法院可以根据法律原则和案件实际情况确定税费承担的相关主体、数额。

32. 竞买人以管理人未及时纳税申报导致其滞纳金损失可要求管理人承担侵权责任吗？

【案例来源】

《深圳市粤核实业发展有限公司、北京市金杜（深圳）律师事务所管理人责任纠纷二审民事判决书》〔（2019）粤03民终15647号〕

【案情简介】

一、当事人关系梳理

上诉人（原审原告）：深圳市粤核实业发展有限公司

被上诉人（原审被告）：北京市金杜（深圳）律师事务所，系深圳保安自行车有限公司管理人

破产企业：深圳保安自行车有限公司

二、基本案情

2012 年 11 月 23 日，一审法院裁定受理深圳保安自行车有限公司（以下简称保安公司）破产一案，并指定北京市金杜（深圳）律师事务所（以下简称管理人）作为保安公司的破产管理人。2014 年 9 月 2 日，一审法院裁定宣告保安公司破产。涉案土地位于深圳市坪山新区零号宗地，所有人为保安公司。

2014 年 9 月 26 日，保安公司管理人委托深圳市土地房产交易中心公开拍卖该宗土地使用权。并在拍卖委托合同中约定如下内容："拍卖成交时，成交价不包括转让时双方的一切税、费、应补地价、土地使用费；过户时所产生的转让双方的一切税、费、应补地价、土地使用费均由买受人承担。上述一切税、费、应补地价、土地使用费的具体金额应由买受人自行向相关主管部门

咨询。"2015年10月13日，深圳市粤核实业发展有限公司（以下简称粤核公司）与交易中心签署成交确认书，该确认书对于拍卖委托合同的上述内容亦进行了确认。管理人于2015年10月21日收到了买受人支付的全部成交价款。

2017年1月18日，国家税务总局深圳市宝安区税务局沙井税务所向保安公司发出《税务行政处罚决定书》《责令限期改正通知书》。上述处罚决定书和通知书上所载违法事实为：未按照规定期限办理纳税申报和报送纳税资料。后粤核公司缴纳了因土地转让所涉的土地增值税及滞纳金。粤核公司认为系因管理人未及时申报纳税，导致其多缴纳了滞纳金，遂起诉要求管理人承担滞纳金损失。

【争议焦点】

竞买人以管理人未能及时纳税申报，导致其承担了滞纳金为由主张管理人承担侵权责任，能否获法院支持？

【各方观点】

粤核公司认为：管理人在处理破产企业保安公司财产时，代保安公司履行纳税申报义务系其法定职责，应依法及时履行法定纳税申报义务。且粤核公司缴税，需以管理人进行纳税申报为前提条件。正因为管理人未及时履行纳税申报义务，导致粤核公司缴纳了巨额滞纳金。此损失与管理人未履行尽职义务之间存在因果关系，根据《企业破产法》第一百三十条规定，滞纳金损失理应由管理人承担。

管理人认为：粤核公司并非是可以追究管理人执行职务责任的当事人，其不属于破产案件中的股东或者债权人，以管理人未尽勤勉义务为由要求其承担责任没有事实和法律依据。根据法律规定及法院的决定书所列内容，均未要求管理人代表保安公司办理纳税申报。管理人未代表保安公司办理纳税申报不属于"未依照本法规定勤勉尽责，忠实执行职务"的情形。纳税申报不是缴纳税款的前提。税收征管法律法规并未规定缴纳税款必须以纳税申报作为前提，保安公司未进行纳税申报与粤核公司负担税款滞纳金没有因果关系。粤核公司依据合同亦理应自行承担一切税费。粤核公司与保安公司、管理人之间因拍卖和竞买零号宗地土地使用权及因此产生一切权利义务属于合同关系，应当根据拍卖规则和合同确定。

【裁判要旨】

1. 我国《税收征收管理法》要求纳税人应在纳税期限内进行纳税申报，但纳税申报是以缴纳税款为目的，在缴纳税款的同时进行纳税申报。纳税申报并不意味着完成纳税义务，有无完成纳税义务取决于有无实际缴纳税款。

2. 粤核公司无证据证明其在应纳税期间向税务机关或保安公司管理人提出过纳税需求，亦无证据证明其向保安公司管理人要求纳税申报而遭到拒绝并导致其无法缴纳税款，故粤核公司逾期缴纳税款是其自身原因所导致，与保安公司管理人的纳税申报无因果关系。

【法院裁判观点】

1. 本案二审法院认为一审法院以粤核公司不属于破产企业股东和债权人为由驳回其诉讼请求，系法律适用错误，应予纠正。

根据《企业破产法》第一百三十条的规定，"管理人未依照本法规定勤勉尽责，忠实执行职务的，人民法院可以依法处以罚款；给债权人、债务人或者第三人造成损失的，依法承担赔偿责任。"该条旨在对因破产企业管理人违反勤勉义务而受到损害的所有利害关系人提供法律救济。粤核公司以管理人未能及时纳税申报导致其承担了滞纳金为由主张管理人承担侵权责任，该主张系针对管理人的履职行为而提起，粤核公司有权据此寻求救济。

2. 由粤核公司缴纳的税款滞纳金，是否应由管理人承担？

根据《税收征收管理法》第三十二条规定，粤核公司所承担的税款滞纳金是纳税人逾期缴纳税款导致。虽然保安公司和粤核公司并未就税款缴纳事宜作出明确约定，但依据常理，承担税款的粤核公司应负责向税务机关缴纳税款，对此粤核公司也无异议。故粤核公司所承担的滞纳金应是其自身逾期缴纳税款而导致。

3. 粤核公司主张保安公司管理人未及时进行纳税申报，才导致其逾期缴纳税款的理由是否成立？

（1）《税收征收管理法》要求纳税人应在纳税期限内进行纳税申报，但纳税申报是以缴纳税款为目的，在缴纳税款的同时进行纳税申报。纳税申报并不意味着完成纳税义务，有无完成纳税义务取决于有无实际缴纳税款。

（2）粤核公司负责缴纳税款，其应主动提出纳税需求，保安公司才有义务协助办理纳税申报。粤核公司无证据证明其在应纳税期间向税务机关或保安公司管理人提出过纳税需求，亦无证据证明其向保安公司管理人要求纳税申报而遭到拒绝并导致其无法缴纳税款，故粤核公司逾期缴纳税款是其自身原因所导致，与保安公司管理人的纳税申报无因果关系。

【法院裁判结果】

驳回粤核公司的诉讼请求。

【税务律师案例评析】

1. 对于粤核公司是否具有起诉主体资格的问题，一审、二审法院观点并不一致。

一审法院认为管理人责任纠纷所涵盖的范围应当是管理人在公司或企业破产及清算过程中，因履职不当损害股东、债权人的利益。而粤核公司系竞买人，不属于破产案件的股东或债权人，因此以管理人未尽勤勉义务为由要求管理人承担责任没有事实依据。二审法院认为粤核公司以管理人未能及时纳税申报导致其承担了滞纳金为由主张管理人承担侵权责任，该主张系针对管理人的履职行为而提起，因此认可了奥核公司的诉讼主体资格。

笔者认为二审法院裁判观点值得肯定，本案为管理人责任纠纷，根据《企业破产法》第一百三十条规定可知，该条旨在对因破产企业管理人违反勤勉义务而受到损害的所有利害关系人提供的法律救济，因此粤核公司有权据此寻求救济。

2. 买受人粤核公司缴纳的税款滞纳金，不应由管理人承担。

根据《税收征收管理法》第三十二条之规定，纳税人未按照规定期限缴纳税款的，税务机关除责令限期缴纳外，从滞纳税款之日起，按日加收滞纳税款0.5‰的滞纳金。根据该规定，粤核公司所承担的税款滞纳金是纳税人逾期缴纳税款而导致。

再看粤核公司与深圳市土地房产交易中心签署的《拍卖成交确认书》约定内容"过户时所产生的转让双方的一切税、费、应补地价、土地使用费均由买受人承担。上述一切税、费、应补地价、土地使用费的具体金额应由买受人自行向相关主管部门咨询"。因此，依据该约定，保安公司应缴纳的涉案税款也应由粤核公司承担。

粤核公司并无证据证明在应纳税期间向税务机关或管理人提出过纳税需求，或向管理人提出纳税申报遭拒绝并导致无法缴纳税款。因此，管理人并未违反勤勉义务,粤核公司逾期缴纳税款产生的滞纳金与管理人纳税申报无因果关系,应自行承担税款滞纳金损失。

【法条摘录】

中华人民共和国企业破产法

第一百三十条 管理人未依照本法规定勤勉尽责,忠实执行职务的,人民法院可以依法处以罚款;给债权人、债务人或者第三人造成损失的,依法承担赔偿责任。

中华人民共和国税收征收管理法

第三十二条 纳税人未按照规定期限缴纳税款的,扣缴义务人未按照规定期限解缴税款的,税务机关除责令限期缴纳外,从滞纳税款之日起,按日加收滞纳税款万分之五的滞纳金。

33. 竞买人支付的过户税金是否应从破产财产中优先拨付?

【案例来源】

《原告承德嘉泰房地产开发有限责任公司与被告承德市自动化计量仪器厂破产管理人债务纠纷一案一审民事判决书》[(2015)承民初字第00136号]

【案情简介】

一、当事人关系梳理
原告:承德嘉泰房地产开发有限责任公司
被告:承德市自动化计量仪器厂破产管理人

二、基本案情

2010年6月24日,承德市自动化计量仪器厂因严重亏损,无力清偿到期债务,向法院申请破产还债。同日法院宣告申请人承德市自动化计量仪器厂破产还债,并指定了破产管理人。

2015年7月10日,破产管理人对破产企业承德市自动化计量仪器厂所属建筑物等财产委托拍卖公司公开拍卖,承德嘉泰房地产开发有限责任公

（以下简称房地产开发公司）以 1500 万元价格竞买成交，并于 2015 年 7 月 17 日与破产管理人签订了《交割协议书》。房地产开发公司按照《交割协议书》约定履行了支付 1500 万元价款的义务，在办理过户手续时，房地产开发公司为破产管理人垫付税金 222 万元，办理了产权过户手续。

房地产开发公司向破产管理人要求支付垫付税款时，破产管理人认为此税款为普通债权，不属于破产费用，不应优先支付。故房地产开发公司诉至法院，请求判令该笔税金 222 万元属于破产费用，由破产管理人优先支付。

【争议焦点】

竞买人支付的过户税金是否属于破产费用，从破产财产中优先拨付？

【各方观点】

房地产开发公司认为：在其按照《交割协议书》约定支付价款 1500 万元后，由于破产管理人没有履行自己的纳税义务，导致房地产开发公司无法办理产权过户手续。房地产开发公司在无奈情形下，代破产管理人垫付了税金 222 万元。在取得了购房付款完税凭证后，房产局才为其办理了房屋产权过户手续。破产管理人作为征税对象，依法负有纳税义务，在破产清算过程中为处分变价破产财产所发生税金等费用应由破产管理人自己支付。依据《企业破产法》相关规定，该笔税金属于破产费用，依法应由破产管理人以破产企业的破产财产优先向房地产开发公司清偿。

破产管理人认为：房地产公司未经管理人授权，私自向税务机关缴纳税款属于无权代理行为，该行为的法律后果应由房地产开发公司自行承担。破产财产的清偿顺序第一为安置职工，第二为其他社保费用和税款。依据上述顺序，管理人在未能妥善安置职工前缴纳税款属于待定状态，如果管理人提前清偿税款，将会损害职工的合法权益。房地产开发公司缴纳的税款应转为普通债权，由管理人依据法律规定和法定程序予以清偿。

【裁判要旨】

该笔税金的纳税主体是被告破产管理人，是清算组在破产财产的管理、变价和分配中产生的，其行为也是为破产程序进行而实施的，是为了全体债权人的共同利益。破产受理后形成的税收债权具有特殊性，因此其支出的费用应认定为破产费用、共益费用。按照破产费用、共益费用优先受偿的原则，该笔费用应当从破产财产中优先拨付。

【法院裁判观点】

1. 2015 年 7 月 10 日，房地产开发公司通过公开拍卖的形式取得了计量仪器厂车间的所有权，并支付了价款 1500 万元，履行了自己的义务。在办理过户手续时，由于破产管理人没有履行自己的纳税义务，致使房地产开发公司无法办理产权过户手续，房地产开发公司为实现合同目的，垫付了税金 222 万元，办理了产权过户手续。该笔税金的纳税主体是被告破产管理人，是清算组在破产财产的管理、变价和分配中产生的，其行为也是为破产程序进行而实施的，是为了全体债权人的共同利益。

2. 破产后形成的税收债权具有特殊性，因此其支出的费用应认定为破产费用、共益费用。按照破产费用、共益费用优先受偿的原则，该笔费用应当从破产财产中优先拨付。房地产开发公司请求法院判令该笔税金 222 万元属于破产费用，优先向其支付的理由成立，法院予以确认。

【法院裁判结果】

判令 222 万元税金属于破产费用，由破产管理人优先支付。

【税务律师案例评析】

1. 破产管理人有以企业名义办理纳税申报、申领开具发票的义务。

《税收征收管理法》第四条第一款规定，法律、行政法规规定负有纳税义务的单位和个人为纳税人。《国家税务总局关于税收征管若干事项的公告》（国家税务总局公告 2019 年第 48 号）规定："四、关于企业破产清算程序中的税收征管问题……（二）在人民法院裁定受理破产申请之日至企业注销之日期间，企业应当接受税务机关的税务管理，履行税法规定的相关义务。破产程序中如发生应税情形，应按规定申报纳税。从人民法院指定管理人之日起，管理人可以按照《中华人民共和国企业破产法》（以下简称企业破产法）第二十五条规定，以企业名义办理纳税申报等涉税事宜。企业因继续履行合同、生产经营或处置财产需要开具发票的，管理人可以以企业名义按规定申领开具发票或者代开发票。"

2. 法院认为竞买人房地产开发公司支付的税金属于破产费用有其依据。

《企业破产法》通过完全列举的方式来规定破产费用和共益债务。根据

《企业破产法》第四十一条、第四十二条列举式规定，可以提炼出破产费用和共益债务的概念，至少可以总结出二者的特征。破产费用是破产程序开始后，为了破产程序的顺利推进不得不支出的、可以预见的必要费用；共益债务是破产程序开始后，为了全体债权人利益考虑，基于债务人财产保值增值和管理人履职行为产生的，应由债务人财产支出的或有债务。[①]

《企业破产法》第四十一条规定，人民法院受理破产申请后发生的下列费用，为破产费用：（1）破产案件的诉讼费用；（2）管理、变价和分配债务人财产的费用；（3）管理人执行职务的费用、报酬和聘用工作人员的费用。因此，处置资产产生的税收应属于管理、变价和分配债务人财产的费用。在《企业破产法》中虽然没有对破产费用有明确的定义，但从列举的三项费用可以看出，破产费用是在破产程序中所支出的程序性费用，这种费用的支出具有必然性，而处置资产产生的税收属于程序性费用且具有必然性。

再结合法院的裁判观点，笔者认为破产程序中处置资产发生的税款，应当属于破产费用，即管理、变价和分配债务人财产所发生的费用，它是一种积极行为产生的费用。将这部分税款界定为破产费用，则适用随时清偿和优先清偿的待遇。

【法条摘录】

中华人民共和国企业破产法

第四十一条 人民法院受理破产申请后发生的下列费用，为破产费用：

（一）破产案件的诉讼费用；

（二）管理、变价和分配债务人财产的费用；

（三）管理人执行职务的费用、报酬和聘用工作人员的费用。

第四十二条 人民法院受理破产申请后发生的下列债务，为共益债务：

（一）因管理人或者债务人请求对方当事人履行双方均未履行完毕的合同所产生的债务；

（二）债务人财产受无因管理所产生的债务；

（三）因债务人不当得利所产生的债务；

（四）为债务人继续营业而应支付的劳动报酬和社会保险费用以及由此产生的其他债务；

---

① 徐战成. 企业破产涉税百问及经典案例解析［M］. 北京：中国税务出版社，2021：48.

（五）管理人或者相关人员执行职务致人损害所产生的债务；

（六）债务人财产致人损害所产生的债务。

34. 破产企业不动产过户后，税务机关可否追征税款？

【案例来源】

《醴陵泓嘉机械实业有限公司管理人与林桂先拍卖合同纠纷二审民事判决书》[（2020）湘02民终1305号]

【案情简介】

一、当事人关系梳理

上诉人（原审原告）：醴陵泓嘉机械实业有限公司管理人

被上诉人（原审被告）：林桂先

二、基本案情

2018年9月17日，被上诉人林桂先通过淘宝网以22394750元拍卖取得位于醴陵市阳三石路131号醴陵泓嘉机械实业有限公司（以下简称泓嘉公司）土地厂房机械设备。拍卖公告第六条明确："标的物权属变更手续由买受人携带法院出具的民事裁定书、协助执行通知书及拍卖成交确认书自行至相关管理部门办理。办理过程中所涉及的买卖双方所需承担的一切税、费和所需补交的相关税、费（包括但不限于所得税、营业税、土地增值税、契税、过户手续费、印花税、权证费、水利基金费、出让金以及房产及土地交易中规定缴纳的各种费用）及有可能存在的物业费、水、电等欠费均由买受人自行承担。"2019年7月4日，被上诉人林桂先在对位于醴陵市阳三石路131号的土地厂房办理权属变更登记过程中缴纳了印花税、契税及2019年7月1日至7月31日的教育费附加、印花税、城市维护建设税、增值税、地方教育附加税等各项税款共计1261655.49元。

2019年8月23日，醴陵市人民法院根据申请裁定受理泓嘉公司破产清算一案，指定湖南湘泰律师事务所担任泓嘉公司管理人。2019年11月28日，国家税务总局醴陵市税务局（以下简称醴陵市税务局）依法申报破产税收债权4335543.17元，其中欠缴税费4208996.46元，滞纳金126546.71元。2019年11月29日，醴陵市税务局出具《关于醴陵市人民法院对醴陵泓嘉机械实业有限公司2018年9月17日资产拍卖涉税事项说明》，载明：（1）增值税——销售不动产：应补缴增值税 641854.5 元，滞纳金 1825.56 元。（2）增值税——使用过设备转让：应补缴增值税 64126.8 元，滞纳金 192.38 元。（3）城市维护建设税：49418.69 元，滞纳金 148.26 元。（4）教育费附加：21179.44 元。（5）地方教育附加 14119.63 元。（6）土地增值税：1145533.2 元，滞纳金 3436.6 元。（备注：根据法院资产拍卖成交价格为不含税交易价格，特别提醒买受人承担资产交易过户中的一切税费）。

2019 年 12 月 6 日，泓嘉公司管理人向被告送达《催收拍卖税费的通知》，通知被上诉人林桂先承担上述六项税费共计 1941835.06 元。2019 年 12 月 13 日，被上诉人林桂先向上诉人回复《关于要求补缴税款的回复函》，称其在办理资产过户手续时已按法律和政策规定及税务部门的要求交足了全额应缴税款，不存在欠缴任何税款的事实。故泓嘉公司向醴陵市人民法院起诉，请求判令林桂先向泓嘉公司支付不动产转让税费部分的价款 1941835.06 元。一审判决驳回泓嘉公司的全部诉讼请求。泓嘉公司不服一审判决提起上诉，二审法院予以维持。

【争议焦点】

泓嘉公司要求林桂先支付补缴不动产转让税费的请求应否得到法律上的支持？

【各方观点】

泓嘉公司（原审原告）认为：拍卖公告第六条明确约定，标的物权属变更手续由买受人自行至相关管理部门办理。办理过程中所涉及的买卖双方所需承担的一切税、费和所需补缴的相关税、费均由买受人自行承担。故买受人林桂先应支付补缴不动产转让税费。

林桂先（原审被告）认为：办理资产过户手续时已按法律和政策规定及税务部门的要求交足了全额应缴税款，不存在欠缴任何税款的事实。

【裁判要旨】

税务机关在泓嘉公司进入破产程序后向管理人提出对案涉资产补征不动产转让税款 1941835.06 元的行为是一项行政行为。该征税行为的合法性不是民事案件的审理范围，双方当事人应当先通过法律规定的其他途径先行解决税务机关补征税款的合法性问题。上诉人径行提起本案诉讼不当，原审法院判决驳回上诉人的全部诉讼请求并无不当。

【法院裁判观点】

本案起因系税务机关就泓嘉公司的资产通过司法拍卖给被上诉人林桂先的案涉资产补征税款所致。首先,案涉资产已经通过司法拍卖交易完成并过户给了被上诉人林桂先,双方并未对此次交易行为提出异议。根据拍卖公告第六条的规定,交易涉及买卖双方的税、费均应由买受方承担。此处延伸出两个问题:一是如果双方对该拍卖公告第六条税、费由谁负担产生争议,则首先应当确认该拍卖公告和该第六条等具体条款的效力问题,其解决的是上诉人与被上诉人间就税、费承担的权利义务关系。从一审法院认定来看,一审法院认为缴纳税费的实际承担者应当是被上诉人林桂先,被上诉人林桂先在一审诉讼中也未对拍卖公告第六条提出异议,其只是辩称该缴的税都已经缴纳完毕了,因此,对司法拍卖这一事实所致双方当事人的权利义务关系,双方均无争议,二审法院予以确认。二是税务机关的补征税款的行为如何评价的问题。税务机关在泓嘉公司进入破产程序后向管理人提出对案涉资产补征税款 1941835.06 元的行为是一项行政行为。至于该征税行为的合法性不是民事案件的审理范围。其次,因案涉资产已经过户登记在了被上诉人名下,税务机关的征税行为仍向上诉人作出,上诉人提起诉讼的本意便是认为自己不是承担纳税义务的主体,而被上诉人在答辩中也对税务机关征税行为的合法性提出了质疑。一审法院在税务机关不是本案当事人的情况下,径行认定上诉人仍是补征税款的纳税义务人,且认为上诉人在缴纳税款之后可向被上诉人进行追偿。该认定既超出了民事案件审理范围,同时也在事实上间接肯定了税务机关补征税款行为的合法性,剥夺了本案双方当事人提出异议的权利。一审法院的该认定不妥,二审法院予以纠正。综前所述,本案双方当事人应当先通过法律规定的其他途径先行解决税务机关补征税款的合法性问题。上诉人径行提起本案诉讼不当,原审法院虽认定方面存在一定瑕疵,但最终判决驳回上诉人的全部诉讼请求并无不当。

【法院裁判结果】

一审法院裁判结果:驳回原告的诉讼请求。

二审法院裁判结果:驳回上诉,维持原判。

【税务律师案例评析】

本案起因系泓嘉公司的不动产通过司法拍卖给买受人后，买受人已按照税务机关的要求缴纳了不动产过户税费，涉案不动产已经过户登记在了买受人名下，税务机关又向泓嘉公司申报债权要求补缴不动产转让税费部分的价款 1941835.06 元所致。

不动产交易一般会涉及增值税、土地增值税、印花税、所得税、城市维护建设税、教育费附加、地方教育附加等。买受人按照税务机关要求缴清所有不动产交易的税费，并办理涉案不动产过户登记后，税务机关又向泓嘉公司申报债权要求补缴不动产转让税费部分的价款 1941835.06 元存在过错。

二审法院认为税务机关在泓嘉公司进入破产程序后向管理人提出对案涉资产补征不动产转让税款 1941835.06 元的行为是一项行政行为的观点值得商榷。笔者认为泓嘉公司进入破产程序，法院应当适用《企业破产法》规定的债权确认诉讼程序来解决税务争议。具体做法是税务机关向破产管理人申报债权，如果管理人对税务机关申报的债权不予认可，税务机关有权依据《企业破产法》第五十八条规定向受理破产申请的人民法院提起民事诉讼。

【法条摘录】

中华人民共和国企业破产法

第五十八条 依照本法第五十七条规定编制的债权表，应当提交第一次债权人会议核查。

债务人、债权人对债权表记载的债权无异议的，由人民法院裁定确认。

债务人、债权人对债权表记载的债权有异议的，可以向受理破产申请的人民法院提起诉讼。

中华人民共和国税收征收管理法

第八十八条 纳税人、扣缴义务人、纳税担保人同税务机关在纳税上发生争议时，必须先依照税务机关的纳税决定缴纳或者解缴税款及滞纳金或者提供相应的担保，然后可以依法申请行政复议；对行政复议决定不服的，可以依法向人民法院起诉。

当事人对税务机关的处罚决定、强制执行措施或者税收保全措施不服的，可以依法申请行政复议，也可以依法向人民法院起诉。

当事人对税务机关的处罚决定逾期不申请行政复议也不向人民法院起诉、又不履行的，作出处罚决定的税务机关可以采取本法第四十条规定的强制执行措施，或者申请人民法院强制执行。

第四章　股东损害公司债权人利益责任纠纷

35. 怠于履行清算义务的股东应向税务局承担清偿责任吗？

【案例来源】

《林和春、浙江省平阳县地方税务局、许振本、杨彩股东损害公司债权人利益责任纠纷民事裁定书》[（2019）浙民申4149号]

【案情简介】

一、当事人关系梳理

再审申请人（一审被告、二审上诉人）：林和春

被申请人（一审原告、二审被上诉人）：浙江省平阳县地方税务局

被申请人（一审被告、二审被上诉人）：许振本

被申请人（一审被告、二审被上诉人）：杨彩

申请破产企业：浙江省平阳县欧丽皮件有限公司

二、基本案情[①]

浙江省平阳县欧丽皮件有限公司（以下简称欧丽公司）注册资本30万元，登记股东为林和春、许振本、杨彩，持股比例分别为50%、10%、40%。2017年9月13日，欧丽公司破产清算一案被法院依法受理。浙江省平阳县地方税务局（以下简称平阳县地税局）债权申报后，管理人确认其享有100308.63元的税款债权，其中税费83655.71元，滞纳金16652.92元。2017年12月25日，一审法院作出（2017）浙0326民破24号之一民事裁定书，裁定终结欧丽公司破产程序，认定债务人欧丽公司没有提供公司公章及账册，致使管理人无法追查欧丽公司的财产，无法依法全面清算。

平阳县地税局以林和春、许振本、杨彩为被告提起诉讼，要求欧丽公司的

---

① 基本案情相关内容来源于（2018）浙03民终5025号。

股东承担相应民事责任。浙江省平阳县人民法院（2018）浙0326民终490号民事判决林和春、许振本、杨彩向平阳县地税局连带清偿欧丽公司所欠税款100308.63元。

林和春不服提起上诉，其上诉理由为林和春不是欧丽公司的股东，也不是借名股东，实际系被冒名股东。后浙江省温州市中级人民法院以（2018）浙03民终5025号民事判决书，驳回上诉，维持原判。林和春不服提起申诉，浙江省高级人民法院以（2019）浙民申4149号裁定书驳回林和春的再审申请。

【争议焦点】

林和春是否应就案涉税款承担连带清偿责任？

【各方观点】

林和春（再审申请人）认为：（1）原审法院认定林和春系欧丽公司实际股东证据不足：①林和春系被冒名的股东；②林和春不存在明知或应知自己被登记为欧丽公司股东而明示或默示认可的情形。（2）原审法院以《最高人民法院关于适用〈中华人民共和国公司法〉若干问题的规定（二）》第十八条第二款之规定判决林和春对欧丽公司债务承担连带清偿责任，适用法律错误。林和春未实际参与经营管理，账册等资料灭失并非林和春原因造成，不应判定林和春对欧丽公司的债务承担连带清偿责任。

平阳地税局（被申请人）认为：林和春系欧丽公司股东。原审判决适用法律正确。

【裁判要旨】

1. 根据欧丽公司工商登记材料显示林和春享有该公司50%股权，工商登记材料具有公示效力。

2. 债务人欧丽公司没有提供公司公章及账册，致使管理人无法追查欧丽公司的财产，无法依法全面清算，债权人有权依照相关法律规定要求欧丽公司的股东承担相应民事责任。

3. 清算义务人在破产清算程序中，未依法履行清算义务，应承担连带清偿责任。

【法院裁判观点】

本案的争议焦点在于林和春是否须就案涉税款承担连带清偿责任。林和春申请再审主张其并非欧丽公司股东，应提供充分证据予以证明。虽林和春就相关工商行政登记事项向法院提起诉讼，但浙江省平阳县人民法院作出（2019）浙 0326 行初 12 号行政裁定，驳回林和春的起诉，故林和春主张相关签名为代签，其未参与分红等情节尚不足以推翻工商登记材料记载。且林和春 2012 年 6 月至 2013 年 9 月期间在欧丽公司参保的情形，进一步证明林和春与欧丽公司的密切关联，故原审法院依据现有证据认定林和春系欧丽公司股东有事实和法律依据。

根据《企业破产法》第十一条第二款、《最高人民法院关于债权人对人员下落不明或者财产状况不清的债务人申请破产清算案件如何处理的批复》（法释〔2008〕10 号）的规定，债务人应当自人民法院受理破产申请的裁定送达之日起 15 日内，向人民法院提交财产状况说明、债务清册、债权清册、有关财务会计报告以及职工工资的支付和社会保险费用的缴纳情况。债务人的有关人员不履行法定义务，人民法院可依据有关法律规定追究其相应法律责任；其行为导致无法清算或者造成损失，有关权利人起诉请求其承担相应民事责任的，人民法院应依法予以支持。

【法院裁判结果】

驳回林和春的再审申请。

【税务律师案例评析】

本案系因企业在资不抵债时被债权人申请了破产清算，人民法院在裁定受理后要求债务人依据《企业破产法》的规定提交公司的财务账册公章等相关资料，因债务人未按期提供导致管理人无法进行全面清算而向法院提请终结破产程序。债权人因未能获得清偿，依据公司法、企业破产法的相关规定起诉要求清算义务人承担连带清偿责任。

本案的再审申请人林和春以不是公司的实际股东为由主张不应承担对债权人税务局的清偿责任，但因其以股东的名义进行了工商登记并以其名义支付了投资款，且在债务人名下购买了社会保险，导致其提出的系冒名股东不应承担清偿责任的主张未被法院采纳。

股东或者清算义务人以其"不是公司的实际控制人，或者股东没有参与经营，也没有管理账册文件的"，不具有"怠于履行清算义务"的情节进行抗辩的，需提供相应的证据予以证明。《全国法院民商事审判工作会议纪要》

（法〔2019〕254号）第14条规定，在股东举证证明其已经为履行清算义务采取了积极措施，或者小股东举证证明其既不是公司董事会或者监事会成员，也没有选派人员担任该机关成员，且从未参与公司经营管理的情况下，才不构成"怠于履行义务"。

现在清理"僵尸企业"是人民法院优化营商环境的一大任务，很多未实际正常经营的企业会面临破产清算，如果公司清算义务人"怠于履行清算义务"，极有可能被债权人依据公司法和破产法的相关规定要求承担连带清偿责任。

税务机关在破产程序中，就破产受理前产生的税款及滞纳金等债权的确认和清偿提起的诉讼，系民事诉讼，适用民事诉讼的相关规定已无争议。

【法条摘录】

中华人民共和国企业破产法

第十一条（第二款） 债权人提出申请的，人民法院应当自裁定作出之日起五日内送达债务人。债务人应当自裁定送达之日起十五日内，向人民法院提交财产状况说明、债务清册、债权清册、有关财务会计报告以及职工工资的支付和社会保险费用的缴纳情况。

第一百二十条（第一款） 破产人无财产可供分配的，管理人应当请求人民法院裁定终结破产程序。

最高人民法院关于适用《中华人民共和国公司法》若干问题的规定（二）[①]
2014年2月2日　法释〔2014〕2号

第十八条（第二款） 有限责任公司的股东、股份有限公司的董事和控股股东因怠于履行义务，导致公司主要财产、账册、重要文件等灭失，无法进行清算，债权人主张其对公司债务承担连带清偿责任的，人民法院应依法予以支持。

最高人民法院关于债权人对人员下落不明或者财产状况不清的债务人申请破产清算案件如何处理的批复
2008年8月7日　法释〔2008〕10号

债权人对人员下落不明或者财产状况不清的债务人申请破产清算，符合企

[①] 该文件已被修改。参见《最高人民法院关于修改〈最高人民法院关于破产企业国有划拨土地使用权应否列入破产财产等问题的批复〉等二十九件商事类司法解释的决定》（法释〔2020〕18号）。

业破产法规定的，人民法院应依法予以受理。债务人能否依据企业破产法第十一条第二款的规定向人民法院提交财产状况说明、债权债务清册等相关材料，并不影响对债权人申请的受理。

人民法院受理上述破产案件后，应当依据企业破产法的有关规定指定管理人追收债务人财产；经依法清算，债务人确无财产可供分配的，应当宣告债务人破产并终结破产程序；破产程序终结后二年内发现有依法应当追回的财产或者有应当供分配的其他财产的，债权人可以请求人民法院追加分配。

债务人的有关人员不履行法定义务，人民法院可依据有关法律规定追究其相应法律责任；其行为导致无法清算或者造成损失，有关权利人起诉请求其承担相应民事责任的，人民法院应依法予以支持。

36. 破产程序因无财务账册终结，清算义务人应向税收债权人赔偿吗？

【案例来源】

《国家税务总局台州市路桥区税务局与被上诉人何绍平、向程钰股东损害公司债权人利益责任纠纷民事判决书》[（2020）浙10民终1229号]

【案情简介】

一、当事人关系梳理

上诉人（原审原告）：国家税务总局台州市路桥区税务局

被上诉人（原审被告）：何绍平，台州向氏鞋业有限公司的在册股东

被上诉人（原审被告）：向程钰，台州向氏鞋业有限公司的在册股东

二、基本案情

2017年9月28日，台州市路桥区人民法院作出（2017）浙1004破申5号民事裁定书，裁定受理吴超对台州向氏鞋业有限公司（以下简称向氏鞋业公司）的破产清算申请。2018年11月2日台州市路桥区人民法院作出（2017）浙1004破5号民事裁定书，确认债务人向氏鞋业公司33户债权人的债权金额，其中上诉人国家税务总局台州市路桥区税务局（以下简称路桥区税务局）的债权67997.78元。

2018年11月2日台州市路桥区人民法院作出（2017）浙1004破5-1号民事裁定，认为债务人向氏鞋业公司已经停止经营，管理人无法获取债务人财

务账册，无法对债务人向氏鞋业公司进行破产清算，债务人目前亦无任何财产可供支付破产清算费用并清偿债务，债权人可另行依据有关规定向债务人向氏鞋业公司的清算义务人主张相关权利。裁定宣告向氏鞋业公司破产，终结债务人向氏鞋业公司破产清算程序。何绍平、向程钰系向氏鞋业公司的在册股东，是法定的清算义务人。

路桥区税务局向一审法院起诉，请求判决何绍平、向程钰对向氏鞋业公司所欠税费款及滞纳金合计人民币67997.78元承担连带清偿责任。

一审法院以本案原告路桥区税务局已在法院审理向氏鞋业公司破产程序中申报了上述债权，现未履行代表全体债权人提起诉讼的必要程序为由：驳回起诉。路桥区税务局不服一审裁定而提起上诉，二审法院认为路桥区税务局作为向氏鞋业公司的债权人提起诉讼，主体适格，故撤销一审驳回起诉的裁定，并指令台州市路桥区人民法院审理。

【争议焦点】

1. 破产程序中，税务局的债权属于什么性质，是否具有提起民事诉讼的原告资格？
2. 破产程序终结后，债权人以清算义务人为被告提起民事诉讼要求其向自己清偿，是否需要先履行代表全体债权人提起诉讼的必要程序？

【各方观点】

路桥区税务局（上诉人）认为：原裁定适用《民事诉讼法》第一百一十九条等规定作出系适用法律错误。要求撤销原裁定，指令原审法院对本案进行审理。

【裁判要旨】

破产程序中，向氏鞋业公司的在册股东何绍平、向程钰是法定的清算义务人，路桥区税务局作为向氏鞋业公司的债权人依据民事裁定提起诉讼，主体适格，台州市路桥区人民法院应立案审理，故撤销台州市路桥区人民法院（2019）浙1004民初5877号"驳回起诉"的民事裁定，指定台州市路桥区人民法院审理。

【法院裁判观点】

台州市路桥区人民法院裁判观点：（1）股东有限责任是公司法人人格独

立的体现。（2）破产程序是对公司债权债务统一概括清理的制度设计，以防止简单化地对公司有限责任的不当突破。根据《企业破产法》规定，无法清算并非企业破产程序终结的原因和法定事由。即使债权人基于债务人相关义务主体行为导致无法清算，给其债权造成损害，该损失亦应属于债务人破产财产范围，应由管理人依法追回后分配给全体债权人，而不应在法院裁定终结破产程序后，由债权人个别进行追偿并用于清偿其自身债权。或者在管理人未主张上述赔偿的情况下，应当由个别债权人代表全体债权人提起诉讼，并将由此获得的赔偿归入债务人财产。（3）本案原告路桥区税务局已在法院审理向氏鞋业公司破产程序中申报了税收债权，现未履行代表全体债权人提起诉讼的必要程序，故予驳回起诉。

台州市中级人民法院裁判观点：（1）被上诉人何绍平、向程钰系向氏鞋业公司的在册股东，是法定的清算义务人。（2）上诉人路桥区税务局作为向氏鞋业公司的债权人提起本案诉讼，主体适格，符合《民事诉讼法》第一百一十九条的规定，一审法院裁定驳回上诉人路桥区税务局的起诉不当，故撤销一审裁定，指定审理。

【法院裁判结果】

1. 撤销台州市路桥区人民法院（2019）浙 1004 民初 5877 号民事裁定；
2. 本案指令台州市路桥区人民法院审理。

【税务律师案例评析】

本案的争议焦点在于路桥区税务局在破产程序终结后提起诉讼，是否具有原告身份。一审法院认为，债权人起诉追回的财产应属于全体债权人的财产，需由管理人或者债权人代表全体债权人提起诉讼，且追回的财产应属于债务人的破产财产，应由全体债权人分配。因此，应先履行代全体债权人起诉的必要程序，由于税务局未履行此程序，而是起诉要求对其债权进行单独且连带清偿，认为此项起诉既属于个别清偿，且在前位债权（职工债权）未获得清偿下要求清偿，不符合《企业破产法》的规定，故驳回起诉。

二审法院认为，股东是法定清算义务人。在人民法院以未获得财务账册不能清算为由终结破产程序时，债权人即有依据《公司法》及司法解释的规定提起诉讼并要求连带清偿的权利。

股东的清算责任与股东有限责任是两个不同的责任内涵。股东有限责任是基于投资人注册资本的缴纳层面，股东的清算责任是针对公司在被清算或者解散环节中的清算义务。

《最高人民法院关于适用〈中华人民共和国公司法〉若干问题的规定（二）》规定，有限责任公司的股东、股份有限公司的董事和控股股东因怠于履行义务，导致公司主要财产、账册、重要文件等灭失，无法进行清算，债权人主张其对公司债务承担连带清偿责任的，人民法院应依法予以支持。

由于未履行清算义务的连带责任有时远远大于基于投资份额的出资责任。因此，税务律师提醒公司股东及实际控制人，正确对待自己投资的公司，时刻关注公司的经营情况，是防范风险的一个重要方面。

【法条摘录】

中华人民共和国民事诉讼法

第一百一十九条 起诉必须符合下列条件：
（一）原告是与本案有直接利害关系的公民、法人和其他组织；
……

第一百五十四条 裁定适用于下列范围：
……
（三）驳回起诉；
……
对前款第一项至第三项裁定，可以上诉。

中华人民共和国公司法

第一百八十三条 公司因本法第一百八十条第（一）项、第（二）项、第（四）项、第（五）项规定而解散的，应当在解散事由出现之日起十五日内成立清算组，开始清算。有限责任公司的清算组由股东组成，股份有限公司的清算组由董事或者股东大会确定的人员组成。逾期不成立清算组进行清算的，债权人可以申请人民法院指定有关人员组成清算组进行清算。人民法院应当受理该申请，并及时组织清算组进行清算。

第一百九十条 公司被依法宣告破产的，依照有关企业破产的法律实施破产清算。

最高人民法院关于适用《中华人民共和国民事诉讼法》的解释[①]

2015年1月30日　法释〔2015〕5号

第二百零八条（第三款）　立案后发现不符合起诉条件或者属于民事诉讼法第一百二十四条规定情形的，裁定驳回起诉。

最高人民法院关于债权人对人员下落不明或者财产状况不清的债务人申请破产清算案件如何处理的批复

2008年8月7日　法释〔2008〕10号

债务人的有关人员不履行法定义务，人民法院可依据有关法律规定追究其相应法律责任；其行为导致无法清算或者造成损失，有关权利人起诉请求其承担相应民事责任的，人民法院应依法予以支持。

最高人民法院关于适用《中华人民共和国公司法》若干问题的规定（二）[②]

2014年2月20日　法释〔2014〕2号

第十八条　有限责任公司的股东、股份有限公司的董事和控股股东未在法定期限内成立清算组开始清算，导致公司财产贬值、流失、毁损或者灭失，债权人主张其在造成损失范围内对公司债务承担赔偿责任的，人民法院应依法予以支持。

有限责任公司的股东、股份有限公司的董事和控股股东因怠于履行义务，导致公司主要财产、账册、重要文件等灭失，无法进行清算，债权人主张其对公司债务承担连带清偿责任的，人民法院应依法予以支持。

上述情形系实际控制人原因造成，债权人主张实际控制人对公司债务承担相应民事责任的，人民法院应依法予以支持。

37. 破产程序中股东抽逃出资应向税收债权人承担赔偿责任吗？

【案例来源】

《上诉人蔡小明与被上诉人郭小国、国家税务总局淮安市洪泽区税务局损害债权人利益赔偿纠纷民事判决书》〔（2020）苏08民终3456号〕

[①] 该文件已被修改。参见《最高人民法院关于修改〈最高人民法院关于适用《中华人民共和国民事诉讼法》的解释〉的决定》（法释〔2022〕11号）。

[②] 该文件已被修改。参见《最高人民法院关于修改〈最高人民法院关于破产企业国有划拨土地使用权应否列入破产财产等问题的批复〉等二十九件商事类司法解释的决定》（法释〔2020〕18号）。

【案情简介】

一、当事人关系梳理

上诉人（原审被告）：蔡小明，江苏甬诚钢结构有限公司的法定代表人和股东。

被上诉人（原审原告）：郭小国，系江苏甬诚钢结构有限公司民间借贷债权人。

被上诉人（原审原告）：国家税务总局淮安市洪泽区税务局，系破产程序中税收债权人。

破产企业：江苏甬诚钢结构有限公司

二、基本案情

江苏甬诚钢结构有限公司（以下简称甬诚公司）于 2010 年 6 月 22 日成立，法定代表人为被告蔡小明，注册资本 5000000 元，蔡小明、张同明、朱某分别于公司成立之日认缴出资额 2500000 元、1250000 元、1250000 元。2010 年 6 月 25 日，该 5000000 元转入蔡小明个人账户，当日，蔡小明将该 5000000 元转入陈培员的个人账户。2011 年 11 月 22 日，该公司申请增加注册资本 3000000 元，其中蔡小明认缴 1500000 元，张同明认缴 750000 元，朱某认缴 750000 元。2011 年 11 月 23 日，该 3000000 元分二次转入蔡小明个人账户，当日，蔡小明又转入张永和吴秀梅的个人账户。

2015 年 3 月 10 日，原告郭小国诉甬诚公司民间借贷案件，上诉后双方达成了调解协议。郭小国因甬诚公司未在约定期限内履行法定义务向法院申请执行，执行过程中，执行法院以甬诚公司股东蔡小明抽逃出资 3000000 元为由裁定追加蔡小明为被执行人。蔡小明不服，提出执行异议及异议之诉。一审法院认为蔡小明虽存在抽逃出资的行为，但甬诚公司在执行过程中已宣告破产，蔡小明抽逃的注册资金作为公司财产，应由破产管理人主张权利，郭小国要实现权利，可在管理人主张的权利实现后，申请参与破产财产的分配，判决郭小国个人要求蔡小明在抽逃出资范围内承担责任的请求不得继续执行。

2016 年 8 月 16 日，甬诚公司被一审法院裁定受理破产，2017 年 10 月 12 日，甬诚公司破产终结。原告郭小国申报的债权确认金额为 3337415 元，在破产程序中受偿金额为 145512 元，尚有 3191903 元债权未实现；国家税务总局淮安市洪泽区税务局（以下简称洪泽区税务局）申报的债权确认金额为 37722.2 元，受偿金额为 34443.8 元，尚有债权 3278.4 元未实现。管理人未对被告的抽逃资金行为进行追讨。

原告郭小国及税务机关向法院起诉要求被告蔡小明在抽逃出资的范围内承担赔偿责任，一审法院支持了两原告的诉讼请求。被告蔡小明不服一审判决，以没有抽逃行为且还多向公司转账为由提出上诉，后二审法院维持了一审判决。

【争议焦点】

1. 蔡小明的抽逃出资行为的认定依据主要是什么，蔡小明有向公司转款的流水是否以证明其归还了出资？

2. 税务机关是否系本案中的必要共同诉讼人，人民法院依职权追加原告是否系程序违法？

3. 双方经人民法院调解并制作了民事调解书，在未被依法撤销前是否具有生效法律文书的既判力？

【各方观点】

蔡小明（上诉人）认为：上诉人将出资转入个人账户是经各股东同意下的经营行为，不属于抽逃出资；上诉人多转入甬诚公司资金5100967.64元，并未损害公司利益，且从公司转出的资金均已用于公司经营。

郭小国（被上诉人）认为：上诉人在无股东会决议的情况下将出资抽回构成抽逃出资，其称转入甬诚公司资金混淆了公司注册资本与公司资产的区别，且转入资金也可能是与公司存在其他法律关系。

洪泽区税务局（被上诉人）认为：（2017）苏0813民初863号生效判决已认定上诉人存在抽逃出资的行为，根据相关法律规定，抽逃出资的股东应在抽逃出资本息范围内对公司不能清偿的部分承担补充赔偿责任。

【裁判要旨】

因上诉人蔡小明抽逃出资给公司和债权人造成了损害，其应在抽逃出资的本金及利息范围内对债权人承担赔偿责任。又因本案在破产程序中，债权人向股东追加的财产属于破产财产，应由全体债权人依法分配，因此，人民法院为节省司法成本，主动依职权追加并无不当。

【法院裁判观点】

一审裁判观点：

抽逃出资是指股东未经法定程序将出资抽回，且损害公司权益的行为。被告蔡小明作为公司股东，在注册资本金8000000元到位后，在较短的时间内全部转移至自己的个人账户，并于当日又转至陈培员、张永、吴秀梅的个人账户，其未经法定程序将出资抽回的行为符合抽逃出资的特征。因甬诚公司在破产终结时2017年10月12日尚欠郭小国3191903元，洪泽区税务局3278.4元未归还，因此，对原告郭小国、洪泽区税务局主张被告在抽逃注册资本金8000000元及依法计算的利息范围内对公司债务不能清偿的部分承担补充赔偿责任的诉求，有事实和法律依据可以得到支持。

对被告提出的洪泽区税务局不是本案的必要共同诉讼，法院依职权追加其为共同原告参与诉讼属于程序违法的辩解意见，经查，甬城公司破产时，原告郭小国、洪泽区税务局作为债权人进行了申报债权，至分配完毕，两原告仍未清偿。根据《最高人民法院关于适用〈中华人民共和国公司法〉若干问题的规定（三）》第十四条第二款及《民事诉讼法》及其司法解释的相关规定，公司债权人请求抽逃出资的股东在抽逃出资本息范围内对公司债务不能清偿的部分承担补充赔偿责任，人民法院应予支持。因两原告均作为公司债权人，在公司股东抽逃出资的情况下，被追回的财产应属于公司财产，两个债权人均有权参与分配，且洪泽区税务局愿意参加共同诉讼，节省了诉讼成本，故法院依职权通知洪泽区税务局作为共同原告参加诉讼，符合法律规定。

对被告提出的原告郭小国将钱借给甬诚公司时，该公司正由原告经营，公司的账目及公章都由原告掌控，法院作出的甬诚公司应偿还原告借款的调解是违法的辩解意见，因该调解书系生效调解书，在被告未提供证据证明该调解违反合法、自愿的情况下，亦没有申诉推翻该生效调解，对其辩解意见法院不予采纳。

二审裁判观点：

根据《最高人民法院关于适用〈中华人民共和国公司法〉若干问题的规定（三）》第十二条第（四）项之规定，未经法定程序将出资抽回的行为属于抽逃出资。蔡小明作为甬诚公司股东，在注册资本金8000000元到位后，在较短的时间内全部转移至个人账户，即使该行为经过公司各股东同意，因其未举证证明资金流出系基于合法有效的交易关系，且其未经法定程序将出资抽回，仍符合抽逃出资的法律特征。当然，股东抽逃出资后，如果又通过投资的形式补足了相应出资，则可以不再承担抽逃出资的补充赔偿责任。但补足出资应有当事人的明确意思表示，并应在公司的财务账册上明确记载补足出资的事实。而本案中，蔡小明仅提供了其个人账户与公司账户在部分时间段的资金往来明细，并未提供甬诚公司的财务账册，其转入公司的资金是否系出资款无从反映，因此，蔡小明提供的证据并不能证明其已将抽逃出资全部或部分归还公司，对此应承担举证不能的不利法律后果。

【法院裁判结果】

驳回上诉，维持原判。

【税务律师案例评析】

股东有抽逃出资行为的，应当与公司一起对债权人承担连带责任，其承担责任的范围为抽逃出资的本金加上依法计算的利息。

执行程序中若企业进入破产程序，其执行程序应当中止，并按破产程序的顺位依法受偿。

企业在生产经营过程中，当因资金流水及账务往来等情形，导致产生抽逃出资、出资不实等可能的，股东应及时予以补足，并明确反映在企业的财务记载上，明确标注系股东出资款（补足出资款），才能更好地防范出资不足或者抽逃出资的法律风险。

【法条摘录】

中华人民共和国公司法

第三十五条　公司成立后，股东不得抽逃出资。

中华人民共和国企业破产法

第十九条　人民法院受理破产申请后，有关债务人财产的保全措施应当解除，执行程序应当中止。

第三十五条　人民法院受理破产申请后，债务人的出资人尚未完全履行出资义务的，管理人应当要求该出资人缴纳所认缴的出资，而不受出资期限的限制。

最高人民法院关于适用《中华人民共和国公司法》若干问题的规定（三）①

2014 年 2 月 20 日　法释〔2014〕2 号

第十二条 公司成立后，公司、股东或者公司债权人以相关股东的行为符合下列情形之一且损害公司权益为由，请求认定该股东抽逃出资的，人民法院应予支持：

（一）制作虚假财务会计报表虚增利润进行分配；
（二）通过虚构债权债务关系将其出资转出；
（三）利用关联交易将出资转出；
（四）其他未经法定程序将出资抽回的行为。

第十四条 股东抽逃出资，公司或者其他股东请求其向公司返还出资本息、协助抽逃出资的其他股东、董事、高级管理人员或者实际控制人对此承担连带责任的，人民法院应予支持。

公司债权人请求抽逃出资的股东在抽逃出资本息范围内对公司债务不能清偿的部分承担补充赔偿责任、协助抽逃出资的其他股东、董事、高级管理人员或者实际控制人对此承担连带责任的，人民法院应予支持；抽逃出资的股东已经承担上述责任，其他债权人提出相同请求的，人民法院不予支持。

38. 管理人可以代税收债权人起诉原股东承担赔偿责任吗？

【案例来源】

《原告浙江哈乐依可生物科技有限公司管理人（以下简称管理人）与被告靳明俊、王捷为股东损害公司债权人利益责任纠纷民事判决书》〔（2021）浙 1003 民初 1602 号〕

【案情简介】

一、当事人关系梳理

原告：浙江哈乐依可生物科技有限公司管理人，受税务局债权人委托

---

① 该文件已被修改。参见《最高人民法院关于修改〈最高人民法院关于破产企业国有划拨土地使用权应否列入破产财产等问题的批复〉等二十九件商事类司法解释的决定》（法释〔2020〕18 号）。

被告：靳明俊、王捷，系浙江哈乐依可生物科技有限公司股东

委托债权人：国家税务总局台州市黄岩区税务局

二、基本案情

浙江哈乐依可生物科技有限公司（以下简称哈乐依可公司）于2013年7月17日成立，股东为被告靳明俊、王捷。其中被告靳明俊任该公司法定代表人、执行董事兼经理，持有50%股份；被告王捷为该公司监事，持有50%股份。

黄岩区人民法院于2019年10月8日受理应仙富、临海市美达硅胶制品有限公司对哈乐依可公司的破产清算申请。2019年11月8日，指定浙江安天律师事务所担任哈乐依可公司的管理人。

2020年1月10日，黄岩区人民法院裁定确认了68位债权人无争议债权，其中包括国家税务总局台州市黄岩区税务局（以下简称黄岩区税务局）申报的普通债权92657.4元。后经分配，黄岩区税务局申报的普通债权92657.4元的最终分配金额为5999.63元，剩余未清偿普通债权为86657.77元。

2020年4月13日，黄岩区人民法院以哈乐依可公司法定代表人及股东下落不明，管理人无法取得财务账册，财产状况无法全面查清，导致管理人无法进行全面清算为由故裁定终结哈乐依可公司破产程序。

管理人经债权人黄岩区税务局同意其代为向相关责任人追索权利。管理人以即自己的名义向法院起诉要求股东承担清算责任，后法院判决股东靳明俊、王捷于向管理人赔偿86657.77元。

【争议焦点】

1. 破产程序中，税务局的债权属于什么性质，是否具有提起民事诉讼的原告资格？

2. 破产程序因清算义务人未完全履行清算义务导致被裁定终结后，债权人是否有权利以清算义务人为被告提起民事诉讼要求其向自己清偿？

3. 管理人是否有资格接受委托代单个债权人的单笔债权向原股东请求赔偿？

【各方观点】

哈乐依可公司管理人（原告） 认为：管理人无法取得财务账册，财产状况无法全面查清，导致管理人无法进行全面清算，故裁定终结哈乐依可公司破

产程序。后经管理人发函征求债权人意见，债权人黄岩区税务局于 2020 年 5 月 22 日复函同意管理人即原告代为向相关责任人追索权利。

【裁判要旨】

1. 股东在破产程序中未履行清算义务，导致债权人损失的，股东应承担赔偿责任。

2. 管理人经债权人黄岩区税务局同意，代为向原股东追偿，人民法院判决确认了向管理人承担赔偿义务。

【法院裁判观点】

1. 黄岩区税务局对哈乐依可公司享有未清偿普通债权 86657.77 元已依法确认。根据《最高人民法院关于债权人对人员下落不明或者财产状况不清的债务人申请破产清算案件如何处理的批复》（法释〔2008〕10 号）的规定，债务人的有关人员不履行法定义务，人民法院可依据有关法律规定追求其相应法律责任；其行为导致无法清算或者造成损失，有关权利人起诉请求其承担相应民事责任的，人民法院应依法予以支持。

2. 被告靳明俊、王捷作为哈乐依可公司的股东，分别担任公司法定代表人、执行董事、经理和监事，系公司高级管理人员，在公司进入破产清算期间，应积极履行配合清算义务，但两被告并未向管理人移交公司财务账册等资料，导致无法进行全面清算，其怠于履行法定义务的行为，损害了债权人的合法权益。本案原告即管理人在征求债权人同意后，有权代表其向相关责任人提起诉讼要求两被告赔偿损失 86657.77 元。

3. 原告在本案中所追回的财产，应依法进行处置。

【法院裁判结果】

被告靳明俊、王捷于本判决生效之日起 10 日内赔偿原告浙江哈乐依可生物科技有限公司管理人 86657.77 元。

【税务律师案例评析】

本案中没有陈述管理人追回的款项归谁所有，只谈到了依法进行处置。一般有两种理解，一是归债权人税务局所有，因其是代税务局作出的追偿行为，另一种观点是归全体债权人所有。

股东的清算责任与股东有限责任是两个不同的责任内涵。股东有限责任是基于投资人注册资本的缴纳层面，股东的清算责任是针对公司在强制清算或者破产清算中的清算义务。

《最高人民法院关于适用〈中华人民共和国公司法〉若干问题的规定（二）》规定，有限责任公司的股东、股份有限公司的董事和控股股东因怠于履行义务，导致公司主要财产、账册、重要文件等灭失，无法进行清算，债权人主张其对公司债务承担连带清偿责任的，人民法院应依法予以支持。

由于未履行清算义务的连带责任有时远远大于基于投资份额的出资责任。因此，税务律师提醒公司股东及实际控制人，正确对待自己投资的公司，时刻关注公司的经营情况，是防范风险的一个重要方面。

【法条摘录】

中华人民共和国公司法

第一百九十条 公司被依法宣告破产的，依照有关企业破产的法律实施破产清算。

最高人民法院关于债权人对人员下落不明或者财产状况不清的债务人申请破产清算案件如何处理的批复

2008年8月7日　法释〔2008〕10号

债务人的有关人员不履行法定义务，人民法院可依据有关法律规定追究其相应法律责任；其行为导致无法清算或者造成损失，有关权利人起诉请求其承担相应民事责任的，人民法院应依法予以支持。

第五章　其他破产涉税纠纷

39. 税收债权人有资格申请企业破产清算吗？

【案例来源】

《永嘉县国家税务局以温州宾迈服饰有限公司不能清偿到期税款为由申请对宾迈公司进行破产清算民事裁定书》[（2016）浙0324破申3号]

【案情简介】

一、当事人关系梳理

申请人：永嘉县国家税务局

被申请人：温州宾迈服饰有限公司

二、基本案情

温州宾迈服饰有限公司（以下简称宾迈公司）成立于2012年4月20日，注册资本100万元，登记注册股东为叶忠明、李灿辉。叶忠明担任被申请人宾迈公司执行董事兼总经理，李灿辉担任被申请人宾迈公司监事。

宾迈公司截至2016年8月1日为止，尚欠永嘉县国家税务局（以下简称永嘉县国税局）应缴增值税43385.64元，滞纳金13658.9元。宾迈公司至今未缴纳税款。

2016年8月8日，永嘉县国税局以宾迈公司不能清偿到期税款为由向永嘉县人民法院申请对被申请人宾迈公司进行破产清算。

永嘉县人民法院于2016年8月19日通知了被申请人宾迈公司。被申请人宾迈公司在法定期限内未提出异议。

【争议焦点】

1. 宾迈公司是否属于资不抵债不能清偿到期债务？
2. 税务局是否可以作为债权人申请企业破产清算？

【各方观点】

永嘉县国税局（申请人）认为： 被申请人宾迈公司不能清偿到期税款，根据《企业破产法》属于不能清偿到期债务，债权人有权依据《企业破产法》申请该公司破产清算。

【裁判要旨】

申请人永嘉县国税局申请被申请人宾迈公司进行破产清算，符合法律规定，应当予以受理。

1. 受理永嘉县国税局对宾迈公司的破产清算申请；
2. 指定永嘉海天会计师事务所为宾迈公司管理人。

【法院裁判观点】

申请人永嘉县国税局系被申请人宾迈公司的债权人，现被申请人宾迈公司未清偿到期债务，故申请人永嘉县国税局有权向人民法院提出对被申请人宾迈公司进行破产清算的申请。被申请人宾迈公司系依法成立的企业法人，主体适格；其住所地在永嘉县人民法院辖区，故申请其破产清算的案件应由该院管辖。综上，申请人永嘉县国税局申请被申请人宾迈公司进行破产清算，符合法律规定，应当予以受理。

【法院裁判结果】

1. 受理永嘉县国税局对宾迈公司的破产清算申请；
2. 指定永嘉海天会计师事务所为宾迈公司管理人。

【税务律师案例评析】

本案例中，申请企业破产清算的债权人是税务局，债权属于税收债权。但本案中的税收债权的确定是基于生效的法律文书还是税务局自行作出的欠税文书？本案中并未提及。笔者认为，如果税务局的债权是经过人民法院的生效法律文书所确定，那么当然具有申请人资格，但如果税务局直接向人民法院提交其自行作出的欠税文书用于申请企业破产清算，人民法院是否应当直接认定税务局的债权金额和申请人身份呢，这可能还需做进一步探讨明确。

【法条摘录】

中华人民共和国企业破产法

第二条 企业法人不能清偿到期债务，并且资产不足以清偿全部债务或者明显缺乏清偿能力的，依照本法规定清理债务。

企业法人有前款规定情形，或者有明显丧失清偿能力可能的，可以依照本法规定进行重整。

第七条 债务人有本法第二条规定的情形，可以向人民法院提出重整、和解或者破产清算申请。

债务人不能清偿到期债务，债权人可以向人民法院提出对债务人进行重整或者破产清算的申请。

企业法人已解散但未清算或者未清算完毕，资产不足以清偿债务的，依法负有清算责任的人应当向人民法院申请破产清算。

第十三条 人民法院裁定受理破产申请的，应当同时指定管理人。

40. 税务局不同意清偿方案，清算组能否向法院申请终结强制清算？

【案例来源】

《惠州市德赛投资总公司清算组强制清算一案》[（2019）粤13强清21号]

【案情简介】

一、当事人关系梳理

惠州市德赛投资总公司清算组（申请人，以下简称清算组）

二、基本案情

2019年8月27日，广东省惠州市中级人民法院根据惠州市工业发展总公司的申请，裁定受理德赛投资总公司强制清算一案，并依法指定广东江畔律师事务所担任德赛投资总公司清算组负责人，负责德赛投资总公司强制清算工作。

2019年12月24日，清算组向广东省惠州市中级人民法院提交了《德赛投资总公司强制清算案清算方案》。经清算组开展清算工作，发现德赛投资总公司已关闭停业且无实际经营，无工作人员办公、相关人员下落不明。除接管到德赛投资总公司留存的印章、营业执照外，未能接管到德赛投资总公司的财产、账簿和文书等资料。经清算组进一步调查，也未发现德赛投资总公司有任何资产。

在债权申报期限届满前，税务机关向清算组申报了一笔债权，经清算组审查确认的债权金额为14581.02元。在债权申报期限届满后，债权人汕尾市海滨房地产开发有限公司，向清算组申报了一笔债权，经清算组审查确认该债权金额为0。

由于德赛投资总公司无财产可供清偿到期债务，清算组与债权人协商制作债务清偿方案：全体债权人零清偿。债权人税务机关不同意该清偿方案。

清算组认为，现德赛投资总公司无资产可供清偿到期债务，且债权人对债务清偿方案不予确认，遂依法向法院申请裁定终结强制清算程序，并宣告德赛投资总公司破产。

【争议焦点】

公司在强制清算过程中，税务机关申报了债权但不同意零清偿方案，清算组可否向法院申请终结强制清算程序并宣告公司破产？

【各方观点】

清算组（申请人）认为：（1）清算组在清算过程中对德赛投资总公司经营、债权债务、财务状况等情况进行了调查，发现德赛投资总公司已经关闭停业、无实际经营，也无工作人员办公，相关人员均下落不明。（2）根据《最高人民法院关于审理公司强制清算案件工作座谈会议纪要》（法发〔2009〕52号）第32条规定，公司强制清算中，清算组在清理公司财产、编制资产负债表和财产清单时，发现公司财产不足以清偿债务的，除依据《最高人民法院关于适用〈中华人民共和国公司法〉若干问题的规定（二）》（以下简称《公司法司法解释二》）第十七条的规定，通过与债权人协商制作有关债务清偿方案并清偿债务外，应根据《公司法》第一百八十八条和《企业破产法》第七条第三款的规定向人民法院申请宣告破产。

【裁判要旨】

德赛投资总公司已资不抵债，具备《企业破产法》第二条第一款规定的破产原因，且与债权人无法达成债务清偿方案。清算组提请对德赛投资总公司进行破产清算，并终结本案的强制清算程序，具有事实和法律依据。

【法院裁判观点】

1. 根据《中华人民共和国民法总则》第七十一条"法人的清算程序和清算组职权，依照有关法律的规定；没有规定的，参照适用公司法的有关规定"的规定，参照《公司法》第一百八十七条第一款"清算组在清理公司财产、编制资产负债表和财产清单后，发现公司财产不足以清偿债务的，应当依法向人民法院申请宣告破产"及《最高人民法院关于审理公司强制清算案件工作座谈会纪要》第32条"公司强制清算中，清算组在清理公司财产、编制资产负债表和财产清单时，发现公司财产不足以清偿债务的，除依据公司法司法解释二第十七条的规定，通过与债权人协商制作有关债务清偿方案并清偿债务的外，应依据公司法第一百八十八条和企业破产法第七条第三款的规定向人民法院申请宣告破产"的规定。

2. 本案中，广东省惠州市中级人民法院指定广东江畔律师事务所担任德赛投资总公司清算组负责人后，清算组依法履行了职务，对德赛投资总公司的财产进行了调查，发现德赛投资总公司已资不抵债，德赛投资总公司已具备《企业破产法》第二条第一款规定的破产原因，且与债权人无法达成债务清偿方案。据此，清算组提请对德赛投资总公司进行破产清算，并终结本案的强制清算程序，具有事实和法律依据，广东省惠州市中级人民法院予以采纳。广东省惠州市中级人民法院将另行裁定受理清算组对德赛投资总公司的破产清算申请。

【法院裁判结果】

裁定终结德赛投资总公司的强制清算程序。

【税务律师案例评析】

在德赛投资总公司无资产可供清偿到期债务，且债权人税务机关对债务清偿方案不予确认的情形下，清算组能否向法院申请终结强制清算程序并宣告公司破产？根据《最高人民法院关于审理公司强制清算案件工作座谈会议纪要》第32条规定，公司强制清算中，清算组在清理公司财产、编制资产负债表和财产清单时，发现公司财产不足以清偿债务的，除依据《公司法司法解释二》第十七条的规定，通过与债权人协商制作有关债务清偿方案并清偿债务的外，应依据《公司法》第一百八十八条和《企业破产法》第七条第三款的规定向人民法院申请宣告破产。

若公司同时满足以下三个条件，可不必转入破产程序：（1）清算组制作债务清偿方案后经全体债权人确认；（2）不损害其他利害关系人利益；（3）人民法院依清算组的申请，对债务清偿方案予以认可。具体到本案，债权人税务机关不同意全体债权人零清偿的清偿方案，未通过与债权人协商制作有关债务清偿方案，不符合上述不必转入破产程序条件。

因此，在德赛投资总公司无资产可供清偿到期债务，且债权人税务机关对债务清偿方案不予确认的情形下，清算组应当依法向法院申请终结强制清算程序并宣告公司破产。

【法条摘录】

中华人民共和国民法总则①

第七十一条 法人的清算程序和清算组职权，依照有关法律的规定；没有规定的，参照适用公司法的有关规定。

中华人民共和国公司法

第一百八十七条（第一款） 清算组在清理公司财产、编制资产负债表和财产清单后，发现公司财产不足以清偿债务的，应当依法向人民法院申请宣告破产。

第一百八十八条 公司清算结束后，清算组应当制作清算报告，报股东会、股东大会或者人民法院确认，并报送公司登记机关，申请注销公司登记，公告公司终止。

中华人民共和国企业破产法

第二条（第一款） 企业法人不能清偿到期债务，并且资产不足以清偿全部债务或者明显缺乏清偿能力的，依照本法规定清理债务。

第七条（第三款） 企业法人已解散但未清算或者未清算完毕，资产不足以清偿债务的，依法负有清算责任的人应当向人民法院申请破产清算。

---

① 《中华人民共和国民法总则》已于2021年1月1日起废止。相关规定由《中华人民共和国民法典》第七十一条吸收。

最高人民法院关于审理公司强制清算案件工作座谈会纪要
2009 年 11 月 4 日　法发〔2009〕52 号

32. 公司强制清算中，清算组在清理公司财产、编制资产负债表和财产清单时，发现公司财产不足以清偿债务的，除依据公司法司法解释二第二十七条的规定，通过与债权人协商制作有关债务清偿方案并清偿债务的外，应依据公司法第一百八十八条和企业破产法第七条第三款的规定向人民法院申请宣告破产。

最高人民法院关于适用《中华人民共和国公司法》若干问题的规定（二）[①]
2014 年 2 月 20 日　法释〔2014〕2 号

第十七条　人民法院指定的清算组在清理公司财产、编制资产负债表和财产清单时，发现公司财产不足清偿债务的，可以与债权人协商制作有关债务清偿方案。

债务清偿方案经全体债权人确认且不损害其他利害关系人利益的，人民法院可依清算组的申请裁定予以认可。清算组依据该清偿方案清偿债务后，应当向人民法院申请裁定终结清算程序。

债权人对债务清偿方案不予确认或者人民法院不予认可的，清算组应当依法向人民法院申请宣告破产。

41. 破产管理人涉嫌虚开增值税发票应被追究刑事责任吗？

【案例来源】

《山东某某制品有限公司、江某某虚开增值税专用发票、用于骗取出口退税、抵扣税款发票、职务侵占一审刑事判决书》〔（2019）鲁 0830 刑初 539 号〕

【案情简介】

一、当事人关系梳理

公诉机关：汶上县人民检察院

[①] 该文件已被修改。参见《最高人民法院关于修改〈最高人民法院关于破产企业国有划拨土地使用权应否列入破产财产等问题的批复〉等二十九件商事类司法解释的决定》（法释〔2020〕18 号）。

被告单位：山东某某制品有限公司

被告人：江某某，原山东公明某和律师事务所律师，山东某某制品有限公司管理人组成人员

被告人：张某某，山东某某制品有限公司原财务部经理

被告人：卓某某，山东某某制品有限公司原副总经理

被告人：胡某某，山东某某制品有限公司原供应部经理

破产管理人团队：朱某1、江某某、白某1等7人

二、基本案情

2015年2月15日，汶上县人民法院裁定山东某某制品有限公司（以下简称固美思耐公司）重整，指定山东公明某和律师事务所为固美思耐公司破产重整管理人，管理人团队由朱某1、江某某、白某1等7人组成，同时指定朱某1为破产管理人负责人。江某某在固美思耐公司破产重整过程中代表管理人对固美思耐公司负有管理职责，掌握管理人的账户，审核资金的支出与收入等重大事宜。

2016年5月至2016年10月，被告人江某某、张某某、卓某某、胡某某经共同商议，在没有真实货物交易的情况下，固美思耐公司分别从徐州全网通电子科技有限公司、徐州巨旦电子科技有限公司、徐州凡军电子科技有限公司、徐州鑫亿安电子科技有限公司购买增值税专用发票共计54份并认证抵扣进项税额，发票金额共计5307864.03元，税额共计902336.97元，价税合计6202010元。固美思耐公司在2017年11月10日补缴增值税税款31.42万元，同年11月21日补缴2.42万元，以上共计33.84万元。

2017年1月至2017年4月，被告人江某某、张某某、卓某某、胡某某经共同商议，在没有真实货物交易的情况下，从江苏淮安伟恩工程投资有限公司购买增值税专用发票73份并认证抵扣进项税额，发票金额共计6852979.56元，税额1165006.81元，价税合计达8017986.37元。固美思耐公司在2017年6月7日补缴增值税税款118.12万元。

2016年4月至2017年3月，被告人江某某利用职务上的便利，以支付山东某某制品有限公司所欠货款、发放临时工工资的名义，采用涂改、伪造凭证的方式，从固美思耐公司套取资金15.3万元，为其本人及另一管理人团队成员白某1发放工资。

汶上县人民检察院指控被告单位固美思耐公司犯虚开增值税专用发票罪、被告人江某某犯虚开增值税专用发票罪、职务侵占罪、被告人张某某、卓某某、胡某某犯虚开增值税专用发票罪。

【争议焦点】

破产企业是否可作为单位犯罪主体？

【各方观点】

汶上县人民检察院（公诉机关） 认为：被告单位固美思耐公司的行为适用《中华人民共和国刑法》（以下简称《刑法》）第二百零五条第一、三款之规定，应当以虚开增值税专用发票罪追究刑事责任。被告人江某某作为固美思耐公司直接负责的主管人员，被告人张某某、卓某某、胡某某作为直接责任人员，其行为适用《刑法》第二百零五条第一、三款之规定，应当以虚开增值税专用发票罪追究刑事责任。

固美思耐公司（被告单位） 认为：虚开增值税发票行为是在公司破产程序期间发生的，根据《企业破产法》规定，公司将资产、财务专用章、公章及全部经营管理权交给破产管理人，由管理人接管，虚开增值税专用发票不是在公司主体意志下实施，被告单位固美思耐公司不构成虚开增值税专用发票罪。

江某某（被告人） 认为：指控被告人江某某构成虚开增值税专用发票罪事实不清、证据不足。本案是固美思耐公司单位犯罪，不应追究管理人的刑事责任。现有证据不足以证实江某某参与本案的犯意产生，管理人不参与公司的经营，只是监督破产重整计划的执行，江某某作为破产管理人的代表，其不是公司的主管人员，不参与公司的经营，没有虚开增值税专用发票的动机，其仅仅是作为监督角色存在，不能认为其为公司的重要领导而推定其参与本案。

【裁判要旨】

破产企业仍是独立的法人，公司没有注销，法律主体存在，以破产企业的名义实施的虚开增值税发票行为，取得的违法所得归该破产企业所有，应认定为破产企业单位犯罪。

【法院裁判观点】

1. 被告单位固美思耐公司违反增值税专用发票管理规定，让他人为自己虚开增值税专用发票，用于骗取出口退税、抵扣税款，虚开的税款数额较大，其行为构成虚开增值税专用发票罪。被告人江某某等人作为直接责任人员，其行为均已构成虚开增值税专用发票罪。汶上县人民检察院指控被告单位固美思耐公司和被告人江某某等人犯虚开增值税专用发票罪成立。

2. 关于被告单位固美思耐公司的辩护人辩称其单位不构成犯罪，经查，固美思耐公司虽进入破产重整阶段和破产重整计划执行阶段，但固美思耐公司仍是独立的法人，公司没有注销，法律主体存在，本案是以固美思耐公司的名义实施的虚开增值税发票行为，取得的违法所得归该公司所有，应认定为固美思耐公司单位犯罪。故辩护人提出的上述辩护理由不成立，不予采纳。

3. 关于被告人江某某提出的其行为不构成虚开增值税专用发票罪的辩解意见和辩护人提出指控被告人江某某行为构成增值税专用发票罪事实不清、证据不足的辩护意见，经查，张某某、卓某某、胡某某均供述了其三人与江某某商议购买增值税专用发票，张某某亲自联系出售发票的人进行购买，卓某某、胡某某在明知购买增值税发票的情况下，仍多次在公司的用款申请单上签字。房某、包某等公司人员均证实江某某负责公司支出的审核工作，江某某对公司通过假的支出及收入账目购买增值税发票的行为是明知的，其参与了购买虚开的增值税发票、骗取出口退税、抵扣税款的全部过程，后指使他人规避调查。现有证据足以证实被告人江某某、张某某、卓某某、胡某某的行为构成虚开增值税专用发票罪。被告人及其辩护人的上述辩护理由不成立，不予采纳。

【法院裁判结果】

被告单位固美思耐公司犯虚开增值税专用发票罪，判处罚金人民币20万元。被告人江某某犯虚开增值税专用发票罪，判处有期徒刑三年。被告人张某某犯虚开增值税专用发票罪，判处有期徒刑二年。被告人卓某某犯虚开增值税专用发票罪，判处有期徒刑二年。被告人胡某某犯虚开增值税专用发票罪，判处有期徒刑一年。被告单位固美思耐公司违法所得人民币547799.97元予以追缴。

【税务律师案例评析】

1. 破产中的企业是否可作为单位犯罪主体？

涉案公司虽进入破产重整阶段和破产重整计划执行阶段，在案发时尚未破产终结，公司尚未注销，公司仍是独立的法人，本案中各直接责任人员以涉案破产公司的名义实施了虚开增值税发票行为,取得的违法所得汇入公司账户,应认定单位犯罪符合法律规定。

2. 破产管理人可能面临何种刑事风险?

在破产程序中,破产管理人由律师事务所担任,可能对于税务知识及财务知识缺乏了解,容易引发各种风险,甚至是严重的刑事风险。本案发生在公司破产重整过程中,涉案管理人缺乏财务和税收知识导致案发。作为破产管理人应在法院的监督下勤勉尽责,严格执行《企业破产法》第二十五条规定"破产管理人履行下列职责"。对于管理人税收专业方面的不足,可邀请专业的税务律师加入破产团队,以尽量避免涉税风险。

【法条摘录】

中华人民共和国刑法

第二百零五条 【虚开增值税专用发票、用于骗取出口退税、抵扣税款发票罪】虚开增值税专用发票或者虚开用于骗取出口退税、抵扣税款的其他发票的,处三年以下有期徒刑或者拘役,并处二万元以上二十万元以下罚金;虚开的税款数额较大或者有其他严重情节的,处三年以上十年以下有期徒刑,并处五万元以上五十万元以下罚金;虚开的税款数额巨大或者有其他特别严重情节的,处十年以上有期徒刑或者无期徒刑,并处五万元以上五十万元以下罚金或者没收财产。

单位犯本条规定之罪的,对单位判处罚金,并对其直接负责的主管人员和其他直接责任人员,处三年以下有期徒刑或者拘役;虚开的税款数额较大或者有其他严重情节的,处三年以上十年以下有期徒刑;虚开的税款数额巨大或者有其他特别严重情节的,处十年以上有期徒刑或者无期徒刑。

虚开增值税专用发票或者虚开用于骗取出口退税、抵扣税款的其他发票,是指有为他人虚开、为自己虚开、让他人为自己虚开、介绍他人虚开行为之一的。

中华人民共和国企业破产法

第二十五条 管理人履行下列职责:

(一)接管债务人的财产、印章和账簿、文书等资料;

(二)调查债务人财产状况,制作财产状况报告;

(三)决定债务人的内部管理事务;

（四）决定债务人的日常开支和其他必要开支；
（五）在第一次债权人会议召开之前，决定继续或者停止债务人的营业；
（六）管理和处分债务人的财产；
（七）代表债务人参加诉讼、仲裁或者其他法律程序；
（八）提议召开债权人会议；
（九）人民法院认为管理人应当履行的其他职责。
本法对管理人的职责另有规定的，适用其规定。

42. 单位破产后，能否追究法定代表人逃税罪的刑事责任？

【案例来源】

《祝某军逃税一审刑事判决书》[（2021）鄂0202刑初33号]

【案情简介】

一、当事人关系梳理

公诉机关：黄石市黄石港区人民检察院

被告单位：黄石市某有限公司

被告人：祝某军，黄石市某有限公司法定代表人

二、基本案情

2015年1月至12月，被告单位黄石市某有限公司（以下简称康某公司）先后向常州市华某有限公司（以下简称华某公司）销售货物635.159吨，并于2015年至2016年3、4月期间收取含税货款共计人民币5541876.90元，产生应纳增值税额人民币805229.99元。但康某公司未对华某公司开具增值税专用发票，未计提申报上述销项税额。经税务机关认定，康某公司2015年未申报销项税款人民币805229.99元，占该公司当年应纳税款的44.83%。

2016年3月21日，原黄石市国税局稽查局在接到华某公司的举报后，决定对康某公司纳税违法行为立案调查。2017年4月11日，原黄石市国税局稽查局对康某公司经过调查后，作出《税务行政处罚事项告知书》，告知康某公司因其未按规定为华某公司开具增值税发票、未按时缴纳增值税，拟对其处罚款402615元。康某公司及祝某军分别盖章、签字表示无异议。同年4月18日，原黄石市国税局稽查局向康某公司送达《税务处理决定书》《税务行政处罚决定书》，要求康某公司限期缴纳增值税805229.99元，并从滞纳税款之日

起，按日加收滞纳税款0.5‰的滞纳金；按照规定进行相关账务调整。同时，决定对康某公司处以罚款402615元。此后，康某公司在规定期限内未缴纳上述税款、罚款，亦未申请行政复议，未向人民法院提起行政诉讼。

2017年8月14日，康某公司向华某公司补开了48张增值税专用发票，价税合计人民币5541876.90元，并于次日记载入账。2017年9月15日，康某公司向税务机关提交2017年8月增值税纳税申报表时，虽然申报了开具税控增值税专用发票销售额4736646.96元，税额805229.98元，但又虚假申报未开具发票的销售额-4736646.96元，税额-805229.98元，予以冲减。同年11月13日，原黄石市国税局稽查局作出《税收强制执行决定书》，并于次日从康某公司交通银行账户扣缴税款人民币18.74元，滞纳金人民币9.39元。

2017年12月，因康某公司资产不足以清偿全部债务，经债权人申请，黄石市中级人民法院受理了该公司破产清算案件。2018年4月，原黄石市国税局稽查局向公安机关移送本案。

【争议焦点】

行为人的公司破产，是否属于行为人构成逃税罪的免责事由？

【各方观点】

公诉机关（黄石市黄石港区人民检察院）认为：被告单位黄石市某有限公司、被告人祝某军采取隐瞒手段不申报纳税，逃避缴纳税款人民币805229.99元，数额巨大并且占应纳税额30%以上，其行为触犯了《刑法》第二百零一条第一款，应当以逃税罪追究其刑事责任。

康某公司（被告单位）认为：目前被告单位的破产案件尚未处理完毕，税务机关已经申报了包含上述剩余税款、滞纳金在内的债权，需等待被告单位的资产处置之后才能确定可追缴的税额。

祝某军（被告人）认为：其由于法制观念淡薄，对税法了解不到位而造成未及时申报涉案增值税，后经税务机关作出缴税处理决定后，又因企业已进入破产程序而无能力补缴税款，现因企业破产案件尚未处理完毕，无法补缴税款，恳请法院从轻处罚。其辩护人提出，被告人祝某军主观上并无逃税的故意，主要是由于对税法不了解，涉案税款可待破产案件终结之后根据债权分配比例予以追缴；被告人主动到案并如实供述犯罪事实，系自首，自愿认罪认罚，且系初犯，此前也为本市的残疾人就业工作做出过一定的贡献，希望法院减轻或从轻处罚。

【法院裁判观点】

被告单位康某公司采取隐瞒销售收入、不申报销项税的手段，逃避缴纳税款，数额巨大且占应纳税额 30%以上，其行为已构成逃税罪。被告人祝某军作为被告单位的法定代表人，应对被告单位的犯罪行为承担相应的刑事责任。公诉机关指控的罪名成立，法院予以确认。被告人祝某军主动到案并如实供述犯罪事实，系自首，愿意接受处罚，可减轻处罚，对辩护人提出的上述减轻处罚的辩护意见，法院予以采纳。公诉机关的量刑建议适当。

【法院裁判结果】

1. 被告单位黄石市某有限公司犯逃税罪，判处罚金人民币 10 万元。
2. 被告人祝某军犯逃税罪，判处有期徒刑 2 年 3 个月，并处罚金人民币 3 万元。

【税务律师案例评析】

1. 我国刑法对单位犯逃避缴纳税款罪规定了"双罚制"，即对单位判处罚金，对直接负责的主管人员和其他直接责任人员，依照逃税罪的规定处罚。由此可见，单位犯逃税罪应追究相关人员的个人刑事责任，刑法已作明确规定。[①]

2. 关于单位破产后追究个人刑事责任的问题，系司法实践中具体应用法律的问题，可参考《最高人民检察院关于涉嫌犯罪单位被撤销、注销、吊销营业执照或者宣告破产的应如何进行追诉问题的批复》（高检发释字〔2002〕4 号）"涉嫌犯罪的单位被撤销、注销、吊销营业执照或者宣告破产的，应当根据刑法关于单位犯罪的相关规定，对实施犯罪行为的该单位直接负责的主管人员和其他直接责任人员追究刑事责任，对该单位不再追诉。"

【法条摘录】

中华人民共和国刑法

第二百零一条（第一款）　【逃税罪】纳税人采取欺骗、隐瞒手段进行

---

① 参考浙江省温州市瓯海区人民法院（2016）浙 0304 刑初 51 号刑事判决书。

虚假纳税申报或者不申报，逃避缴纳税款数额较大并且占应纳税额百分之十以上的，处三年以下有期徒刑或者拘役，并处罚金；数额巨大并且占应纳税额百分之三十以上的，处三年以上七年以下有期徒刑，并处罚金。

第五十二条 【罚金数额的裁量】判处罚金，应当根据犯罪情节决定罚金数额。

第五十三条 【罚金的缴纳】罚金在判决指定的期限内一次或者分期缴纳。期满不缴纳的，强制缴纳。对于不能全部缴纳罚金的，人民法院在任何时候发现被执行人有可以执行的财产，应当随时追缴。

如果由于遭遇不能抗拒的灾祸缴纳确实有困难的，经人民法院裁定，可以延期缴纳、酌情减少或者免除。

第六十七条（第一款） 【自首】犯罪以后自动投案，如实供述自己的罪行的，是自首。对于自首的犯罪分子，可以从轻或者减轻处罚。其中，犯罪较轻的，可以免除处罚。

第二百一十一条 【单位犯危害税收征管罪的处罚规定】单位犯本节第二百零一条、第二百零三条、第二百零四条、第二百零七条、第二百零八条、第二百零九条规定之罪的，对单位判处罚金，并对其直接负责的主管人员和其他直接责任人员，依照各该条的规定处罚。

中华人民共和国刑事诉讼法

第二百零一条 对于认罪认罚案件，人民法院依法作出判决时，一般应当采纳人民检察院指控的罪名和量刑建议，但有下列情形的除外：

（一）被告人的行为不构成犯罪或者不应当追究其刑事责任的；

（二）被告人违背意愿认罪认罚的；

（三）被告人否认指控的犯罪事实的；

（四）起诉指控的罪名与审理认定的罪名不一致的；

（五）其他可能影响公正审判的情形。

人民法院经审理认为量刑建议明显不当，或者被告人、辩护人对量刑建议提出异议的，人民检察院可以调整量刑建议。人民检察院不调整量刑建议或者调整量刑建议后仍然明显不当的，人民法院应当依法作出判决。

第六章　普通执行程序中的税收优先权与代位权纠纷

43. "包税条款"下买受人是否应承担全部税费？

【案例来源】

《国家税务总局揭阳市榕城区税务局、中国工商银行股份有限公司揭阳分行二审民事判决书》[（2018）粤民终2200号]

【案情简介】

一、当事人关系梳理

上诉人（原审原告）：国家税务总局揭阳市榕城区税务局（原揭阳市榕城区地方税务局）

被上诉人（原审被告）：中国工商银行股份有限公司揭阳分行

原审被告：揭阳市壹阳化工有限公司、揭阳市东宝工业发展有限公司、揭阳市路源股份有限公司、揭阳市路源液化气销售有限公司

二、基本案情

2002年12月31日，中国工商银行股份有限公司揭阳分行（以下简称工行揭阳分行）与揭阳市路源股份有限公司（以下简称路源公司）签订了一份《固定资产借款合同》（2002年中长字第0004号）。同日，工行揭阳分行与揭阳市东宝工业发展有限公司（以下简称东宝公司）分别签订了一份《抵押合同》（2002年中长抵字第0004号）与《权利质押合同》。《抵押合同》主要约定：东宝公司愿意提供其所有的位于揭阳市东山区东山村目标山和牛路岭地段的国有土地使用权（揭府国用[1999]字第137号、138号）为上述2002年中长字第0004号《固定资产借款合同》作抵押担保等。2003年12月31日，工行揭阳分行与路源公司签订了一份2003年（二部）字第0321号《借款合同》。同日，工行揭阳分行与东宝公司签订了一份2003年（二部）抵字第

0034号《最高额抵押合同》，主要约定：东宝公司以其所有的位于揭阳市东山区东山村目标山和牛路岭的57253.7平方米国有土地使用权（揭府国用[1999]字第131号-136号）为上述2003年（二部）字第0321号《借款合同》提供抵押担保等。

2009年9月9日，广州铁路运输中级法院（一审法院）依法委托拍卖东宝公司名下的1块土地使用权（揭府国用[1999]字第147号），拍卖价款为1150万元；2009年11月24日，广州铁路运输中级法院依法委托拍卖东宝公司名下的2块土地使用权（揭府国用[1999]字第137号、138号），拍卖价款为3457.46万元；另东宝公司名下的6块土地使用权和地上建筑物（揭府国用[1999]字第131号-136号）拍卖所得价款分别为2094.41万元和1199.1万元，上述土地使用权及地上建筑物拍卖价款共计79009700元。两份拍卖人与买受人签订的《拍卖成交确认书》在第九条第2点中均载明"买受人的办理产权过户手续，过户所产生的买卖双方所有税费[包括土地出让金（含滞纳金）]均由买受人支付"。两位买受人均在《拍卖成交确认书》中签字盖章确认。

2009年12月1日，揭阳市榕城区地方税务局东山税务分局（以下简称东山税务分局）提交《关于申请行使税收优先权的函》（揭东山地税函[2009]4号）及其附件揭东地税欠告字[2009]3号欠税事项告知书、税款及滞纳金计算表，申请参与分配东宝公司截至2008年12月31日止欠缴地方税款13302097.84元及滞纳金9794464.8元（暂计至2009年11月26日）。2011年9月23日，其再次提交《关于揭阳市东宝工业发展总公司等企业欠缴税费情况的函》，申请参与分配东宝公司欠缴地方税款35197613.92元和滞纳金13554307.08元等共计49029421元。

广州铁路运输中级法院于2017年3月28日作出执行财产分配方案，分配方案确定"一、分配揭阳工行抵押债权优先受偿本息70261622.7元；二、分配国家税务总局揭阳市榕城区税务局（以下简称榕城税务局）被执行人应缴税款本金7973425.13元。"该分配方案于2017年4月24日送达榕城税务局，该局于2017年5月8日就分配方案向广州铁路运输中级法院提出异议。2017年5月27日，工行揭阳分行向广州铁路运输中级法院邮寄提交《关于对榕城地税局异议书的意见函》。

2017年5月31日，广州铁路运输中级法院出具通知书，载明"榕城地税局可以自收到本通知之日起十五日内决定是否向本院提起诉讼"。该通知书于

2017年6月5日送达榕城税务局，榕城税务局于2017年6月18日向广州铁路运输中级法院起诉。2011年2月14日，东宝公司企业名称由揭阳市东宝工业发展总公司变更为揭阳市东宝工业发展有限公司。

【争议焦点】

1. 案涉9宗土地拍卖后应缴纳的营业税、企业所得税、土地增值税应否从拍卖款中优先分配？

2. 榕城税务局要求全部滞纳金与无担保债权同一顺位受偿的请求应否得到支持？

【各方观点】

榕城税务局（上诉人）认为：东宝公司以其财产办理抵押前欠缴税款（城镇土地使用税）为4059206.6元，该欠缴税款应优先于抵押债权执行分配，确认案涉9宗土地拍卖过户登记依法应缴纳的营业税、企业所得税、土地增值税等税费共17579658.25元在本案中参与分配并优先于抵押债权分配，东宝公司以其财产办理抵押前欠缴税款（城镇土地使用税）4059206.6元所产生的全部滞纳金1372259.51元及抵押后欠缴税款产生的滞纳金、案涉9宗土地拍卖过户欠缴的营业税、企业所得税、土地增值税等税费共17579658.25元所产生的滞纳金17461143.7元，与无担保债权同一顺位受偿，尚有余额可以偿还无担保的普通债权时东宝公司欠缴税款优先于无担保债权分配。

工行揭阳分行（被上诉人）认为：（1）本次执行分配的是东宝公司名下9宗土地处置款，榕城税务局却要求以9宗土地处置款承担17宗地全部的土地使用税，没有事实依据。（2）一审法院认定拍卖后应缴纳的相关税款应由买受人承担，不在本案执行款中分配，事实清楚，适用法律正确。《拍卖成交确认书》已明确过户所产生的买卖双方所有税费等均由买受人支付，买受人签名盖章确认。本案拍卖为强制执行过程中的司法拍卖，转移税费承担的做法符合交易习惯，不违反法律强制性规定。一审法院已认定部分税款具有优先权，且指明了拍卖后的税费承担主体，认定事实清楚，没有违反榕城税务局主张的法律依据。（3）一审法院认定滞纳金为普通债权，不具有优先受偿权，事实清楚，适用法律正确。首先，滞纳金具有行政处罚性质，如优先分配将导致债权人代替被执行人受处罚，明显不合理。其次，本案拍卖款尚不足以清偿工行揭阳分行全部贷款，不具备现时、合理的优先分配滞纳金的处置条件。再次，

《税收征收管理法》第四十五条并未规定滞纳金具有优先权。

【裁判要旨】

1. 案涉土地拍卖后应缴纳的营业税、企业所得税、土地增值税等系土地拍卖过户需缴纳的税费。买受人在案涉土地拍卖前已被告知"过户所产生的买卖双方所有税费等均由买受人支付"且在《拍卖成交确认书》上签名盖章确认，《拍卖成交确认书》明确"买受人自行办理产权过户手续，过户所产生的买卖双方所有税费［包括土地出让金（含滞纳金）］均由买受人支付"。土地拍卖后应缴纳的营业税、企业所得税、土地增值税应由买受人承担，不应从本案执行款中进行分配。

2. 无论在工行揭阳分行的抵押权设定之前还是之后欠缴税款产生的滞纳金，均属于普通债权，在执行程序中不享有优先受偿权。

【法院裁判观点】

1. 关于案涉 9 宗土地拍卖后应缴纳的营业税、企业所得税、土地增值税应否从拍卖款中优先分配问题。

案涉土地拍卖后应缴纳的营业税、企业所得税、土地增值税等系土地拍卖过户需缴纳的税费。买受人在案涉土地拍卖前已被告知"过户所产生的买卖双方所有税费等均由买受人支付"且在《拍卖成交确认书》上签名盖章确认，《拍卖成交确认书》明确"买受人自行办理产权过户手续，过户所产生的买卖双方所有税费［包括土地出让金（含滞纳金）］均由买受人支付"。

2. 关于榕城税务局要求全部滞纳金与无担保债权同一顺位受偿的请求应否得到支持。

如前所述，其他 8 宗土地的土地使用税、案涉 9 宗土地拍卖后应缴纳的营业税、企业所得税、土地增值税不能在本案执行款中参与分配，欠缴该 8 宗土地的土地使用税、案涉 9 宗土地拍卖后应缴纳的营业税、企业所得税、土地增值税产生的滞纳金亦不能在本案执行款中参与分配。原审认定只有案涉 9 宗土地欠缴土地使用税产生的滞纳金与无担保债权同一顺位受偿，并无不当。

【法院裁判结果】

一审法院裁判结果：

1. 确认榕城税务局应收土地使用税款 1249582.4 元，在工行揭阳分行抵押权之前受偿。

2. 确认榕城税务局在工行揭阳分行抵押权设定之后应收的土地使用税款5610182.26元，在工行揭阳分行抵押权之后优先于无担保债权受偿。

3. 上述一、二项欠缴税款产生的滞纳金与无担保债权同一顺位受偿。

4. 撤销广铁中院执行财产分配方案，由执行机构重新制作分配方案。

二审法院裁判结果：

驳回上诉，维持原判。

【税务律师案例评析】

1. 税务机关能否参与执行款的分配是首先需要解决的问题。

一审法院认为，《最高人民法院关于适用〈中华人民共和国民事诉讼法〉的解释》第五百一十一条规定："多个债权人对执行财产申请参与分配的，执行法院应当制作财产分配方案，并送达各债权人和被执行人。债权人或者被执行人对分配方案有异议的，应当自收到分配方案之日起十五日内向执行法院提出书面异议。"因工行揭阳分行对东宝公司等提出强制执行申请，一审法院在执行过程中拍卖了东宝公司的部分财产，之后有多个债权人申请参与分配，故一审法院作为执行法院制作分配方案。榕城税务局作为申请参与分配的债权人，收到分配方案后在规定期限内提出书面异议，符合上述司法解释的规定。《最高人民法院关于适用〈中华人民共和国民事诉讼法〉的解释》第五百一十二条第一、二款规定："债权人或者被执行人对分配方案提出书面异议的，执行法院应当通知未提出异议的债权人、被执行人。未提出异议的债权人、被执行人自收到通知之日起十五日内未提出反对意见的，执行法院依异议人的意见对分配方案审查修正后进行分配；提出反对意见的，应当通知异议人。异议人可以自收到通知之日起十五日内，以提出反对意见的债权人、被执行人为被告，向执行法院提起诉讼；异议人逾期未提起诉讼的，执行法院按照原分配方案进行分配。"榕城税务局对分配方案提出异议后，工行揭阳分行作为未提出异议的债权人在规定期限内对榕城税务局的异议提出反对意见。榕城税务局收到工行揭阳分行提出的反对意见后，在规定期限内，以工行揭阳分行、壹阳公司、东宝公司、路源公司、路源液化气公司为被告向广州铁路运输中级法院提起诉讼，符合上述司法解释的规定。

2. "包税条款"的效力认定。

本案中买受人在案涉土地拍卖前已被告知"过户所产生的买卖双方所有

税费等均由买受人支付"且在《拍卖成交确认书》上签名盖章确认。实践中部分法院在拍卖公告中注明产权过户所产生的一切税款甚至之前的欠税均由买受人承担,该条款被称为"包税条款"。但包税条款并不改变法定纳税主体,由此在该问题上便会产生诸多矛盾,存在诸多争议点。首先实践中对"包税条款"是否有效具有较大争议;其次,如果法院认可"包税条款",对于买受人将要承担的产权过户所产生的一切税款,法院有两种处理方案,一是从拍卖款中优先扣除;二是买受人再额外承担;最后,"包税条款"是否仅指拍卖交易产生的新生税款?被执行人之前的欠税是否包括在内?

(1)"包税条款"的效力。是否承认"包税条款",实践中有两种不同观点。一种观点认为买受人只应承担法律规定由买受人承担的税款,另一种观点主张根据意思自治原则,双方可约定所有税款由买受人承担,买受人既已参与拍卖便自愿受拍卖公告或拍卖协议书的约束。

最高人民法院在"(2017)最高法执监324号"文书中写道:"目前,法律对司法拍卖或流拍后抵债财产过户时产生的税费问题没有明确规定。实践中,人民法院参照民事交易中自主买卖的相关规定确定司法拍卖或抵债双方的税费承担标准较为常见且相对合理。"《最高人民法院关于人民法院网络司法拍卖若干问题的规定》(法释〔2016〕18号)第三十条规定:"因网络司法拍卖本身形成的税费,应当依照相关法律、行政法规的规定,由相应主体承担。"由此可见,最高人民法院也未形成统一的观点。《福建省高级人民法院执行局关于执行工作中相关问题的解答(二)》也积极响应上述规定,重申网络司法拍卖的拍卖公告不得表述为"所有税费均由买方承担",但该解答仅供参考,并无法律效力。

(2)"包税条款"有效的前提下,买受人所承担税款的两种处理方案。如果法院认可"包税条款",对于买受人将要承担的产权过户所产生的一切税款,法院有两种处理方案,一是从拍卖款中优先扣除;二是买受人再额外承担。司法实践中的大部分法院认为买受人既已认可拍卖公告或拍卖协议书中对于税款承担的要求,就应承担拍卖双方因拍卖交易产生的税款,不可从拍卖所得款项中优先扣除,应由买受人额外承担。

在可从拍卖款中优先扣除的处理方案下,税收优先权的范围包括买受人应承担的所有税款,在买受人额外承担税款的方案下,买受人无法通过税收优先权减轻一部分税负,对买受人不利。如福建省三明市中级人民法院执行裁定书(2020)闽04执复22号中写道:"永安市人民法院在执行拍卖公告中表述为

'所有税费均由买方承担',其前提应为税费负担没有明显加重买受人的负担,而本案被执行人应缴税款已占标的物成交总价的 38.78%,加买受人自身应缴税款,对买受人明显不公。"

另外买受人必须降低拍卖成交价,才能挤出用于缴纳被执行人税款的价款,而拍卖成交价的降低将导致担保债权不一定能足额受偿,税收债权却有买受人预留的专项资金保证,无须考虑受偿的顺位和不能受偿的风险。此时税收债权便处于绝对优先地位,谈不上是否"优先",对私法债权人也极为不公。

(3)"包税条款"的范围。"包税条款"是否仅指拍卖交易产生的新生税款?被执行人即债务人的前期欠税是否包括在内?《福建省高级人民法院执行局关于执行工作中相关问题的解答(二)》中对已经符合办理产权登记条件的预售登记房屋可否拍卖、变卖的问题进行解答时提到税款承担问题,认为办理产权登记条件的预售登记房屋拍卖时产生的新生税款与前期欠税均可从拍卖款中优先扣除。笔者并不认可该观点,若前期欠税也可在拍卖环节优先扣除,而非在执行款分配中对比税收债权与担保债权的形成时间以确定受偿顺位,税收债权便处于绝对优先的地位,而非一定条件下优先于其他私法债权。广西壮族自治区高级人民法院执行裁定书(2020)桂执复 16 号中,拍卖公告载明"拍卖成交后,办理产权登记过户所涉及的一切相关税(费)均由买受人承担",法院认为"包税条款"不应包括被执行人的前期欠税:"上述表述仅是针对拍卖标的物办理产权过户登记产生的费用由买受人承担,不包括五吉公司作为土地溢价受益人,以及法人经营过程中所产生的税费,依照法律、行政法规规定,应由买受人承担的税费,不应包含出卖人承担部分。"

【法条摘录】

中华人民共和国税收征收管理法

第四十五条 税务机关征收税款,税收优先于无担保债权,法律另有规定的除外;纳税人欠缴的税款发生在纳税人以其财产设定抵押、质押或者纳税人的财产被留置之前的,税收应当先于抵押权、质权、留置权执行。

纳税人欠缴税款,同时又被行政机关决定处以罚款、没收违法所得的,税收优先于罚款、没收违法所得。

税务机关应当对纳税人欠缴税款的情况定期予以公告。

最高人民法院关于适用《中华人民共和国民事诉讼法》的解释①
2015 年 1 月 30 日　　法释〔2015〕5 号

第五百一十一条　多个债权人对执行财产申请参与分配的,执行法院应当制作财产分配方案,并送达各债权人和被执行人。债权人或者被执行人对分配方案有异议的,应当自收到分配方案之日起十五日内向执行法院提出书面异议。

第五百一十二条　债权人或者被执行人对分配方案提出书面异议的,执行法院应当通知未提出异议的债权人、被执行人。

未提出异议的债权人、被执行人自收到通知之日起十五日内未提出反对意见的,执行法院依异议人的意见对分配方案审查修正后进行分配;提出反对意见的,应当通知异议人。异议人可以自收到通知之日起十五日内,以提出反对意见的债权人、被执行人为被告,向执行法院提起诉讼;异议人逾期未提起诉讼的,执行法院按照原分配方案进行分配。

诉讼期间进行分配的,执行法院应当提存与争议债权数额相应的款项。

最高人民法院关于人民法院网络司法拍卖若干问题的规定
2016 年 8 月 2 日　　法释〔2016〕18 号

第三十条　因网络司法拍卖本身形成的税费,应当依照相关法律、行政法规的规定,由相应主体承担;没有规定或者规定不明的,人民法院可以根据法律原则和案件实际情况确定税费承担的相关主体、数额。

44. 税收优先权是否以不足以同时清偿所有债务为前提？

【案例来源】

《邱铁英与上饶市地方税务局稽查局申请执行人执行异议之诉一审民事判决书》〔(2018) 赣 0102 民初 3842 号〕

【案情简介】

一、当事人关系梳理

原告：邱铁英

---

① 该文件已被修改。参见《最高人民法院关于修改〈最高人民法院关于适用《中华人民共和国民事诉讼法》的解释〉的决定》(法释〔2022〕11 号)。

被告：上饶市地方税务局稽查局（现更名为国家税务总局上饶市税务局稽查局）

第三人：婺源县安泰房地产开发有限责任公司、汪德金

二、基本案情

2016年7月20日南昌市东湖区人民法院（以下简称东湖区法院）对邱铁英与婺源县安泰房地产开发有限责任公司（以下简称安泰公司）、汪德金民间借贷纠纷一案作出一审判决，判决安泰公司、汪德金于判决生效之日起7日内向邱铁英偿还借款本金4631926元及利息；安泰公司提起上诉，二审法院维持原判。后邱铁英向东湖区法院申请强制执行。东湖区法院于2016年4月21日作出（2016）赣0102民初1985号民事裁定书，并查封安泰公司名下共计31套房屋，于2017年11月25日依据（2017）赣0102执52号之一执行裁定书依法在淘宝网司法拍卖平台拍卖了登记在安泰公司名下8套房屋，拍卖所得价款共计4077170元。

2017年8月，被告上饶市地方税务局稽查局（以下简称上饶市稽查局）向东湖区法院送达商请扣缴税款协助执行函、代为扣缴税款申请书，请求东湖区法院代为从第三人安泰公司拍卖款中优先扣缴税款（费）4765290.11元及滞纳金。对此，东湖区法院向被告送达了（2017）赣0102执52号通知书，通知书的主要内容为："经审查，被执行人安泰公司未破产清算，且本院拍卖该公司的部分房产系本院首封。你局对此部分房产不享有优先受偿权，你局提出的优先受偿申请不符合相关法律规定，为此本院不予受理你局饶地税稽扣申〔2017〕1号代为扣缴税款申请。"2017年12月6日，东湖区法院再次向被告上饶市稽查局发函，函的主要内容为："若被告对本院送达的通知书有异议，可向本院提出执行异议，但本院未收到上饶市稽查局的异议申请。现本院已拍卖了被执行人安泰公司名下8套房屋，拍卖成交金额为4077170元。如对上述拍卖款的支付有异议，可在收到此函之日起15日内向本院提出书面执行异议。逾期本院将按规定将上述拍卖款支付给申请执行人邱铁英。"

后被告上饶市稽查局于2018年3月13日向东湖区法院提出执行异议，认为拍卖的价款应优先支付税款及滞纳金。东湖区法院受理异议后于2018年4月28日作出（2018）赣0102执异3号执行裁定书，认为应当首先保证税务机关征收税款优先于无担保债权。申请执行人邱铁英的债权为无担保普通债权，应在税收债权之后清偿。故裁定对拍卖安泰公司名下8套房产所得价款4077170元优先支付税款（费）4765290.11元及滞纳金。邱铁英对上述裁定不

服，于 2018 年 4 月 27 日向东湖区法院提起诉讼。

【争议焦点】

1. 税收优先权的行使是否以纳税人不足以同时缴纳税款和清偿其他债务为前提？
2. 稽查局是否有资格作为案外人对本案执行款的支付提出异议？

【各方观点】

邱铁英（原告）认为：东湖区法院作出（2018）赣 0102 执异 3 号执行裁定书错误，不应将拍卖第三人安泰公司名下 8 套房产所得价款 4077170 元优先支付被告，而应该支付原告。

上饶市稽查局（被告）认为：（1）东湖区法院有协助被告执行税款的义务，东湖区法院在作出是否协助被告执行税款前有审查的权力（或义务）。（2）东湖区法院无权作出不予受理的通知，应作出可以代为扣缴税款或不代为扣缴税额的决定。（3）被告对原告申请执行的民事行为无异议，被告是对东湖区法院不受理代为扣缴税额申请有异议。既然东湖区法院不予受理，为何还要来函通知被告对拍卖款支付有异议，要书面提出执行异议？

【裁判要旨】

1. 税款优先于无担保债权的前提是纳税人的财产未设置担保物权，且不足以同时缴纳税款和清偿其他债务。
2. 税务机关作为行政机关申请法院代为扣缴税款的申请是行政行为，而不是平等民事主体，而且民事执行方面的法律以及司法解释没有关于税收优先权可在执行程序中参加案款分配并优先实现的规定。因此税务机关不具备《民事诉讼法》第二百二十五条规定的利害关系人主体资格，其没有资格作为案外人对执行款的支付提出异议。

【法院裁判观点】

税款优先于无担保债权，是指纳税人发生纳税义务，又有其他应偿还的债务，而纳税人的未设置担保物权的财产，不足以同时缴纳税款和清偿其他债务的，纳税人的未设置担保物权的财产应该首先用于缴纳税款。本案中，第三人安泰公司既未进行清算，也未有证据证明安泰公司的财产不足以清偿所欠税款和其他债务,所以被告辩称税款有优先受偿权,法院不予支持。

东湖区法院(2018)赣0102执异3号执行裁定书程序错误。税务机关提出的异议是对法院不受理其代为扣缴税款的申请提出异议,是对执行行为的异议,执行法院应当依照《民事诉讼法》第二百二十五条的规定,作为执行行为异议案件审查。而对执行行为的异议裁定不服,应向上级法院进行复议,而不是由申请人提出执行异议之诉,故原裁定错误。

被告上饶市稽查局作为行政机关,其申请法院代为扣缴税款的申请是一种行政行为,而不是平等民事主体,而且民事执行方面的法律以及司法解释没有关于税收优先权可在执行程序中参加案款分配并优先实现的规定。上饶市稽查局与法院的执行款支付行为不存在直接的法律上的利害关系,其不具备《民事诉讼法》第二百二十五条规定的利害关系人主体资格,其没有资格作为案外人对本案执行款的支付提出异议。因此,其作为案外人提出执行异议是错误的。是否需要撤销,东湖区法院经审委会讨论认为,申请执行人执行异议之诉一旦作出准许执行的判决,则原执行异议裁定自动失效,无须再进行撤销。

【法院裁判结果】

准许原告邱铁英对拍卖第三人婺源县安泰房地产开发有限责任公司名下8套房产所得价款4077170元的执行,(2018)赣0102执异3号执行裁定书于该判决生效时自动失效。

【税务律师案例评析】

本案例存在实体与程序两方面的问题,实体问题主要是税收优先权的行使是否以纳税人不足以同时缴纳税款和清偿其他债务为前提?根据《税收征收管理法》第四十五条第一款规定:"税务机关征收税款,税收优先于无担保债权,法律另有规定的除外;纳税人欠缴的税款发生在纳税人以其财产设定抵押、质押或者纳税人的财产被留置之前的,税收应当先于抵押权、质权、留置权执行。"对税收债权优先于无担保债权并无太大争议,但是否以不足以同时缴纳税款和清偿其他债务为前提?笔者赞同本案例中的法院观点,若被执行人尚有其他财产可供清偿,税务机关可通过税收强制措施收回税款,不必通过民事执行中的分配程序与私法债权人相争。绝大部分司法裁判均认为被执行人的财产不能清偿所有债务是税收债权优先的前提条件。

程序方面的问题主要体现在当法院不予协助执行时,税务机关是否有资格提出执行异议？关于税务机关请求法院协助执行的法律依据主要体现在以下两条规定，《税收征收管理法》第五条第三款规定："各有关部门和单位应当支持、协助税务机关依法执行职务。"《国家税务总局关于人民法院强制执行被执行人财产有关税收问题的复函》（国税函〔2005〕869号）第四条规定："鉴于人民法院实际控制纳税人因强制执行活动而被拍卖、变卖财产的收入，根据《中华人民共和国税收征收管理法》第五条的规定，人民法院应当协助税务机关依法优先从该收入中征收税款。"虽然在该方式下税务机关的身份是权力机关而非税收债权人，但该方式下税务机关并无绝对的权力要求法院协助执行，仅是公权力机构间的商洽、询问和答复。即使法律规范对协助税务机关执行职务、协助税务机关优先征收收款的表述是"应当"，仍有法院回函不予协助执行，此时税收优先权并非处于绝对优先的地位。

《民事诉讼法》第二百二十五条规定："当事人、利害关系人认为执行行为违反法律规定的，可以向负责执行的人民法院提出书面异议。"税务机关向法院发出协助执行函时，若法院回函表示支持税务机关的税收优先权，私法债权人作为当事人可能对法院协助税务机关扣缴税款的执行行为提出异议，若法院不支持税收优先权，笔者认为税务机关也可作为利害关系人通过执行异议主张自己的权利。

本案中法院的观点是："被告上饶市稽查局作为行政机关，其申请法院代为扣缴税款的申请是一种行政行为，而不是平等民事主体，而且民事执行方面的法律以及司法解释没有关于税收优先权可在执行程序中参加案款分配并优先实现的规定。"首先，税务机关以公权力机关的身份向人民法院发函申请代为扣缴税款是否属于行政行为？行政行为是指行政主体以单方面意志作出的影响行政相对人权利义务的、具有法律效果的意思表示。① 人民法院并非行政相对人，税务机关也不能影响人民法院作出支持税务机关代为扣缴申请的决定。人民法院不能仅因为发出协助执行函的主体是税务机关就认为申请代为扣缴税款是一种行政行为，进而剥夺税务机关提出执行异议的机会。其次，根据上述行政行为的概念可知税务机关向人民法院申请非诉执行也非行政行为，且税务非诉执行与税务机关适用税收优先权的目的一致，都是防止国家财产的流失，法律也给予税务非诉执行提出异议的权利。税务非诉执行是指人民法院对已生效但未经行政诉讼程序的税务行政行为的执行，《行政强制法》第五十六条第二款规定："行政机关对人民法院不予受理的裁定有异议的，可以在十五日内向

---

① 江必新，梁凤云. 行政诉讼法理论与实务（第三版）[M]. 北京：法律出版社，2016：9.

上一级人民法院申请复议",《行政强制法》第五十八条第三款规定"行政机关对人民法院不予执行的裁定有异议的,可以自收到裁定之日起十五日内向上一级人民法院申请复议"。根据上述规定可知,税务非诉执行中税务机关对人民法院不予受理、不予执行的裁定仍有提出异议的权利。笔者认为,当人民法院拒绝协助税务机关扣缴税款时,仍应给予税务机关作为税收债权人提出执行异议的权利。

【法条摘录】

中华人民共和国税收征收管理法

第五条 国务院税务主管部门主管全国税收征收管理工作。各地国家税务局和地方税务局应当按照国务院规定的税收征收管理范围分别进行征收管理。

地方各级人民政府应当依法加强对本行政区域内税收征收管理工作的领导或者协调,支持税务机关依法执行职务,依照法定税率计算税额,依法征收税款。

各有关部门和单位应当支持、协助税务机关依法执行职务。

税务机关依法执行职务,任何单位和个人不得阻挠。

第四十五条 税务机关征收税款,税收优先于无担保债权,法律另有规定的除外;纳税人欠缴的税款发生在纳税人以其财产设定抵押、质押或者纳税人的财产被留置之前的,税收应当先于抵押权、质权、留置权执行。

纳税人欠缴税款,同时又被行政机关决定处以罚款、没收违法所得的,税收优先于罚款、没收违法所得。

税务机关应当对纳税人欠缴税款的情况定期予以公告。

中华人民共和国行政强制法

第五十六条 人民法院接到行政机关强制执行的申请,应当在五日内受理。

行政机关对人民法院不予受理的裁定有异议的,可以在十五日内向上一级人民法院申请复议,上一级人民法院应当自收到复议申请之日起十五日内作出是否受理的裁定。

第五十八条 人民法院发现有下列情形之一的,在作出裁定前可以听取被执行人和行政机关的意见:

(一) 明显缺乏事实根据的;

（二）明显缺乏法律、法规依据的；

（三）其他明显违法并损害被执行人合法权益的。

人民法院应当自受理之日起三十日内作出是否执行的裁定。裁定不予执行的，应当说明理由，并在五日内将不予执行的裁定送达行政机关。

行政机关对人民法院不予执行的裁定有异议的，可以自收到裁定之日起十五日内向上一级人民法院申请复议，上一级人民法院应当自收到复议申请之日起三十日内作出是否执行的裁定。

中华人民共和国民事诉讼法

第二百二十五条 当事人、利害关系人认为执行行为违反法律规定的，可以向负责执行的人民法院提出书面异议。当事人、利害关系人提出书面异议的，人民法院应当自收到书面异议之日起十五日内审查，理由成立的，裁定撤销或者改正；理由不成立的，裁定驳回。当事人、利害关系人对裁定不服的，可以自裁定送达之日起十日内向上一级人民法院申请复议。

第二百二十七条 执行过程中，案外人对执行标的提出书面异议的，人民法院应当自收到书面异议之日起十五日内审查，理由成立的，裁定中止对该标的的执行；理由不成立的，裁定驳回。案外人、当事人对裁定不服，认为原判决、裁定错误的，依照审判监督程序办理；与原判决、裁定无关的，可以自裁定送达之日起十五日内向人民法院提起诉讼。

最高人民法院关于适用《中华人民共和国民事诉讼法》的解释[①]

2015年1月30日　法释〔2015〕5号

第三百一十三条 对申请执行人提起的执行异议之诉，人民法院经审理，按照下列情形分别处理：

（一）案外人就执行标的不享有足以排除强制执行的民事权益的，判决准许执行该执行标的；

（二）案外人就执行标的享有足以排除强制执行的民事权益的，判决驳回诉讼请求。

---

① 该文件已被修改。参见《最高人民法院关于修改〈最高人民法院关于适用《中华人民共和国民事诉讼法》的解释〉的决定》（法释〔2022〕11号）。

国家税务总局关于人民法院强制执行被执行人财产有关税收问题的复函

2005 年 9 月 12 日　国税函〔2005〕869 号

最高人民法院：

你院《关于人民法院依法强制执行拍卖、变卖被执行人财产后，税务部门能否直接向人民法院征收营业税的征求意见稿》（〔2005〕执他字第 12 号）收悉。经研究，函复如下：

一、人民法院的强制执行活动属司法活动，不具有经营性质，不属于应税行为，税务部门不能向人民法院的强制执行活动征税。

二、无论拍卖、变卖财产的行为是纳税人的自主行为，还是人民法院实施的强制执行活动，对拍卖、变卖财产的全部收入，纳税人均应依法申报缴纳税款。

三、税收具有优先权。《中华人民共和国税收征收管理法》第四十五条规定，税务机关征收税款，税收优先于无担保债权，法律另有规定的除外；纳税人欠缴的税款发生在纳税人以其财产设定抵押、质押或者纳税人的财产被留置之前的，税收应当先于抵押权、质权、留置权执行。

四、鉴于人民法院实际控制纳税人因强制执行活动而被拍卖、变卖财产的收入，根据《中华人民共和国税收征收管理法》第五条的规定，人民法院应当协助税务机关依法优先从该收入中征收税款。

45. 滞纳金能否与税款一同优先受偿？

【案例来源】

《刘刚、安徽和景房地产开发有限公司借款合同纠纷执行审查类执行裁定书》〔（2020）皖执异 3 号〕

【案情简介】

一、当事人关系梳理

异议人（申请执行人）：刘刚

被执行人：安徽和景房地产开发有限公司

被执行人：安徽禾景农业发展发有限公司

第三人：国家税务总局涡阳县税务局

二、基本案情

刘刚与安徽和景房地产开发有限公司（以下简称和景公司）、安徽禾景农业发展有限公司（以下简称禾景公司）民间借贷纠纷一案，涡阳县人民法院于2017年2月10日作出（2017）皖1621民初590号民事调解书。异议人（申请执行人刘刚）的债权是无抵押、担保债权，被执行人禾景公司欠缴2017年、2018年房产税909150.00元及滞纳金，国家税务总局涡阳县税务局（以下简称涡阳县税务局）2019年1月29日作出"涡税强拍〔2019〕120001号税收强制执行决定书"。

该案进入执行程序后，涡阳县人民法院依法于2017年5月9日、2017年9月6日向苏果超市（亳州）有限公司送达《履行债务通知书》，苏果超市（亳州）有限公司对此通知书无异议，并按期将被执行人禾景公司在苏果超市（亳州）有限公司的租金收入自行汇入涡阳县人民法院执行款账户。2019年12月23日，第三人涡阳县税务局向法院送达协助执行通知书，并提供了"涡税强拍〔2019〕120001号税收强制执行决定书"，要求法院将被执行人禾景公司在苏果超市（亳州）有限公司的租金缴纳入库。

2020年3月4日涡阳县税务局向涡阳县不动产登记中心送达协助执行通知书，查封被执行人禾景公司房产（证号：房地权证涡字第××号），2020年1月10日涡阳县人民法院作出（2017）皖1621执342号通知书，决定对第三人涡阳县税务局要求协助执行的税款优先执行，2020年2月25日异议人刘刚（申请执行人）向涡阳县人民法院提出执行异议。

【争议焦点】

1. 税收优先权的行使是否以被执行人名下无其他财产可供执行、税收征管权力用尽为前提？
2. 滞纳金能否与税款一同优先受偿？

【各方观点】

刘刚（异议人、申请执行人） 认为：税收优先权是有限受偿权，在国家税收与一般债权竞合而不能实现时，国家税收应优先受偿，并不是税收征收程序优于其他法定强制程序，涡阳县税务局主张其行政强制权优于司法强制执行没有法律依据，异议人已经申请执行并且对被执行人禾景公司的到期债权先行冻结的情况下，涡阳县税务局要求重复冻结是错误的；其次，根据《税收征收管理法》第四十条的规定，涡阳县税务局可选择被执行人禾景公司名下的其他财产予以查封，涡阳县税务局在未向涡阳县人法院提交被执行人安徽禾景农业发展有限公司名下无其他财产可供执行的前提下，要求优先满足其税收优先权，不具有事实基础和法律依据。

涡阳县税务局认为：税务局依法主张优先权符合法律规定，请求法院依法驳回异议人的异议。

【裁判要旨】

1. 税务机关具有采取强制措施征收税款的权力，税务机关行使税收优先权以税收征管权力用尽为前提。

2. 税收滞纳金不可同税款一同优先受偿。滞纳金属于行政强制执行中执行罚的一种形式，非税款，其要求法院协助优先执行滞纳金的请求不符合《税收征收管理法》第四十五条的规定。

【法院裁判观点】

涡阳县人民法院认为，涡阳县税务局2019年1月29日作出的"涡税强拍〔2019〕120001号税收强制执行决定书"，该决定书于当日向禾景公司进行送达，该决定书生效日期应为送达后6个月后，即2020年5月30日后，该决定书一直尚未发生法律效力；涡阳县税务局2019年12月23日向涡阳县人民法院送达协助执行通知书要求法院将被执行人禾景公司在苏果超市（亳州）有限公司的租金缴纳入库，不符合规定，剥夺了纳税义务人的申诉救济权。

根据《税收征收管理法》第四十五条的规定，税收优先权是指当税收与其他债权同时存在，债务人的全部财产不足以清偿所有债务时，税收享有优先于普通债权而清偿的权利。

根据《税收征收管理法》第四十条规定，涡阳县税务局已查封被执行人禾景公司房产，涡阳县税务局要求涡阳县人民法院协助优先执行被执行人禾景公司欠缴2017年、2018年房产税909150.00元的请求，不符合规定，法院不予支持；滞纳金属于行政强制执行中执行罚的一种形式，非税款，其要求法院协助优先执行滞纳金的请求不符合《税收征收管理法》第四十五条的规定，法院不予支持。

【法院裁判结果】

1. 撤销2020年1月10日作出的（2017）皖1621执342号通知书。

2. 驳回第三人涡阳县税务局协助执行的请求。

【税务律师案例评析】

1. 税收优先权的行使是否以被执行人名下无其他财产可供执行、税收征管权力用尽为前提？

本案中异议人对税务机关享有税收优先权并无异议，双方的冲突焦点在于税收优先权行使的前提。异议人认为税务机关需提供被执行人名下无其他财产可供执行的证据才可优先满足其税收债权，而本案中法院也支持异议人的观点，认为涡阳县税务局已查封被执行人安徽禾景农业发展有限公司房产，有其他财产可供清偿税款。笔者认为，根据税收债权债务关系理论，税务机关与被执行人是债权债务关系，参照《最高人民法院关于适用〈中华人民共和国民事诉讼法〉的解释》第五百零八条、第五百零九条关于民事债权人参与分配的规定，税务机关行使税收优先权应满足一定的前提条件：

（1）被执行人的财产不能清偿所有债权。

若被执行人尚有其他财产可供清偿，税务机关可通过税收强制措施收回税款，不必通过民事执行中的分配程序与私法债权人相争。

（2）税收征管权力措施用尽。

税收债权人与私法债权人的区别在于税收债权人可以利用税收强制措施征收税款，行使税收优先权仅是在债务人无其他财产可供清偿税款时的补充手段。因此若税务机关怠于利用公权力追回税款，在税收债务人仅剩被执行财产时主张与其他私法债权人共同参与分配且优先划扣，对其他私法债权人明显有失公平。税务机关具有税收征收管理的强制处置权力，也负有依法征收税费及监督纳税人按时足额缴纳税费的责任。若税务机关在纳税人财产进入民事执行程序前不行使法律规定的职责，又要求在民事执行程序中主张税收优先权，有被法院驳回的风险。

（3）税收债权人应当在执行程序开始后终结前提交协助执行申请或参与分配的书面申请。

如广东省高级人民法院民事判决书（2018）粤民终2200号中，一审法院于2017年3月28日作出执行财产分配方案后，国家税务总局揭阳市榕城区税务局就分配方案及时向一审法院提出异议。法院判决撤销原执行财产分配方案，由执行机构重新制作分配方案。

（4）税收债权人已取得执行依据。税收债权应当成立并且纳税期限已经届满，税务机关应当根据具体情况出具税务处理决定书或者税务处罚决定书等生效法律文书以确定税款债权。

2. 滞纳金能否与税款一同优先受偿？

对于上述问题，现行法律规范中仅有《国家税务总局关于税收优先权包括滞纳金问题的批复》（国税函〔2008〕1084号）认为税收优先权执行时包括税款及其滞纳金。《税收征收管理法》第四十五条第二款规定"纳税人欠缴税款，同时又被行政机关决定处以罚款、没收违法所得的，税收优先于罚款、没收违法所得。"又根据《税务行政复议规则》（国家税务总局令第39号）第十四条的相关规定，加收滞纳金属于该条第（一）项规定的征税行为，不属于该条第（五）项规定的行政处罚行为，第（五）项规定的行政处罚包括罚款、没收财物和违法所得与停止出口退税权。由此可推知，滞纳金不属于税务行政处罚，"税收优先于罚款、没收违法所得"中的"税收"既包括税款又包括滞纳金。

刘剑文认为滞纳金具有行政处罚的性质：滞纳金是税法对滞纳税收的人在一定期间内加征的，就其督促纳税人履行纳税义务而言，滞纳金具有行政处罚的性质，但就其是在滞纳税收之后按滞纳金额加征而言，却含有金钱债务之迟延利息的性质，所以也应当优先受偿。[①] 该观点认为税收滞纳金应否属于税收优先权效力所及范围，在根本上取决于其是否具有惩罚性。李刚也持同样的观点，若具有惩罚性，又得优先于普通债权甚至担保债权，则意味着税务机关对欠税人所施以的"惩罚"，事实上间接地由普通债权人乃至担保权人承受。[②] 至于如何判断"惩罚性"，税收滞纳金过分高于利息而接近于罚款者，应主要为惩罚性；略高于利息而距罚款较远者，则主要为补偿性或者兼具补偿性与惩罚性，期间愈长惩罚性愈强，实际征收率超过滞纳税款本金1倍以上时，则具有完全的惩罚性，与罚款无异。[③] 因此当税收滞纳金高于税收利息具有惩罚性时，滞纳金不应包含在税收优先权的范围内，除此之外税收滞纳金应作为占用税款的补偿而同税款一同优先受偿。税款所产生利息的利率标准可参考以1年期银行贷款基准利率和市场借贷利率确定。

---

① 刘剑文. 财税法专题研究 [M]. 北京：北京大学出版社，2015：330.
② 李刚，郑晶晶. 有关税收优先权的司法案例实证分析——兼评《税收征管法修订草案（征求意见稿）》相关条文 [J]. 税务研究，2020（7）.
③ 李刚. 税收滞纳金的功能与性质的界定方法：利罚参照比较法——从海峡两岸比较的角度 [J]. 税收法治，2018（400）.

【法条摘录】

中华人民共和国民事诉讼法

第二百二十五条 当事人、利害关系人认为执行行为违反法律规定的，可以向负责执行的人民法院提出书面异议。当事人、利害关系人提出书面异议的，人民法院应当自收到书面异议之日起十五日内审查，理由成立的，裁定撤销或者改正；理由不成立的，裁定驳回。当事人、利害关系人对裁定不服的，可以自裁定送达之日起十日内向上一级人民法院申请复议。

中华人民共和国税收征收管理法

第四十条 从事生产、经营的纳税人、扣缴义务人未按照规定的期限缴纳或者解缴税款，纳税担保人未按照规定的期限缴纳所担保的税款，由税务机关责令限期缴纳，逾期仍未缴纳的，经县以上税务局（分局）局长批准，税务机关可以采取下列强制执行措施：

（一）书面通知其开户银行或者其他金融机构从其存款中扣缴税款；

（二）扣押、查封、依法拍卖或者变卖其价值相当于应纳税款的商品、货物或者其他财产，以拍卖或者变卖所得抵缴税款。

税务机关采取强制执行措施时，对前款所列纳税人、扣缴义务人、纳税担保人未缴纳的滞纳金同时强制执行。

个人及其所扶养家属维持生活必需的住房和用品，不在强制执行措施的范围之内。

第四十五条 税务机关征收税款，税收优先于无担保债权，法律另有规定的除外；纳税人欠缴的税款发生在纳税人以其财产设定抵押、质押或者纳税人的财产被留置之前的，税收应当先于抵押权、质权、留置权执行。

纳税人欠缴税款，同时又被行政机关决定处以罚款、没收违法所得的，税收优先于罚款、没收违法所得。

税务机关应当对纳税人欠缴税款的情况定期予以公告。

税务行政复议规则

2015 年 12 月 28 日　国家税务总局令第 39 号修改

第十四条 行政复议机关受理申请人对税务机关下列具体行政行为不服提

出的行政复议申请：

（一）征税行为，包括确认纳税主体、征税对象、征税范围、减税、免税、退税、抵扣税款、适用税率、计税依据、纳税环节、纳税期限、纳税地点和税款征收方式等具体行政行为，征收税款、加收滞纳金，扣缴义务人、受税务机关委托的单位和个人作出的代扣代缴、代收代缴、代征行为等。

（二）行政许可、行政审批行为。

（三）发票管理行为，包括发售、收缴、代开发票等。

（四）税收保全措施、强制执行措施。

（五）行政处罚行为：

1. 罚款；

2. 没收财物和违法所得；

3. 停止出口退税权。

（六）不依法履行下列职责的行为：

1. 颁发税务登记；

2. 开具、出具完税凭证、外出经营活动税收管理证明；

3. 行政赔偿；

4. 行政奖励；

5. 其他不依法履行职责的行为。

（七）资格认定行为。

（八）不依法确认纳税担保行为。

（九）政府信息公开工作中的具体行政行为。

（十）纳税信用等级评定行为。

（十一）通知出入境管理机关阻止出境行为。

（十二）其他具体行政行为。

最高人民法院关于适用《中华人民共和国民事诉讼法》的解释[①]
2015年11月30日　法释〔2015〕5号

第五百零八条　被执行人为公民或者其他组织，在执行程序开始后，被执行人的其他已经取得执行依据的债权人发现被执行人的财产不能清偿所有债权的，可以向人民法院申请参与分配。

---

① 该文件已被修改。参见《最高人民法院关于修改〈最高人民法院关于适用《中华人民共和国民事诉讼法》的解释〉的决定》（法释〔2022〕11号）。

对人民法院查封、扣押、冻结的财产有优先权、担保物权的债权人，可以直接申请参与分配，主张优先受偿权。

第五百零九条 申请参与分配，申请人应当提交申请书。申请书应当写明参与分配和被执行人不能清偿所有债权的事实、理由，并附有执行依据。

参与分配申请应当在执行程序开始后，被执行人的财产执行终结前提出。

国家税务总局关于税收优先权包括滞纳金问题的批复
2008年12月31日　国税函〔2008〕1084号

广东省国家税务局：

你局《关于税收优先权是否包括滞纳金的请示》（粤国税发〔2008〕225号收悉。现批复如下：

按照《中华人民共和国税收征收管理法》的立法精神，税款滞纳金与罚款两者在征收和缴纳时顺序不同，税款滞纳金在征缴时视同税款管理，税收强制执行、出境清税、税款追征、复议前置条件等相关条款都明确规定滞纳金随税款同时缴纳。税收优先权等情形也适用这一法律精神，《税收征管法》第四十五条规定的税收优先权执行时包括税款及其滞纳金。

46. 善意抵押权人的抵押债权是否可优于税收债权受偿？

【案例来源】

《国家税务总局武平县税务局、王春水生、龙岩福联房地产开发有限公司对下级法院执行异议裁定的复议执行审查类执行裁定书》〔（2019）闽08执复20号〕

【案情简介】

一、当事人关系梳理

复议申请人（利害关系人）：国家税务总局武平县税务局

申请执行人：王春水生

被执行人：龙岩福联房地产开发有限公司

二、基本案情

被执行人龙岩福联房地产开发有限公司（以下简称福联公司）因与申请执行人王春水生的借贷关系，双方于2××5年5月12日签订了《借款合同》

和《抵押合同》，上述合同约定福联公司将其所有的位于武平县××镇××新村××17件间店面抵押给王春水生，并于2××5年5月13日到登记机关办理了抵押登记手续，王春水生取得了武房他证2××5字第××号《房屋他项权证》。还款期限届满后，福联公司未还本付息，王春水生向武平县人民法院（以下简称武平法院）申请实现担保物权，武平法院于2018年7月6日作出（2018）闽0824民特18号《民事裁定书》裁定"准许拍卖、变卖被申请人龙岩福联房地产开发有限公司所有的坐落于福建省××县××镇××新村××17间房产。王春水生对拍卖、变卖后所得款项在借款本金500万元及该款自2××5年5月9日起至实际还款日止按月利率2%计算的利息范围内因抵押权而优先受偿。"

该案进入执行阶段后，武平法院于2018年12月23日10时至2018年12月24日10时（延时除外）对上述房地产进行了拍卖，但因无人竞买流拍。王春水生遂向武平法院申请将上述房地产以流拍价交付王春水生以物抵债。武平法院于2019年1月3日向国家税务总局武平县税务局（以下简称武平县税务局）告知上述房地产进行了拍卖，但因无人竞买流拍。王春水生申请将上述房地产以流拍价交付王春水生以物抵债。如有异议，应当在收到通知后的15日内书面提出。逾期未提出异议的，将依照相关法律规定，裁定将上诉财产交付王春水生以物抵债。武平县税务局为此向武平法院提出异议。

武平县税务局于2018年11月28日向武平法院提交的债权申报表载明，福联公司从2013年1月1日至2017年12月31日期间，共欠税费10693103.91元、滞纳金5126991.99元。其中，2016年4月18日之前的欠税10293781.66元系福联公司于2016年4月18日补充申报但未缴纳的欠税。2019年1月31日，国家税务总局龙岩市税务局欠税公告【2019年第1号】公告福联公司截至2018年12月31日的欠税信息。除此公告外，武平县税务局未提供被执行人欠税的其他公告。

【争议焦点】

本案设定的抵押权能否对抗税收优先权？

【各方观点】

武平县税务局认为：（1）福联公司存在欠税的事实，武平县税务局早在2018年4月已经向武平法院提交了相关材料报备，在本案中，又于2018年11月28日再次向武平法院提交了相关材料，武平法院应根据《税收征收管理法》第四十五条第一款的规定，依法确认税收优先权。事实上，对于福联公司隐瞒欠税事实，将该17间店面抵押给王春水生的行为，其真实性与合法性也应依法审查。（2）武平法院认为"福联公司也没有因资不抵债进入破产程序。在此情况下，抵押权人的优先受偿权利依法亦应得到保护"。事实上，福联公司除了涉案的17间店面和11个车位，以及未实现的债权（尚在诉讼过程中）外，已经没有其他可供执行的财产，已经资不抵债。根据以上事实，武平县税务局根据《民事诉讼法》第二百二十五条的规定，为确保国家税款不流失，请求依法撤销武平法院（2019）闽0824执异3号执行裁定，优先将福联公司的房产（位于武平县××街道××路××17间店面）用于清偿欠税。

王春水生认为：（1）涉案房产以拍卖保留价交付申请执行人以物抵债，符合法律规定，武平县税务局请求暂停将福联公司名下的房产交付王春水生以物抵债的执行于法无据，应依法驳回。（2）武平县税务局提供的《税务处理决定书》足以证实福联公司所欠税10693103.91元是从2013年至2017年历年来少缴税款。福联公司从2013年至2016年度均有销售收入，每笔销售均需武平县税务局开具完税证明才能使商品房消费者办理按揭备案登记，武平县税务局完全有条件和能力向被执行人追缴欠税，造成国家税收损失的责任完全在于武平县税务局。（3）武平县税务局就被执行人所欠税款只能向武平法院申请参与分配，在优先清偿抵押债权后依法分配，但本案以物抵债的财产价值不足以清偿抵押债权本金，武平县税务局所欠税款不能参与分配。（4）福联公司如有欠税，则无法在税务机关开具正式发票，福联公司能在武平县税务局开具发票，充分说明其没有欠税，公司处于正常的状态，王春水生正是依据福联公司能在税务机关开具发票的行为判断其没有欠缴税款。且在办理涉案房地产抵押登记时，武平县税务局也未依法对福联公司的欠税情况进行欠税公告，直到2018年4月10日才对福联公司作出武地税梁处【2018】1号《税务处理决定书》、2019年1月31日才对福联公司的欠税情况发布2019年第1号欠税公告，故复议申请人的复议请求不能成立，请求驳回复议申请人的复议申请。

【裁判要旨】

在2××5年5月福联公司将涉案房产抵押给王春水生并进行抵押登记前，武平县税务局未按照国家税务总局颁布的《欠税公告办法（试行）》（国家税务总局令第9号发布，国家税务总局令第44号修正）第四条第（一）项"企业或单位欠税的，每季公告一次"的规定对福联公司的欠税情况作出处理并发布欠税公告,以便相关当事人及时了解福联公司的欠税情况,从而避免交易风险。王春水生在不知福联公司欠税的情况下与其签订借款合同并就涉案财产设定抵押权,属于善意抵押权人,其享有优先受偿权应予以保护。

【法院裁判观点】

一审法院裁判观点:

1. 武平法院认为,福联公司的该17间店面,已抵押给了王春水生并办理了抵押登记。王春水生作为抵押权人,对该店面拍卖后所得价款享有的优先受偿权已经生效民事裁定书确认。在执行程序中,该房产因无人竞买流拍后,王春水生申请以流拍价交付其以物抵债,符合《最高人民法院关于人民法院民事执行中拍卖、变卖财产的规定》(法释〔2004〕16号)第十九条及《最高人民法院关于人民法院执行工作若干问题的规定(试行)》第88条的规定。

2. 武平县税务局主张福联公司存在历史欠税应暂停将该店面交付王春水生以物抵债,但其出具的债权申报表及处理决定书载明欠缴的税款,无法证明系本次执行程序中因拍卖、以物抵债等执行标的物本身形成的税费。福联公司也没有因资不抵债进入破产程序。在此情况下,抵押权人的优先受偿权利依法亦应得到保护。

二审法院裁判观点:

1. 根据《税收征收管理法》第四十五条第一款的规定,纳税人欠缴的税款发生在纳税人以其财产设定抵押、质押或者纳税人的财产被留置之前的,税收应当先于抵押权、质权、留置权执行。但本案中,根据现有证据,武平县税务局于2018年4月10日对福联公司作出武地税梁处【2018】1号《税务处理决定书》、2019年1月31日对福联公司的欠税情况发布2019年第1号欠税公告,在2××5年5月福联公司将涉案房产抵押给王春水生并进行抵押登记前,武平县税务局未按照国家税务总局颁布的《欠税公告办法(试行)》第四条第(一)项"企业或单位欠税的,每季公告一次"的规定对福联公司的欠税情况作出处理并发布欠税公告,以便相关当事人及时了解福联公司的欠税情况,从而避免交易风险。王春水生在不知福联公司欠税的情况下与其签订借款合同并就涉案财产设定抵押权,属于善意抵押权人,其享有优先受偿权应予以保护。

2. 同时,在涉案房产设定抵押权后,福联公司销售大量不动产,且武平县税务局在2019年1月25日实际冻结了福联公司的银行存款637711.21元,福联公司除了涉案财产外有其他财产可供缴交欠税。另外,武平县税务局

2018年11月28日向武平法院提交的债权申报表及【2018】1号《税务处理决定书》、2019年1月31日对福联公司的欠税情况发布2019年第1号欠税公告载明的欠缴税款不能体现系本次执行程序中因拍卖、以物抵债所形成的税费。综上,抵押权人王春水生的优先受偿权应予以保护。在涉案房产拍卖程序中,因无人竞买流拍后王春水生申请以流拍价交付其以物抵债,符合《最高人民法院关于人民法院民事执行中拍卖、变卖财产的规定》第十九条及《最高人民法院关于人民法院执行工作若干问题的规定(试行)》第88条的规定。武平县税务局主张的复议理由不能成立,予以驳回。武平法院(2019)闽0824执异3号执行裁定认定事实清楚,适用法律正确,予以维持。

【法院裁判结果】

1. 驳回武平县税务局的复议申请。
2. 维持武平法院作出的(2019)闽0824执异3号执行裁定。

【税务律师案例评析】

根据《税收征收管理法》第四十五条的规定,税收优先于无担保债权,纳税人欠缴的税款发生在纳税人以其财产设定抵押、质押或者纳税人的财产被留置之前的,税收应当先于抵押权、质权、留置权执行。《民法典》对担保债权的发生时间有明确规定,因此判断税收债权的发生时间便成为关键。理论上对于税款发生时间有不同的观点。有观点认为纳税义务发生时是税收债权的发生时间,还有观点认为纳税期限届满之次日为税收债权发生时间;另外还有观点主张以欠税公告时间为准。《国家税务总局关于贯彻〈中华人民共和国税收征收管理法〉及其实施细则若干具体问题的通知》(国税发〔2003〕47号)第七条规定纳税人应缴纳税款的期限届满之次日即是纳税人欠缴税款的发生时间。

税收之债可分为抽象税收债务和具体税收债务,区分的意义主要在于确定税收债务履行期限开始的时间,在抽象税收债务没有转化为具体税收债务之前,不得计算履行期限。[1] 即使转化为具体税收债务后,若纳税人在履行期限内仍未缴税,其欠税的情形若未经公示,纳税人的其他债权人无法了解纳税人应纳税额的变化,由此降低其他债权人参与市场交易的积极性,影响市场经济交易秩序。因此笔者认为以欠税公告的发布时间作为税收债权的发生时间更为妥帖。欠税公告不仅具有确定力和公示性,是第三人获得欠税信息的最佳途

---

[1] 陈少英. 税收债法制度专题研究 [M]. 北京:北京大学出版社,2013:2.

径，而时间又是税收优先权与特定担保物权冲突时确定清偿顺序的关键。只有这样，才能最大限度地减少税收优先权行使中与第三人之间的冲突，有效防止因税务机关行使优先权对民事交易安全的侵害。①

【法条摘录】

中华人民共和国税收征收管理法

第四十五条 税务机关征收税款，税收优先于无担保债权，法律另有规定的除外；纳税人欠缴的税款发生在纳税人以其财产设定抵押、质押或者纳税人的财产被留置之前的，税收应当先于抵押权、质权、留置权执行。

纳税人欠缴税款，同时又被行政机关决定处以罚款、没收违法所得的，税收优先于罚款、没收违法所得。

税务机关应当对纳税人欠缴税款的情况定期予以公告。

中华人民共和国民事诉讼法

第二百二十五条 当事人、利害关系人认为执行行为违反法律规定的，可以向负责执行的人民法院提出书面异议。当事人、利害关系人提出书面异议的，人民法院应当自收到书面异议之日起十五日内审查，理由成立的，裁定撤销或者改正；理由不成立的，裁定驳回。当事人、利害关系人对裁定不服的，可以自裁定送达之日起十日内向上一级人民法院申请复议。

最高人民法院关于人民法院办理执行异议和复议案件若干问题的规定②
2015年5月5日　法释〔2015〕10号

第二十三条（第一、二款） 上一级人民法院对不服异议裁定的复议申请审查后，应当按照下列情形，分别处理：

（一）异议裁定认定事实清楚，适用法律正确，结果应予维持的，裁定驳回复议申请，维持异议裁定；

（二）异议裁定认定事实错误，或者适用法律错误，结果应予纠正的，裁

---

① 李柯奇. 税收优先权争议中若干问题的探讨——从一例税务机关行使税收优先权胜诉案谈起[J]. 税收经济研究，2018（1）.
② 该文件已被修改。参见《最高人民法院关于修改〈最高人民法院关于人民法院扣押铁路运输货物若干问题的规定〉等十八件执行类司法解释的决定》（法释〔2020〕21号）。

定撤销或者变更异议裁定；

（三）异议裁定认定基本事实不清、证据不足的，裁定撤销异议裁定，发回作出裁定的人民法院重新审查，或者查清事实后作出相应裁定；

（四）异议裁定遗漏异议请求或者存在其他严重违反法定程序的情形，裁定撤销异议裁定，发回作出裁定的人民法院重新审查；

（五）异议裁定对应当适用民事诉讼法第二百二十七条规定审查处理的异议，错误适用民事诉讼法第二百二十五条规定审查处理的，裁定撤销异议裁定，发回作出裁定的人民法院重新作出裁定。

除依照本条第一款第三、四、五项发回重新审查或者重新作出裁定的情形外，裁定撤销或者变更异议裁定且执行行为可撤销、变更的，应当同时撤销或者变更该裁定维持的执行行为。

国家税务总局关于贯彻《中华人民共和国税收征收管理法》及其实施细则若干具体问题的通知

2003年4月30日　国税发〔2003〕47号

七、关于税款优先的时间确定问题

征管法第四十五条规定"纳税人欠缴的税款发生在纳税人以其财产设定抵押、质押或者纳税人的财产被留置之前的，税收应当先于抵押权、质权、留置权执行"，欠缴的税款是纳税人发生纳税义务，但未按照法律、行政法规规定的期限或者未按照税务机关依照法律、行政法规的规定确定的期限向税务机关申报缴纳的税款或者少缴的税款，纳税人应缴纳税款的期限届满之次日即是纳税人欠缴税款的发生时间。

47. 工程价款优先受偿权是否优于抵押权、税收优先权？

【案例来源】

《兴业银行股份有限公司三明分行与陈精木、陈永国执行分配方案异议之诉一审民事判决书》[（2020）闽0423民初286号]

【案情简介】

一、当事人关系梳理

原告：兴业银行股份有限公司三明分行

被告：陈精木、陈永国
第三人：三明市鑫荣房地产开发有限公司
第三人：国家税务总局清流县税务局

二、基本案情

2006年12月13日，清流县人民政府与鸿图公司签订《清流县北山搬挖开发投资协议书》，协议约定为彻底消除北山滑坡隐患，同时加快清流县做大城区工作，县政府将北山开挖与县鸿翔化工有限公司搬迁作为整体项目开发，北山搬挖工程由鸿图公司聘请队伍施工。北山天城共分为 A1、A2、A3、A4、A5 五宗地块。

2006年12月20日，鸿图公司将北山土石方搬挖工程承包给陈精木、陈永国施工，后因鸿图公司拖欠工程款，陈精木、陈永国诉至清流县人民法院，法院于2018年11月20日作出（2018）闽0423民初847号民事判决，确认鸿图公司尚欠北山天城A4地块工程款18686637元，陈精木、陈永国在尚欠18686637元范围内，有权从清流县北山天城A4地块中（陈精木、陈永国建设施工工程的项目范围内）工程项目依法折价或拍卖、变卖所得价款享有优先受偿权。2011年4月6日，鸿图公司将"北山天城A4地块土地出让合同要求承担配套建设人工湖公园湖岸周边园林绿化景观项目"承包给陈精木、陈永国施工，后因鸿图公司拖欠工程款，陈精木、陈永国诉至清流县人民法院，法院于2018年12月10日作出（2018）闽0423民初848号民事判决，确认鸿图公司尚欠陈精木、陈永国北山天城A4地块土石方及边坡挡墙工程款9255799元，陈精木、陈永国在尚欠的9255799元范围内，就北山天城A4地块土地出让合同要求承担配套建设人工湖公园湖岸周边园林绿化景观项目陈精木、陈永国所承建的建设施工工程项目折价或拍卖、变卖所得价款享有优先受偿权。2011年3月24日，鸿图公司将北山天城A4地块内土石方工程、市政道路工程、雨污水管网工程、强弱电预埋管网工程承包给陈精木、陈永国施工，后因鸿图公司拖欠工程款，陈精木、陈永国诉至清流县人民法院，法院于2018年11月30日作出（2018）闽0423民初849号民事判决，确认鸿图公司尚欠陈精木、陈永国北山天城A4地块土石方、雨污水管网工程款10572045元，陈精木、陈永国在尚欠的10572045元工程款范围内，有权从清流县北山天城A4地块中（陈精木、陈永国建设施工工程的项目范围内）工程项目依法折价或拍卖、变卖所得价款享有优先受偿权。（2015）三民初字第474号民事判决书确认，兴业银行股份有限公司三明分行（以下简称三明兴业银行）就福建益建建筑工程有限公司所欠的融资款本息合计 54314054.91 元范围内，对鸿图公司提供抵押的位于清流县地块的土地使用权折价或者拍卖、变卖后的价款享有优先受偿权。该案已实现债权数额为 24112270 元。

2018 年 8 月 22 日，经福建中诚信德房地产评估有限公司评估，北山 A4-3 地块单位面积地价 1752 元/平方米，宗地地价 25181500 元。2019 年 7 月 25 日，该地块以 23627050 元的拍卖价格成交，买受人为鑫荣公司。陈精木、陈永国根据清流县人民法院（2018）闽 0423 民初 847 号、848 号、849 号判决书，请求在陈精木、陈永国建设施工工程项目范围内按比例对 A4-3 地块拍卖款优先受偿；三明兴业银行根据（2015）三民初字第 474 号民事判决书，请求对 A4-3 地块拍卖款优先受偿；国家税务总局清流县税务局（以下简称清流税务局）根据《税收征收管理法》等的相关规定，请求就拖欠税款及滞纳金对 A4-3 地块拍卖款优先受偿；清流县人民法院审查后作出（2019）闽 0423 执恢 171 号《执行财产分配方案》，扣除执行费等费用后余款 22884468.46 元，按陈精木、陈永国的建设工程价款优先于三明兴业银行的抵押权和其他债权，欠缴税款先于三明兴业银行的抵押权的受偿顺序清偿，陈精木、陈永国工程价款优先受偿的金额按 A4-3 地块占 A4 地块面积比例计算为 8952786 元，清流税务局税款优先受偿的金额按 A4-3 地块占 A4 地块面积比例计算为 304142.34 元，三明兴业银行抵押权优先受偿金额为 13627540.12 元。

三明兴业银行不服该《分配方案》，遂提出书面异议，请求撤销《分配方案》第二、三条对陈精木、陈永国、清流税务局的受偿分配。陈精木、陈永国、清流税务局不同意三明兴业银行所提异议。三明兴业银行认为该分配方案第二条对陈精木、陈永国的受偿分配缺乏事实和法律依据，陈精木、陈永国享有的优先权均为工程价款优先受偿权，对"国有土地使用权拍卖或变卖所得价款"不享有优先受偿权，遂提起执行分配方案异议之诉。

【争议焦点】

陈精木、陈永国享有的工程价款优先受偿权是否优于三明兴业银行享有的抵押权？

【各方观点】

三明兴业银行认为：（2018）闽 0423 民初 847 号、848 号、849 号判决书确认陈精木、陈永国享有的优先权均为工程价款优先受偿权，而执行分配方案针对的是土地使用权拍卖款，不含陈精木、陈永国所承建的施工工程项目，陈精木、陈永国对"国有土地使用权拍卖或变卖所得价款"不享有优先受偿权。

陈精木、陈永国认为：《最高人民法院关于建设工程价款优先受偿权问题的批复》（法释〔2002〕16号）已明确规定，工程价款优先受偿权优先于抵押权。

清流税务局（第三人）认为：涉案地块于2011年3月2日由清流县国土资源局发放成交确认书给鸿图公司，合计土地出让金12100000元，其后该公司未立即缴纳申报该地块相应的耕地占用税、契税、印花税及相应滞纳金合计606271.2元。根据相关法律规定，鸿图公司应在2011年4月2日前缴清上述税款，鸿图公司于2013年8月23日把涉案地块抵押给三明兴业银行分行，上述税款发生时间早于抵押时间，税收优先权应当先于抵押权。

【裁判要旨】

根据《最高人民法院关于建设工程价款优先受偿权问题的批复》第一条"人民法院在审理房地产纠纷案件和办理执行案件中，应当依照《中华人民共和国合同法》第二百八十六条的规定，认定建筑工程的承包人的优先受偿权优于抵押权和其他债权。"的规定，陈精木、陈永国享有的优先受偿权优于三明兴业银行享有的抵押权。

【法院裁判观点】

关于陈精木、陈永国享有的工程价款优先受偿权是否优于三明兴业银行抵押权的问题。法院认为，根据《最高人民法院关于建设工程价款优先受偿权问题的批复》第一条"人民法院在审理房地产纠纷案件和办理执行案件中，应当依照《中华人民共和国合同法》第二百八十六条的规定，认定建筑工程的承包人的优先受偿权优于抵押权和其他债权。"的规定，陈精木、陈永国享有的优先受偿权优于三明兴业银行享有的抵押权。

三明兴业银行关于陈精木、陈永国的工程款应由陈精木、陈永国与买受人三明市鑫荣房地产开发有限公司（以下简称鑫荣公司）自行协商，或由鸿图公司找政府解决的主张。因工程价款优先受偿权系法定权利，（2018）闽0423民初847号、848号、849号民事判决书均确认了陈精木、陈永国就鸿图公司尚欠的工程款，有权从清流县北山天城A4地块中其实施的建设施工工程项目范围内享有工程价款优先受偿权，三明兴业银行的该主张实质是对上述判决内容提出的异议，不属于执行分配方案异议之诉审理的范围。

【法院裁判结果】

驳回三明兴业银行的诉讼请求。

【税务律师案例评析】

根据《税收征收管理法》第四十五条的规定，税收优先于无担保债权，纳税人欠缴的税款发生在纳税人以其财产设定抵押、质押或者纳税人的财产被留置之前的，税收应当先于抵押权、质权、留置权执行。执行款分配时涉及税收债权、建设工程款债权、担保债权以及无担保债权的清偿顺位问题，上述规定并未涉及工程价款优先受偿权与其他优先受偿权的清偿顺位。

《合同法》第二百八十六条赋予建设工程价款优先权，《民法典》出台后位于《民法典》第八百零七条："发包人未按照约定支付价款的，承包人可以催告发包人在合理期限内支付价款。发包人逾期不支付的，除根据建设工程的性质不宜折价、拍卖外，承包人可以与发包人协议将该工程折价，也可以请求人民法院将该工程依法拍卖。建设工程的价款就该工程折价或者拍卖的价款优先受偿。"其立法目的在于因工程价款中相当部分是支付给建筑工人的工资和劳务费，通过设定工程款优先权以保障工人的基本生存权。

虽然《最高人民法院关于建设工程价款优先受偿权问题的批复》已失效，但实务中法院不仅支持建设工程价款优先于抵押权与税收债权，而且延伸至职工工资，支持的理由也是基于生存权优先的原则与公平原则，以维护社会的和谐与稳定。虽然理由各不相同，但对于建设工程价款债权优先于担保债权和税收债权，实务界已基本形成了共识。

【法条摘录】

中华人民共和国税收征收管理法

第四十五条 税务机关征收税款，税收优先于无担保债权，法律另有规定的除外；纳税人欠缴的税款发生在纳税人以其财产设定抵押、质押或者纳税人的财产被留置之前的，税收应当先于抵押权、质权、留置权执行。

纳税人欠缴税款，同时又被行政机关决定处以罚款、没收违法所得的，税收优先于罚款、没收违法所得。

税务机关应当对纳税人欠缴税款的情况定期予以公告。

中华人民共和国合同法①

第二百八十六条 发包人未按照约定支付价款的,承包人可以催告发包人在合理期限内支付价款。发包人逾期不支付的,除按照建设工程的性质不宜折价、拍卖的以外,承包人可以与发包人协议将该工程折价,也可以申请人民法院将该工程依法拍卖。建设工程的价款就该工程折价或者拍卖的价款优先受偿。

最高人民法院关于建设工程价款优先受偿权问题的批复②
2002年6月20日　法释〔2002〕16号

第一条 人民法院在审理房地产纠纷案件和办理执行案件中,应当依照《中华人民共和国合同法》第二百八十六条的规定,认定建筑工程的承包人的优先受偿权优于抵押权和其他债权。

48. 被执行人为企业法人,税务局能否参与执行款分配?

【案例来源】

《江阴祥瑞不锈钢精线有限公司与国家税务总局阳西县税务局、阳西县伍大州不锈钢制品有限公司执行分配方案异议之诉一审民事判决书》〔(2019)粤1721民初3112号〕

【案情简介】

一、当事人基本关系梳理

原告:江阴祥瑞不锈钢精线有限公司

被告:国家税务总局阳西县税务局

被告:阳西县伍大州不锈钢制品有限公司

二、基本案情

佛山市顺德区人民法院受理广东顺德农村商业银行股份有限公司诉佛山市

---

① 《中华人民共和国合同法》已于2021年1月1日起废止,相关规定被《中华人民共和国民法典》第八百零七条吸收。

② 该文件已失效。

顺德区汉仕丰不锈钢紧固件有限公司、黄茂实、李月容、许雁琳、李美兰、黄茂湛、伍大州公司金融借款合同纠纷一案，经审理后作出（2015）佛顺法民二初字第481号民事判决书，该案已于2016年4月19日生效。2017年5月8日，佛山市顺德区人民法院以上述民事判决书为执行依据委托阳西县人民法院执行，于2017年5月15日立案，执行案号为（2017）粤1721执427号。该案执行过程中，阳西县人民法院依法对登记在被执行人伍大州公司名下的位于阳西县新城工业四区29、30号土地使用权及地上建筑物进行评估、拍卖，拍卖成交价款为12059593元。国家税务总局阳西县税务局（以下简称阳西县税务局）根据阳西县伍大州不锈钢制品有限公司（以下简称伍大州公司）申报情况计算得出伍大州公司应缴纳企业所得税额为1959797.6元。

因被执行人伍大州公司可供执行的财产不足以清偿全部债务，债权人李春连、姚宝丽、关开金、刘春雨、王熙梭、叶丽云、王世植、陈展昌、江阴祥瑞不锈钢精线有限公司（以下简称祥瑞公司）、阳西县税务局、姚泽良、杨添洁、郑盛、王世耸、邓小丽等人向阳西县人民法院申请参与分配。2019年5月30日，阳西县人民法院作出（2017）粤1721执427号《执行财产分配方案》，将阳西县税务局征收税款1959797.6元作为优先债权，在执行费、受理费、测量费、评估费、劳动报酬、广东顺德农村商业银行股份有限公司抵押权后优先于普通债权，债权人受偿如下："一、支付案件执行费77567元、退还已取得执行依据的各案件受理费110222.89元、支付测量费1790元及评估费34379元，合共223958.89元；二、预留劳动报酬共818183.59元；三、债权人顺德农商行公司受偿数额10159078.44元；四、支付税款858372.08元。债权人、被执行人对分配方案有异议的，应当自收到本分配方案之日起十五日内向本院提出书面异议"。

债权人王熙梭、李春连、刘春雨、郑盛、王世植、叶丽云、杨添洁、祥瑞公司及被执行人伍大州公司均在法定期限内对上述分配方案提出异议。2019年6月14日，阳西县税务局向法院提交《关于更正申请优先分配拍卖所得用于缴纳税款的情况说明》，说明因伍大洲公司更正申报，其原《关于申请优先分配拍卖所得用于缴纳税款的函》主张分配的税款金额1985274.97元（其中企业所得税1959797.60、滞纳金25477.37元）应更正为863411.25元（其中企业所得税839485.90元，滞纳金23925.35元）。2019年8月5日，阳西县人民法院作出（2017）粤1721执427号之一《通知书》，其内容为："各异议人：本院执行申请执行人顺德农商行公司与被执行人伍大州公司借款合同纠纷

第六章　普通执行程序中的税收优先权与代位权纠纷

一案中，因债权人王熙梭、李春连、刘春雨、郑盛、王世植、叶丽云、杨添洁、江阴祥瑞不锈钢精线有限公司及被执行人伍大州公司等人对本院作出的(2017)粤1721执427号《执行财产分配方案》提出异议，其中阳西税务局申请更正税款，债权人顺德农商行公司对异议人的意见提出反对意见。根据《最高人民法院关于适用〈中华人民共和国民事诉讼法〉的解释》第五百一十二条的规定，现通知你方自收到本通知之日起十五日内，以提出反对意见的当事人为被告，向本院提起诉讼；异议人逾期未提起诉讼的，本院按照原分配方案进行分配"。原告祥瑞公司在法定期限内向阳西县人民法院提起本案诉讼。

【争议焦点】

1. 阳西县税务局能否直接申请参与分配？
2. 阳西县税务局申请参与分配的债权863411.25元（税款839485.9元、滞纳金23925.35元）是否为非法债权以及是否可在分配方案中优先受偿？

【各方观点】

祥瑞公司（原告）认为：被告阳西县税务局征税行为和申请优先参与分配的行为，既违反了行政程序，也违反了司法程序，行政决定的主体和参与法院分配的主体也不适格。实体上若非虚构，至少在税款数额上存在争议。无论税收如何享有优先权，程序违法即是非法。故被告阳西县税务局向阳西县人民法院申报税款并请求参与分配的债权863411.25元属于非法债权，人民法院不应理涉，更不应给予优先分配。

阳西县税务局（被告）认为：（1）答辩人申请参与分配的863411.25元债权是伍大州公司因其财产被阳西县人民法院拍卖所得的收入而产生的应缴纳的企业所得税和滞纳金，是真实合法的债权，受法律保护，原告认为是非法、虚构的债权、应予以排除的事实和理由均不成立。（2）答辩人向阳西县人民法院申请优先分配（协助执行）伍大州公司应缴纳的税款的程序合法，原告诉称的程序违法的理据错误。（3）阳西县人民法院作出的分配方案合法有效，原告的诉讼请求应予以驳回。（4）本案是原告对阳西县人民法院作出的(2017)粤1721执427号《执行财产分配方案》不服而提起的执行异议之诉，不是行政诉讼，不适用行政法和行政诉讼法的相关规定，原告要求按行政法和行政诉讼法的相关规定对答辩人的具体行政行为进行审查也是没有任何事实和法律依据的。

伍大州公司（被告）认为："该通知书我公司是收到的，但作了误解，误以为是我公司成立以来所欠的税款，当时不知道是拍卖土地所得款的税款。这是我公司的理解错误，因此，才会提异议。现在弄清楚该税款是拍卖土地所产生的税款，因此，我公司对该税款无异议。"

【裁判要旨】

根据《税收征收管理法》第四十五条第一款及《最高人民法院关于适用〈中华人民共和国民事诉讼法〉的解释》第五百零八条的规定，申请参与分配的为税收款，税收具有优先受偿权，故阳西县税务局在执行案件中申请参与分配，符合法律规定。

纳税人伍大州公司欠缴的企业所得税税款应优先于无担保债权，即优先于普通债权。滞纳金属普通债权，在执行程序中不享有优先受偿权。

【法院裁判观点】

关于被告阳西县税务局能否直接申请参与分配的问题，根据《中华人民共和国税收征收管理法》第四十五条第一款规定，税收具有优先受偿权。阳西县税务局申请参与分配的为税收款，根据《最高人民法院关于适用〈中华人民共和国民事诉讼法〉的解释》第五百零八条的规定，阳西县税务局在执行案件中申请参与分配，符合法律规定。

关于阳西县税务局申请参与分配的债权863411.25元是否为非法债权的问题。阳西县税务局申请参与分配的债权863411.25元，为阳西县税务局对伍大州公司因拍卖其名下位于阳西县新城工业四区29、30号土地使用权及地上建筑物拍卖所得款而营利征收的企业所得税款及该税款产生的滞纳金。原告祥瑞公司认为阳西县税务局征收税款程序违法，但根据《税收征收管理法》第八十八条的规定，纳税人、扣缴义务人、纳税担保人同税务机关在纳税上发生争议时，应依照税务机关的纳税决定缴纳或者解缴税款及滞纳金或者提供相应的担保，然后可以依法申请行政复议；对行政复议决定不服的，可以依法向人民法院起诉，被告伍大州公司对于阳西县税务局征收的税款及滞纳金没有异议，因此，阳西县税务局征收的税款及滞纳金未经行政复议或行政诉讼确认违法的情况下，原告祥瑞公司主张该债权为非法债权，缺乏依据，法院不予采纳。

关于阳西县税务局申请参与分配的债权863411.25元（税款839485.9元、滞纳金23925.35元）是否可在分配方案中优先受偿的问题。根据《税收征收管理法》第四十五条第一款关于"税务机关征收税款，税收优先于无担保债权，法律另有规定的除外；纳税人欠缴的税款发生在纳税人以其财产设定抵押、质押或者纳税人的财产被留置之前的，税收应当先于抵押权、质权、留置权执行"的规定，纳税人伍大州公司欠缴的企业所得税税款839485.9元，应优先于无担保债权，即优先于普通债权。原告祥瑞公司主张不应给予优先分配税款839485.9元，缺乏法律依据，本院不予采纳。至于上述税款产生的滞纳金23925.35元，被告阳西县税务局依据《国家税务总局关于税收优先权包括滞纳金问题的批复》（国税函〔2008〕1084号）主张滞纳金具有优先受偿权，但上述批复并非法律规定，不应作为执行法律依据适用。因此，法院认为被告阳西县税务局主张税款产生的滞纳金亦享有优先受偿权，缺乏法律依据，不予支持。滞纳金属普通债权，在执行程序中不享有优先受偿权。法院在制作执行分配方案时应将税款产生的滞纳金列为普通债权，且阳西县税务局在接到伍大州公司更正申报后调整了税款及滞纳金，会影响制作分配方案，因此，法院执行机构应重新制作分配方案。

【法院裁判结果】

1. 确认被告阳西县税务局征收的欠缴税款产生的滞纳金23925.35元为普通债权，不享有优先受偿权。

2. 由执行机构重新制作分配方案。

3. 本案受理费100元，由原告祥瑞公司负担50元，被告阳西县税务局负担50元。

【税务律师案例评析】

本案中法院认为：根据《最高人民法院关于适用〈中华人民共和国民事诉讼法〉的解释》第五百零八条的规定，阳西县税务局在执行案件中申请参与分配，符合法律规定。但是在（2020）苏01执异23号裁判文书中，法院依据同一法律条文却对税务机关能否参与分配及其条件有不同的观点："《最高人民法院关于适用〈中华人民共和国民事诉讼法〉的解释》第五百零八条的规定，被执行人为公民或者其他组织，在执行程序开始后，被执行人的其他已经取得执行依据的债权人发现被执行人的财产不能清偿所有债权的，可以向人民法院申请参与分配。对人民法院查封、扣押、冻结的财产有优先权、担保物权的债权人，可以直接申请参与分配，主张优先受偿权。首先，税务机关申请参与分配必须同时满足以下条件：（1）主体条件。被执行人是公民或者其他组织，而非企业法人。如果被执行人是企业法人，应当适用破产程序。（2）申请期间。必须是执行程序开始后，执行终结前。（3）税务机关必须取得执行依据。税务机关必须提供税务处理决定书等生效法律文书，以确保确定税款债权。（4）被执行人全部财产不足以清偿所有债权。"该观点中值得讨论的一个问题是，如果被执行人是企业法人，是否必须适用破产程序而不能适用执行款的参与分配程序？本案中的被执行人是企业法人，法院并未判决进入破产程序，而是继续进行财产分配，判决执行机构应重新制作分配方案，与（2020）苏 01 执异 23 号裁判文书的观点截然相反。

参与分配制度通常是指在执行程序中，因债务人的财产不足以清偿各债权人的全部债权，申请执行人以外的其他债权人凭有效的执行依据申请加入已开始的执行程序，各债权人从执行标的物的拍卖变卖价款中获得公平清偿的制度。而当债务人财产不足以清偿全部债权时往往面临破产的风险。实务中很多法院认为被执行人为企业法人时，税收优先权适用的前提是被执行人已经进入破产财产分配程序，其原因就在于没有厘清执行程序与破产程序的衔接问题。

根据《最高人民法院关于适用〈中华人民共和国民事诉讼法〉的解释》第五百零八条规定，参与分配的前提条件是被执行人必须是公民或其他组织，该法第五百一十三条规定，被执行人为企业法人时，若符合破产情形的，执行法院经申请执行人之一或者被执行人同意，应当裁定中止执行并移送被执行人住所地人民法院。该条指引了执行法院如何有效衔接执行程序和破产程序。该法第五百一十六条又规定，"当事人不同意移送破产或者被执行人住所地人民法院不受理破产案件的，执行法院就执行变价所得财产，在扣除执行费用及清偿优先受偿的债权后，对于普通债权，按照财产保全和执行中查封、扣押、冻结财产的先后顺序清偿"。由此可知，作为企业法人的被执行人即使没有破产，税务机关也可以申请参与分配并主张税收优先权。

【法条摘录】

中华人民共和国税收征收管理法

第四十条 从事生产、经营的纳税人、扣缴义务人未按照规定的期限缴纳或者解缴税款，纳税担保人未按照规定的期限缴纳所担保的税款，由税务机关责令限期缴纳，逾期仍未缴纳的，经县以上税务局（分局）局长批准，税务机关可以采取下列强制执行措施：

（一）书面通知其开户银行或者其他金融机构从其存款中扣缴税款；

（二）扣押、查封、依法拍卖或者变卖其价值相当于应纳税款的商品、货物或者其他财产，以拍卖或者变卖所得抵缴税款。

税务机关采取强制执行措施时，对前款所列纳税人、扣缴义务人、纳税担保人未缴纳的滞纳金同时强制执行。

个人及其所扶养家属维持生活必需的住房和用品，不在强制执行措施的范围之内。

第四十五条 税务机关征收税款，税收优先于无担保债权，法律另有规定的除外；纳税人欠缴的税款发生在纳税人以其财产设定抵押、质押或者纳税人的财产被留置之前的，税收应当先于抵押权、质权、留置权执行。

纳税人欠缴税款，同时又被行政机关决定处以罚款、没收违法所得的，税收优先于罚款、没收违法所得。

税务机关应当对纳税人欠缴税款的情况定期予以公告。

第八十八条 纳税人、扣缴义务人、纳税担保人同税务机关在纳税上发生争议时，必须先依照税务机关的纳税决定缴纳或者解缴税款及滞纳金或者提供相应的担保，然后可以依法申请行政复议；对行政复议决定不服的，可以依法向人民法院起诉。

当事人对税务机关的处罚决定、强制执行措施或者税收保全措施不服的，可以依法申请行政复议，也可以依法向人民法院起诉。

当事人对税务机关的处罚决定逾期不申请行政复议也不向人民法院起诉、又不履行的，作出处罚决定的税务机关可以采取本法第四十条规定的强制执行措施，或者申请人民法院强制执行。

最高人民法院关于适用《中华人民共和国民事诉讼法》的解释[①]
2015年1月30日　法释〔2015〕5号

第五百零八条 被执行人为公民或者其他组织，在执行程序开始后，被执行人的其他已经取得执行依据的债权人发现被执行人的财产不能清偿所有债权的，可以向人民法院申请参与分配。

对人民法院查封、扣押、冻结的财产有优先权、担保物权的债权人，可以

[①] 该文件已被修改。参见《最高人民法院关于修改〈最高人民法院关于适用《中华人民共和国民事诉讼法》的解释〉的决定》（法释〔2022〕11号）。

直接申请参与分配，主张优先受偿权。

第五百一十二条 债权人或者被执行人对分配方案提出书面异议的，执行法院应当通知未提出异议的债权人、被执行人。

未提出异议的债权人、被执行人自收到通知之日起十五日内未提出反对意见的，执行法院依异议人的意见对分配方案审查修正后进行分配；提出反对意见的，应当通知异议人。异议人可以自收到通知之日起十五日内，以提出反对意见的债权人、被执行人为被告，向执行法院提起诉讼；异议人逾期未提起诉讼的，执行法院按照原分配方案进行分配。

诉讼期间进行分配的，执行法院应当提存与争议债权数额相应的款项。

第五百一十三条 在执行中，作为被执行人的企业法人符合企业破产法第二条第一款规定情形的，执行法院经申请执行人之一或者被执行人同意，应当裁定中止对该被执行人的执行，将执行案件相关材料移送被执行人住所地人民法院。

第五百一十六条 当事人不同意移送破产或者被执行人住所地人民法院不受理破产案件的，执行法院就执行变价所得财产，在扣除执行费用及清偿优先受偿的债权后，对于普通债权，按照财产保全和执行中查封、扣押、冻结财产的先后顺序清偿。

国家税务总局关于税收优先权包括滞纳金问题的批复

2008年12月31日　国税函〔2008〕1084号

……

按照《中华人民共和国税收征收管理法》的立法精神，税款滞纳金与罚款两者在征收和缴纳时顺序不同，税款滞纳金在征缴时视同税款管理，税收强制执行、出境清税、税款追征、复议前置条件等相关条款都明确规定滞纳金随税款同时缴纳。税收优先权等情形也适用这一法律精神，《税收征管法》第四十五条规定的税收优先权执行时包括税款及其滞纳金。

49. 债务人未申请进入执行程序，能否视为怠于履行到期债权？

【案例来源】

《国家税务总局大方县税务局、大方县自然资源局债权人代位权纠纷二审判决书》〔（2020）黔05民终4349号〕

【案情简介】

一、当事人关系梳理

上诉人（原审原告）：国家税务总局大方县税务局

被上诉人（原审被告）：大方县自然资源局

原审第三人：贵州永丰光大房地产开发有限公司

二、基本案情

在另案生效判决中，法院判决大方县自然资源局（以下简称自然资源局）支付贵州永丰光大房地产开发有限公司（以下简称光大公司）因逾期交付涉案宗地产生的违约金共计1600余万元，光大公司未申请进入执行程序。

因光大公司欠缴税款530余万元，故原告国家税务总局大方县税务局（以下简称大方县税务局）以自然资源局为被告，光大公司为第三人以起诉至法院，请求判令自然资源局履行代为清偿义务，向其支付光大公司欠缴税款。

法院认为，光大公司已通过诉讼方式向自然资源局主张到期债权并取得胜诉判决。光大公司未申请进入执行程序，不能否认其已提起诉讼主张权利的事实，因此未支持大方县税务局行使代位权的诉求。大方县税务局不服裁定提起上诉，二审法院驳回税务局上诉，维持原裁定。

【争议焦点】

债务人未申请强制执行推动诉讼程序进入下个程序，是否应视为怠于履行到期债权情形？

【各方观点】

大方县税务局（上诉人、原审原告）认为：（1）债务人光大公司未申请强制执行推动诉讼程序进入下个程序，应当视为未提起诉讼，属于怠于行使权利情形，大方县税务局起诉符合代位权行使条件。（2）虽然税收具有优先权，并明确其可以采取税收强制措施，但这些措施只能适用于纳税人和扣缴义务人，不能适用于被告大方县自然资源局。若法院不支持税务部门行使代位权，将导致自身面临无法申请执行的情况，进而使国家税收流失。

【裁判要旨】

1. "债务人怠于行使其到期债权，对债权人造成损害的"，是指债务人不履行其对债权人的到期债务，又不以诉讼方式或者仲裁方式向其债务人主张其享有的具有金钱给付内容的到期债权，致使债权人的到期债权未能实现。

2. 因债务人光大公司已提起诉讼，主张其与自然资源局之间的债权，并且已经取得生效判决。因此，本案中并不存在光大公司怠于主张到期债权的情形，本案代位权的行使并不符合法律规定。

3. 执行程序虽然是审判程序的继续和完成，但并不是民事诉讼的必经程序，并不能因为案件未进入执行程序而否认当事人已经提起诉讼主张权利的客观事实。

【法院裁判观点】

1. 大方县税务局系国家税务机关，其征税行为系行政机关行政执法职务行为，在税收征收过程中具有强制执行权且税收债权本身也具有优先性。

2. 引发本案诉讼的原因系大方县税务局未按时履行职责所致，大方县税务局认为因本案代位权不能行使因而不能申请执行，将导致国家税收流失的上诉理由因违背《税收征收管理法》的规定，贵州省毕节市中级人民法院不予支持。

3. 因执行程序虽然是审判程序的继续和完成，但并不是民事诉讼的必经程序，并不能因为案件未进入执行程序而否认当事人已经提起诉讼主张权利的客观事实，故大方县税务局上诉理由与客观事实不符，于法无据，贵州省毕节市中级人民法院不予支持。

【法院裁判结果】

法院认为并不存在光大公司怠于主张到期债权的情形，本案代位权的行使并不符合法律规定，故裁定驳回大方县税务局的起诉。

【税务律师案例评析】

1. 对代位权含义的理解。

税收代位权，指欠缴税款的纳税人怠于行使其到期债权而对国家税收即税收债权造成损害时，由税务机关以自己的名义代替纳税人行使其债权的权力。通过行使税收代位权对税收次债务人提起诉讼，追回欠缴税款，可以有效保障国家税收权益，避免税收流失。

2. 税务机关能否通过行使代位权来追缴欠税？

在 2004 年国家税务总局下发的《关于进一步加强欠税管理工作的通知》（国税发〔2004〕66 号）中，进一步强调税务机关可通过行使代位权来追缴欠税。

"（八）依法采取强制措施。对于一些生产状况不错、货款回收正常，但恶意拖欠税款的纳税人，税务机关应积极与纳税人开户银行联系，掌握资金往来情况，从其存款账户中扣缴欠税。对隐匿资金往来情况的，税务机关可进一步采取提请法院行使代位权、查封、扣押、拍卖和阻止法人代表出境等强制措施。"

3. 行使代位权追缴欠税的条件？

债权人依照《民法典》提起代位权诉讼，应当符合下列条件：①债权人对债务人的债权合法；②债务人怠于行使其到期债权，对债权人造成损害；③债务人的债权已到期；④债务人的债权不是专属于债务人自身的债权。

本案光大公司已通过诉讼方式向自然资源局主张到期债权并取得胜诉判决，不能因为案件未进入执行程序而否认光大公司已经提起诉讼主张权利的客观事实，因此不存在光大公司怠于主张到期债权的情形。本案税务机关代位权的行使并不符合法律规定，应承担败诉后果。

【法条摘录】

中华人民共和国税收征收管理法

第三十七条 对未按照规定办理税务登记的从事生产、经营的纳税人以及临时从事经营的纳税人，由税务机关核定其应纳税额，责令缴纳；不缴纳的，税务机关可以扣押其价值相当于应纳税款的商品、货物。扣押后缴纳应纳税款的，税务机关必须立即解除扣押，并归还所扣押的商品、货物；扣押后仍不缴纳应纳税款的，经县以上税务局（分局）局长批准，依法拍卖或者变卖所扣押的商品、货物，以拍卖或者变卖所得抵缴税款。

第四十条 从事生产、经营的纳税人、扣缴义务人未按照规定的期限缴纳或者解缴税款，纳税担保人未按照规定的期限缴纳所担保的税款，由税务机关责令限期缴纳，逾期仍未缴纳的，经县以上税务局（分局）局长批准，税务机关可以采取下列强制执行措施：

（一）书面通知其开户银行或者其他金融机构从其存款中扣缴税款；

(二) 扣押、查封、依法拍卖或者变卖其价值相当于应纳税款的商品、货物或者其他财产,以拍卖或者变卖所得抵缴税款。

税务机关采取强制执行措施时,对前款所列纳税人、扣缴义务人、纳税担保人未缴纳的滞纳金同时强制执行。

个人及其所扶养家属维持生活必需的住房和用品,不在强制执行措施的范围之内。

第四十五条 税务机关征收税款,税收优先于无担保债权,法律另有规定的除外;纳税人欠缴的税款发生在纳税人以其财产设定抵押、质押或者纳税人的财产被留置之前的,税收应当先于抵押权、质权、留置权执行。

纳税人欠缴税款,同时又被行政机关决定处以罚款、没收违法所得的,税收优先于罚款、没收违法所得。

税务机关应当对纳税人欠缴税款的情况定期予以公告。

50. 税务机关行使代位权需要什么条件?

【案例来源】

《国家税务总局满洲里市中俄互市贸易区税务局与满洲里市联众热电有限公司债权人代位权纠纷一审民事判决书》[(2020)内0781民初1433号]

【案情简介】

一、当事人关系梳理

原告:国家税务总局满洲里市中俄互市贸易区税务局

被告:满洲里市联众热电有限公司

第三人:满洲里光明煤业有限责任公司

二、基本案情

第三人满洲里光明煤业有限责任公司(以下简称光明煤业公司)系原告国家税务总局满洲里市中俄互市贸易区税务局(以下简称互贸区税务局)辖区内的纳税人,因第三人光明煤业公司拖欠税款,原告互贸区税务局于2020年5月10日作出满互税税通〔2020〕2号《税务事项通知书》,通知内容为:第三人光明煤业公司2014年1月1日至2019年12月31日应缴纳税款11435372.60元,限2020年5月23日前缴纳,并从税款滞纳之日起至缴纳或解缴之日止,按日加收滞纳税款0.5‰的滞纳金。逾期不缴将按《税收征收管

第六章　普通执行程序中的税收优先权与代位权纠纷 ·229·

理法》有关规定处理。因第三人光明煤业公司未按照税务事项通知书限定的日期缴纳税款，原告互贸区税务局于 2020 年 5 月 25 日作出满地税互强催〔2020〕1 号催告书，催告第三人光明煤业公司自收到催告书之日起 10 日内缴纳拖欠税款 11435372.60 元及滞纳金，逾期仍未履行缴纳税款义务的，将依法强制执行。因第三人光明煤业公司在收到催告书之日起 10 日内未履行缴纳税款及滞纳金的义务，原告互贸区税务局于 2020 年 6 月 5 日作出满互税强拍〔2020〕1 号税收强制执行决定书，决定：自 2020 年 6 月 5 日起对第三人光明煤业公司相当于应纳税款、滞纳金 13268553.78 元的商品、货物或者其他财产，予以查封（扣押），依法予以拍卖或者变卖，以拍卖或者变卖所得抵缴城市维护建设税、房产税、城镇土地使用税、个人所得税、资源税。经依法拍卖，第三人光明煤业公司用拍卖款共缴纳税款 59650 元。

被告满洲里市联众热电有限公司（以下简称联众热电公司）与第三人光明煤业公司于 2015 年 12 月 1 日签订联众热电煤款结算合同，对于双方之间煤炭买卖合同关系、采购形式、结算价格、质量要求、结算依据、结算方式等进行了约定，其中关于结算方式作了如下约定：第一种，以金额为限结算，具体是指双方所采购的煤数量累计达到 2 万吨，被告联众热电公司应在 7 个工作日向第三人光明煤业公司结清本次煤款，起算金额为被告联众热电公司未向第三人光明煤业公司结算的首单货款。第二种，以时间为限结算，具体是指如果第一种方式约定的累计数量在 60 天内未达到，则以 60 天为限，被告联众热电公司应在 60 天期限届满之日向第三人光明煤业公司结清本次煤款，起算日期为被告联众热电公司未向第三人光明煤业公司结算首单货物的发货之日。签订合同后，第三人光明煤业公司按照约定向被告联众热电公司供应煤炭。2018 年 11 月 7 日，被告联众热电公司与第三人光明煤业公司签订对账确认书，对于供应煤炭的时间、数量、单价、总价款、已付款、欠款情况进行了核对，双方确认被告联众热电公司应付第三人光明煤业公司煤款 4476980.80 元，已付煤款 1700000 元，尚欠 2776980.80 元未付。2020 年 7 月 22 日被告联众热电公司为第三人光明煤业公司出具情况说明，对于供应煤炭的时间和数量情况进行说明，同时再次确认如下内容：2016 年 2 月至今购煤 4476980 元，其中 2016 年 4 月 12 日光明煤业开具发票金额 3369988.80 元，已付煤款给李涛个人 1700000 元，未付金额 2776980.80 元。

因第三人光明煤业公司怠于行使对被告联众热电公司的到期债权，致使原告互贸区税务局的税收债权受到损害。故原告互贸区税务局依据《税收征收管理法》《合同法》的相关规定依法行使代位权，请求被告联众热电公司向其支付款项。

【争议焦点】

税务机关行使代位权需要什么条件？

【各方观点】

互贸区税务局（原告）认为：第三人自 2015 年签订煤炭购销合同后一直不向被告主张权利，怠于行使到期债权，致使原告的税收债权得不到实现。原告依据《税收征收管理法》第五十条、《合同法》第七十三条之规定依法行使代位权要求被告支付拖欠款项。

联众热电公司（被告）认为：（1）请求法庭根据原告所述的事实理由以及相关的法律规定审核原告方诉讼主体资格是否成立。（2）如果原告方的诉讼主体资格成立，那么请求法院根据原告方所提供的证据予以公正裁决。

【裁判要旨】

债权人行使代位权需符合以下四个条件：（1）债权人对债务人的债权合法且已届履行期；（2）债务人对次债务人的债权合法且已届履行期；（3）债务人怠于对次债务人行使权利且已对债权人造成损害；（4）债务人对次债务人的债权不具有人身专属性。

【法院裁判观点】

1. 《税收征收管理法》第五十条第一款规定"欠缴税款的纳税人因怠于行使到期债权，或者放弃到期债权，或者无偿转让财产，或者以明显不合理的低价转让财产而受让人知道该情形，对国家税收造成损害的，税务机关可以依照合同法第七十三条、第七十四条的规定行使代位权、撤销权"，本案中，原告作为国家税务机关，有权就欠缴税款部分按照法律规定行使代位权，故其为本案适格原告。

2. 债权人行使代位权需符合以下四个条件：（1）债权人对债务人的债权合法且已届履行期；（2）债务人对次债务人的债权合法且已届履行期；（3）债务人怠于对次债务人行使权利且已对债权人造成损害；（4）债务人对次债务人的债权不具有人身专属性。本案中，根据被告与第三人的对账确认书和情况说明，可以确定第三人于 2016 年 1 月 31 日开始向被告供应煤炭，在 60 日内未累计达到约定第一种付款方式的 2 万吨，故被告应按照约定的第二种付款方式自被告未向第三人结算的首单货物发货之日起 60 日届满之日支付煤款，现约定的付款时间已届满，被告未向第三人支付煤款，且该笔煤款属于一般债权，不具有人身专属性。而第三人拖欠税款并在原告作出《税务事项通知书》和催告书后仍未能履行纳税义务的情况下，并未通过诉讼或者仲裁等方式向被告主张拖欠的煤款，损害了国家税收。

【法院裁判结果】

1. 被告联众热电公司于本判决生效之日起 10 日内给付原告互贸区税务局 2776980.80 元。

2. 如果未按本判决指定的期间履行给付义务，应当依照《民事诉讼法》第二百五十三条之规定，加倍支付迟延履行期间的债务利息。

【税务律师案例评析】

首先，根据《税收征收管理法》第五十条第一款规定"欠缴税款的纳税人因怠于行使到期债权，或者放弃到期债权，或者无偿转让财产，或者以明显不合理的低价转让财产而受让人知道该情形，对国家税收造成损害的，税务机关可以依照合同法第七十三条、第七十四条的规定行使代位权、撤销权"，国家税务机关有权就欠缴税款部分行使代位权，那么行使代位权的条件包括哪些？

《民法典》第五百三十五条规定了债权人的代位权："因债务人怠于行使其债权或者与该债权有关的从权利，影响债权人的到期债权实现的，债权人可以向人民法院请求以自己的名义代位行使债务人对相对人的权利，但是该权利专属于债务人自身的除外。代位权的行使范围以债权人的到期债权为限。债权人行使代位权的必要费用，由债务人负担。相对人对债务人的抗辩，可以向债权人主张。"通常认为债权人行使代位权需符合以下四个条件：（1）债权人对债务人的债权合法且已届履行期；（2）债务人对次债务人的债权合法且已届履行期；（3）债务人怠于对次债务人行使权利且已对债权人造成损害；（4）债务人对次债务人的债权不具有人身专属性。

对于税收法律关系有税收债务关系理论与税收权力关系理论。依据税收债务关系理论，国家税务机关可以债权人的身份主张代位权。但是税收债权与普通私法债权仍有区别，税务机关具有普通私法债权人不具有的行政权力，因此还有观点认为，税务机关在追缴税款时应穷尽一切税收保障措施，且纳税人没有其他财产和资金可供执行的情况下才能对纳税人行使税收代位权。

因此，笔者认为税务机关行使代位权可参考条件：（1）税务机关对纳税人的税收债权合法且已届履行期；（2）纳税人对次债务人的债权合法且已届履行期；（3）纳税人怠于对次债务人行使权利且已对国家税收债权造成损害；（4）纳税人对次债务人的债权不具有人身专属性；（5）税务机关已穷尽一切税收保障措施；（6）纳税人没有其他财产可供执行。

【法条摘录】

中华人民共和国税收征收管理法

第五十条（第一款） 欠缴税款的纳税人因怠于行使到期债权，或者放弃到期债权，或者无偿转让财产，或者以及明显不合理的低价转让财产而受让人知道该情形，对国家税收造成损害的，税务机关可以依照合同法第七十三条、第七十四条的规定行使代位权、撤销权。

中华人民共和国合同法[①]

第七十三条 因债务人怠于行使其到期债权，对债权人造成损害的，债权人可以向人民法院请求以自己的名义代位行使债务人的债权，但该债权专属于债务人自身的除外。代位权的行使范围以债权人的债权为限。债权人行使代位权的必要费用，由债务人负担。

---

① 《中华人民共和国合同法》已于2021年1月1日起废止。相关规定已由《中华人民共和国民法典》第五百三十五条吸收。

第二部分
企业破产涉税政策汇编
（分类节选）

一、非正常户的认定与解除

破产企业在破产前生产经营已不正常，绝大多数已经被认定为非正常户，非正常户按规定要停止其发票领用簿和发票的使用。破产管理人要代表破产企业进行相关的经济活动、处置破产财产、破产重整等，都需要领用和使用发票等，否则企业的破产程序将无法正常的进行。《最高人民法院关于审理企业破产案件若干问题的规定》（法释〔2002〕23号）第六十一条第一款第（一）项规定，行政、司法机关对破产企业的罚款、罚金以及其他有关费用不属于破产债权。按国家税务总局的规定，解除非正常户需要缴纳罚款、补办申报。要求先缴纳罚款与该司法解释规定不一致，而且绝大多数破产企业无力缴纳罚款，因此，非正常户的解除是破产管理人首先需要解决的疑难问题。

1. 国家税务总局关于税收征管若干事项的公告（国家税务总局公告2019年第48号）

三、关于非正常户的认定与解除

……

（三）已认定为非正常户的纳税人，就其逾期未申报行为接受处罚、缴纳罚款，并补办纳税申报的，税收征管系统自动解除非正常状态，无需纳税人专门申请解除。

2. 国家税务总局北京市税务局关于进一步推进破产便利化优化营商环境的公告（国家税务总局北京市税务局公告2020年第4号）

二、简化解除非正常手续

债务人在人民法院裁定受理破产申请之日前被主管税务机关认定为非正常户，无法进行纳税申报，管理人可以持人民法院受理破产案件的裁定书、指定管理人的决定书，到主管税务机关办理解除非正常手续。

管理人应根据接管的债务人帐簿资料，据实补办破产申请受理前非正常户期间的纳税申报。管理人未接管债务人帐簿资料、不掌握债务人在破产申请受理前的非正常户期间的实际情况、未发现债务人有应税行为的，可暂按零申报补办纳税申报。主管税务机关依法办理非正常户解除手续。在破产程序中，管理人发现债务人在破产申请受理前的非正常户期间有纳税义务的，应当及时向税务机关据实申报。

主管税务机关应当及时将破产申请受理前的因逾期未申报产生的罚款及应补缴的税费,向管理人进行债权申报。

3. 上海市高级人民法院　国家税务总局上海市税务局关于优化企业破产程序中涉税事项办理的实施意见（沪高法〔2020〕222号）

（四）撤销非正常户认定

企业在人民法院裁定受理破产申请前被税务机关认定为非正常户的,管理人就企业逾期未申报行为补办申报,主管税务机关按规定即时办理撤销非正常户认定相关手续。

主管税务机关在税款债权申报时,如发现企业的税务登记状态为非正常户的,一并通知管理人在债权申报截止日前办理相关涉税处理事项。

4. 江苏省高级人民法院　国家税务总局江苏省税务局关于做好企业破产处置涉税事项办理优化营商环境的实施意见（苏高法〔2020〕224号）

四、纳税申报

1. 非正常户解除。债务人在人民法院裁定受理破产申请之日前被主管税务机关认定为非正常户,管理人可以在补办纳税申报后,向主管税务机关申请先行解除非正常户。

管理人应当根据接管的债务人账簿资料,据实补办破产申请受理前非正常户期间的纳税申报。管理人未接管债务人账簿资料、不掌握债务人在破产申请受理前的非正常户期间的实际情况、未发现债务人有应税行为,税务系统中不存在未申报的已开票数据的,可暂按零申报补办纳税申报,待后续核实后作更正申报。

5. 南京市中级人民法院　国家税务总局南京市税务局关于印发《破产清算程序中税收债权申报与税收征收管理实施办法》的通知（宁中法〔2019〕159号）

（二）纳税人在受理破产日前被主管税务机关认定为非正常户,无法进行纳税申报、影响破产清算的,管理人可以持人民法院受理破产案件的裁定书、指定管理人的决定书以及纳税人的税务登记证件、印章,向主管税务机关申请解除纳税人非正常户状态。

管理人无法取得纳税人印章和账簿、文书的,管理人应当向主管税务机关说明情况,持人民法院受理破产案件的裁定书、指定管理人的决定书,向主管税务机关申请解除纳税人非正常户状态。

6. 江苏省常州市中级人民法院　国家税务总局常州市税务局印发《关于做好企业破产处置涉税事项办理优化营商环境的实施意见》的通知（常中法〔2020〕60号）

（二）非正常户解除

企业在受理破产日前被主管税务机关认定为非正常户，无法进行纳税申报、影响破产清算的，管理人可以持人民法院受理破产申请裁定书、指定管理人决定书以及企业的税务登记证件、印章，到主管税务机关办理解除企业非正常户状态。

管理人无法取得企业印章和账簿、文书的，管理人应当向主管税务机关说明情况，持人民法院受理破产申请裁定书、指定管理人决定书，到主管税务机关办理解除企业非正常户状态。

解除非正常户状态的企业因人民法院裁定受理破产日之前发生税收违法行为应当给予行政处罚的，主管税务机关依法作出税务行政处罚决定。破产程序终结后，对确实无法清偿的罚款，主管税务机关依据人民法院终结破产程序的裁定，终结行政处罚决定的执行。

7. 苏州市中级人民法院　苏州市税务局破产涉税问题会议纪要

三、破产企业在受理破产日前被主管税务机关认定为非正常户，由破产管理人补办纳税申报。对破产企业发生的税收违法行为，税务机关依法作出行政处罚，解除破产企业非正常户认定。解除非正常户认定后破产企业申领发票的，税务机关应按规定及时办理。

8. 扬州市中级人民法院　国家税务总局扬州市税务局关于企业破产处置涉税问题处理的实施意见（扬中法〔2020〕22号）

第十一条　破产企业在受理破产日前被主管税务机关认定为非正常户，无法进行纳税申报、影响破产清算的，管理人可以持人民法院受理破产案件的裁定书、指定管理人的决定书，向主管税务机关申请解除破产企业的非正常状态。主管税务机关依法作出税务行政处罚决定后，按规定为企业解除非正常状态。

9. 江苏省镇江市中级人民法院　国家税务总局镇江市税务局印发《关于企业破产处置涉税问题处理的实施意见》的通知（镇中法〔2019〕161号）

（三）非正常户解除。债务人（纳税人）在法院裁定受理破产申请之日前被主管税务机关认定为非正常户，无法进行纳税申报、影响企业破产处置的，管理人应当向主管税务机关申请解除纳税人非正常户状态，并提交法院受理裁定书、指定管理人决定书以及债务人（纳税人）的税务登记证件、印章。管理人未全面接管债务人印章和账簿、文书的，应当向主管税务机关提交书面说明，并同时将说明送交法院备案。

主管税务机关在收到管理人提交的申请书以及相关材料后，对存在税收违法行为的，应依法予以处理。全面接管债务人印章和账簿、文书的，管理人应代表债务人就非正常户期间的纳税义务向税务机关说明；未全面接管债务人印章和账簿、文书的，管理人应就相关情况及未接管原因向税务机关书面说明，清算期间管理人发现债务人在非正常户期间有纳税义务的，应及时至税务机关处理。产生罚款及应补缴的税款的，由主管税务机关向管理人进行补充债权申报。补充申报完成后，主管税务机关依法解除其非正常户认定。

10. 国家税务总局浙江省税务局关于支持破产便利化行动有关措施的通知（浙税发〔2019〕87号）

一、进入破产程序的企业可申请非正常户暂时解除

已经被认定为非正常户的纳税人进入破产程序后，管理人可以凭人民法院受理破产案件的裁定书、指定管理人的决定书，向主管税务机关申请非正常户暂时解除。税务机关在税收征收管理系统中作"受理破产"标识后可对未办结事项进行处理，已经形成的欠税在解除非正常户状态时可暂不处理。对人民法院受理破产案件前发生的税收违法行为应当给予行政处罚的，税务机关应当依法作出行政处罚决定，将罚款及应补缴的税款按照《企业破产法》和最高人民法院的有关规定进行债权申报、依法受偿和相关后续处理。

11. 浙江省杭州市中级人民法院 国家税务总局杭州市税务局印发《关于企业破产程序中涉税事务便利化的意见》的通知（杭中法〔2022〕51号）

10. 已经被认定为非正常户的债务人进入破产程序后，管理人可以凭人民法院受理破产案件裁定书、指定管理人决定书，向主管税务机关申请非正常户暂时解除。

对人民法院受理破产案件前发生的税收违法行为应当给予行政处罚的，税务机关应当依法作出行政处罚决定，将罚款及应补缴的税款按照《企业破产法》和最高人民法院的有关规定进行债权申报、依法受偿和相关后续处理。

税务机关在税收征收管理系统中作"受理破产"标识后，可以对未办结事项进行处理。已经形成的欠税在解除非正常户状态时可暂不处理。

12. 安徽省宣城市中级人民法院 国家税务总局宣城市税务局印发《关于优化企业破产程序中涉税事项办理的实施意见》的通知（宣中法〔2020〕77号）

（三）解除非正常户认定。企业在人民法院裁定受理破产申请前被税务机关认定为非正常户的，管理人可到办税服务厅即时办理解除非正常户认定相关手续。对解除非正常户认定时，金税三期系统以处理完毕相关违章为前置条件的，由主管税务机关依法处理。

主管税务机关在税款债权申报时，如发现企业的税务登记状态为非正常户的，一并通知管理人及时办理相关涉税处理事项。

13. 福建省莆田市中级人民法院　国家税务总局莆田市税务局印发《关于优化企业破产涉税事项办理的意见》的通知（莆中法〔2020〕88号）

（二）非正常户解除

在人民法院裁定受理企业破产申请前被税务机关认定为非正常户的，管理人就破产企业逾期未申报行为补办申报，主管税务机关按规定办理解除非正常户相关手续。

主管税务机关在税费债权申报时，如发现企业的税务登记状态为非正常的，一并通知管理人在债权申报截止日前办理相关涉税事项。

管理人应据实补办人民法院裁定受理破产申请前企业未办理的纳税申报，未发现企业有应税行为的，可暂按零申报补办纳税申报。

14. 济南市中级人民法院　国家税务总局济南市税务局关于印发《关于办理企业破产涉税问题的相关意见》的通知（济中法〔2020〕35号）

9. 主管税务机关收到债权申报通知后，如发现破产企业的税务登记状态为非正常的，应通知管理人在债权申报截止日前办理非正常户状态解除。管理人应根据接管的账簿资料，据实补办破产申请受理前非正常户期间的纳税申报。管理人未接管账簿资料、不掌握破产企业在破产申请受理前的非正常户期间的实际情况或者虽接管账簿资料，但未发现破产企业有应税行为的，可暂按零申报补办纳税申报。破产企业补办税（费）申报后，税务机关应当按规定为其解除非正常状态。

15. 东营市东营区人民法院　国家税务总局东营市东营区税务局关于企业破产处置涉税事项办理的实施意见（东区法会发〔2021〕29号）

【非正常户的解除】企业在区法院裁定受理破产申请前被区税务局认定为非正常户的，管理人就企业逾期未申报行为补办申报后，区税务局按规定即时解除非正常户。

区税务局在税款债权申报时，如发现企业的税务登记状态为非正常户的，一并通知管理人在债权申报截止日前办理相关涉税处理事项。

16. 武汉市中级人民法院　国家税务总局武汉市税务局关于企业破产处置中涉税事项办理的实施意见（武中法〔2021〕1号）

（二）解除非正常户认定

企业在人民法院裁定受理破产申请前被税务机关认定为非正常户的，管理人应根据接管的债务人企业账簿资料，据实补办破产申请受理前非正常状态期间的纳税申报。主管税务机关按规定即时办理撤销非正常户认定相关手续。主管税务机关在税收债权申报时，如发现企业的税务登记状态为非正常户的，一并通知管理人在债权申报截止日前办理相关涉税处理事项。

17. 湖南省高级人民法院　国家税务总局湖南省税务局关于便利企业破产涉税事项办理助推营商环境优化的意见（湘高法发〔2021〕7号）

（三）非正常户处理

主管税务机关在税收债权（包括税务机关征收的社会保险费及非税收入，下同）申报时，如发现债务人在税收征管信息化系统内的纳税人状态为"非正常"，及时通知管理人在债权申报截止日前到主管税务机关接受逾期申报的税务处罚，并将罚款按照法律规定进行债权申报。

18. 北海市中级人民法院　国家税务总局北海市税务局印发《关于企业破产处置涉税问题处理的实施意见（试行）》的通知（北中法〔2020〕84号）

第十一条　破产企业在受理破产日前被主管税务机关认定为非正常户及非正常户注销，无法进行纳税申报、影响破产清算的，管理人可以持人民法院受理破产案件的裁定书、指定管理人的决定书，向主管税务机关申请解除破产企业的非正常、非正常户注销状态。主管税务机关依法作出税务行政处罚决定后，按规定为企业解除非正常状态。

19. 柳州市人民政府　柳州市中级人民法院关于破产程序中有关税务问题处理的指导意见（柳政发〔2019〕30号）

五、关于破产企业非正常户转换成正常户的处理

当破产企业为非正常户的一般纳税人的情形下，在破产财产处置后，买受人要求开具发票时，具体操作流程规范如下：

（一）申请恢复正常户。破产企业管理人应向企业所在区域的税务机关提出恢复正常户申请，并提交法院受理裁定书、管理人指定决定书以及书面申请书。申请书可使用企业公章或管理人公章。

（二）违法违章处理。税务机关在收到管理人提交的申请书以及相关材料后，依法对破产企业的违法违章行为进行处罚。破产管理人应当依法接受处

罚，并缴纳税务行政处罚罚款。税务行政处罚完毕后，破产管理人可向税务机关查询破产企业在停止申报之前最后一次申报的纳税数据，认真履行职责并按规定将所有逾期未申报记录都完成补充申报。申报时可使用企业公章或管理人公章。

（三）非正常户解除。违法违章处理完毕后，主管税务机关根据人民法院出具的"税务机关在企业完成违法违章处理后，为其办理解除非正常户认定手续，相关欠税、滞纳金在破产程序中依法清偿"的证明材料，依法解除其非正常户认定，对其按正常户处理。

（四）申请购买发票。管理人须向税务部门提交购买发票的书面申请书，申请书可使用企业公章或管理人公章。管理人开具发票时应加盖企业发票专用章。

20. 重庆市高级人民法院 国家税务总局重庆市税务局关于企业破产程序涉税问题处理的实施意见（渝高法〔2020〕24号）

（八）非正常户解除。债务人在人民法院裁定受理破产申请之日前被主管税务机关认定为非正常户，无法进行纳税申报、影响企业破产处置的，管理人应当向主管税务机关申请解除债务人非正常户状态，并提交人民法院受理破产申请裁定书、指定管理人决定书。管理人未全面接管债务人印章和账簿、文书的，应当向主管税务机关提交书面说明，并同时将说明送交人民法院备案。

主管税务机关在收到管理人提交的解除债务人非正常户状态的申请书以及相关材料后，存在税收违法行为的，应当依法予以处理。已全面接管债务人印章和账簿、文书的，管理人应当代表债务人就破产申请受理前的非正常户期间的纳税义务向税务机关说明。未全面接管债务人印章和账簿、文书的在破产程序中管理人发现债务人在破产申请受理前的非正常户期间有纳税义务的，应当及时向税务机关报告。破产申请受理前的非正常户期间产生的罚款及应补缴的税款，由主管税务机关向管理人申报债权。申报完成后，主管税务机关依法解除其非正常户认定。

21. 四川省高级人民法院 国家税务总局四川省税务局关于企业破产程序涉税问题处理的意见（川高发〔2021〕4号）

（四）非正常户解除

企业在人民法院裁定受理破产申请前被主管税务机关认定为非正常户的，管理人就企业逾期未申报行为接受处罚，并补办纳税申报的，主管税务机关应当对税款、滞纳金、罚款向管理人申报债权，并按规定解除企业的非正常户认定。

主管税务机关在税收债权申报时，如发现企业的税务登记状态为非正常户的，一并通知管理人在债权申报截止日前办理相关涉税处理事项。

22. 贵州省高级人民法院　国家税务总局贵州省税务局关于企业破产程序涉税问题处理的实施意见（黔高法〔2021〕74号）

（十四）非正常户解除。企业在人民法院裁定受理破产申请之日前被主管税务机关认定为非正常户，管理人就企业逾期未申报行为接受处罚，并补办纳税申报的，主管税务机关应当就税款、滞纳金、罚款向管理人申报债权，并按规定解除企业的非正常户认定。

23. 辽宁省大连市中级人民法院　国家税务总局大连市税务局印发《关于优化企业破产处置过程中涉税事项办理的意见》的通知（大中法发〔2020〕7号）

（二）非正常户解除

人民法院裁定受理破产申请后，管理人可以向主管税务机关申请非正常户解除。主管税务机关对企业在人民法院受理破产案件前发生的税收违法行为应当依法作出行政处罚决定，将罚款按照《企业破产法》和最高人民法院的有关规定进行债权申报、依法受偿和相关后续处理。

管理人应根据接管的账簿资料，据实补办破产申请受理前非正常户期间的纳税申报。申报形成的税款可以暂不处理，按照《企业破产法》和最高人民法院的有关规定进行债权申报、依法受偿和相关后续处理。管理人未接管账簿资料、不掌握债务人在破产申请受理前的非正常户期间的实际情况、未发现债务人有应税行为的，可暂按零申报补办纳税申报。

主管税务机关办理解除正常户手续，对未办结事项进行处理。

24. 厦门市中级人民法院　国家税务总局厦门市税务局关于推进企业破产程序中办理涉税事项便利化的实施意见（厦中法〔2020〕23号）

（二）非正常户解除

人民法院裁定受理破产申请前，企业被主管税务机关认定为非正常户的，破产管理人应持人民法院受理破产申请的民事裁定书和指定破产管理人的决定书，按规定向主管税务机关办理非正常户解除手续。

25. 国家税务总局青岛市黄岛区市税务局企业破产涉税事项办理指南（试行）（青黄税办函〔2020〕5号）

三、非正常户解除

债务人（以下称"破产人"）在人民法院裁定受理破产申请之日前被主管税务机关认定为非正常户，无法进行纳税申报，管理人可以持人民法院受理破产案件的裁定书、指定管理人的决定书以及破产人的税务登记证件、印章，到办税服务厅办理解除非正常手续。办税服务厅应要求管理人根据接管的破产人账簿资料，据实补办破产申请受理前非正常户期间的纳税申报。

已经形成的欠税在解除非正常户状态时的处理。《国家税务总局关于税收征管若干事项的公告》（国家税务总局公告2019年第48号）规定，企业所欠税款、滞纳金、因特别纳税调整产生的利息，税务机关按照企业破产法相关规定进行申报。税务机关在税收征收管理系统中对破产企业作"受理破产"标识后可对未办结事项进行处理，已经形成的欠税在解除非正常户状态时可暂不处理。对人民法院受理破产案件前发生的税收违法行为应当给予行政处罚的，税务机关应当依法作出行政处罚决定后解除非正常户。主管税源管理科所将经法制、收核、征管、风险管理局等部门复核后的罚款及应补缴的税费按照《企业破产法》和最高人民法院的有关规定进行债权申报、依法受偿和相关后续处理。破产程序终结后，对确实无法清偿的罚款，法制科依据人民法院终结破产程序的裁定，终结行政处罚决定的执行。

26. 国家税务总局深圳市税务局企业破产涉税事项办理指南

（四）解除非正常户

在人民法院裁定受理企业破产申请前被税务机关认定为非正常户的，管理人就破产企业逾期未申报行为补办申报，主管税务机关按规定即时办理解除非正常户相关手续。

主管税务机关在税费债权申报时，如发现企业的税务登记状态为非正常的，一并通知管理人在债权申报截止日前办理相关涉税事项。

二、破产企业纳税申报

企业进入破产程序后，是否需要进行纳税申报、如何进行纳税申报等涉税事项，企业破产法和税法均没有规定。企业虽进入破产程序，但企业主体资格仍然存在，仍然要接受税务管理、依法履行税法义务。《国家税务总局关于税收征管若干事项的公告》（国家税务总局公告2019年第48号）规定，在人民法院裁定受理破产申请之日至企业注销之日期间，企业应当接受税务机关的税务管理，履行税法规定的相关义务。破产程序中如发生应税情形，应按规定申报纳税。由管理人以企业名义办理纳税申报等涉税事宜。

1. 国家税务总局关于税收征管若干事项的公告（国家税务总局公告 2019 年第 48 号）

（二）在人民法院裁定受理破产申请之日至企业注销之日期间，企业应当接受税务机关的税务管理，履行税法规定的相关义务。破产程序中如发生应税情形，应按规定申报纳税。

从人民法院指定管理人之日起，管理人可以按照《中华人民共和国企业破产法》（以下简称企业破产法）第二十五条规定，以企业名义办理纳税申报等涉税事宜。

企业因继续履行合同、生产经营或处置财产需要开具发票的，管理人可以以企业名义按规定申领开具发票或者代开发票。

2. 上海市高级人民法院 国家税务总局上海市税务局关于优化企业破产程序中涉税事项办理的实施意见（沪高法〔2020〕222 号）

（五）纳税申报

管理人据实补办人民法院裁定受理破产申请前企业未办理的纳税申报，未发现企业有应税行为的，可暂按零申报补办纳税申报。人民法院裁定受理破产申请前，企业发生税收违法行为应当给予行政处理、处罚的，主管税务机关依法作出行政处理、处罚决定，并将企业应补缴税（费）及罚款按照法律规定进行债权申报，依法受偿。

人民法院裁定受理破产申请后，经人民法院许可或债权人会议决议，企业因继续营业或者因破产财产的使用、拍卖、变现所产生的应当由企业缴纳的税（费），管理人以企业名义按规定申报纳税。相关税（费）依法按照共益债务或者破产费用，由破产财产随时清偿，主管税务机关无需另行申报债权，由管理人代为申报缴纳。

3. 江苏省高级人民法院 国家税务总局江苏省税务局关于做好企业破产处置涉税事项办理优化营商环境的实施意见（苏高法〔2020〕224 号）

四、纳税申报

1. 非正常户解除。债务人在人民法院裁定受理破产申请之日前被主管税务机关认定为非正常户，管理人可以在补办纳税申报后，向主管税务机关申请先行解除非正常户。

管理人应当根据接管的债务人账簿资料，据实补办破产申请受理前非正常户期间的纳税申报。管理人未接管债务人账簿资料、不掌握债务人在破产申请受理前的非正常户期间的实际情况、未发现债务人有应税行为，税务系统中不存在未申报的已开票数据的，可暂按零申报补办纳税申报，待后续核实后作更正申报。

2. 纳税申报及缴纳税款。人民法院裁定受理破产申请后，企业因继续经营或者因破产财产的使用、变价所产生的应当由企业缴纳的税款，管理人应当以企业名义按规定申报，列入破产费用，依法由纳税人的财产及时清偿。主管税务机关无需另行申报债权。

3. 清算期间企业所得税处理。人民法院裁定受理破产申请后，企业终止经营活动的，应进行企业所得税的清算，以整个清算期间作为一个独立的纳税年度，计算清算所得并进行清算所得税申报。管理人应对清算事项按规定报主管税务机关备案。

4. 清算期间土地增值税处理。因破产企业土地成本历史资料缺失，无法确定成本扣除项目金额的，由管理人出具相关情况说明，税务机关可对破产企业土地增值税采用核定征收的方法，核定征收率不低于5%。

5. 破产财产变价的交易税处理。破产财产拍卖成交的，一般情况下，交易环节税费以网络拍卖平台出具的成交通知书载明的拍卖成交价作为计税依据。

6. 发票领用。从人民法院指定管理人之日起，企业因继续履行合同、生产经营或处置财产需要开具发票的，管理人可以以企业名义，按规定申领开具发票或者向主管税务机关申请代开发票，并按规定缴纳税款。

由于破产案件中资产处置等需要，需要临时提高增值税发票开具限额的，由管理人向税务机关出具相关材料，提出临时提高增值税发票开具限额的需求，税务机关据此进行提高增值税发票开具限额的操作，在指定事项办结后，管理人应主动联系税务机关，恢复原限额。

管理人发现企业的税控设备、发票等在接管前丢失的，应当及时向主管税务机关报备，并以企业名义按照规定办理挂失、补办等手续。

7. 管理人责任。管理人违反税收法律、行政法规，造成纳税人未缴或者少缴税款的，主管税务机关应当责令限期整改。对拒不改正或未勤勉尽责履行代企业进行纳税申报义务的管理人，主管税务机关按照税收法律法规政策规定处理，同时可将有关情况通报人民法院，由人民法院依照管理人监督管理有关规定进行处理。

4. 南京市中级人民法院　国家税务总局南京市税务局关于印发《破产清算程序中税收债权申报与税收征收管理实施办法》的通知（宁中法〔2019〕159号）

二、破产清算程序中的纳税申报

（一）人民法院指定管理人之日起，管理人应当按照《中华人民共和国企业破产法》第二十五条的规定，代表纳税人办理全部涉税事宜。

（二）纳税人在受理破产日前被主管税务机关认定为非正常户，无法进行纳税申报、影响破产清算的，管理人可以持人民法院受理破产案件的裁定书、指定管理人的决定书以及纳税人的税务登记证件、印章，向主管税务机关申请解除纳税人非正常户状态。

管理人无法取得纳税人印章和账簿、文书的，管理人应当向主管税务机关说明情况，持人民法院受理破产案件的裁定书、指定管理人的决定书，向主管税务机关申请解除纳税人非正常户状态。

（三）解除非正常户状态的纳税人因人民法院裁定受理破产日之前发生税收违法行为应当给予行政处罚的，主管税务机关依法作出税务行政处罚决定。破产程序终结后，对确实无法清偿的罚款，主管税务机关依据人民法院终结破产程序的裁定，终结行政处罚决定的执行。

（四）人民法院受理破产清算后，纳税人经人民法院许可，为债权人利益继续生产经营，或者在纳税人财产的使用、拍卖、变现过程中产生的应当由纳税人缴纳的税（费），属于《中华人民共和国企业破产法》第四十一条破产费用中的"管理、变价和分配债务人财产的费用"，依法由纳税人的财产及时清偿。

管理人应当在破产财产的变价方案或者分配方案中列明应由纳税人财产及时清偿的税款。

（五）管理人应当聘请具有财务核算和办税能力的专业人员核算应纳税款，对需要向主管税务机关提出税收政策咨询的，可以向主管税务机关提出。主管税务机关应当及时为管理人提供税收政策咨询服务。

（六）管理人违反税收法律、行政法规，造成纳税人未缴或者少缴税款的，主管税务机关应当责令限期整改，拒不改正的，由主管税务机关依法处理。

人民法院应当加强对管理人办理涉税事宜的监督。对未依照《中华人民共和国企业破产法》的规定勤勉尽责履行代纳税人进行纳税申报义务的管理人，税务机关可以将有关情况通报审理破产案件的人民法院，人民法院经核实后作为减分因素纳入管理人履职评价。情节严重的，由人民法院依法处理。

（七）纳税人在破产分配时进行房产实物分配或者作价变卖房产的，人民法院可以指令管理人向税务机关定向询价，税务机关应当予以协助配合，提供存量房评估系统的房产计税基准价格等信息并及时反馈。

（八）纳税人在破产清算程序中因生产经营或破产财产处置需要开具发票的，管理人可以以纳税人的名义按规定申领开具发票。

5. 江苏省常州市中级人民法院　国家税务总局常州市税务局印发《关于做好企业破产处置涉税事项办理优化营商环境的实施意见》的通知（常中法〔2020〕60号）

（三）纳税申报

管理人据实补办人民法院裁定受理破产申请前企业未办理的纳税申报；未发现企业有应税行为的，可暂按零申报补办纳税申报。人民法院裁定受理破产申请前，企业发生税收违法行为应当给予行政处理、处罚的，主管税务机关依法作出行政处理、处罚决定，并将企业应补缴税款（含教育费附加、地方教育附加，下同）、滞纳金及罚款按照法律规定进行债权申报，依法受偿。

人民法院裁定受理破产申请后，经人民法院许可或债权人会议决议，企业因继续营业或者因破产财产的使用、拍卖、变现所产生的应当由企业缴纳的税款，管理人以企业名义按规定申报纳税。相关税款依法按照共益债务或者破产费用，由破产财产随时清偿，主管税务机关无需另行申报债权，由管理人代为申报缴纳。

6. 扬州市中级人民法院　国家税务总局扬州市税务局关于企业破产处置涉税问题处理的实施意见（扬中法〔2020〕22号）

三、破产处置过程中的纳税申报

第九条　人民法院指定管理人之日起，管理人应当按照《中华人民共和国企业破产法》（以下简称《企业破产法》）第二十五条的规定，以破产企业（纳税人）名义代表破产企业办理全部涉税事宜。

第十条　在法院裁定受理破产申请后，企业终止经营活动的，应进行企业所得税的清算，并以整个清算期间作为一个独立的纳税年度。管理人应对清算事项按规定报主管税务机关备案。

第十一条　破产企业在受理破产日前被主管税务机关认定为非正常户，无法进行纳税申报、影响破产清算的，管理人可以持人民法院受理破产案件的裁定书、指定管理人的决定书,向主管税务机关申请解除破产企业的非正常状态。主管税务机关依法作出税务行政处罚决定后,按规定为企业解除非正常状态。

第十二条　管理人经法院许可,为债权人利益继续营业,或者破产企业财产的使用、处置过程中产生的应当由破产企业缴纳的税(费),属于《企业破产法》第四十一条破产费用中的"管理、变价和分配债务人财产的费用",由管理人按期进行纳税申报,并依法由破产企业的财产随时清偿。

管理人应当在破产财产的变价方案或者分配方案中列明应由破产企业财产及时清偿的税款。

第十三条　管理人可以聘请具有财务核算和办税能力的专业人员核算应纳税款,对需要向主管税务机关提出税收政策咨询的,可以向主管税务机关提出。主管税务机关应当及时为管理人提供税收政策咨询服务。

第十四条　管理人违反税收法律、行政法规,造成破产企业未缴或者少缴税款的,主管税务机关应当责令限期整改,拒不改正的,由主管税务机关依法处理。

人民法院应当加强对管理人办理涉税事宜的监督。对未依照《企业破产法》的规定勤勉尽责履行代破产企业进行纳税申报义务的管理人,税务机关可以将有关情况通报审理破产案件的人民法院,人民法院经核实后作为减分因素纳入管理人履职评价。情节严重的,由人民法院依法处理。

第十五条　在破产财产分配时,对破产企业的房产进行实物分配或者作价变卖的,人民法院可以指令管理人向税务机关定向询问涉及的税收、依据及计算方式,税务机关应当予以协助配合。

第十六条　进入破产程序后,企业因继续生产经营需要或是因破产财产处置需要,在及时缴纳新增税款的情况下,管理人可以企业(纳税人)的名义向主管税务机关申领并自行开具增值税发票,或申请代开增值税发票,申请书可使用企业印章或管理人印章;开具的增值税发票应加盖企业发票专用章。

管理人应妥善管理发票,不得发生丢失、违规开具等情形,违反《中华人民共和国发票管理办法》等法律法规的,税务机关应按相关规定进行处理。

7. 江苏省镇江市中级人民法院　国家税务总局镇江市税务局印发《关于企业破产处置涉税问题处理的实施意见》的通知(镇中法〔2019〕161号)

三、关于企业破产处置过程中的纳税申报处理

(一)企业所得税清算。债务人或管理人应当对截止法院裁定受理破产申

请之日已发生的纳税义务进行申报，同时将终止生产经营当年度1月1日至实际经营终止之日作为一个纳税年度，并于实际经营终止之日起六十日内完成当年度企业所得税汇算清缴，结清当年度应缴（应退）企业所得税税款。

法院裁定受理破产案件后，管理人应当及时通知税务机关，进入企业所得税清算期。管理人应将整个清算期作为一个独立的纳税年度计算清算所得。

（二）即期申报。法院指定管理人之日起，管理人应当按照《中华人民共和国企业破产法》第二十五条的规定，代表债务人（纳税人）办理全部涉税事宜、履行税收义务。

管理人经法院许可，为债权人利益继续营业，或者在债务人财产的使用、处置破产财产过程中产生的应当由债务人或破产企业缴纳的税（费），属于《中华人民共和国企业破产法》第四十一条破产费用中的"管理、变价和分配债务人财产的费用"，由管理人按期进行纳税申报，并依法由债务人的财产随时清偿。

（三）非正常户解除。债务人（纳税人）在法院裁定受理破产申请之日前被主管税务机关认定为非正常户，无法进行纳税申报、影响企业破产处置的，管理人应当向主管税务机关申请解除纳税人非正常户状态，并提交法院受理裁定书、指定管理人决定书以及债务人（纳税人）的税务登记证件、印章。管理人未全面接管债务人印章和账簿、文书的，应当向主管税务机关提交书面说明，并同时将说明送交法院备案。

主管税务机关在收到管理人提交的申请书以及相关材料后，对存在税收违法行为的，应依法予以处理。全面接管债务人印章和账簿、文书的，管理人应代表债务人就非正常户期间的纳税义务向税务机关说明；未全面接管债务人印章和账簿、文书的，管理人应就相关情况及未接管原因向税务机关书面说明，清算期间管理人发现债务人在非正常户期间有纳税义务的，应及时至税务机关处理。产生罚款及应补缴的税款的，由主管税务机关向管理人进行补充债权申报。补充申报完成后，主管税务机关依法解除其非正常户认定。

（四）发票使用。在企业破产程序中因履行合同、处置债务人资产或者继续营业确需使用发票的，管理人可以债务人（纳税人）的名义向主管税务机关申领发票，申请书可使用债务人企业公章或管理人印章。管理人开具发票时应加盖企业发票专用章。

管理人应妥善管理发票，不得发生丢失、违规开具等情形，违反《中华人民共和国发票管理办法》等法律法规的，税务部门应按相关规定进行处理。

8. 浙江省杭州市中级人民法院　国家税务总局杭州市税务局《关于企业破产程序中涉税事务便利化的意见》的通知（杭中法〔2022〕51号）

二、破产程序中的纳税申报

9. 管理人按照《企业破产法》的规定完成债务人接管后，应当按照《企业破产法》第二十五条的规定，协助配合办理全部涉税事宜。

10. 已经被认定为非正常户的债务人进入破产程序后，管理人可以凭人民法院受理破产案件裁定书、指定管理人决定书，向主管税务机关申请非正常户暂时解除。

对人民法院受理破产案件前发生的税收违法行为应当给予行政处罚的，税务机关应当依法作出行政处罚决定，将罚款及应补缴的税款按照《企业破产法》和最高人民法院的有关规定进行债权申报、依法受偿和相关后续处理。

税务机关在税收征收管理系统中作"受理破产"标识后，可以对未办结事项进行处理。已经形成的欠税在解除非正常户状态时可暂不处理。

11. 主管税务机关可以对债务人在非正常户解除过程中历史未申报信息进行批量零申报。

12. 债务人在破产程序中因履行合同、处置财产或者继续营业确需使用发票的，管理人可以以债务人名义到主管税务机关申领发票。

税务机关对历史欠税尚未清偿的债务人应控制每次发票申领量，申领发票用完后可再领取，并督促债务人就新产生的纳税义务足额纳税。

13. 破产程序中因处置债务人财产所产生的税（费）款属于《企业破产法》第四十一条破产费用中的"管理、变价和分配债务人财产的费用"，在变价款中随时清偿，主管税务机关无需另行申报债权。上述税（费）款由管理人代为纳税申报和缴纳。

14. 管理人在办理债务人纳税申报时，可以联系主管税务机关要求提供辅导服务，主管税务机关应及时提供相关服务。

15. 人民法院受理破产申请后处置破产财产不预征企业所得税，主管税务机关根据《浙江省人民政府办公厅关于加快处置"僵尸企业"的若干意见》（浙政办发〔2017〕136号）做好有关工作。

16. 依法进入破产程序的债务人，除从事国家限制或不鼓励发展产业的，主管税务机关可以应管理人的申请，依法酌情减免其房产税和城镇土地使用税。

17. 人民法院指导管理人或债务人制定重整计划草案时，可以联系主管税务机关提前介入，依法进行政策辅导和协调处理。

18. 债务人欠付税种（费、基金）已依法停征的，主管税务机关应向管理人告知有关停征依据。

对债务人欠付的税种（费、基金），法律法规未明确规定不再追缴的，主管税务机关依法进行税务债权申报，管理人依法审核、分配。

9. 安徽省宣城市中级人民法院　国家税务总局宣城市税务局印发《关于优化企业破产程序中涉税事项办理的实施意见》的通知（宣中法〔2020〕77号）

（四）纳税申报。管理人据实补办人民法院裁定受理破产申请前企业未办理的纳税申报；未发现企业有应税行为的，可暂按零申报补办纳税申报。人民法院裁定受理破产申请前，企业发生税收违法行为应当给予行政处理、处罚的，主管税务机关依法作出行政处理、处罚决定，并将企业应补缴税（费）及罚款按照法律规定进行债权申报，依法受偿。

人民法院裁定受理破产申请后，经人民法院许可或债权人会议决议，企业因继续营业或者因破产财产的使用、拍卖、变现所产生的应当由企业缴纳的税（费），管理人以企业名义按规定申报纳税。相关税（费）依法按照共益债务或者破产费用，由破产财产随时清偿，主管税务机关无需另行申报债权，由管理人代为申报缴纳。

10. 福建省莆田市中级人民法院　国家税务总局莆田市税务局印发《关于优化企业破产涉税事项办理的意见》的通知（莆中法〔2020〕88号）

五、破产清算期间纳税申报

因继续营业或者因破产财产的使用、拍卖、变现所产生的应当由企业缴纳的税（费），管理人应以企业名义按规定申报纳税。

人民法院裁定受理破产申请后，企业终止经营活动的，应进行企业所得税的清算，以整个清算期间作为一个独立的纳税年度，计算清算所得并进行清算所得税申报。管理人应对清算事项按规定报主管税务机关备案。

清算期申报的税（费）依法按照共益债务或者破产费用，由破产财产随时清偿，主管税务机关无需另行申报债权，由管理人代为申报缴纳。

管理人在破产清算期处置不动产、办理不动产过户登记前应当按照规定缴纳增值税、土地增值税等税费。

管理人通过拍卖处置房产土地的,按照实际成交价格确定收入。

11. 东营市东营区人民法院 国家税务总局东营市东营区税务局关于企业破产处置涉税事项办理的实施意见（东区法会发〔2021〕29号）

【税费申报主体】区法院裁定受理破产申请并指定管理人后,管理人应代表破产企业到区税务局办理区法院裁定受理破产申请前的税费申报。

12. 武汉市中级人民法院 国家税务总局武汉市税务局关于企业破产处置中涉税事项办理的实施意见（武中法〔2021〕1号）

（三）纳税申报

管理人据实补办人民法院裁定受理破产申请前企业未办理的纳税申报,未发现企业有应税行为的,可暂按零申报补办纳税申报。人民法院裁定受理破产申请前,企业发生税收违法行为应当给予行政处理、处罚的,主管税务机关依法作出行政处理、处罚决定,并将企业应补缴税（费）及罚款按照法律规定进行债权申报,依法受偿。

人民法院裁定受理破产申请后,经人民法院许可或债权人会议决议,企业因继续营业或者因破产财产的使用、拍卖、变现所产生的应当由企业缴纳的税（费）,管理人以企业名义按规定申报纳税。相关税（费）依法按照共益债务或者破产费用,由破产财产随时清偿,主管税务机关无需另行申报债权,由管理人代为申报缴纳。

13. 湖南省高级人民法院 国家税务总局湖南省税务局关于便利企业破产涉税事项办理助推营商环境优化的意见（湘高法发〔2021〕7号）

（四）纳税申报

管理人据实补办人民法院裁定受理破产申请前企业未办理的纳税申报,未发现企业有应税申报内容的,可暂按零申报补办纳税申报。人民法院裁定受理破产申请前,企业发生税收违法行为应当给予行政处理和处罚的,主管税务机关依法作出行政处理和处罚决定,并将企业应补缴税费（包括税务机关征收的社会保险费及非税收入,下同）、滞纳金和罚款按照法律规定进行债权申报,依法受偿。

人民法院裁定受理破产申请后,经人民法院许可或债权人会议决议,企业因继续营业或者因破产财产的管理、使用、拍卖、变现所产生的应当由企业缴纳的税费,管理人以企业名义按规定申报纳税,相关税费依法按照共益债务或者破产费用,由破产财产随时清偿,主管税务机关无需另行申报债权,由管理人代为申报缴纳。

14. 北海市中级人民法院　国家税务总局北海市税务局印发《关于企业破产处置涉税问题处理的实施意见（试行）》的通知（北中法〔2020〕84号）

三、破产处置过程中的纳税申报

第九条　人民法院指定管理人之日起，管理人应当按照《中华人民共和国企业破产法》（以下简称《企业破产法》）第二十五条的规定，以破产企业（纳税人）名义代表破产企业办理全部涉税事宜。

第十条　在法院裁定受理破产申请后，企业终止经营活动的，应进行企业所得税的清算，并以整个清算期间作为一个独立的纳税年度。管理人应对清算事项按规定报主管税务机关备案。

第十一条　破产企业在受理破产日前被主管税务机关认定为非正常户及非正常户注销，无法进行纳税申报、影响破产清算的，管理人可以持人民法院受理破产案件的裁定书、指定管理人的决定书，向主管税务机关申请解除破产企业的非正常、非正常户注销状态。主管税务机关依法作出税务行政处罚决定后，按规定为企业解除非正常状态。

第十二条　管理人经法院许可，为债权人利益继续营业，或者破产企业财产的使用、处置过程中产生的应当由破产企业缴纳的税（费），属于《企业破产法》第四十一条破产费用中的"管理、变价和分配债务人财产的费用"，由管理人按期进行纳税申报，并依法由破产企业的财产随时清偿。

管理人应当在破产财产的变价方案或者分配方案中列明应由破产企业财产及时清偿的税款。

第十三条　管理人可以聘请具有财务核算和办税能力的专业人员核算应纳税款，对需要向主管税务机关提出税收政策咨询的，可以向主管税务机关提出。主管税务机关应当及时为管理人提供税收政策咨询服务。

第十四条　管理人违反税收法律、行政法规，造成破产企业未缴或者少缴税款的，主管税务机关应当责令限期整改，拒不改正的，由主管税务机关依法处理。

人民法院应当加强对管理人办理涉税事宜的监督。对未依照《企业破产法》的规定勤勉尽责履行代破产企业进行纳税申报义务的管理人，税务机关可以将有关情况通报审理破产案件的人民法院，人民法院经核实后作为减分因素纳入管理人履职评价。情节严重的，由人民法院依法处理。

第十五条　在破产财产分配时，对破产企业的房产进行实物分配或者作价变卖的，人民法院可以指令管理人向税务机关定向询问涉及的税收、依据及计算方式，税务机关应当予以协助配合。

第十六条 进入破产程序后，企业因继续生产经营需要或是因破产财产处置需要，在及时缴纳新增税款的情况下，管理人可以破产企业（纳税人）的名义向主管税务机关申领并自行开具增值税发票，或申请代开增值税发票，申请书可使用企业印章或管理人印章；开具的增值税发票应加盖企业发票专用章。

管理人应妥善管理发票，不得发生丢失、违规开具等情形，违反《中华人民共和国发票管理办法》等法律法规的，税务机关应按相关规定进行处理。

15. 重庆市高级人民法院 国家税务总局重庆市税务局关于企业破产程序涉税问题处理的实施意见（渝高法〔2020〕24号）

二、破产程序中的纳税申报

（七）及时申报。人民法院指定管理人之日起，管理人应当按照《中华人民共和国企业破产法》第二十五条的规定，代表债务人办理全部涉税事宜。

管理人经人民法院许可，为债权人利益继续营业，或者在使用、处置债务人财产过程中产生的应当由债务人缴纳的税（费），属于《中华人民共和国企业破产法》第四十一条破产费用中的"管理、变价和分配债务人财产的费用"，由管理人按期进行纳税申报，并依法由债务人的财产随时清偿。

管理人违反税收法律、行政法规，造成债务人未缴或者少缴税款的，主管税务机关应当责令限期整改，拒不改正的，由主管税务机关依法处理。

（八）非正常户解除。债务人在人民法院裁定受理破产申请之日前被主管税务机关认定为非正常户，无法进行纳税申报、影响企业破产处置的，管理人应当向主管税务机关申请解除债务人非正常户状态，并提交人民法院受理破产申请裁定书、指定管理人决定书。管理人未全面接管债务人印章和账簿、文书的，应当向主管税务机关提交书面说明，并同时将说明送交人民法院备案。

主管税务机关在收到管理人提交的解除债务人非正常户状态的申请书以及相关材料后，存在税收违法行为的，应当依法予以处理。已全面接管债务人印章和账簿、文书的，管理人应当代表债务人就破产申请受理前的非正常户期间的纳税义务向税务机关说明。未全面接管债务人印章和账簿、文书的在破产程序中管理人发现债务人在破产申请受理前的非正常户期间有纳税义务的，应当及时向税务机关报告。破产申请受理前的非正常户期间产生的罚款及应补缴的税款，由主管税务机关向管理人申报债权。申报完成后，主管税务机关依法解除其非正常户认定。

（九）发票使用。在企业破产程序中因履行合同、处置债务人资产或者继续营业确需使用发票的，管理人可以以企业的名义按规定向主管税务机关申领开具发票或者代开发票。

管理人应当妥善管理发票，不得发生丢失、违规开具等情形，违反《中华人民共和国发票管理办法》等法律法规的，税务机关应当按相关规定进行处理。

（十）税费减免。依法进入破产程序的债务人纳税确有困难的，税务机关可以应管理人的申请，按照《房产税暂行条例》《城镇土地使用税暂行条例》等相关法律、行政法规的规定，酌情减免房产税、城镇土地使用税等。

16. 四川省高级人民法院 国家税务总局四川省税务局关于企业破产程序涉税问题处理的意见（川高发〔2021〕4号）

（五）纳税申报

管理人据实补办人民法院裁定受理破产申请前企业未办理的纳税申报，未发现企业有应税行为的，可暂按零申报补办纳税申报。人民法院裁定受理破产申请前，企业发生税收违法行为应当给予行政处理、处罚的，主管税务机关依法作出行政处理、处罚决定，并将企业应补缴税（费）、滞纳金、罚款按照法律规定进行债权申报，依法受偿。

人民法院裁定受理破产申请后，经人民法院许可或债权人会议决议，企业因继续营业或者因破产财产的使用、拍卖、变现所产生的应当由企业缴纳的税（费），管理人以企业名义按规定申报缴纳。相关税（费）依法按照共益债务或者破产费用，由破产财产随时清偿，主管税务机关无需另行申报债权，由管理人直接申报缴纳。

17. 贵州省高级人民法院 国家税务总局贵州省税务局关于企业破产程序涉税问题处理的实施意见（黔高法〔2021〕74号）

（十二）纳税申报。在人民法院裁定受理破产申请之日至企业注销之日期间，管理人应当按照《中华人民共和国企业破产法》第二十五条的规定，代表债务人办理全部涉税事宜，履行税法规定的相关义务。

破产清算期间，企业名下不动产涉及的房产税、城镇土地使用税由管理人以企业名义申报缴纳，相关税款依法按照共益债务或者破产费用，由破产财产随时清偿，主管税务机关无需另行申报债权，由管理人直接申报缴纳。

管理人经人民法院许可或债权人会议决议，为债权人利益继续营业或者因破产财产的持有、使用、拍卖、变现所产生的应当由企业缴纳的税（费），管理人以企业名义按规定申报缴纳。相关税（费）依法按照共益债务或者破产费用，由破产财产随时清偿，主管税务机关无需另行申报债权，由管理人直接申报缴纳。

管理人在清理破产企业债权债务和管理资产过程中，发现企业存在未如实履行纳税义务的，应当及时向税务机关报告。

18. 辽宁省大连市中级人民法院　国家税务总局大连市税务局印发《关于优化企业破产处置过程中涉税事项办理的意见》的通知（大中法发〔2020〕7号）

五、破产清算期间纳税申报

因继续营业或者因破产财产的使用、拍卖、变现所产生的应当由企业缴纳的税（费），管理人应以企业名义按规定申报纳税。其中，原按月申报增值税的可改为按季申报。

人民法院裁定受理破产申请后，企业终止经营活动的，应进行企业所得税的清算，以整个清算期间作为一个独立的纳税年度，计算清算所得并进行清算所得税申报。管理人应对清算事项按规定报主管税务机关备案。

清算期申报的税（费）依法按照共益债务或者破产费用，由破产财产随时清偿，主管税务机关无需另行申报债权，由管理人代为申报缴纳。

管理人在破产清算期处置不动产、办理不动产过户登记前应当按照规定缴纳增值税、土地增值税等税费。

管理人通过拍卖处置房产土地的，按照实际成交价格确定收入。

破产企业在破产分配时以实物分配或者其他方式处置不动产（厂房仓库除外）的，人民法院可以依照《最高人民法院关于人民法院确定财产处置参考价若干问题的规定》向市税务局定向询价，市税务局应当积极配合。

19. 国家税务总局深圳市税务局企业破产涉税事项办理指南

（三）纳税申报

管理人据实补办人民法院裁定受理破产申请前企业未办理的纳税申报，如未发现债务人有应税行为的，可暂按零申报补办纳税申报。

人民法院裁定受理企业破产申请后，经人民法院许可或债权人会议决议，企业因继续营业或者因破产财产的使用、拍卖、变现所产生的应当由企业缴纳的税费，管理人代表破产企业按规定申报纳税。

三、破产企业公章遗失的处理

企业公章是企业处理内外部事务的印鉴，是企业正常行使职权的重要凭证。国务院《关于国家行政机关和企业事业单位社会团体印章管理的规定》对企业印章的刻制作出了专门规定。破产管理人在履行税（费）申报、清算申报、税务注销等工作职责时，是破产企业的代表人，需要加盖破产企业的印章；而企业进入破产后，可能由于公章丢失等原因，破产管理人未能接管公章。此时，是需要重新刻制企业印章，还是在向主管税务机关提交的相关文书材料中加盖管理人公章，现行法律未做规定。为保障企业破产工作的顺利进行，各地法院和税务机关联合印发了相应的指导意见。

1. 广州市中级人民法院　国家税务总局广州市税务局印发《关于破产程序中涉税问题的若干处理意见（试行）》的通知（穗中法〔2020〕90号）

18. 税务机关应当保障管理人依法履行职责。因企业公章遗失、未能接管等原因，无法在向税务机关提交的相关文书材料中加盖企业公章的，由管理人对该情况作出书面说明，加盖管理人印章即可。

2. 重庆市高级人民法院　国家税务总局重庆市税务局关于企业破产程序涉税问题处理的实施意见（渝高法〔2020〕24号）

六、其他

（十六）管理人履职身份认可。税务机关应当保障管理人依法履行职务。因企业公章遗失、未能接管等原因，无法在向税务机关提交的相关文书材料中加盖企业公章的，由管理人对该情况作出书面说明，加盖管理人印章即可。

3. 四川省高级人民法院　国家税务总局四川省税务局关于企业破产程序涉税问题处理的意见（川高发〔2021〕4号）

（三）管理人履职身份认可

税务机关应当保障管理人依法履行职务。因企业公章遗失、未能接管等原因，无法在向税务机关提交的相关文书材料中加盖企业公章的，由管理人对该情况作出书面说明，加盖管理人印章即可。

因税收管理要求必须使用破产企业印章而管理人未能接管破产企业印章的，管理人可以凭人民法院出具的相关文书重新制作印章。

4. 贵州省高级人民法院　国家税务总局贵州省税务局关于企业破产程序涉税问题处理的实施意见（黔高法〔2021〕74号）

（十一）保障管理人依法履职。税务机关应当保障管理人依法履行职务。因企业公章遗失、未能接管等原因，无法在向税务机关提交的相关文书材料中加盖企业公章的，由管理人对该情况作出书面说明，加盖管理人印章即可。

5. 国家税务总局青岛市黄岛区税务局企业破产涉税事项办理指南（试行）（青黄税办函〔2020〕5号）

十一、其它

管理人应依法履行税（费）申报、清算申报、税务注销等工作职责。管理人怠于履行工作职责，在代表企业办理涉税事项时未遵守税收法律、法规，造成企业未缴或者少缴税（费）款的，主管税务机关可责令其限期改正，并有权将有关情况通报人民法院，由法院督促其依法履职。

因破产人公章遗失、未能接管等原因，无法在向主管税务机关提交的相关文书材料中加盖企业公章的，由管理人对该情况作出书面说明，加盖管理人印章。

四、破产企业发票的领用

企业破产前，往往因欠税、经营异常等长时间处于非正常状态，被税务机关纳入非正常户管理，停止供应发票。在破产清算过程中，破产管理人处置资产，需要开具发票。这时税务机关要求补缴税款，接受罚款后，才能领取发票。但由于此时，破产资产尚未处置，管理人没有资金缴纳欠税、滞纳金等，不能领取发票，破产进入僵局。为保障破产案件的顺利进行，各地先后出台了指导意见，对发票领用问题进行规范。

1. 国家发展改革委　最高人民法院　财政部　人力资源社会保障部等十三部门关于推动和保障管理人在破产程序中依法履职进一步优化营商环境的意见（发改财金规〔2021〕274号）

（十一）……

破产企业因履行合同、处置财产或继续营业等原因在破产程序中确需使用发票的，管理人可以以纳税人名义到税务部门申领、开具发票。税务部门在督促纳税人就新产生的纳税义务足额纳税的同时，按照有关规定满足其合理发票领用需要，不得以破产企业存在欠税情形为由拒绝。（税务总局负责）

2. 国家税务总局关于税收征管若干事项的公告（国家税务总局公告 2019 年第 48 号）

四、关于企业破产清算程序中的税收征管问题

（二）……

企业因继续履行合同、生产经营或处置财产需要开具发票的，管理人可以以企业名义按规定申领开具发票或者代开发票。

3. 国家税务总局北京市税务局关于进一步推进破产便利化优化营商环境的公告（国家税务总局北京市税务局公告 2020 年第 4 号）

三、优化发票领用

人民法院指定管理人之日起，管理人应按照《中华人民共和国发票管理办法》的规定，妥善管理和使用发票。在破产程序中因履行合同、处置债务人财产或者继续营业确需使用发票的，管理人可以使用债务人的原有发票，债务人没有发票的，管理人可以企业的名义按规定向主管税务机关申领开具发票或者代开发票。

在破产程序中，发现债务人的税控设备、发票等在接管前有丢失情形的，应当及时向主管税务机关报备，按照规定进行挂失、补办等。

主管税务机关应当将因丢失税控设备、发票等产生的罚款进行债权申报。

4. 上海市高级人民法院 国家税务总局上海市税务局关于优化企业破产程序中涉税事项办理的实施意见（沪高法〔2020〕222 号）

（六）发票领用

人民法院裁定受理破产申请后，企业在破产程序中因履行合同、处置债务人财产或者继续营业确需使用发票，管理人可以企业名义按规定申领、开具发票，或向主管税务机关申请代开发票，并按规定缴纳税款。

管理人发现企业的税控设备、发票等在接管前有丢失情形的，及时向主管税务机关报备，并以企业名义按照规定办理挂失、补办等手续。

5. 江苏省高级人民法院 国家税务总局江苏省税务局关于做好企业破产处置涉税事项办理优化营商环境的实施意见（苏高法〔2020〕224 号）

6. 发票领用。从人民法院指定管理人之日起，企业因继续履行合同、生产经营或处置财产需要开具发票的，管理人可以以企业名义，按规定申领开具发票或者向主管税务机关申请代开发票，并按规定缴纳税款。

由于破产案件中资产处置等需要，需要临时提高增值税发票开具限额的，由管理人向税务机关出具相关材料，提出临时提高增值税发票开具限额的需求，税务机关据此进行提高增值税发票开具限额的操作，在指定事项办结后，管理人应主动联系税务机关，恢复原限额。

管理人发现企业的税控设备、发票等在接管前丢失的，应当及时向主管税务机关报备，并以企业名义按照规定办理挂失、补办等手续。

6. 江苏省常州市中级人民法院 国家税务总局常州市税务局印发《关于做好企业破产处置涉税事项办理优化营商环境的实施意见》的通知（常中法〔2020〕60号）

（四）发票领用

人民法院裁定受理破产申请后，企业在破产程序中因履行合同、处置财产或者继续营业确需使用发票，管理人可以以企业名义按规定申领开具发票或者代开发票，并按规定申报缴纳相关税款。

管理人发现企业的税控设备、发票等在接管前有丢失情形的，及时向主管税务机关报备，并以企业名义按照规定办理挂失、补办等手续。主管税务机关应当将因丢失税控设备、发票等产生的罚款进行债权申报。

7. 国家税务总局浙江省税务局关于支持破产便利化行动有关措施的通知（浙税发〔2019〕87号）

二、对进入破产程序企业的发票供应

在企业破产程序中因履行合同、处置财产或者继续营业确需使用发票的，管理人可以纳税人名义到主管税务机关申领发票。税务机关对历史欠税尚未清偿的破产企业应严格控制发票供应量，并督促纳税人就新产生的纳税义务足额纳税。

8. 安徽省宣城市中级人民法院 国家税务总局宣城市税务局印发《关于优化企业破产程序中涉税事项办理的实施意见》的通知（宣中法〔2020〕77号）

（五）发票领用。人民法院裁定受理破产申请后，企业在破产程序中因履行合同、处置财产或者继续营业确需使用发票，管理人可以企业名义按规定申领、开具发票（符合条件的可向主管税务机关申请代开发票），并按规定缴纳相关税费。管理人发现企业的税控设备、发票等在接管前有丢失情形的，及时向主管税务机关报备，并以企业名义按照规定办理挂失、补办等手续。

9. 福建省莆田市中级人民法院 国家税务总局莆田市税务局印发《关于优化企业破产涉税事项办理的意见》的通知（莆中法〔2020〕88号）

四、发票领用。自人民法院指定管理人之日起，管理人应当按照《中华人民共和国发票管理办法》等规定，妥善管理和使用发票。在破产程序中因继续履行合同、生产经营或处置财产需要开具发票的，管理人可以以企业名义按规定申领开具发票或者代开发票。

10. 东营市东营区人民法院　国家税务总局东营市东营区税务局关于企业破产处置涉税事项办理的实施意见（东区法会发〔2021〕29号）

【发票领用】区法院裁定受理破产申请后，企业在破产程序中因履行合同、处置债务人财产或者继续营业等原因确需使用发票，管理人可以企业名义按规定申领、开具发票，或向区税务局申请代开发票，并按规定缴纳税款。

管理人发现企业的税控设备、发票等在接管前有丢失情形的，及时向区税务局报备，并以企业名义按照规定办理挂失、补办等手续。

11. 武汉市中级人民法院　国家税务总局武汉市税务局关于企业破产处置中涉税事项办理的实施意见（武中法〔2021〕1号）

（四）发票领用

人民法院裁定受理破产申请后，企业在破产程序中因履行合同、处置债务人财产或者继续营业确需使用发票，管理人可以企业名义按规定申领、开具发票，并按规定缴纳税款。管理人应持法院受理债务人企业破产申请的裁定书及指定管理人决定书联系主管税务机关办理。税务机关在有关事项规定的期限内办结。

管理人发现企业的税控设备、发票等在接管前有丢失情形的，及时向主管税务机关报备，并以企业名义按照规定办理挂失、补办等手续。管理人应当妥善管理发票，不得发生丢失、违规开具等情形，违反《中华人民共和国发票管理办法》等法律法规的，税务机关应当按相关规定进行处理。

12. 湖南省高级人民法院　国家税务总局湖南省税务局关于便利企业破产涉税事项办理助推营商环境优化的意见（湘高法发〔2021〕7号）

（五）优化发票领用

人民法院指定管理人之日起，管理人应按照《中华人民共和国发票管理办法》的规定，妥善管理和使用发票。在破产程序中因履行合同、处置债务人财产或者继续营业确需使用发票的，管理人可以使用债务人的原有发票，债务人没有发票的，管理人可以企业的名义按规定向主管税务机关申领开具发票或者代开发票。

在破产程序中，发现债务人的税控设备、发票等在接管前有丢失情形的，应当及时向主管税务机关报备，按照规定进行挂失、接受处罚、补办等。主管税务机关应当将因丢失税控设备、发票等产生的罚款进行债权申报。

13. 重庆市高级人民法院　国家税务总局重庆市税务局关于企业破产程序涉税问题处理的实施意见（渝高法〔2020〕24号）

（九）发票使用。在企业破产程序中因履行合同、处置债务人资产或者继续营业确需使用发票的，管理人可以以企业的名义按规定向主管税务机关申领开具发票或者代开发票。

管理人应当妥善管理发票，不得发生丢失、违规开具等情形，违反《中华人民共和国发票管理办法》等法律法规的，税务机关应当按相关规定进行处理。

14. 四川省高级人民法院　国家税务总局四川省税务局关于企业破产程序涉税问题处理的意见（川高发〔2021〕4号）

（六）发票领用

破产企业应当接受税务机关的税务管理，管理人负责管理企业财产和营业事务的，由管理人代表破产企业履行法律规定的相关纳税义务。人民法院裁定受理破产申请后，企业在破产程序中因继续履行合同、生产经营或者处置财产确需使用发票的，管理人可以以企业名义到主管税务机关申领、开具发票，按规定缴纳税款。主管税务机关在督促企业就新产生的纳税义务足额纳税的同时，按照有关规定满足其合理发票领用需要，不得以破产企业存在欠税情形为由拒绝。

管理人发现企业的税控设备、发票等在接管前有丢失情形的，及时向主管税务机关报备，并以企业名义按照规定办理挂失、补办等手续。

管理人应当妥善管理发票，不得发生丢失、违规开具等情形，违反《中华人民共和国发票管理办法》等法律法规的，主管税务机关应当按相关规定进行处理。

15. 厦门市中级人民法院　国家税务总局厦门市税务局关于推进企业破产程序中办理涉税事项便利化的实施意见（厦中法〔2020〕23号）

（三）发票供应

人民法院裁定受理破产申请后，企业在破产程序中因处置企业财产、履行合同或生产经营等需要使用发票的，破产管理人可以使用企业的原有发票。企业已没有发票的，破产管理人可以企业名义向主管税务机关申领开具或者申请代开发票。破产程序中如发生应税情形，破产管理人应按规定申报纳税。

破产管理人发现企业的税控设备、发票等在接管前存在丢失情形的，应向主管税务机关报备，并按照规定办理挂失、补办等手续。

16. 国家税务总局青岛市黄岛区市税务局企业破产涉税事项办理指南（试行）（青黄税办函〔2020〕5号）

五、规范发票领用

人民法院指定管理人之日起，管理人应按照《中华人民共和国发票管理办法》的规定，妥善管理和使用发票。在破产程序中因履行合同、处置债务人财产或者继续营业确需使用发票的，管理人可以使用债务人的原有发票，债务人没有发票的，管理人可以企业的名义按规定向主管税务机关申领开具发票或者代开发票。税务机关对历史欠税尚未清偿的破产企业应严格控制发票供应量，要求管理人妥善管理发票，不得发生丢失、违规开具等情形，并督促其就新产生的纳税义务足额纳税。

在破产程序中，发现债务人的税控设备、发票等在接管前有丢失情形的，应当及时向主管税务机关报备，按照规定进行挂失、补办等。

主管税务机关应当将因丢失税控设备、发票等产生的罚款进行债权申报。

17. 国家税务总局深圳市税务局企业破产涉税事项办理指南

（五）发票领用

自人民法院指定管理人之日起，管理人应当按照《中华人民共和国发票管理办法》等规定，妥善管理和使用发票。在破产程序中因履行合同、处置债务人财产或者继续营业确需使用发票的，管理人可以使用破产企业的原有发票，破产企业无发票的，管理人可以代表破产企业按规定向主管税务机关申领发票或者按规定申请代开发票。

五、破产程序中的税收保全措施、强制执行措施

《企业破产法》第十九条规定，人民法院受理破产申请后，有关债务人财产的保全措施应当解除，执行程序应当中止。税收保全措施是指税务机关为预防纳税人逃避缴纳税款义务，而依法限制纳税人处理和转移商品、货物或其他财产的措施。税收强制执行措施是指在纳税人未依法履行纳税义务，经由税务机关采取一般的税收征管措施无效的情况下，税务机关可以书面通知其开户银行或者其他金融机构，从其存款中扣缴税款，或者扣押、查封、拍卖、变卖纳税人财产，以拍卖或者变卖所得抵缴税款。法院受理破产申请前，因欠缴税款等原因，税务机关已对债务人财产采取了税收保全措施、强制执行措施，法院

受理破产申请后，税务机关是否应解除税收保全措施、强制执行措施，是税务机关收到人民法院受理破产裁定后，主动解除保全措施、中止执行，还是需要破产管理人提出申请，法律没有明确规定，实践中存在争议。如不解除税收保全措施、强制执行措施，管理人将无法处理破产财产，破产清算程序不能顺利进行。为此，各地税务机关出具相关指导意见，对解除、恢复税收保全措施、强制执行措施进行规范。

1. 江苏省高级人民法院 国家税务总局江苏省税务局关于做好企业破产处置涉税事项办理优化营商环境的实施意见（苏高法〔2020〕224号）

八、其他事项

税务机关在人民法院裁定受理破产申请前已对企业财产采取强制措施的，在人民法院裁定受理破产申请后，应依照《中华人民共和国企业破产法》第十九条的规定及时解除强制措施。

人民法院裁定驳回破产申请，或者依据《中华人民共和国企业破产法》第一百零八条的规定裁定终结破产程序的，应当及时通知原作出强制措施的税务机关按照原顺位恢复强制措施。

2. 江苏省常州市中级人民法院 国家税务总局常州市税务局印发《关于做好企业破产处置涉税事项办理优化营商环境的实施意见》的通知（常中法〔2020〕60号）

（一）税务机关在人民法院裁定受理破产申请前已对企业财产采取强制措施的，在人民法院裁定受理破产申请后应依照《中华人民共和国企业破产法》第十九条之规定及时解除该强制措施。人民法院在受理破产申请后至宣告破产前裁定驳回破产申请，或者在破产宣告前依据《中华人民共和国企业破产法》第一百零八条的规定裁定终结破产程序，原已采取强制措施并已依法解除的，税务机关可按照原顺位恢复相关强制措施。

3. 扬州市中级人民法院 国家税务总局扬州市税务局关于企业破产处置涉税问题处理的实施意见（扬中法〔2020〕22号）

第二十五条 税务机关在法院裁定受理破产申请前如已对债务人财产采取税收保全措施或强制执行措施的，在法院裁定受理破产申请后应依照《企业破产法》第十九条的规定予以解除。

法院依照《企业破产法》第一百零八条的规定裁定终结破产程序的，应当及时通知原采取保全或强制执行措施的税务机关。税务机关需恢复前述税收保全措施或强制执行措施的，应在收到通知之日起三十日内办结。

4. 江苏省镇江市中级人民法院　国家税务总局镇江市税务局印发《关于企业破产处置涉税问题处理的实施意见》的通知（镇中法〔2019〕161号）

（四）建立税收保全和强制执行对接机制。税务部门在法院裁定受理破产申请前如已对债务人财产采取税收保全措施或强制执行措施的，在法院裁定受理破产申请后应依照《中华人民共和国企业破产法》第十九条的规定予以解除。

法院裁定受理破产申请后，在宣告破产前裁定驳回破产申请，或者依照《中华人民共和国企业破产法》第一百零八条的规定裁定终结破产程序的，应当及时通知原作出保全或强制执行的税务部门按照原顺位恢复税收保全措施或强制执行措施。在原作出保全或强制执行的税务部门恢复税收保全措施或强制执行措施，或者明确表示放弃采取前述措施之前，法院不得解除对债务人财产的保全措施。

5. 温州市中级人民法院　温州市地方税务局关于破产程序和执行程序中有关税费问题的会议纪要（温中法〔2015〕3号）

3. 地税部门在法院受理破产申请前如已对债务人财产采取强制措施的，在法院裁定受理破产申请后应依照《企业破产法》第十九条之规定及时解除该强制措施。

4. 受理破产申请的法院在破产宣告前裁定驳回破产申请，或者依据《企业破产法》第一百零八条的规定裁定终结破产程序的，应当及时通知原已采取强制措施并已依法解除的税务机关按照原顺位恢复相关强制措施。在已依法解除强制措施的地税部门恢复强制措施或者表示不再恢复之前，受理破产申请的法院不得解除对债务人财产的保全措施。

6. 安徽省宣城市中级人民法院　国家税务总局宣城市税务局印发《关于优化企业破产程序中涉税事项办理的实施意见》的通知（宣中法〔2020〕77号）

（一）税务机关在人民法院裁定受理破产申请前已对企业财产采取强制措施的，在人民法院裁定受理破产申请后应依法及时解除该强制措施。人民法院在受理破产申请后至宣告破产前裁定驳回破产申请，或者在破产宣告前依据企业破产法第一百零八条的规定裁定终结破产程序，原已采取强制措施并已依法解除的，管理人应依法通知税务机关按照原顺位恢复相关强制措施。

7. 福建省莆田市中级人民法院　国家税务总局莆田市税务局印发《关于优化企业破产涉税事项办理的意见》的通知（莆中法〔2020〕88号）

税务机关在人民法院裁定受理破产申请前已对企业财产采取强制措施的，在人民法院裁定受理破产申请后应依照《中华人民共和国企业破产法》第十九条之规定，及时解除税收保全措施。

8. 济南市中级人民法院　国家税务总局济南市税务局关于印发《关于办理企业破产涉税问题的相关意见》的通知（济中法〔2020〕35号）

8. 主管税务机关收到解除保全措施通知后，应当依法解除对企业采取的税收保全措施，正在对企业进行强制执行的，应当依法中止，人民法院裁定驳回破产申请的，税务机关可恢复相关强制措施或者强制执行。

9. 东营市东营区人民法院　国家税务总局东营市东营区税务局关于企业破产处置涉税事项办理的实施意见（东区法会发〔2021〕29号）

【涉税强制措施】区税务局在区法院裁定受理破产申请前已对企业财产采取强制措施的，在区法院裁定受理破产申请后，管理人应当及时通知区税务局解除该强制措施。区税务局收到通知后，应当立即解除强制措施。

区法院裁定驳回破产申请，或者依据《中华人民共和国企业破产法》第一百零八条的规定裁定终结破产程序的，原已采取强制措施并已依法解除的，管理人应当及时通知区税务局按照原顺位恢复强制措施。

10. 武汉市中级人民法院　国家税务总局武汉市税务局关于企业破产处置中涉税事项办理的实施意见（武中法〔2021〕1号）

（二）强制措施

税务机关在人民法院裁定受理破产申请前已对企业财产采取强制措施的，在人民法院裁定受理破产申请后应依照《中华人民共和国企业破产法》第十九条之规定及时解除该强制措施。人民法院裁定驳回破产申请，或者依据《中华人民共和国企业破产法》第一百零八条的规定裁定终结破产程序的，原已采取强制措施并已依法解除的，税务机关可按照原顺位恢复相关强制措施。

11. 湖南省高级人民法院　国家税务总局湖南省税务局关于便利企业破产涉税事项办理助推营商环境优化的意见（湘高法发〔2021〕7号）

（十五）税务强制措施处理

税务机关在人民法院裁定受理破产申请前已对企业财产采取强制措施的，在人民法院裁定受理破产申请后应依照《中华人民共和国企业破产法》第十九条之规定及时解除该强制措施。人民法院裁定驳回破产申请，或者依据《中华人民共和国企业破产法》第一百零八条的规定裁定终结破产程序的，原已采取强制措施并已依法解除的，税务机关可按照原顺位恢复相关强制措施。

12. 柳州市人民政府　柳州市中级人民法院关于破产程序中有关税务问题处理的指导意见（柳政发〔2019〕30号）

（三）税务部门在法院受理破产申请前如已对债务人财产采取强制措施

的，在法院裁定受理破产申请后应依照《企业破产法》第十九条之规定及时解除该强制措施。

（四）受理破产申请的法院在宣告破产前裁定驳回破产申请，或者依据《企业破产法》第一百零八条的规定裁定终结破产程序的，应当及时通知原已采取强制措施并已依法解除的税务机关按照原顺位恢复相关强制措施。在已依法解除强制措施的税务部门恢复强制措施或者表示不再恢复之前，受理破产申请的法院不得解除对债务人财产的保全措施。

13. 北海市中级人民法院　国家税务总局北海市税务局印发《关于企业破产处置涉税问题处理的实施意见（试行）》的通知（北中法〔2020〕84号）

第二十五条　税务机关在法院裁定受理破产申请前如已对债务人财产采取税收保全措施或强制执行措施的，在法院裁定受理破产申请后应依照《企业破产法》第十九条的规定予以解除。

法院依照《企业破产法》第一百零八条的规定裁定终结破产程序的，应当及时通知原采取保全或强制执行措施的税务机关。税务机关需恢复前述税收保全措施或强制执行措施的，应在收到通知之日起30日内办结。

14. 重庆市高级人民法院　国家税务总局重庆市税务局关于企业破产程序涉税问题处理的实施意见（渝高法〔2020〕24号）

（十一）解除保全、中止执行。税务机关在人民法院受理破产申请前已对债务人财产采取税收保全措施、强制执行措施的，在人民法院裁定受理破产申请后应当依照《中华人民共和国企业破产法》第十九条之规定及时解除该保全措施、中止执行，并将债务人财产移交给管理人。

（十二）恢复保全措施。审理破产案件的人民法院在宣告破产前裁定驳回破产申请，或者依据《中华人民共和国企业破产法》第一百零八条的规定裁定终结破产程序的，应当及时通知原已采取保全措施并已依法解除保全措施的税务机关按照原保全顺位恢复相关保全措施。在已依法解除保全的税务机关恢复保全措施或者表示不再恢复之前，审理破产案件的人民法院不得解除对债务人财产的保全措施。

15. 四川省高级人民法院　国家税务总局四川省税务局关于企业破产程序涉税问题处理的意见（川高发〔2021〕4号）

在人民法院裁定受理破产申请前税务机关已对企业财产采取税收保全措施的，在人民法院裁定受理破产申请后管理人持受理破产申请裁定书和指定管理人决定书，依法向有关部门、金融机构申请解除对破产企业财产的税收保全措施。税收保全措施解除后，管理人应当及时通知原采取保全措施的税务机关。

税务机关在人民法院裁定受理破产申请前已对企业财产采取强制执行措施的，在人民法院裁定受理破产申请后，应当依照《中华人民共和国企业破产法》第十九条的规定中止执行程序，并将企业财产移交给管理人。

人民法院裁定驳回破产申请，或者依据《中华人民共和国企业破产法》第一百零八条的规定裁定终结破产程序的，应当及时通知原已采取税收保全措施并已依法解除的税务机关按照原顺位恢复相关税收保全措施。在已依法解除保全措施的税务机关恢复保全措施或者表示不再恢复之前，人民法院不得解除对企业财产的保全措施。

16. 贵州省高级人民法院　国家税务总局贵州省税务局关于企业破产程序涉税问题处理的实施意见（黔高法〔2021〕74号）

（十五）解除保全、中止执行。税务机关在人民法院受理破产申请前已对企业财产采取税收保全措施、强制执行措施的，在人民法院裁定受理破产申请后应当依照《中华人民共和国企业破产法》第十九条的规定及时解除该保全措施、中止执行，并将企业财产移交给管理人。

审理破产案件的人民法院在宣告破产前裁定驳回破产申请，或者依据《中华人民共和国企业破产法》第一百零八条的规定裁定终结破产程序的，应当及时通知原已采取保全措施并已依法解除保全措施的税务机关按照原保全顺位恢复相关保全措施，税务机关收到通知后，应当于30日内完成相关程序并回复人民法院，在税务机关恢复保全措施或者表示不再恢复之前，审理破产案件的人民法院不得解除对企业财产的保全措施。

17. 辽宁省大连市中级人民法院　国家税务总局大连市税务局印发《关于优化企业破产处置过程中涉税事项办理的意见》的通知（大中法发〔2020〕7号）

（一）强制措施解除

税务机关在人民法院裁定受理破产申请前已对企业财产采取强制措施的，在人民法院裁定受理破产申请后应依照《中华人民共和国企业破产法》第十九条之规定，及时解除查封场所、设施或者财物、扣押财物、冻结存款、汇款等强制措施。

人民法院裁定驳回破产申请，或者依据《中华人民共和国企业破产法》第一百零八条的规定裁定终结破产程序的，原已采取强制措施并已依法解除的，税务机关可按照原顺位恢复相关强制措施。

18. 厦门市中级人民法院 国家税务总局厦门市税务局关于推进企业破产程序中办理涉税事项便利化的实施意见（厦中法〔2020〕23号）

（四）行政强制措施与破产程序的衔接

人民法院裁定受理破产申请后，依据《中华人民共和国企业破产法》第十九条的规定书面通知税务机关解除对企业财产已采取的强制措施，税务机关应及时解除。

人民法院在宣告企业破产前裁定驳回破产申请，或者依据《中华人民共和国企业破产法》第一百零八条的规定裁定终结破产程序的，应及时书面通知已解除强制措施的税务机关按原顺位恢复相关强制措施。

19. 国家税务总局青岛市黄岛区市税务局企业破产涉税事项办理指南（试行）（青黄税办函〔2020〕5号）

四、税收保全解除与执行中止

主管税源管理科所在人民法院裁定受理破产申请前如已对债务人财产采取税收保全措施或强制执行措施的，在法院裁定受理破产申请后应依照《企业破产法》第十九条规定，依规定程序解除税收保全措施、中止强制执行。

六、税务机关债权申报、确认及异议处理

人民法院受理破产案件后，税务机关应否主动申报债权，哪些债权可以申报，滞纳金如何申报等问题，税务债权如何确认、审查以及异议的处理，困扰着税务机关和破产管理人。税收之债是公法之债，债权是国家的，税务局代表国家行使权力，如果税务局没有申报或及时足额申报，可能有渎职的风险。为规范税务机关债权申报、确认及异议处理，国家税务总局及各地税务机关先后出台了相应的指导意见。

1. 国家税务总局关于税收征管若干事项的公告（国家税务总局公告2019年第48号）

（一）税务机关在人民法院公告的债权申报期限内，向管理人申报企业所欠税款（含教育费附加、地方教育附加，下同）、滞纳金及罚款。因特别纳税调整产生的利息，也应一并申报。

企业所欠税款、滞纳金、罚款，以及因特别纳税调整产生的利息，以人民

法院裁定受理破产申请之日为截止日计算确定。

……

（三）企业所欠税款、滞纳金、因特别纳税调整产生的利息，税务机关按照企业破产法相关规定进行申报，其中，企业所欠的滞纳金、因特别纳税调整产生的利息按照普通破产债权申报。

2. 最高人民法院关于税务机关就破产企业欠缴税款产生的滞纳金提起的债权确认之诉应否受理问题的批复（法释〔2012〕9号）

青海省高级人民法院：

你院《关于税务机关就税款滞纳金提起债权确认之诉应否受理问题的请示》（青民他字〔2011〕1号）收悉。经研究，答复如下：

税务机关就破产企业欠缴税款产生的滞纳金提起的债权确认之诉，人民法院应依法受理。依照企业破产法、税收征收管理法的有关规定，破产企业在破产案件受理前因欠缴税款产生的滞纳金属于普通破产债权。对于破产案件受理后因欠缴税款产生的滞纳金，人民法院应当依照《最高人民法院关于审理企业破产案件若干问题的规定》第六十一条规定处理。

此复。

3. 国家税务总局北京市税务局关于进一步推进破产便利化优化营商环境的公告（国家税务总局北京市税务局公告2020年第4号）

七、限时办结债权申报

管理人应当在接受人民法院指定后，书面通知国家税务总局北京市税务局，由国家税务总局北京市税务局接收并向各区（地区）税务局、各相关派出机构转送申报税收债权的通知。

税务机关应当自收到管理人的债权申报通知之日起15个工作日内，向管理人申报企业所欠税费、滞纳金及罚款。因特别纳税调整产生的利息，也应一并申报。

税务机关申报税务债权时，应当列明所申报债权的税（费）种、税率（征收率）、性质以及计算依据。

通过邮寄方式的，接收和申报日期均以邮戳日期为准。

4. 齐齐哈尔市中级人民法院关于破产管理人处理税务及信用修复问题的工作指引（试行）

第三条 在破产程序中，申报债权是税务机关参与程序和行使权利的必要前提。税务机关应当在人民法院确定的债权申报期限内依法申报债权。税务机关未能在债权申报期限内申报债权的,可以在破产财产最后分配前补充申报;但是,此前已进行的分配,不再对其补充分配。税务机关未依照《中华人民共和国企业破产法》相关规定申报债权的,在重整计划执行期间不得行使权利;在重整计划执行完毕后,可以按照重整计划规定的同类债权的清偿条件行使权利。

5. 上海市高级人民法院 国家税务总局上海市税务局关于优化企业破产程序中涉税事项办理的实施意见（沪高法〔2020〕222号）

四、依法清收税收债权

（一）申报税收债权

人民法院或管理人自裁定受理破产申请之日起25日内书面通知主管税务机关申报税收债权。

主管税务机关收到债权申报通知后10个工作日内,向管理人依法申报企业所欠税（费）、滞纳金、罚款,以及因特别纳税调整产生的利息,同时提供收取债权分配款的账号。企业所欠税（费）、滞纳金、罚款,以及因特别纳税调整产生的利息,以人民法院裁定受理破产申请之日为截止日计算确定。未在债权申报期限内申报的税收债权,可以在破产财产最后分配前补充申报。

（二）税收债权核对

企业对主管税务机关申报的税收债权有异议的,管理人应及时向主管税务机关反馈,主管税务机关向管理人提供异议部分税收债权的计算方式和征收依据,以便管理人核对。

6. 江苏省高级人民法院 国家税务总局江苏省税务局关于做好企业破产处置涉税事项办理优化营商环境的实施意见（苏高法〔2020〕224号）

三、税收债权申报审查

1. 税收债权申报。管理人应当自裁定受理破产申请之日起25日内,书面通知已知的主管税务机关申报税收债权。管理人无法确定主管税务机关的,可以书面通知设区市级税务机关,由设区市级税务机关协助通知主管税务机关。

主管税务机关应当在人民法院确定的债权申报期内向管理人申报企业所欠税款（含教育费附加、地方教育附加,下同）、滞纳金及罚款。因特别纳税调整产生的利息、由税务机关征收的社会保险费及非税收入,也应一并申报。企业所欠税款、滞纳金、罚款,以及因特别纳税调整产生的利息、由税务机关征收的非税收入，以人民法院裁定受理破产申请之日为截止日计算确定。未在债权申报期内申报的，可以在破产财产最后分配前补充申报。

企业所欠税款、滞纳金、因特别纳税调整产生的利息以及由税务机关征收的社会保险费、非税收入，税务机关按照企业破产法相关规定进行申报。其中，企业所欠的滞纳金、因特别纳税调整产生的利息、由税务机关征收的非税收入按照普通破产债权申报。

税务机关申报税务债权时，应当列明所申报债权的计算方式、征收依据以及性质。

破产企业如有稽查、风险应对未结案或者发票相关协查、核查未完成的，破产管理人应配合税务机关完成相关调查。

2. 税收债权审查。管理人对于申报的税收债权应当进行登记并依法审查，有异议的，应当及时向主管税务机关书面反馈。主管税务机关认为异议成立的，应当及时变更申报；认为异议不成立的，可以向管理人进一步提供债权依据。

主管税务机关对于管理人未予确认税收债权有异议的，可以自接到管理人书面不予确认通知之日起 15 日内，向受理破产申请的人民法院提起债权确认诉讼。

3. 抵销权的适用。税务机关发现破产企业既有欠税又有多缴税款的，可以按照《中华人民共和国企业破产法》第四十条规定，向管理人书面申请行使抵销权，以欠税抵销多缴税款。

7. 南京市中级人民法院　国家税务总局南京市税务局关于印发《破产清算程序中税收债权申报与税收征收管理实施办法》的通知（宁中法〔2019〕159 号）

一、破产清算程序中的税收债权

（一）受理破产案件的人民法院或人民法院指定的管理人应当自裁定受理破产申请之日起二十五日内书面通知已知的主管税务机关申报税收债权。无法确定主管税务机关的，人民法院或管理人可以书面通知市税务局，市税务局应当协助确定并通知主管税务机关。

主管税务机关应当就税款（含附加费）及滞纳金、社会保险费及滞纳金、罚款进行申报。

（二）纳税人的主管税务机关是破产清算程序中税收债权的申报主体。主管税务机关应当在确定的债权申报期限内依法申报税收债权。未在债权申报期限内申报债权的，可以在破产财产最后分配前补充申报。但此前已进行的分配，不再补充分配。

主管税务机关作为债权人，应当参加债权人会议，依法行使表决权。

（三）管理人应当对主管税务机关提交的税收债权申报材料进行登记造册，详尽记载申报债权数额、申报债权的证据、优先权情况、申报时间等事项，对申报的税收债权进行审查，编制债权表，供利害关系人查阅。

管理人对申报的税收债权有异议的，应当在债权确认之前及时向主管税务机关提出书面意见。主管税务机关应当对管理人提出的异议进行复核，认为异议成立的，应当及时变更并重新申报；认为异议不能成立的，应当向管理人书面提供异议部分税收债权的计算方式和征收依据。

管理人和主管税务机关对税收债权申报无法达成一致的，主管税务机关可以自收到管理人书面通知之日起十五日内向审理破产案件的人民法院提起债权确认之诉。

（四）主管税务机关在申报税收债权时，应当将滞纳金全额申报。管理人应当对主管税务机关申报的滞纳金进行登记，并按照《中华人民共和国企业破产法》《最高人民法院关于税务机关就破产企业欠缴税款产生的滞纳金提起的债权确认之诉应否受理问题的批复》（法释〔2012〕9号）、《关于适用〈中华人民共和国企业破产法〉若干问题的规定（三）》（法释〔2019〕3号）第三条的规定，对主管税务机关申报的滞纳金债权进行审查确认。

（五）经人民法院裁定宣告破产的纳税人，持人民法院终结破产程序裁定书申请税务注销的，主管税务机关即时出具清税文书。对于无法清偿的欠缴税金和滞纳金，主管税务机关依据人民法院终结破产程序的裁定，逐级报告省级税务机关确认核销。

8. 江苏省常州市中级人民法院　国家税务总局常州市税务局关于做好企业破产处置涉税事项办理优化营商环境的实施意见（常中法〔2020〕60号）

四、依法清收税收债权

（一）通知申报债权

管理人自人民法院裁定受理破产申请之日起25日内书面通知主管税务机关申报税收债权。管理人无法确定主管税务机关的，可向市税务局查询。

（二）申报税收债权

主管税务机关收到债权申报通知后，在通知书载明的申报债权期限内，向管理人依法申报企业所欠税款、社会保险费、滞纳金及罚款，以及因特别纳税调整产生的利息。未在债权申报期限内申报的税收债权，可以在破产财产最终分配前补充申报。

企业所欠税款、社会保险费、滞纳金及罚款，以及因特别纳税调整产生的利息，以人民法院裁定受理破产申请之日为截止日计算确定。

主管税务机关作为债权人，参加债权人会议，依法行使表决权。

（三）税收债权审查

破产程序中应依法保障税收优先权的实现。对税务机关申报的欠缴税款和社会保险费及滞纳金，罚款，以及因特别纳税调整产生的利息，管理人应依法分别确认税收优先债权和普通债权。

企业或其他债权人对主管税务机关申报的税收债权有异议的，管理人应及时向主管税务机关反馈，主管税务机关向管理人提供异议部分税收债权的计算方式和征收依据，以便核对。

管理人和税务机关对税收债权申报无法达成一致的，税务机关可以自收到管理人书面通知之日起 15 日内向人民法院提起债权确认之诉。

9. 苏州市中级人民法院　苏州市税务局破产涉税问题会议纪要

一、人民法院、指定的破产管理人应当自裁定受理破产申请之日起二十五日内书面通知已知的主管税务机关，告知申报税（费）债权相关事宜，主管税务机关应当在人民法院确定的债权申报期限内依法申报税（费）等债权。无法确定主管税务机关的，人民法院或破产管理人可以书面通知市税务局，市税务局应当协助确定并通知主管税务机关。

在人民法院确定的债权申报期限内未申报债权的，可以在破产财产最后分配前补充申报，但此前已进行的分配，不再对其补充分配。

10. 扬州市中级人民法院　国家税务总局扬州市税务局关于企业破产处置涉税问题处理的实施意见（扬中法〔2020〕22 号）

二、税收债权的申报及处理

第三条　受理破产案件的法院或法院指定的管理人应当自裁定受理破产申请之日起二十五日内书面通知已知的主管税务机关申报税收债权。无法确定主管税务机关的，受理法院或管理人可以书面通知市税务局，市税务局应当协助确定并通知主管税务机关。

第四条　破产企业（纳税人）的主管税务机关是破产程序中税收债权的申报主体。主管税务机关作为债权人，应当参加债权人会议，依法行使表决权。

第五条　主管税务机关在法院公告的债权申报期限内，向管理人申报企业所欠税款（含教育费附加、地方教育附加，下同）、社会保险费、滞纳金及罚款。因特别纳税调整产生的利息及已经划转给税务机关征收的其他非税收入，也应一并申报。其中，企业所欠的其他非税收入、滞纳金、因特别纳税调整产生的利息按照普通破产债权申报；罚款按劣后债权申报。

企业所欠税款、滞纳金、罚款，以及因特别纳税调整产生的利息，以法院裁定受理破产申请之日为截止日计算确定。

企业所欠税款、社会保险费、普通破产债权、劣后债权的清偿顺序依次为：1. 所欠的应当划入职工个人账户的基本养老保险、基本医疗保险费用；2. 破产企业欠缴的除前项规定以外的社会保险费用和破产企业所欠税款；3. 普通破产债权；4. 劣后债权。

在破产申请受理前，企业存在应退税款的或正在审批的退税情形的，主管税务机关在申报欠税债权时，应当向管理人主张将退税款抵缴欠税，并主动提供退税文件。

第六条　主管税务机关接到债权申报通知后，应当在确定的债权申报期限内申报税收债权。对于企业欠缴的社会保险费，税务机关应先与人社部门进行核对，核对之后再进行申报。

未在债权申报期限内申报债权的，可以在破产财产最后分配前补充申报。但此前已进行的分配，不再对其补充分配。

第七条　管理人应当对主管税务机关提交的税收债权申报材料进行登记造册，列明申报债权数额、申报债权的证据、优先权情况、申报时间等事项，对申报的税收债权进行审查，编制债权表，供利害关系人查阅。

第八条　管理人对主管税务机关申报的税收债权有异议的，应当及时向主管税务机关提出书面意见。主管税务机关应当对管理人提出的异议进行复核，异议成立的，应当及时变更并重新申报；异议不成立的，应当向管理人提供异议部分税收债权的计算方式和征收依据。

管理人和主管税务机关对税收债权申报无法达成一致的，主管税务机关可以自收到管理人书面通知之日起十五日内向受理法院提起债权确认之诉。

11. 江苏省镇江市中级人民法院　国家税务总局镇江市税务局印发《关于企业破产处置涉税问题处理的实施意见》的通知（镇中法〔2019〕161号）

二、关于税务部门在破产程序中税收债权申报问题的处理

（一）破产信息告知。受理破产案件的法院或法院指定的管理人应当自裁

定受理破产申请之日起二十五日内书面通知已知的主管税务机关申报税收债权。无法确定主管税务机关的，受理法院或管理人可以书面通知市税务局，市税务局应当协助确定并通知主管税务机关。为避免出现未收到税务机关主张税收债权资料的情形，市中级法院应与市税务局通过数据共享平台对税收债权申报情况予以确认。

（二）申报主体及申报内容。债务人（纳税人）的主管税务机关是破产程序中税收债权的申报主体。

主管税务机关应当就税款（含附加费）及滞纳金、社会保险费及滞纳金、罚款进行申报。因特别纳税调整产生的利息以及已经划转给税务机关征收的其他非税收入也由税务机关一并申报。

（三）申报期限及逾期申报后果。主管税务机关接到债权申报通知后，应当在确定的债权申报期限内申报税收债权。

未在债权申报期限内申报债权的，可以在破产财产最后分配前补充申报。但此前已进行的分配，不再对其补充分配。

（四）债权登记及审查确认。管理人应当对主管税务机关提交的税收债权申报材料进行登记造册，列明申报债权数额、申报债权的证据、优先权情况、申报时间等事项，对申报的税收债权进行审查，编制债权表，供利害关系人查阅。

管理人对申报的税收债权进行审查时，发现纳税人欠缴的税款发生在纳税人以其财产设定抵押、质押或者纳税人的财产被留置之前的，应根据现有法律规定依法予以处理。

（五）异议处理。管理人对主管税务机关申报的税收债权有异议的，应当及时向主管税务机关提出书面意见。主管税务机关应当对管理人提出的异议进行复核，异议成立的，应当及时变更并重新申报；异议不成立的，应当向管理人提供异议部分税收债权的计算方式和征收依据。

管理人和主管税务机关对税收债权申报无法达成一致的，主管税务机关可以自收到管理人书面通知之日起十五日内向受理法院提起债权确认之诉。

12. 浙江省杭州市中级人民法院　国家税务总局杭州市税务局印发《关于企业破产程序中涉税事务便利化的意见》的通知（杭中法〔2022〕51号）

一、税收债权的申报

1. 人民法院指定的管理人应当自破产受理公告发布之日起五个工作日内，联系主管税务机关的司法协作联络人，并书面告知破产公告内容及税务机关所需信息（包括债务人名称、社会信用代码（组织机构代码）、法定代表人姓名；受理法院及联系方式；管理人名称及联系方式、地址；破产受理日、债权申报截止日期等）。

若无法确定主管税务机关的，管理人可以书面通知市税务局，市税务局应当协助确定并通知主管税务机关。

市法院和市税务局积极推动涉税司法协作平台建设，实现互联互通、信息共享。

2. 人民法院受理破产申请前六个月内，主管税务机关对于债务人所欠税款及其滞纳金、罚款依法自行强制执行的，原则上不宜认定为可撤销的清偿行为。

3. 主管税务机关自接到管理人破产公告的通知之日起，根据债务人办理涉税事项、领购发票、欠税及罚款、纳税信用等级等情况，按规定及时做好清税工作。

主管税务机关应当就税款（含附加费）、社会保险费、滞纳金、罚款进行债权申报。

主管税务机关应当在人民法院确定的债权申报期限内依法申报税收债权。未在申报期限内申报的，可以在破产财产最后分配前补充申报，但此前已经进行的分配，不再对其补充分配。为审查和确认主管税务机关补充申报债权的费用，由补充申报的主管税务机关承担。

管理人审核债权时应加强与主管税务机关沟通，必要时可由受理破产案件的人民法院进行协调。

4. 主管税务机关申报税收债权时，应当向管理人提交分税（费、基金）名称、滞纳金、罚款等债权明细清单作为税收债权申报材料；对申报税收债权情况，包括征收依据、计算方式等，由主管税务机关按照《税收征管法》及其实施细则、《社会保险法》等法律法规的计算口径一并说明。

5. 管理人应当对主管税务机关提交的税收债权申报材料进行登记造册，详尽记载申报债权数额、申报债权的证据、优先权情况、申报时间等事项，对申报的税收债权进行审查，编制债权表，供利害关系人查阅。

6. 主管税务机关对管理人的税收债权审查有异议的，应当在收到管理人的书面审查意见后及时向管理人提出书面异议，并说明理由和法律依据。

管理人收到主管税务机关书面异议后，应当及时进行复核。异议成立的，应当及时变更审查意见；异议不成立的，应当向主管税务机关出具书面复核意见。

管理人和主管税务机关对税收债权的审查无法达成一致的,主管税务机关可以自收到管理人书面通知之日起十五日内向受理破产案件的人民法院提起债权确认之诉。

7. 因企业破产程序中欠缴税款和滞纳金的债权性质和清偿顺序不同,主管税务机关依法受偿欠缴税款和滞纳金办理入库时,可按人民法院裁判文书执行。

8. 在进入破产程序前稽查已经立案的,税务机关可按有关规定实施税务稽查。债务人进入破产程序后,税务机关原则上不作为稽查选案范围。具体处理过程中遇到问题,管理人可以根据情况联系主管税务机关。

13. 安徽省宣城市中级人民法院　国家税务总局宣城市税务局印发《关于优化企业破产程序中涉税事项办理的实施意见》的通知（宣中法〔2020〕77号）

四、依法清收税收债权

（一）通知申报债权。管理人自人民法院裁定受理破产申请之日起25日内书面通知主管税务机关申报税收债权。管理人无法确定主管税务机关的,可向市税务局（征管科）查询。

（二）申报税收债权。主管税务机关收到债权申报通知后,在通知书载明的申报债权期限内,向管理人依法申报企业所欠税（费）、滞纳金、罚款,以及因特别纳税调整产生的利息。未在债权申报期限内申报的税收债权,可以在破产财产最终分配前补充申报。

企业所欠税（费）、滞纳金、罚款,以及因特别纳税调整产生的利息,自人民法院裁定受理破产申请时停止计算。

主管税务机关作为债权人,参加债权人会议,依法行使表决权。

（三）税收债权审查。破产程序中应依法保障税款优先权的实现。对税务机关申报的欠缴税款和欠缴税款所产生的滞纳金,管理人应依法分别确认税款优先债权和普通债权。

债务人或其他债权人对主管税务机关申报的税收债权有异议的,管理人应及时向主管税务机关反馈,主管税务机关向管理人提供异议部分税收债权的计算方式和征收依据,以便核对。

14. 福建省莆田市中级人民法院　国家税务总局莆田市税务局印发《关于优化企业破产涉税事项办理的意见》的通知（莆中法〔2020〕88号）

七、税务债权申报和确认

管理人应当在接受人民法院指定后,书面通知主管税务机关在人民法院公告的债权申报期限内，向管理人申报企业所欠税费、滞纳金、罚款以及因特别纳税调整产生的利息。企业所欠税款（含教育费附件、地方教育附加）、滞纳金、罚款以及因特别纳税调整产生的利息，以人民法院裁定受理破产申请之日为截止日计算确定。

主管税务机关申报税费债权时，应当列明所申报债权的税（费）种、税率（征收率）、性质以及计算依据。税费债权核实过程中，可以要求管理人协助提供房产、土地、车辆等财产信息以及账簿、记账凭证、会计报表等有关涉税资料。

税务机关通过邮寄方式的，接收和申报日期均以邮戳日期为准。

15. 温州市中级人民法院 温州市地方税务局关于破产程序和执行程序中有关税费问题的会议纪要（温中法〔2015〕3号）

3. 债务人进入破产程序的：

（1）受理破产案件的法院应当自裁定受理破产申请之日起二十五日内书面通知已知的主管税务分局，告知申报税（费）债权相关事宜，主管税务分局应当在受理破产案件的法院确定的债权申报期限内依法申报税（费）债权。在法院确定的债权申报期限内未申报债权的，可以在破产财产最后分配前补充申报；但是，此前已进行的分配，不再对其补充分配。

（2）主管税务分局未按照《企业破产法》的规定申报债权的，在债务人重整计划执行期间不得行使权利；在重整计划执行完毕后，可以按照重整计划规定的同类债权的清偿条件行使权利。

（3）破产程序中的管理人对主管税务分局申报的税收（费）债权有异议的，应在作出不予确认决定之前及时向主管税务分局提出书面意见。主管税务分局收到管理人的书面意见后应对管理人提出的异议进行复查，若认为管理人提出的异议成立的，可变更申报债权的金额或种类，若认为管理人提出的异议不能成立的，应向管理人提供异议部分税收（费）债权的计算方式和征收依据。受理破产案件的法院可进行协调，以最大限度促成管理人和地税部门就税收（费）债权的确认问题达成一致。

4. 主管税务分局在破产程序中申报税收（费）债权或在执行程序中申请参与分配，应当向破产案件的管理人或执行法院提供以下材料：

（1）申报税（费）债权函或申请参与分配函。

（2）申报税（费）债权或参与分配的依据。日常征管债务人自行申报欠缴的税（费），应提供欠缴税（费）的明细表、《责令限期改正通知书》；日常征管中主管税务分局发现债务人在《浙江地税信息系统》中有相关税源登记数据，且已发生纳税义务但未申报的欠缴税（费），应提供《责令限期改正通知书》；《欠缴税、费、滞纳金、罚款明细表》（包括已申报、应申报未申报的税费）；欠缴税（费）款系税务检查的，应提供《税务处理决定书》、《税务事项通知书》（稽查检查）或《缴款提示书》（稽查责成自查）；涉及税务行政处罚的，应提供《税务处罚决定书》。（3）申报税收（费）债权或参与分配应当提供的其他材料。

16. 济南市中级人民法院　国家税务总局济南市税务局关于印发《关于办理企业破产涉税问题的相关意见》的通知（济中法〔2020〕35号）

二、破产企业税务管理调整

6. 管理人应在规定的期限内将受理破产申请裁定书、债权申报通知书等送达主管税务机关。无法确定主管税务机关的，可向破产企业所在地的区县级税务机关送达。最先接收的区县级税务机关按照首问负责制原则，将申报债权通知等及时转至主管税务机关或济南市税务局。

7. 主管税务机关收到债权申报通知后，可根据破产企业的实际情况，适当调整部分税种的纳税期限，由按月、季度申报调整为按次申报，在不影响税费申报缴纳的前提下减少破产企业的报税次数。

8. 主管税务机关收到解除保全措施通知后，应当依法解除对企业采取的税收保全措施，正在对企业进行强制执行的，应当依法中止，人民法院裁定驳回破产申请的，税务机关可恢复相关强制措施或者强制执行。

9. 主管税务机关收到债权申报通知后，如发现破产企业的税务登记状态为非正常的，应通知管理人在债权申报截止日前办理非正常户状态解除。管理人应根据接管的账簿资料，据实补办破产申请受理前非正常户期间的纳税申报。管理人未接管账簿资料、不掌握破产企业在破产申请受理前的非正常户期间的实际情况或者虽接管账簿资料，但未发现破产企业有应税行为的，可暂按零申报补办纳税申报。破产企业补办税（费）申报后，税务机关应当按规定为其解除非正常状态。

三、税务债权的申报与受偿

10. 主管税务机关收到债权申报通知后，应当及时通知济南市其他税务机关，及时清查、核实税务债权，在法院确定的债权申报期限内，由主管税务机关统一申报。在债权申报期限内未申报税务债权的，可以在破产财产最后分配前补充申报。此前已进行的分配，依法不再进行补充分配。

11. 税务机关申报的税务债权,以人民法院裁定受理破产申请之日为截止日计算确定。

12. 人民法院裁定受理破产申请之日前应当由企业缴纳的税(费),税务机关应当作为税务债权申报;人民法院裁定受理破产申请之日后应当由企业缴纳的税(费),应认定为共益债务或者破产费用,管理人应以企业的名义按税法规定及时申报缴纳。

13. 管理人对税务机关申报的税务债权无法确认的,应及时向主管税务机关提出书面意见。税务机关收到管理人的书面意见后,应当进行复查,如管理人书面意见正确,税务机关应当向管理人重新申报税务债权;否则,税务机关应向管理人说明并提供税务债权的计算方式和征收依据。

14. 税务债权按照企业破产法第一百一十三条和《最高人民法院关于税务机关就破产企业欠缴税款产生的滞纳金提起的债权确认之诉应否受理问题的批复》(法释〔2012〕9号)规定的顺序清偿。

17. 东营市东营区人民法院 国家税务总局东营市东营区税务局关于企业破产处置涉税事项办理的实施意见(东区法会发〔2021〕29号)

【税收债权申报】区法院或管理人应当自裁定受理破产申请之日起25日内,书面通知区税务局申报税收债权。

区税务局应当在区法院确定的债权申报期内向管理人申报企业所欠税款(含教育费附加、地方教育费附加等)、滞纳金及罚款,因特别纳税调整产生的利息,或已经划转给税务部门征收的社会保险费及滞纳金、医疗保险费及滞纳金等其他非税收入应一并申报,以区法院裁定受理破产申请之日为截止日计算确定。

区税务局申报税务债权时,应当列明所申报债权的税(费)种、税率、计算方式、征收依据等内容。

10.【税收债权登记及审查】管理人应当对区税务局提交的税收债权申报材料进行登记造册,详细记载申报债权额、申报债权的证据、优先权情况、申报时间等事项,依照《企业破产法》及司法解释的规定进行审查。

裁定破产申请受理后,因债务人欠缴款项产生的滞纳金,包括债务人未履行生效法律文书应当加倍支付的迟延利息和劳动保险金的滞纳金,不予确认普通债权。

11.【异议处理】管理人对区税务局申报的税收债权有异议的,应当及时向区税务局提出书面意见。区税务局应当对管理人提出的异议进行复核,认为异议成立的,应当及时变更并重新申报;认为异议不成立的,且和管理人对税收债权申报审查无法达成一致的,管理人认为有必要的,可以报告区法院,区法院应当组织管理人、区税务局进行协调,听取各方意见。经协调,无法达成一致意见的,区税务局自收到管理人书面通知之日起15日内向人民法院提起债权确认之诉。

12.【抵销权的适用】管理人发现破产企业既有欠税又有多缴税款的,可以参照《中华人民共和国企业破产法》第四十四条规定,向区税务局书面申请行使抵销权,以欠税抵销多缴税款。

18. 武汉市中级人民法院 国家税务总局武汉市税务局关于企业破产处置中涉税事项办理的实施意见（武中法〔2021〕1号）

一、严格企业破产税收债权申报

（一）清查核对税收债权

人民法院或管理人自裁定受理破产申请之日起25日内书面通知主管税务机关申报税收债权。如无法确定企业的主管税务机关,可向企业所在地的区县级税务机关发出书面通知。区县级税务机关如非企业的主管税务机关,应在5日内将申报债权通知转至主管税务机关或武汉市税务局。管理人不应重复、多头发出申报债权通知。

主管税务机关收到申报债权通知后,应当依法清查、核实企业在武汉市范围内欠缴的税款、税务机关负责征收的非税收入、税务机关掌握的社会保险费欠费、滞纳金及罚款。

（二）依法申报税收债权

主管税务机关收到债权申报通知后10个工作日内,向管理人依法申报企业所欠税（费）、滞纳金、罚款,以及因特别纳税调整产生的利息,同时提供收取债权分配款的账号。企业所欠税（费）、滞纳金、罚款,以及因特别纳税调整产生的利息,以人民法院裁定受理破产申请之日为截止日计算确定。在法院确定的债权申报期限内未申报债权的,可以在破产财产最后分配前补充申报。但是,此前已进行的分配,不再对其补充分配。

（三）登记确认税收债权

管理人应当对主管税务机关提交的税收债权申报材料进行登记造册,详尽记载申报债权数额、申报债权的证据、申报时间、联系方式等事项,对申报的税收债权进行审查,编制债权表,供利害关系人查阅,提交债权人会议核查。

企业对主管税务机关申报的税收债权有异议的,管理人应及时向主管税务机关反馈，主管税务机关向管理人提供异议部分税收债权的计算方式和征收依据，以便管理人核对。管理人核对后对税收债权仍有异议的，应当说明理由和法律依据。如管理人知悉、掌握债务人企业存在有税务机关不掌握的欠缴税款、非税收入、社会保险费的情况，也应告知税务机关。管理人和主管税务机关对税收债权申报无法达成一致的，主管税务机关可以在规定期限内向破产案件受理法院提起债权确认之诉。

19. 湖南省高级人民法院　国家税务总局湖南省税务局关于便利企业破产涉税事项办理助推营商环境优化的意见（湘高法发〔2021〕7号）

（十二）限时办结债权申报

管理人应当在接受人民法院指定后，在破产程序法定期限或人民法院指定期限内，书面通知已知主管税务机关申报税收债权。管理人无法确定主管税务机关的，应书面通知设区的市级税务机关协助通知主管税务机关。

税务机关应当自收到管理人的债权申报通知之日起15个工作日内，向管理人申报企业所欠税费（包括税务机关征收的社会保险费及非税收入）、滞纳金及罚款。因特别纳税调整产生的利息，也应一并申报。未在债权申报期限内申报的税收债权，可以在破产财产最后分配前补充申报。

税务机关申报税务债权时，应当列明所申报债权的税费种（包括税务机关征收的社会保险费及非税收入）、税费率（征收率）、性质以及计算依据，涉及滞纳金的，应当列明计算滞纳金的税费种、计算金额、计算时间起止，同时，应提供收取债权分配款的账号。

通过邮寄方式的，接收和申报日期均以邮戳日期为准。

（十三）税收债权核对

企业对主管税务机关申报的税收债权有异议的，管理人应及时向主管税务机关反馈，主管税务机关收到后应及时向管理人提供异议部分税收债权的计算方式和征收依据，以便管理人核对。

20. 广州市中级人民法院　国家税务总局广州市税务局印发《关于破产程序中涉税问题的若干处理意见（试行）》的通知（穗中法〔2020〕90号）

一、关于税务机关申报债权的问题

1. 法院裁定受理破产申请后，管理人在接受法院指定后十个工作日内向破产企业的区县级主管税务机关发出书面通知。如无法确定企业的主管税务机关，可向企业所在地的区县级税务机关发出书面通知。最先接收的区县级税务机关实行首问负责制，如非企业的主管税务机关，应将申报债权通知及时转至主管税务机关或广州市税务局。管理人不应重复、多头发出申报债权通知。

2. 区县级主管税务机关收到申报债权通知后，应当依法清查、核实企业在广州市范围内欠缴的税款、税务机关负责征收的非税收入、税务机关掌握的社会保险费欠费、滞纳金及罚款，并在法院确定的债权申报期限内申报债权。在法院确定的债权申报期限内未申报债权的，可以在破产财产最后分配前补充申报。但是，此前已进行的分配，不再对其补充分配。

3. 企业所欠的滞纳金、罚款，以及因特别纳税调整产生的利息，以人民法院裁定受理破产申请之日为截止日计算确定。企业在破产案件受理前的滞纳金、因特别纳税调整产生的利息税务机关按照普通破产债权申报。税务机关对债务人企业的罚款属于劣后债权。

4. 税务机关在破产程序中申报债权，应当向破产案件的管理人提交《债权申报书》及相关的债权依据，如欠缴税款、滞纳金、罚款系统截图及简要说明，如无系统截图，则提供计算依据及计算过程。如有《税务处理决定书》《税务行政处罚决定书》等相关文书的，一并提供。如管理人知悉、掌握债务人企业存在有税务机关不掌握的欠缴税款、非税收入、社会保险费的情况，也应告知税务机关。

5. 破产程序中管理人对税务机关申报的税收债权、非税收入债权、社保费债权有异议的，应在作出不予确认决定之前，及时向税务机关提出书面意见。税务机关收到管理人的书面意见后，应对管理人提出的异议进行复查。若认为管理人提出的异议成立的，可变更申报债权的金额或种类；若认为管理人提出的异议不能成立的，应向管理人提供异议部分税收债权、非税收入债权、社保费债权的计算方式和征收依据。

6. 管理人应依法履行税（费）申报、清算申报、税务注销等工作职责。管理人怠于履行工作职责，在代表企业办理涉税事项时未遵守税收法律、法规，造成企业未缴或者少缴税（费）款的，主管税务机关可责令其限期改正，并有权将有关情况通报人民法院，法院应督促其依法履职。

21. 柳州市人民政府　柳州市中级人民法院关于破产程序中有关税务问题处理的指导意见（柳政发〔2019〕30号）

（一）在债务人没有进入破产程序之前，债务人所欠税款应由税务部门自行依法征收。

（二）债务人进入破产程序的处理

1. 受理破产案件的法院应当自裁定受理破产申请之日起二十五日内书面通知主管税务机关,告知申报税收债权相关事宜,主管税务机关应当在受理破产案件的法院确定的债权申报期限内依法清查、核实应纳税款、滞纳金及罚款并申报税收债权。在法院确定的债权申报期限内未申报债权的,可以在破产财产最后分配前补充申报;但是,此前已进行的分配,不再对其补充分配。

2. 主管税务机关未按照《企业破产法》的规定申报债权的,在债务人重整计划执行期间不得行使权利;在重整计划执行完毕后,可以按照重整计划规定的同类债权的清偿条件行使权利。

3. 管理人或债务人制定债务人重整计划时,应当通知主管税务机关提前介入,由主管税务机关对重整计划进行纳税评价,最后共同协商确定。

4. 破产程序中的管理人对主管税务机关申报的税收债权有异议的,应在作出不予确认决定之前,及时向主管税务机关提出书面意见。主管税务机关收到管理人的书面意见后,应对管理人提出的异议进行复查。若认为管理人提出的异议成立的,可变更申报债权的金额或种类;若认为管理人提出的异议不能成立的,应向管理人提供异议部分税收债权的计算方式和征收依据。受理破产案件的法院应依法进行协调,以最大限度促成管理人和税务部门就税收债权的确认问题达成一致。

5. 管理人应依法履行纳税申报、清算申报、税务注销等工作职责,管理人怠于履行工作职责的,人民法院应督促其依法履职。

22. 北海市中级人民法院 国家税务总局北海市税务局印发关于企业破产处置涉税问题处理的实施意见(试行)》的通知(北中法〔2020〕84号)

二、税收债权的申报及处理

第三条 受理破产案件的法院或法院指定的管理人应当自裁定受理破产申请之日起15日内书面通知主管税务机关申报税收债权。

第四条 破产企业(纳税人)的主管税务机关是破产程序中税收债权的申报主体。主管税务机关作为债权人,应当参加债权人会议,依法行使表决权。

第五条 主管税务机关在法院公告的债权申报期限内,向管理人申报企业所欠税款(含教育费附加、地方教育附加,下同)、滞纳金及罚款。因特别纳税调整产生的利息及地方水利建设基金、残疾人就业保障金等税务机关负责征收管理的非税收入,也应一并申报。其中,企业所欠的其他非税收入、滞纳金、因特别纳税调整产生的利息按照普通破产债权申报;罚款按劣后债权申报。企业所欠税款、滞纳金、罚款，以及因特别纳税调整产生的利息，以法院裁定受理破产申请之日为截止日计算确定。

在破产申请受理前，企业存在应退税款的或正在审批的退税情形的，主管税务机关在申报欠税债权时，应当向管理人主张将退税款抵缴欠税，并主动提供退税文件。

第六条 主管税务机关接到债权申报通知后，应当在确定的债权申报期限内申报税收债权。未在债权申报期限内申报债权的，可以在破产财产最后分配前补充申报。但此前已进行的分配，不再对其补充分配。

第七条 管理人应当对主管税务机关提交的税收债权申报材料进行登记造册，列明申报债权数额、申报债权的证据、优先权情况、申报时间等事项，对申报的税收债权进行审查，编制债权表，供利害关系人查阅。

第八条 管理人对主管税务机关申报的税收债权有异议的，应当及时向主管税务机关提出书面意见。主管税务机关应当对管理人提出的异议进行复核，异议成立的，应当及时变更并重新申报；异议不成立的，应当向管理人提供异议部分税收债权的计算方式和征收依据。

管理人和主管税务机关对税收债权申报无法达成一致的，主管税务机关可以自收到管理人书面通知之日起15日内向受理法院提起债权确认之诉。

23. 重庆市高级人民法院 国家税务总局重庆市税务局关于企业破产程序涉税问题处理的实施意见（渝高法〔2020〕24号）

一、破产程序中的税收债权申报

（一）破产信息告知。审理破产案件的人民法院或人民法院指定的管理人应当自裁定受理破产申请之日起二十五日内书面通知已知的主管税务机关申报税收债权。无法确定主管税务机关的，人民法院或管理人可以书面通知重庆市税务局，重庆市税务局应当协助确定并通知主管税务机关。

（二）申报主体及申报内容。债务人（纳税人）的主管税务机关是破产程序中税收债权的申报主体。

主管税务机关应当就企业所欠税款（含附加费）及滞纳金、罚款以及因特别纳税调整产生的利息等税收债权、社会保险费及滞纳金、税务机关征收的非税收入等进行申报，其中，企业所欠的滞纳金、因特别纳税调整产生的利息按照普通破产债权申报。

（三）申报期限及逾期申报后果。主管税务机关接到债权申报通知后，应当在确定的债权申报期限内申报债权。

未在债权申报期限内申报的，可以在破产财产最后分配前补充申报。但此前已进行的分配，不再对其补充分配。

（四）债权登记及审查确认。管理人应当对主管税务机关提交的债权申报材料进行登记造册，详尽记载申报债权额、申报债权的证据、优先权情况、申报时间等事项，对申报的税收债权进行审查，编制债权表，供利害关系人查阅。

因企业破产程序中欠缴税款、滞纳金和罚款的债权性质和清偿顺序不同，税务机关依法受偿欠缴税款、滞纳金和罚款办理入库时，按人民法院裁判文书执行。

（五）异议处理。管理人对主管税务机关申报的债权不予认可的，应当及时向主管税务机关说明理由和法律依据。主管税务机关应当及时进行复核。经复核对管理人意见仍有异议的，应当及时向管理人提出异议并提供相应的债权计算方式和征收依据等。

管理人对主管税务机关的异议经审查后仍不予调整的，主管税务机关应当自收到管理人书面通知之日起十五日内向审理破产案件的人民法院提起债权确认之诉。

（六）积极行使表决权。主管税务机关作为债权人，应当参加债权人会议，依法行使表决权。

重整案件中，欠缴税款和滞纳金的债权分别编入税款债权组和普通债权组，主管税务机关应当分别行使表决权。

24. 四川省高级人民法院 国家税务总局四川省税务局关于企业破产程序涉税问题处理的意见（川高发〔2021〕4号）

四、依法清收税收债权

（一）税收债权申报

人民法院或管理人自裁定受理破产申请之日起25日内，书面通知主管税务机关申报税收债权。无法确定主管税务机关的，人民法院或管理人可以书面通知国家税务总局四川省税务局，国家税务总局四川省税务局应当协助确定并通知主管税务机关。

主管税务机关收到债权申报通知后，应当在确定的债权申报期限内向管理人依法申报企业所欠税（费）、滞纳金、罚款，以及因特别纳税调整产生的利息等，同时提供收取债权分配款的账号。企业所欠税（费）、滞纳金、罚款，以及因特别纳税调整产生的利息，以人民法院裁定受理破产申请之日为截止日计算确定。其中企业所欠滞纳金、因特别纳税调整产生的利息按照普通破产债权申报。未在债权申报期限内申报的税收债权，可以在破产财产最后分配前补充申报。

主管税务机关申报税收债权时，应当列明所申报债权的税（费）种、税率（征收率）、性质以及计算依据等。

（二）债权登记及审查确认

管理人应当对主管税务机关提交的债权申报材料进行登记造册，详尽记载申报债权额、申报债权的证据、优先权情况、申报时间等事项，对申报的税收债权进行审查，编制债权表，供利害关系人查阅。

因企业破产程序中欠缴税（费）、滞纳金、罚款和因特别纳税调整产生的利息的债权性质和清偿顺序不同，税务机关依法受偿欠缴税（费）、滞纳金、罚款和因特别纳税调整产生的利息办理入库时，按人民法院生效裁判文书执行。

（三）税收债权核对

企业或者其他债权人对主管税务机关申报的税收债权有异议的，管理人应及时向主管税务机关书面反馈。主管税务机关认为异议成立的，应当重新申报税收债权；认为异议不成立的，应当向管理人提供异议部分税收债权的计算方式和征收依据，以便管理人核对。

管理人对主管税务机关提供的材料核对后不予认可的，主管税务机关应当在债权人会议核查结束后15日内向审理破产案件的人民法院提起债权确认之诉。

（四）积极行使表决权

主管税务机关作为债权人，应当参加债权人会议，依法行使表决权。

重整案件中，欠缴税款和滞纳金的债权分别编入税款债权组和普通债权组，主管税务机关应当分别行使表决权。

（五）依法核销破产企业欠缴税款

主管税务机关在破产清算程序中依法受偿破产企业欠缴的税款本金、滞纳金、罚款后，应当按照人民法院裁定认可的财产分配方案中确定的受偿比例，办理欠缴税款本金、滞纳金、罚款的入库，并依法核销未受偿的税款本金、滞纳金、罚款。

25. 贵州省高级人民法院　国家税务总局贵州省税务局关于企业破产程序涉税问题处理的实施意见（黔高法〔2021〕74号）

（七）税收债权申报。破产企业的主管税务机关是破产程序中税收债权的申报主体，负责申报债权与申请参与分配。主管税务机关接到债权申报通知后，应当在确定的债权申报期限内汇总破产企业欠缴税款以及由税务机关征收的各项非税收入、滞纳金、罚款和因特别纳税调整产生的利息向管理人进行申报，同时向各项非税收入主管部门通报相关情况。

本实施意见所称欠税，是指企业超过税收法律、行政法规规定的期限或者超过税务机关依照税收法律、行政法规规定确定的纳税期限未缴纳的税款。包括破产企业已申报未缴纳欠税、企业更正或补充申报形成的欠税、税务依法核定以及稽查查补未缴纳的税款。企业欠缴税款、滞纳金、罚款以及因特别纳税调整产生的利息，以人民法院裁定受理破产申请之日为截止日计算确定。其中，企业欠缴的滞纳金以及因特别纳税调整产生的利息按照普通破产债权申报。未在债权申报期限内申报的税收债权，可以在破产财产最后分配前补充申报。

主管税务机关申报债权时，应当列明所申报债权的税（费）种、税率（征收率）、税款所属期以及法律法规依据。

（八）债权登记及审查确认。管理人应当对主管税务机关提交的债权申报材料进行登记造册，详尽记载申报债权额、申报债权的证据、债权性质、清偿顺序、申报时间等事项，对申报的税收债权进行审查，编制债权表，供利害关系人查阅。

主管税务机关应当对管理人登记确认的税收债权金额、性质和清偿顺序予以确认，有异议的及时向管理人提出，并提供相关证据材料。

（九）异议处理。管理人对主管税务机关申报的税收债权计算方式及截止期限等有不同意见且影响税收债权金额、性质和清偿顺序的，应当书面向主管税务机关说明理由。主管税务机关应当及时进行复核，经复核认为管理人所提理由成立的，应当重新申报债权；认为管理人所提理由不成立的，应当及时向管理人提出异议并提供相应的债权计算方式和征收依据等。

管理人对主管税务机关的异议经审查后仍不予认可的，主管税务机关最迟应在债权人会议核查结束后十五日内向审理破产案件的人民法院提起债权确认之诉。

因企业破产程序中欠缴税（费）、滞纳金、罚款和因特别调整产生的利息的债权金额、性质和清偿顺序不同，税务机关依法受偿欠缴税款、滞纳金和罚款办理入库时，按人民法院裁判文书执行。

（十）积极行使表决权。主管税务机关作为债权人，应当参加债权人会议，依法行使表决权。主管税务机关法定代表人可签署委托书授权委托两名执法人员参加债权人会议。

重整案件中，欠缴税款编入税款债权组，滞纳金和因特别纳税调整产生的利息编入普通债权组，主管税务机关应当分别行使表决权。

26. 辽宁省大连市中级人民法院　国家税务总局大连市税务局印发《关于优化企业破产处置过程中涉税事项办理的意见》的通知（大中法发〔2020〕7号）

七、税务债权申报和确认

主管税务机关办理管理人登记后，向人民法院依法申报企业所欠税（费）、滞纳金、罚款，已发生纳税义务未到税款缴纳期限的税（费），以及因特别纳税调整产生的利息，同时提供收取债权分配款的账号。企业所欠税（费）、滞纳金、罚款，以及因特别纳税调整产生的利息，以人民法院裁定受理破产申请之日为截止日计算确定。未在债权申报期限内申报的税收债权，可以在破产财产最后分配前补充申报。

企业对主管税务机关申报的税收债权有异议的，管理人应及时向主管税务机关反馈，主管税务机关应向管理人提供异议部分税收债权的计算方式和征收依据，以便管理人核对。

27. 国家税务总局深圳市税务局企业破产涉税事项办理指南

二、税费债权申报

管理人应当在接受人民法院指定后，书面通知国家税务总局深圳市税务局申报税费债权。国家税务总局深圳市税务局通知主管税务机关及相关稽查局在人民法院公告的债权申报期限内，向管理人申报企业所欠税费、滞纳金、罚款以及因特别纳税调整产生的利息。企业所欠税款（含教育费附件、地方教育附加）、滞纳金、罚款以及因特别纳税调整产生的利息，以人民法院裁定受理破产申请之日为截止日计算确定。

主管税务机关申报税费债权时，应当列明所申报债权的税（费）种、税率（征收率）、性质以及计算依据。税费债权核实过程中，可以要求管理人协助提供房产、土地、车辆等财产信息以及账簿、记账凭证、会计报表等有关涉税资料。

税务机关通过邮寄方式的，接收和申报日期均以邮戳日期为准。

28. 国家税务总局青岛市黄岛区税务局企业破产涉税事项办理指南（试行）（青黄税办函〔2020〕5号）

国家税务总局黄岛区税务局是破产清算程序中税收债权的申报主体；破产

人主管税源管理科所负责核实税收债权，经法制（处罚）、收核（呆账）、征管（欠税）、风险管理（评估）等部门复核后，在确定的债权申报期限内依法申报税收债权；主管税源科所负责人代表我局参加债权人会议，依法行使表决权。

……

八、限时办结债权申报

（一）税收债权申报

管理人应当在接受人民法院指定后，书面通知黄岛区税务局，由黄岛区税务局风险管理局接收相关文书，主管税源管理科所负责核实税收债权，经法制、收核、征管、风险管理等部门复核后，自收到管理人的债权申报通知之日起15个工作日内（不晚于债权申报最后期限），向管理人申报企业所欠税费（包括社会保险费以及已经划转给税务机关征收的其他非税收入）、滞纳金及罚款、因特别纳税调整产生的利息。其中，企业所欠的滞纳金、因特别纳税调整产生的利息按照普通破产债权申报。

通过邮寄方式的，接收和申报日期均以邮戳日期为准。

企业所欠税费款、滞纳金、罚款，以及因特别纳税调整产生的利息，以人民法院裁定受理破产申请之日为截止日计算确定。

主管税源管理科所申报税务债权时，应当列明所申报债权的税（费）种、税率（征收率）、性质以及计算依据。

因企业破产程序中欠缴税款和滞纳金的债权性质和清偿顺序不同，税务机关依法受偿欠缴税款和滞纳金办理入库时，可按人民法院裁判文书执行。

（二）税收债权申报异议处理

管理人对申报的税收债权有异议的，由法制科牵头组织税源管理科所、收核、征管、风险管理局等部门对管理人提出的异议进行复核，认为异议成立的，应当及时变更并重新申报；认为异议不能成立的，应当向管理人书面提供异议部分税收债权的计算方式和征收依据。

管理人和我局对税收债权申报无法达成一致的，法制科自收到管理人书面通知之日起十五日内以我局名义向审理破产案件的人民法院提起债权确认之诉。

七、破产企业纳税信用修复

为使破产企业获得重生的机会，我国《企业破产法》规定，符合条件的破产企业可以申请破产重整。但面临破产的企业资产不足以清偿全部债务或者明显缺乏清偿能力，信用记录也相应较差。企业破产重整能否成功，信用修复尤其是纳税信用修复很关键。目前我国对破产企业的信用修复并无立法规定。《纳税信用管理办法（试行）》（国家税务总局公告2014年第40号）对纳税信用管理进行了较为全面、完整的规定。但该办法并未对破产重整等特殊状态下的信用修复做出特别规定。2018年3月4日，最高人民法院关于印发《全国法院破产审理工作会议纪要》（法〔2018〕53号）指出：企业重整后，投资主体、股权结构、公司治理模式、经营方式等与原企业相比，往往发生了根本变化，人民法院要通过加强与政府的沟通协调，帮助重整企业修复信用记录，依法获取税收优惠，以利于重整企业恢复正常生产经营。

国家发展改革委等10部委《关于进一步做好"僵尸企业"及去产能企业债务处置工作的通知》（发改财金〔2018〕1756号）规定，完善重整企业信用修复机制。重整计划执行过程中，企业可申请在全国信用信息共享平台、国家企业信用信息公示系统和金融信用信息基础数据库的大事记信息中添加相关信息，以及时反映企业最近生产经营状况。重整计划执行完毕后，企业可申请增设重组完成相关信息，以提示企业的重组情况。

国家发展改革委、最高人民法院等13部门《关于推动和保障管理人在破产程序中依法履职进一步优化营商环境的意见》（发改财金规〔2021〕274号）明确支持企业纳税信用修复。重整或和解程序中，税务机关依法受偿后，管理人或破产企业可以向税务机关提出纳税信用修复申请，税务机关根据人民法院出具的批准重整计划或认可和解协议的裁定书评价其纳税信用级别。已被公布重大税收违法失信案件信息的上述破产企业，经税务机关确认后，停止公布并从公告栏中撤出，并将相关情况及时通知实施联合惩戒和管理的部门。有关部门应当依据各自法定职责，按照法律法规和有关规定解除惩戒，保障企业正常经营和后续发展。全国各级税务机关为指导破产重整企业如何进行纳税信用修复做出了相应的指导意见。

1. 国家发展改革委　最高人民法院　财政部　人力资源社保保障部等 13 部门关于推动和保障管理人在破产程序中依法履职进一步优化营商环境的意见（发改财金规〔2021〕274 号）

（十四）支持企业纳税信用修复。重整或和解程序中，税务机关依法受偿后，管理人或破产企业可以向税务机关提出纳税信用修复申请，税务机关根据人民法院出具的批准重整计划或认可和解协议的裁定书评价其纳税信用级别。已被公布重大税收违法失信案件信息的上述破产企业，经税务机关确认后，停止公布并从公告栏中撤出，并将相关情况及时通知实施联合惩戒和管理的部门。有关部门应当依据各自法定职责，按照法律法规和有关规定解除惩戒，保障企业正常经营和后续发展。（税务总局及相关部门按职责分工负责）

2. 国家税务总局对十三届全国人大一次会议第 2304 号建议的答复

五、关于破产重整企业信用修复问题

近年来，税务系统持续完善纳税信用管理机制，对于推进社会信用体系建设发挥了积极作用。根据《纳税信用管理办法（试行）》（国家税务总局公告 2014 年第 40 号）规定，税务机关按月采集纳税人的纳税信用信息，按年度进行纳税信用评价。破产重整企业在重整之后，只要遵从税法、守信纳税，其信用资产将不断积累，信用等级也会按年度不断提升。同时，我局将结合实际情况，继续研究健全相关制度，积极支持破产重整企业修复信用。

3. 国家税务总局对十三届全国人大一次会议第 2368 号建议的答复

二、现行破产重整企业的纳税信用管理

为规范纳税信用管理、促进纳税人诚信自律、提高税法遵从度、推进社会信用体系建设，我局制定实施了《纳税信用管理办法》（国家税务总局公告 2014 年第 40 号），规定按月采集纳税人的历史信息、税务内部信息、外部信息等纳税信用信息，并依据全国统一的评价指标和评价方式，按年度进行纳税信用评价。对于破产重整企业，税务部门同样按月记录、采集其纳税信用信息，并将在年度纳税信用评价中对其重整后的纳税遵从情况予以客观反映。近年来，税务部门一直在完善纳税信用管理机制，出台了多项针对守信纳税人的激励措施，随着破产重整企业信用资产的不断积累，其重整后的守信行为将为企业发展带来更多的便利和优惠。

4. 国家税务总局北京市税务局关于进一步推进破产便利化优化营商环境的公告（国家税务总局北京市税务局公告 2020 年第 4 号）

四、优化纳税信用修复

人民法院裁定批准重整计划后，重整企业可持人民法院批准重整计划的裁定书的原件和复印件（原件查验后退回），填写《纳税信用修复申请表》，向主管税务机关税源管理所提出纳税信用修复申请。重整企业由于特殊情况无法提供裁定书原件的，可提供复印件，但需同时出具情况说明并加盖重整企业法定代表人或负责人的签章。主管税务机关税源管理所应按规定受理，在3个工作日内完成审核，并向重整企业反馈信用修复结果。

重整计划执行完毕，重整企业可持人民法院批准重整计划的裁定书、重整计划、管理人出具的监督报告的原件和复印件（原件查验后退回），向主管税务机关税源管理所提出申请。重整企业由于特殊情况无法提供裁定书、重整计划、监督报告的，可提供复印件，但需同时出具情况说明并加盖重整企业法定代表人或负责人的签章。主管税务机关税源管理所应在3个工作日内重新评价重整企业的纳税信用级别，并向重整企业反馈信用修复结果。

税务机关可充分运用与银行间的纳税信用应用机制，将评价结果经重整企业授权后向相关银行开放查询。

5. 上海市高级人民法院　国家税务总局上海市税务局关于优化企业破产程序中涉税事项办理的实施意见（沪高法〔2020〕222号）

（二）纳税信用修复

人民法院裁定批准重整计划或重整计划执行完毕后，重整企业可向主管税务机关提出纳税信用修复申请。主管税务机关按规定受理，符合条件的，在1个工作日内完成审核，并向重整企业反馈信用修复结果。

税务机关可充分运用与银行间的纳税信用应用机制，将评价结果经重整企业授权后向相关银行开放查询。

6. 江苏省高级人民法院　国家税务总局江苏省税务局关于做好企业破产处置涉税事项办理优化营商环境的实施意见（苏高法〔2020〕224号）

六、支持企业重整

1. 税务信息变更。企业在重整过程中需办理税务登记信息变更的，向市场监督管理部门申报办理变更登记，税务机关接收市场监督管理部门变更信息，经企业确认后即时更新相关信息。对于非市场监督管理部门登记事项，企业可直接向主管税务机关申报办理变更登记。

企业因原法定代表人犯罪等列入重大风险防控企业名单，导致企业重整时无法办理税务信息变更的，可由管理人以企业名义办理税务信息变更。

2. 纳税信用修复。人民法院裁定批准重整计划或重整计划执行完毕后，重整企业可持人民法院批准重整计划的裁定书或重整程序终结裁定书，以及经办人员身份证明、重整企业授权委托书，向主管税务机关提出纳税信用修复申请。应企业申请，主管税务机关经集体审议后，对重整企业进行信用修复或信用复评，保障重整企业正常经营和后续发展。

税务机关可充分运用与银行间的纳税信用应用机制，将评价结果经重整企业授权后，向相关银行开放查询。

7. 江苏省常州市中级人民法院　国家税务总局常州市税务局印发《关于做好企业破产处置涉税事项办理优化营商环境的实施意见》的通知（常中法〔2020〕60号）

（二）纳税信用修复

人民法院裁定批准重整计划或重整计划执行完毕后，重整企业可向主管税务机关提出纳税信用修复申请。主管税务机关按规定受理，符合条件的，在15个工作日内完成审核，并向重整企业反馈信用修复结果。

税务机关可充分运用与银行间的纳税信用应用机制，将评价结果经重整企业授权后向相关银行开放查询。

8. 苏州市中级人民法院　苏州市税务局破产涉税问题会议纪要

十、破产重整企业重整计划草案经人民法院裁定通过后，根据《国家税务总局关于纳税信用修复有关事项的公告》（国家税务总局公告2019年第37号）规定，纳入纳税信用管理的企业纳税人，符合下列条件之一的，可在规定期限内向主管税务机关申请纳税信用修复。

（一）纳税人发生未按法定期限办理纳税申报、税款缴纳、资料备案等事项且已补办的。

（二）未按税务机关处理结论缴纳或者足额缴纳税款、滞纳金和罚款，未构成犯罪，纳税信用级别被直接判为D级的纳税人，在税务机关处理结论明确的期限期满后60日内足额缴纳、补缴的。

（三）纳税人履行相应法律义务并由税务机关依法解除非正常户状态的。

9. 江苏省镇江市中级人民法院　国家税务总局镇江市税务局印发《关于企业破产处置涉税问题处理的实施意见》的通知（镇中法〔2019〕161号）

四、关于重整企业纳税信用问题

（一）税务登记信息变更。实行"多证合一"后，企业在重整过程中因引进战略投资人等原因确需办理税务登记信息变更的，税务部门应依据工商信息变更及时办理信息变更，无需至工商部门变更信息的，税务机关应根据债务人

（纳税人）的申请变更相关信息。

（二）纳税信用等级评定。法院裁定批准重整计划后，税务部门应充分运用银行与税务部门之间的信用应用机制，根据重整计划执行期间企业履行纳税义务情况对企业进行纳税信用等级修复，并将修复结果向相关金融机构推送。

企业重整后，应企业申请，税务部门可参照"新设立企业"对企业纳税信用等级进行重新评定。

（三）未获清偿滞纳金和罚款的后续处理。按照重整计划依法受偿后仍然欠缴的滞纳金和罚款，自重整计划执行完毕时起，税务部门根据法院作出的终结重整程序裁定依法及时解除重整企业及相关当事人的有关惩戒措施。

10. 国家税务总局浙江省税务局关于支持破产便利化行动有关措施的通知（浙税发〔2019〕87号）

六、支持破产重整企业纳税信用修复

重整计划执行完毕后，应重整企业申请，税务机关可参照"新设立企业"对其纳税信用等级进行重新评定。按照重整计划依法受偿后仍然欠缴的滞纳金和罚款，自重整计划执行完毕时起，可不再纳入《关于对重大税收违法案件当事人实施联合惩戒措施的合作备忘录（2016版）》（发改财金〔2016〕2798号）规定的违法行为评价指标，依法及时解除重整企业及相关当事人的惩戒措施，保障重整企业正常经营和后续发展。

11. 浙江省杭州市中级人民法院　国家税务总局杭州市税务局印发《关于企业破产程序中涉税事务便利化的意见》的通知（杭中法〔2022〕51号）

三、破产重整企业纳税信用修复

19. 重整计划执行完毕后，应重整企业申请，主管税务机关可以参照"新设立企业"对其纳税信用等级进行重新评定。

按照重整计划依法受偿后仍然欠缴的滞纳金和罚款，自重整计划执行完毕时起，可不再纳入《关于对重大税收违法案件当事人实施联合惩戒措施的合作备忘录（2016版）》（发改财金〔2016〕2798号）规定的违法行为评价指标，依法及时解除重整企业及相关当事人的惩戒措施，保障重整企业正常经营和后续发展。

12. 安徽省宣城市中级人民法院　国家税务总局宣城市税务局印发《关于优化企业破产程序中涉税事项办理的实施意见》的通知（宣中法〔2020〕77号）

（二）纳税信用修复。人民法院裁定批准重整计划或重整计划执行完毕后，重整企业可向主管税务机关提出纳税信用修复申请。主管税务机关按规定受理，符合条件的，在3个工作日内完成审核，并向重整企业反馈信用修复结果。税务机关可充分运用与银行间的纳税信用应用机制，将评价结果经重整企业授权后向相关银行开放查询。

13. 福建省莆田市中级人民法院 国家税务总局莆田市税务局印发《关于优化企业破产涉税事项办理的意见》的通知（莆中法〔2020〕88号）

（四）纳税信息变更与信用修复

企业在重整过程中因引进战略投资人等原因确需办理税务登记信息变更的，向市场监督管理部门申报办理变更登记，税务机关主动接收市场监督管理部门变更信息，破产企业无需到税务机关进行确认。

人民法院裁定批准重整计划或重整计划执行完毕后，重整企业可向主管税务机关提出纳税信用复评申请。主管税务机关受理后，符合条件的，参照"新设立企业"在15个工作日内对其纳税信用等级进行重新评定，并于3个工作日内向重整企业反馈信用复评结果。

14. 济南市中级人民法院 国家税务总局济南市税务局关于印发《关于办理企业破产涉税问题的相关意见》的通知（济中法〔2020〕35号）

六、纳税信用修复

25. 破产企业破产重整计划或和解协议执行完毕后，对于符合国家税务总局有关规定的破产企业可向主管税务机关提出纳税信用修复申请。税务机关根据人民法院作出的重整或和解程序终结定裁，可以参照"新设立企业"评价其纳税信用级别。

15. 东营市东营区人民法院 国家税务总局东营市东营区税务局关于企业破产处置涉税事项办理的实施意见（东区法会发〔2021〕29号）

【纳税信用修复】区法院裁定批准重整计划后，重整企业可向区税务局提出纳税信用修复申请。区税务局应按规定受理，在15个工作日内完成审核，并向重整企业反馈信用修复结果。

16. 武汉市中级人民法院 国家税务总局武汉市税务局关于企业破产处置中涉税事项办理的实施意见（武中法〔2021〕1号）

（二）纳税信用修复

人民法院裁定批准重整计划或重整计划执行完毕后，重整企业符合《国家税务总局关于纳税信用修复有关事项的公告》（2019年第37号）条件的，可在规定期限内向主管税务机关申请纳税信用修复。主管税务机关按规定办理，并向重整企业反馈信用修复结果，保障重整企业正常经营和后续发展。

税务机关可充分运用与银行间的纳税信用应用机制，将修复后的纳税信用评价结果向相关银行推送。

17. 湖南省高级人民法院　国家税务总局湖南省税务局关于便利企业破产涉税事项办理助推营商环境优化的意见（湘高法发〔2021〕7 号）

（九）优化纳税信用修复

重整或和解程序中，税务机关依法受偿后，管理人或重整企业可持人民法院批准重整计划或认可和解协议的裁定书、重整计划、管理人出具的监督报告的原件和复印件（原件查验后退回），向主管税务机关提出纳税信用修复申请。重整企业由于特殊情况无法提供裁定书、重整计划、监督报告原件的，可提供复印件，但需同时出具情况说明并加盖重整企业法定代表人或负责人的签章。主管税务机关应在受理纳税信用修复申请之日起 10 个工作日内完成审核，并反馈信用修复结果。

已被公布重大税收违法失信案件信息的上述破产企业，经税务机关确认后，停止公布并从公告栏中撤出，并将相关情况及时通知实施联合惩戒和管理的部门。有关部门应当依据各自法定职责，按照法律法规和有关规定解除惩戒，保障企业正常经营和后续发展。

税务机关可充分运用与银行间的纳税信用应用机制，将评价结果经重整企业授权后向相关银行开放查询。

18. 广州市中级人民法院　国家税务总局广州市税务局《关于破产程序中涉税问题的若干处理意见（试行）》（穗中法〔2020〕90 号）

15. 完善重整企业纳税信用修复机制，应企业申请，税务部门可参照"新设立企业"进行重新评定，保障重整企业正常经营和后续发展。重整企业符合《国家税务总局关于纳税信用修复有关事项的公告》（2019 年第 37 号）条件的，可在规定期限内向主管税务机关申请纳税信用修复。

19. 柳州市人民政府　柳州市中级人民法院关于破产程序中有关税务问题处理的指导意见（柳政发〔2019〕30 号）

六、破产重整后企业的纳税信用等级评定管理

在法院裁定批准重整计划后，税务部门充分运用好银行与税务部门之间的信用应用机制，根据税收违法违章整改情况以及重整计划执行期间企业履行纳税义务情况对企业进行纳税信用等级评定，并将评定结果向相关金融机构推送。

20. 北海市中级人民法院 国家税务总局北海市税务局印发《关于企业破产处置涉税问题处理的实施意见（试行）》的通知（北中法〔2020〕84号）

第十九条 法院裁定批准重整计划后，税务机关应充分运用自治区、市信用办与同级税务机关之间的信用应用机制，根据重整计划执行期间企业履行纳税义务情况对企业进行纳税信用等级修复，并将修复结果向信用办推送。自法院批准重整计划时起，税务机关根据法院作出的裁定依法及时解除重整企业及相关当事人的有关惩戒措施。

21. 重庆市高级人民法院 国家税务总局重庆市税务局关于企业破产程序涉税问题处理的实施意见（渝高法〔2020〕24号）

（十四）纳税信用评价。人民法院裁定批准重整计划后，企业提出信用修复申请的，税务部门应当按规定受理，根据重整计划履行纳税义务情况对企业进行纳税信用等级修复，并充分运用银行与税务机关之间的信用应用机制，将修复结果经债务人授权向相关银行开放查询。

自人民法院裁定受理破产重整申请之日起，重整企业可按规定不再参加本期信用评价；重整计划执行完毕，人民法院作出重整程序终结的裁定后，应重整企业申请，税务机关可按规定对企业重新进行纳税信用评价。按照重整计划依法受偿后仍然欠缴的滞纳金和罚款，自重整计划执行完毕时起，不再纳入《关于对重大税收违法案件当事人实施联合惩戒措施的合作备忘录（2016版）》（发改财金〔2016〕2798号）规定的违法行为评价指标。税务机关应当依法及时解除重整企业及相关当事人的惩戒措施，保障重整企业正常经营和后续发展。

22. 四川省高级人民法院 国家税务总局四川省税务局关于企业破产程序涉税问题处理的意见（川高发〔2021〕4号）

（二）纳税信用修复

重整或和解程序中，税务机关依法受偿后，管理人或破产企业可以向主管税务机关提出纳税信用修复申请，主管税务机关根据人民法院出具的批准重整计划或认可和解协议的裁定书评价其纳税信用级别。已被公布重大税收违法失信案件信息的上述破产企业，经税务机关确认后，停止公布并从公告栏中撤出，并将相关情况及时通知实施联合惩戒和管理的部门。

税务机关可充分运用与银行间的纳税信用应用机制，将评价结果经企业授权后向相关银行开放查询。

23. 贵州省高级人民法院 国家税务总局贵州省税务局关于企业破产程序涉税问题处理的实施意见（黔高法〔2021〕74号）

（十六）纳税信用修复。重整或和解程序中，税务机关依法受偿后，管理人或破产企业可以向主管税务机关提出纳税信用修复申请，主管税务机关根据人民法院出具的批准重整计划或认可和解协议的裁定书评价其纳税信用级别。已被公布重大税收违法失信案件信息的上述破产企业，经税务机关确认后停止公布，并将相关情况及时通知实施联合惩戒和管理的部门。

24. 辽宁省大连市中级人民法院 国家税务总局大连市税务局印发《关于优化企业破产处置过程中涉税事项办理的意见》的通知（大中法发〔2020〕7号）

（三）纳税信用复评

人民法院裁定批准重整计划或重整计划执行完毕后，重整企业可向主管税务机关提出纳税信用复评申请。主管税务机关受理后，符合条件的，参照"新设立企业"对其纳税信用等级进行重新评定，并于3个工作日内向重整企业反馈信用复评结果。

25. 厦门市中级人民法院 国家税务总局厦门市税务局关于推进企业破产程序中办理涉税事项便利化的实施意见（厦中法〔2020〕23号）

（六）破产重整企业纳税信用修复

人民法院裁定批准重整计划后，重整企业可向主管税务机关申请纳税信用修复。主管税务机关按《国家税务总局关于纳税信用修复有关事项的公告》（2019年第37号）等相关规定受理。符合条件的，自受理申请之日起五个工作日内完成审核，并向重整企业反馈纳税信用修复结果。

26. 国家税务总局青岛市黄岛区税务局企业破产涉税事项办理指南（试行）（青黄税办函〔2020〕5号）

九、纳税信用修复

人民法院裁定批准重整计划或重整计划执行完毕后，重整企业可持人民法院批准重整计划裁定书的原件和复印件（原件查验后退回），填写《纳税信用修复申请表》，到主管税务机关办税服务厅办理，或通过电子税务局向主管税务机关提出纳税信用修复申请。重整企业由于特殊情况无法提供裁定书原件的，可提供复印件，但需同时出具情况说明并加盖重整企业法定代表人或负责人的签章。

主管税务机关受理后，按照《国家税务总局关于纳税信用修复有关事项的公告》（2019年第37号）有关规定，依据人民法院作出的重整程序终结裁定，可参照"新设立企业"对其纳税信用等级进行重新评定，对企业完成破产重整前产生的欠税（滞纳金）及罚款不再纳入纳税信用评价指标，并在规定期限内完成审核，向重整企业反馈信用修复结果。

27. 国家税务总局深圳市税务局企业破产涉税事项办理指南

2. 纳税信用修复

人民法院裁定批准重整计划或重整计划执行完毕后，重整企业可以向主管税务机关提出纳税信用修复申请。主管税务机关按规定受理，符合条件的，在15个工作日内完成审核，并向重整企业反馈信用修复结果。

八、破产企业税收违法行为的处理

根据《税收违法行为检举管理办法》（国家税务总局令第49号）第三条的规定，税收违法行为，是指涉嫌偷税（逃避缴纳税款），逃避追缴欠税，骗税、虚开、伪造、变造发票，以及其他与逃避缴纳税款相关的税收违法行为。税收违法行为被税务机关查实后，企业面临追缴税款、加收滞纳金、处以罚款、没收财物和违法所得、停止出口退税权等法律后果。人民法院受理破产申请后，企业进入破产程序，但其仍然是税法上的纳税人，对法院受理破产案件前后发生的税收违法行为，应当给予行政处理、处罚的，主管税务机关依法作出行政处理、处罚决定。如果管理人在接管破产企业账册和财产后，发现税务机关尚未发现的破产企业的税务违法行为，是否应该主动纠正违法行为，向税务机关进行补充或更正申报，现行税法未做规定。《苏州市中级人民法院 苏州市税务局破产涉税问题会议纪要》第十一条规定，破产管理人在破产程序中发现破产企业涉嫌未足额申报纳税，确有偷税漏税嫌疑的，应及时报告受理破产案件的人民法院和主管税务机关，并由税务机关依法对破产企业进行税务检查。扬州、温州等地破产涉税指导意见亦有类似的规定。对此，破产企业管理应予充分重视。

1. 上海市高级人民法院　国家税务总局上海市税务局关于优化企业破产程序中涉税事项办理的实施意见（沪高法〔2020〕222号）

（五）纳税申报

管理人据实补办人民法院裁定受理破产申请前企业未办理的纳税申报，未发现企业有应税行为的，可暂按零申报补办纳税申报。人民法院裁定受理破产申请前，企业发生税收违法行为应当给予行政处理、处罚的，主管税务机关依法作出行政处理、处罚决定，并将企业应补缴税（费）及罚款按照法律规定进行债权申报，依法受偿。

2. 南京市中级人民法院　国家税务总局南京市税务局关于印发《破产清算程序中税收债权申报与税收征收管理实施办法》的通知（宁中法〔2019〕159号）

（三）解除非正常户状态的纳税人因人民法院裁定受理破产日之前发生税收违法行为应当给予行政处罚的，主管税务机关依法作出税务行政处罚决定。破产程序终结后，对确实无法清偿的罚款，主管税务机关依据人民法院终结破产程序的裁定，终结行政处罚决定的执行。

3. 江苏省常州市中级人民法院　国家税务总局常州市税务局印发《关于做好企业破产处置涉税事项办理优化营商环境的实施意见》的通知（常中法〔2020〕60号）

人民法院裁定受理破产申请前，企业发生税收违法行为应当给予行政处理、处罚的，主管税务机关依法作出行政处理、处罚决定，并将企业应补缴税款（含教育费附加、地方教育附加，下同）、滞纳金及罚款按照法律规定进行债权申报，依法受偿。

人民法院裁定受理破产申请后，经人民法院许可或债权人会议决议，企业因继续营业或者因破产财产的使用、拍卖、变现所产生的应当由企业缴纳的税款，管理人以企业名义按规定申报纳税。相关税款依法按照共益债务或者破产费用，由破产财产随时清偿，主管税务机关无需另行申报债权，由管理人代为申报缴纳。

4. 苏州市中级人民法院　苏州市税务局破产涉税问题会议纪要

三、破产企业在受理破产日前被主管税务机关认定为非正常户，由破产管理人补办纳税申报。对破产企业发生的税收违法行为，税务机关依法作出行政处罚，解除破产企业非正常户认定。解除非正常户认定后破产企业申领发票的，税务机关应按规定及时办理。

十一、破产管理人在破产程序中发现破产企业涉嫌未足额申报纳税，确有偷税漏税嫌疑的，应及时报告受理破产案件的人民法院和主管税务机关，并由税务机关依法对破产企业进行税务检查。

5. 扬州市中级人民法院　国家税务总局扬州市税务局关于企业破产处置涉税问题处理的实施意见（扬中法〔2020〕22号）

第二十四条　进入破产程序后，税务机关原则上不再启动税务检查程序，但发现重大违法线索必须查处的情形除外。

管理人在破产程序中发现债务人在进入破产程序前涉嫌未足额申报纳税的，应及时报告受理破产案件的法院和主管税务机关，进行纳税申报，税务机关可依法对债务人企业进行税务检查，在破产财产最后分配前做好税收债权的补充申报工作。

6. 国家税务总局浙江省税务局关于支持破产便利化行动有关措施的通知（浙税发〔2019〕87号）

对人民法院受理破产案件前发生的税收违法行为应当给予行政处罚的，税务机关应当依法作出行政处罚决定，将罚款及应补缴的税款按照《企业破产法》和最高人民法院的有关规定进行债权申报、依法受偿和相关后续处理。

7. 温州市中级人民法院 温州市地方税务局关于破产程序和执行程序中有关税费问题的会议纪要（温中法〔2015〕3号）

2. 管理人在破产程序中发现债务人企业涉嫌未足额申报纳税的，应及时报告受理破产案件的法院和主管税务分局，并由地税部门依法对债务人企业进行税务检查，争取在破产财产最后分配前做好税收（费）债权的补充申报工作。

8. 安徽省宣城市中级人民法院 国家税务总局宣城市税务局印发《关于优化企业破产程序中涉税事项办理的实施意见》的通知（宣中法〔2020〕77号）

人民法院裁定受理破产申请前，企业发生税收违法行为应当给予行政处理、处罚的，主管税务机关依法作出行政处理、处罚决定，并将企业应补缴税（费）及罚款按照法律规定进行债权申报，依法受偿。

9. 福建省莆田市中级人民法院 国家税务总局莆田市税务局印发《关于优化企业破产涉税事项办理的意见》的通知（莆中法〔2020〕88号）

（三）行政处理、处罚

人民法院裁定受理破产申请前，企业发生税费违法行为应当给予行政处理、处罚的，主管税务机关依法作出行政处理、处罚决定，并将企业应当补缴税费、滞纳金及罚款按照法律规定进行债权申报，依法受偿。

10. 武汉市中级人民法院 国家税务总局武汉市税务局关于企业破产处置中涉税事项办理的实施意见（武中法〔2021〕1号）

（三）纳税申报

管理人据实补办人民法院裁定受理破产申请前企业未办理的纳税申报，未发现企业有应税行为的，可暂按零申报补办纳税申报。人民法院裁定受理破产申请前，企业发生税收违法行为应当给予行政处理、处罚的，主管税务机关依法作出行政处理、处罚决定，并将企业应补缴税（费）及罚款按照法律规定进行债权申报，依法受偿。

11. 湖南省高级人民法院　国家税务总局湖南省税务局关于便利企业破产涉税事项办理助推营商环境优化的意见（湘高法发〔2021〕7号）

管理人据实补办人民法院裁定受理破产申请前企业未办理的纳税申报，未发现企业有应税申报内容的，可暂按零申报补办纳税申报。人民法院裁定受理破产申请前，企业发生税收违法行为应当给予行政处理和处罚的，主管税务机关依法作出行政处理和处罚决定，并将企业应补缴税费（包括税务机关征收的社会保险费及非税收入，下同）、滞纳金和罚款按照法律规定进行债权申报，依法受偿。

12. 柳州市人民政府　柳州市中级人民法院关于破产程序中有关税务问题处理的指导意见（柳政发〔2019〕30号）

（二）进入破产程序后，税务部门原则上不再启动税务检查程序，但发现重大违法线索必须查处的情形除外。

管理人在破产程序中发现债务人涉嫌未足额申报纳税的，应及时报告受理破产案件的法院和主管税务机关，进行纳税申报，税务部门可依法对债务人企业进行税务检查，在破产财产最后分配前做好税收债权的补充申报工作。

13. 北海市中级人民法院　国家税务总局北海市税务局印发《关于企业破产处置涉税问题处理的实施意见（试行）》的通知（北中法〔2020〕84号）

第二十四条　进入破产程序后，税务机关原则上不再启动税务检查程序，但发现重大违法线索必须查处的情形除外。

管理人在破产程序中发现债务人在进入破产程序前涉嫌未足额申报纳税的，应及时报告受理破产案件的法院和主管税务机关，进行纳税申报，税务机关可依法对债务人企业进行税务检查，在破产财产最后分配前做好税收债权的补充申报工作。

14. 四川省高级人民法院　国家税务总局四川省税务局关于企业破产程序涉税问题处理的意见（川高发〔2021〕4号）

（五）纳税申报

管理人据实补办人民法院裁定受理破产申请前企业未办理的纳税申报，未发现企业有应税行为的，可暂按零申报补办纳税申报。人民法院裁定受理破产申请前，企业发生税收违法行为应当给予行政处理、处罚的，主管税务机关依法作出行政处理、处罚决定，并将企业应补缴税（费）、滞纳金、罚款按照法律规定进行债权申报，依法受偿。

人民法院裁定受理破产申请后，经人民法院许可或债权人会议决议，企业因继续营业或者因破产财产的使用、拍卖、变现所产生的应当由企业缴纳的税（费），管理人以企业名义按规定申报缴纳。相关税（费）依法按照共益债务或者破产费用，由破产财产随时清偿，主管税务机关无需另行申报债权，由管理人直接申报缴纳。

15. 辽宁省大连市中级人民法院 国家税务总局大连市税务局印发《关于优化企业破产处置过程中涉税事项办理的意见》的通知（大中法发〔2020〕7号）

人民法院裁定受理破产申请后，管理人可以向主管税务机关申请非正常户解除。主管税务机关对企业在人民法院受理破产案件前发生的税收违法行为应当依法作出行政处罚决定，将罚款按照《企业破产法》和最高人民法院的有关规定进行债权申报、依法受偿和相关后续处理。

【税收违法行为处理】区法院裁定受理破产申请前，企业发生的税收违法行为应当给予行政处理、处罚的，区税务局依法做出行政处理、处罚决定。

16. 国家税务总局青岛市黄岛区税务局企业破产涉税事项办理指南（试行）（青黄税办函〔2020〕5号）

对人民法院受理破产案件前发生的税收违法行为应当给予行政处罚的，税务机关应当依法作出行政处罚决定后解除非正常户。主管税源管理科所将经法制、收核、征管、风险管理局等部门复核后的罚款及应补缴的税费按照《企业破产法》和最高人民法院的有关规定进行债权申报、依法受偿和相关后续处理。破产程序终结后，对确实无法清偿的罚款，法制科依据人民法院终结破产程序的裁定，终结行政处罚决定的执行。

17. 国家税务总局深圳市税务局企业破产涉税事项办理指南

（六）行政处理、处罚

人民法院裁定受理破产申请前，企业发生税费违法行为应当给予行政处理、处罚的，主管税务机关依法作出行政处理、处罚决定，并将企业应当补缴税费及罚款按照法律规定进行债权申报，依法受偿。

在破产程序中，发现破产企业的税控设备、发票等在接管前有丢失情形的，管理人应当及时向主管税务机关报备，按照规定进行挂失、补办等。主管税务机关应当将因丢失税控设备、发票等产生的罚款进行债权申报。

九、管理人代表破产企业办理涉税事项时未遵守税收法律、法规的责任

破产管理人是法院指定的，在法院的指挥和监督之下，负责破产财产的管理、处分、业务经营以及破产方案拟定和执行的专门机构。破产管理人在破产程序中代表破产企业处理包括涉税事项有关事项。如果破产管理人代表破产企业办理涉税事项时，未遵守税收法律法规，造成企业未缴或者少缴税款的，税务机关应如何处理，现行税法未做规定。对此，上海、四川等地税务机关发布了相应的指导意见。

1. 上海市高级人民法院 国家税务总局上海市税务局关于优化企业破产程序中涉税事项办理的实施意见（沪高法〔2020〕222号）

（三）管理责任

因管理人代表企业办理涉税事项时未遵守税收法律、法规，造成企业未缴或者少缴税款的，主管税务机关责令限期整改。对拒不改正或未勤勉尽责履行代企业进行纳税申报义务的管理人，主管税务机关可将有关情况通报人民法院。

2. 东营市东营区人民法院 国家税务总局东营市东营区税务局关于企业破产处置涉税事项办理的实施意见（东区法会发〔2021〕29号）

【管理人责任】管理人违反税收法律、行政法规，造成纳税人未缴或者少缴税款的，区税务局应当责令限期整改。对拒不改正的管理人，区税务局按照税收法律法规政策规定处理，同时可将有关情况通报区法院，由区法院依照管理人监督管理有关规定进行处理。

3. 武汉市中级人民法院 国家税务总局武汉市税务局关于企业破产处置中涉税事项办理的实施意见（武中法〔2021〕1号）

（三）管理责任

因管理人代表企业办理涉税事项时未遵守税收法律、法规，造成企业未缴或者少缴税款的，主管税务机关责令限期整改。对拒不改正或未勤勉尽责履行

代企业进行纳税申报义务的管理人，主管税务机关可将有关情况通报人民法院。

4. 四川省高级人民法院　国家税务总局四川省税务局关于企业破产程序涉税问题处理的意见（川高发〔2021〕4号）

（四）管理责任

因管理人代表企业办理涉税事项时未遵守税收法律、法规，造成企业未缴或者少缴税款的，主管税务机关责令限期整改。对拒不改正或未勤勉尽责履行代企业进行纳税申报义务的管理人，主管税务机关可将有关情况通报人民法院。人民法院应当责令管理人依法履行纳税义务。

十、破产企业税收优惠政策

税收优惠是政府为了实现某种特定的社会、经济或政治目标而在税法中规定的给与纳税人的照顾和鼓励。破产企业如果符合税法规定的税收优惠条件，管理人可以代表破产企业向税务机关申请税收优惠。

1. 齐齐哈尔市中级人民法院关于破产管理人处理税务及信用修复问题的工作指引（试行）

第九条　破产企业符合以下税收优惠条件的，管理人应当及时到税务机关办理税收减免手续：

（一）两个或两个以上的公司，依照法律规定、合同约定，合并为一个公司，且原投资主体存续的，对合并后公司承受原合并各方土地、房屋权属，免征契税。

（二）公司依照法律规定、合同约定分立为两个或两个以上与原公司投资主体相同的公司，对分立后公司承受原公司土地、房屋权属，免征契税。

（三）企业依照有关法律规定实施破产，债权人（包括破产企业职工）承受破产企业抵偿债务的土地、房屋权属，免征契税；对非债权人承受破产企业土地、房屋权属，凡按照《中华人民共和国劳动法》等国家有关职工安置法律法规政策，与原企业全部职工签订服务年限不少于三年的劳动用工合同的，对其承受所购企业土地、房屋权属，免征契税；与原企业超过30%的职工签订服务年限不少于三年的劳动用工合同的，减半征收契税。

（四）破产企业处置不动产、股权时不预征企业所得税。企业进入破产程序后，管理人应当及时将企业清算事项报主管税务机关备案，并在清算程序结束之日起十五日内向主管税务机关报送企业清算所得税纳税申报表，以便以整个清算期间作为一个纳税年度，依法计算清算所得并结清其应纳所得税。

2. 上海市高级人民法院 国家税务总局上海市税务局关于优化企业破产程序中涉税事项办理的实施意见（沪高法〔2020〕222号）

三、落实税收优惠政策

（一）破产清算事项

依法进入破产程序的企业资产不足清偿全部或者到期债务，其房产土地闲置不用的，可以在人民法院裁定受理破产申请后，按现行规定向主管税务机关申请房产税和城镇土地使用税困难减免。

（二）破产重整及和解事项

企业在破产过程中，实施资产重组，通过合并、分立、出售、置换等方式，将全部或者部分实物资产以及与其相关联的债权、负债和劳动力一并转让给其他单位和个人，其中涉及的货物、不动产、土地使用权转让符合规定条件的，不征收增值税。

企业在破产过程中，发生重组业务，符合规定条件的，可适用企业所得税特殊性税务处理。

企业在破产过程中，符合规定条件的，可享受改制重组有关契税、土地增值税、印花税优惠政策。

3. 江苏省高级人民法院 国家税务总局江苏省税务局关于做好企业破产处置涉税事项办理优化营商环境的实施意见（苏高法〔2020〕224号）

五、落实税收优惠

1. 房产税、城镇土地使用税处理。依法进入破产程序的企业资产不足清偿全部或者到期债务，其房产土地闲置不用的，可以在人民法院裁定受理破产申请后，按现行规定向主管税务机关提交房产税和城镇土地使用税困难减免申请。

对重整、和解的企业，符合减免条件的，对城镇土地使用税可按有关规定予以减免，对房产税可提请当地市、县人民政府办理减免。

2. 破产重整、和解税务处理。企业在破产过程中，发生重组业务，符合规定条件的，可以适用企业所得税特殊性税务处理。

企业在破产过程中，符合规定条件的，可享受改制重组有关契税、土地增值税、印花税优惠政策。

企业在破产过程中，实施资产重组，通过合并、分立、出售、置换等方式，将全部或者部分实物资产以及与其相关联的债权、负债和劳动力一并转让给其他单位和个人，其中涉及的货物、不动产、土地使用权转让符合规定条件的，不征收增值税。

4. 江苏省常州市中级人民法院　国家税务总局常州市税务局印发《关于做好企业破产处置涉税事项办理优化营商环境的实施意见》的通知（常中法〔2020〕60号）

三、落实税收优惠政策

（一）破产清算事项

依法进入破产程序的企业，缴纳房产税确有困难的，需要给予临时性减税或免税照顾的，由市、县人民政府批准，定期减征或免征房产税。因破产而全面停产（不包括季节性停产）、停业半年以上，缴纳城镇土地使用税确有困难的，可按现行规定向主管税务机关申请城镇土地使用税困难减免。

（二）破产重整及和解事项

企业在破产过程中，实施资产重组，通过合并、分立、出售、置换等方式，将全部或者部分实物资产以及与其相关联的债权、负债和劳动力一并转让给其他单位和个人，其中涉及的货物、不动产、土地使用权转让符合规定条件的，不征收增值税。

企业在破产过程中，发生重组业务，符合规定条件的，可适用企业所得税特殊性税务处理。

企业在破产过程中，符合规定条件的，可享受改制重组有关契税、土地增值税、印花税优惠政策。

5. 江苏省镇江市中级人民法院　国家税务总局镇江市税务局印发《关于企业破产处置涉税问题处理的实施意见》的通知（镇中法〔2019〕161号）

五、关于企业破产处置税收优惠问题

管理人在破产财产处置中认为破产企业符合国家相关税收优惠政策的，可以向主管税务机关提出咨询或书面申请，由主管税务机关按规定做好政策辅导与落实。

6. 福建省莆田市中级人民法院　国家税务总局莆田市税务局印发《关于优化企业破产涉税事项办理的意见》的通知（莆中法〔2020〕88号）

六、落实税收优惠政策

依法进入破产程序的企业，确有困难的，可以按照规定向主管税务机关申请房产税和城镇土地使用税困难减免。

企业在破产过程中，实施资产重组，通过合并、分立、出售、置换等方式，将全部或者部分实物资产以及与其相关联的债权、负债和劳动力一并转让给其他单位和个人，其中涉及的货物、不动产、土地使用权转让符合规定条件的，不征收增值税。

企业在破产过程中，发生重组业务，符合规定条件的，可以适用企业所得税特殊性税务处理。

企业在破产过程中，符合规定条件的，可以享受改制重组有关契税、土地增值税、印花税优惠政策。

7. 济南市中级人民法院　国家税务总局济南市税务局关于印发《关于办理企业破产涉税问题的相关意见》的通知（济中法〔2020〕35号）

五、税收优惠政策落实

21. 管理人可以根据《山东省地方税务局关于明确城镇土地使用税困难减免税有关事项的公告》（山东省地方税务局公告2018年第6号）、《山东省地方税务局关于明确房产税困难减免税有关事项的公告》（山东省地方税务局公告2018年第7号）的有关规定，依法向税务机关申请城镇土地使用税、房产税困难减免税。

22. 根据《国家税务总局关于纳税人资产重组有关增值税问题的公告》（国家税务总局公告2011年第13号）、《国家税务总局关于纳税人资产重组有关增值税问题的公告》（国家税务总局公告2013年第66号）、《财政部　国家税务总局关于全面推开营业税改征增值税试点的通知》（财税（2016）36号）的相关规定，企业在破产程序中，实施资产重组，通过合并、分立、出售、置换等方式，将全部或者部分实物资产以及与其相关联的债权、债务和劳动力一并转让给其他单位和个人，其中涉及的货物、不动产、土地使用权转让，符合规定条件的，不征收增值税。

23. 根据《财政部　国家税务总局关于企业重组业务企业所得税处理若干问题的通知》（财税〔2009〕59号）、《财政部　国家税务总局关于促进企业重组有关企业所得税处理问题的通知》（财税〔2014〕109号）、《国家税务总局关于资产（股权）划转企业所得税征管问题的公告》（国家税务总局公告2015年第40号）的相关规定，企业在破产程序中，发生重组业务，符合规定条件的，可适用企业所得税特殊性税务处理。

24. 企业在破产程序中出现符合规定条件的情形时，可适用企业改制重组有关契税、土地增值税、印花税等优惠政策。

8. 东营市东营区人民法院 国家税务总局东营市东营区税务局关于企业破产处置涉税事项办理的实施意见（东区法会发〔2021〕29 号）

6.【清算期间企业所得税处理】区法院裁定受理破产申请后，企业不再持续经营的，应进行企业所得税的清算。清算时，应当以整个清算期间作为一个独立的纳税年度，计算清算所得并进行清算所得税申报。

7.【房产税、城镇土地使用税的减免】破产受理后的破产企业应当缴纳的房产税、城镇土地使用税，管理人应当进行申报。管理人可依据现行规定向区税务局申请减免。管理人提交资料齐全的，区税务局应当于 10 个工作日内依法进行核准。

8.【破产重整、和解的税务处理】根据相关法律、法规等规定，企业破产受理后，破产重整、和解符合规定条件的，可以适用企业所得税特殊性税务处理。

企业破产受理后，实施资产重组，通过合并、分立、出售、置换等方式，将全部或部分实物资产以及与其相关联的债权、负债和劳动力一并转让给其他单位和个人，其中涉及的货物、不动产、土地使用权转让符合规定条件的，不征收增值税。

企业破产受理后，符合法律法规政策规定条件的，可享受改制重组有关契税、土地增值税、印花税等优惠政策。

9. 武汉市中级人民法院 国家税务总局武汉市税务局关于企业破产处置中涉税事项办理的实施意见（武中法〔2021〕1 号）

四、依法落实相关税收优惠

（一）破产清算事项

依法进入破产程序的企业，其房产土地闲置不用的，可以在人民法院裁定受理破产申请后，按现行规定向主管税务机关申请房产税和城镇土地使用税困难减免。

（二）破产重整及和解事项

企业在破产过程中，实施资产重组，通过合并、分立、出售、置换等方式，将全部或者部分实物资产以及与其相关联的债权、负债和劳动力一并转让给其他单位和个人，其中涉及的货物、不动产、土地使用权转让符合规定条件的，不征收增值税。

企业在破产过程中，发生重组业务，符合规定条件的，可适用企业所得税特殊性税务处理。

企业在破产过程中，符合规定条件的，可享受改制重组有关契税、土地增值税、印花税优惠政策。

10. 湖南省高级人民法院 国家税务总局湖南省税务局关于便利企业破产涉税事项办理助推营商环境优化的意见（湘高法发〔2021〕7号）

三、依法给予税收优惠

（十）破产清算程序中的优惠

依法进入破产清算程序的企业资产不足以清偿全部或者部分到期债务，其房产土地闲置不用的，可以在人民法院裁定受理破产申请后，按现行规定向主管税务机关申请房产税和城镇土地使用税困难减免。

（十一）破产重整、和解程序中的优惠

企业在破产过程中，实施资产重组，通过合并、分立、出售、置换等方式，将全部或者部分实物资产以及与其相关联的债权、负债和劳动力一并转让给其他单位和个人，其中涉及的货物、不动产、土地使用权转让符合规定条件的，不征收增值税。

破产企业重整、和解过程中发生的债务重组所得，符合规定条件的，可以适用特殊性税务处理。

企业在破产过程中，符合规定条件的，可享受改制重组有关契税、土地增值税、印花税等优惠政策。在破产程序中，如破产企业涉税事项符合核定征收条件的，税务机关可依法进行核定征收。

11. 四川省高级人民法院 国家税务总局四川省税务局关于企业破产程序涉税问题处理的意见（川高发〔2021〕4号）

三、落实税收优惠政策

（一）破产清算事项

依法进入破产程序的企业纳税确有困难的，管理人可以在人民法院裁定受理破产申请后，按现行规定向主管税务机关申请房产税和城镇土地使用税困难减免。

（二）破产重整及和解事项

企业在破产过程中，实施资产重组，通过合并、分立、出售、置换等方式，将全部或者部分实物资产以及与其相关联的债权、负债和劳动力一并转让给其他单位和个人，其中涉及的货物、不动产、土地使用权转让符合规定条件的，不征收增值税。

企业在破产过程中，发生重组业务，符合规定条件的，可适用企业所得税特殊性税务处理。

企业在破产过程中，符合规定条件的，可享受改制重组有关契税、土地增值税、印花税优惠政策。

管理人认为企业符合国家相关税收优惠政策的，可以向主管税务机关提出咨询或者申请，由主管税务机关按规定做好政策辅导或者落实。

12. 贵州省高级人民法院　国家税务总局贵州省税务局关于企业破产程序涉税问题处理的实施意见（黔高法〔2021〕74号）

（十七）税收优惠。依法进入破产程序的债务人纳税确有困难的，税务机关可以应管理人的申请，按照《中华人民共和国房产税暂行条例》《中华人民共和国城镇土地使用税暂行条例》等相关法律法规的规定，酌情减免房产税、城镇土地使用税等。

破产企业根据资产处置结果，人民法院裁定批准或认可的重整计划、和解协议确定或形成的资产损失，依照税法规定进行资产损失扣除。主管税务机关对破产企业提交的与此有关的申请材料应快捷审查，便利办理。

企业在破产过程中，符合规定条件的，可享受改制重组有关税收优惠政策。管理人认为企业符合国家相关税收优惠政策的，可以向主管税务机关提出咨询或者申请，由主管税务机关按规定做好政策辅导或者落实。

13. 辽宁省大连市中级人民法院　国家税务总局大连市税务局印发《关于优化企业破产处置过程中涉税事项办理的意见》的通知（大中法发〔2020〕7号）

六、落实税收优惠政策

1. 根据《国家税务总局大连市税务局关于房产税和城镇土地使用税困难减免税有关事项的公告》（国家税务总局大连市税务局公告2018年第16号）规定精神，管理人可以依法向主管税务机关申请自人民法院裁定受理破产申请至破产终结期间纳税人应缴房产税、城镇土地使用税困难减免。

2. 企业在破产过程中，实施资产重组，通过合并、分立、出售、置换等方式，将全部或者部分实物资产以及与其相关联的债权、负债和劳动力一并转让给其他单位和个人，其中涉及的货物、不动产、土地使用权转让符合规定条件的，不征收增值税。

3. 企业在破产过程中，发生重组业务，符合规定条件的，可适用企业所得税特殊性税务处理。

4. 企业在破产过程中，符合规定条件的，可适用改制重组有关契税、土地增值税、印花税优惠政策。

14. 国家税务总局深圳市税务局企业破产涉税事项办理指南

（七）税收优惠办理

依法进入破产程序的企业，确有困难的，可以按照规定向主管税务机关申请房产税和城镇土地使用税困难减免。

企业在破产过程中，实施资产重组，通过合并、分立、出售、置换等方式，将全部或者部分实物资产以及与其相关联的债权、负债和劳动力一并转让给其他单位和个人，其中涉及的货物、不动产、土地使用权转让符合规定条件的，不征收增值税。

企业在破产过程中，发生重组业务，符合规定条件的，可以适用企业所得税特殊性税务处理。

企业在破产过程中，符合规定条件的，可以享受改制重组有关契税、土地增值税、印花税优惠政策。

十一、破产受理后的新生税费性质

我国《企业破产法》与司法解释、税收等相关法律法规并未就企业破产受理后新生税款的性质作出明确规定。实践中，税务机关没有厘清企业破产受理后新生税款的性质，直接请求法院确认为税务债权，法院往往认为新生税款不属于人民法院受理破产申请时对债务人享有的债权，不属于破产债权，从而驳回税务机关的诉讼请求。破产案件受理后新生税款虽不属于破产债权，但破产清算过程中产生的增值税、印花税、城镇土地使用税、房产税、城市维护建设税等税款，都是为全体债权人的共同利益而支付的各项费用，可以增进所有债权人的利益，其主要目的是保障破产程序的顺利进行，应属于我国《企业破产法》第四十一条、第四十二条所规定的破产费用、共益债务，应由债务人财产随时清偿。

1. 上海市高级人民法院　国家税务总局上海市税务局关于优化企业破产程序中涉税事项办理的实施意见（沪高法〔2020〕222号）

人民法院裁定受理破产申请后，经人民法院许可或债权人会议决议，企业因继续营业或者因破产财产的使用、拍卖、变现所产生的应当由企业缴纳的税

（费），管理人以企业名义按规定申报纳税。相关税（费）依法按照共益债务或者破产费用，由破产财产随时清偿，主管税务机关无需另行申报债权，由管理人代为申报缴纳。

2. 南京市中级人民法院　国家税务总局南京市税务局关于印发《破产清算程序中税收债权申报与税收征收管理实施办法》的通知（宁中法〔2019〕159号）

（四）人民法院受理破产清算后，纳税人经人民法院许可，为债权人利益继续生产经营，或者在纳税人财产的使用、拍卖、变现过程中产生的应当由纳税人缴纳的税（费），属于《中华人民共和国企业破产法》第四十一条破产费用中的"管理、变价和分配债务人财产的费用"，依法由纳税人的财产及时清偿。

管理人应当在破产财产的变价方案或者分配方案中列明应由纳税人财产及时清偿的税款。

3. 江苏省常州市中级人民法院　国家税务总局常州市税务局印发《关于做好企业破产处置涉税事项办理优化营商环境的实施意见》的通知（常中法〔2020〕60号）

人民法院裁定受理破产申请后，经人民法院许可或债权人会议决议，企业因继续营业或者因破产财产的使用、拍卖、变现所产生的应当由企业缴纳的税款，管理人以企业名义按规定申报纳税。相关税款依法按照共益债务或者破产费用，由破产财产随时清偿，主管税务机关无需另行申报债权，由管理人代为申报缴纳。

4. 东营市东营区人民法院　国家税务总局东营市东营区税务局《关于企业破产处置涉税事项办理的实施意见》（东区法会发〔2021〕29号）

四、破产财产变现涉税事项

13.【破产财产处置税费处理】对管理人履行合同、持续经营、变现破产企业财产等所产生的增值税、土地增值税、消费税、印花税、契税、城建税、教育费附加、地方教育费附加等，管理人依法向区税务局申报，并领取、开具发票。

因处置破产财产而产生的上述税（费），依法按照破产费用或共益费用，由债务人的财产随时清偿。

14.【不限制破产财产处置税费约定】管理人在拍卖或变卖须知、公告中明确因变现财产产权过户转移所涉税费由买卖双方依照法律规定各自承担的，相应税费应由区税务局依法予以征缴。

应由破产企业承担的上述税（费），管理人通过拍卖须知、公告，变卖须知、公告，以协议方式约定买受人承担的，应由买受人承担。区税务局并不限制双方约定行为，但是纳税主体不变。

15.【计税依据】在破产财产拍卖、变卖成交后，一般情况下，以拍卖、变卖成交确认书中载明的价格为计税依据计算应纳税额，区税务局不再进行评估或者以其他方式确定重置价计征税费。

整体资产拍卖、变卖成交的，以拍卖、变卖成交确认书中载明的价格，根据资产种类，按照单项资产评估价值与整体资产评估价值的比例，确定每项资产计税依据，分项计算应纳税额。

16.【出具完税证明】破产财产变现后并缴纳了变现过程产生的税（费）需要办理过户手续的，区税务局应当及时出具完税证明，不得以破产企业尚存历史欠税（费）、滞纳金、罚款为由予以拒绝。

17.【欠缴税款核销】区税务局在破产清算中依法受偿破产企业欠缴的税款本金、滞纳金、罚款等相关税（费）后，应当按照区法院裁定认可的财产分配方案中确定的受偿比例，办理欠缴税款本金、滞纳金、罚款等的入库，并依法核销未受偿的税款本金、滞纳金、罚款等相关税（费）。

5. 武汉市中级人民法院　国家税务总局武汉市税务局关于企业破产处置中涉税事项办理的实施意见（武中法〔2021〕1号）

人民法院裁定受理破产申请后，经人民法院许可或债权人会议决议，企业因继续营业或者因破产财产的使用、拍卖、变现所产生的应当由企业缴纳的税（费），管理人以企业名义按规定申报纳税。相关税（费）依法按照共益债务或者破产费用，由破产财产随时清偿，主管税务机关无需另行申报债权，由管理人代为申报缴纳。

6. 广州市中级人民法院　国家税务总局广州市税务局《关于破产程序中涉税问题的若干处理意见（试行）》（穗中法〔2020〕90号）

9. 在破产程序中因继续履行合同、生产经营或者处置债务人财产等新产生的相关税（费）及滞纳金，因发生或处理税收违法行为产生的罚款均属于企业破产法第四十一条破产费用中的"管理、变价和分配债务人财产的费用"，由管理人依据税收法律法规规定的期限，代为申报缴纳相关税（费），依法由债务人财产随时清偿，税务机关无需另行申报债权。管理人应向税务机关提供拍卖成交确认书或者其他财产所有权转移证明材料，被处置房产权属证明，出让方、受让方身份信息等材料依法申报纳税，并从破产费用中予以支付。在破产程序中，破产企业留用人员的社会保险费，应由破产管理人以破产企业名义继续申报、从破产费用中予以支付缴纳，至企业宣告破产并注销止；

提前解除劳动关系不再留用的，至劳动关系解除当月止。

7. 四川省高级人民法院　国家税务总局四川省税务局关于企业破产程序涉税问题处理的意见（川高发〔2021〕4号）

人民法院裁定受理破产申请后，经人民法院许可或债权人会议决议，企业因继续营业或者因破产财产的使用、拍卖、变现所产生的应当由企业缴纳的税（费），管理人以企业名义按规定申报缴纳。相关税（费）依法按照共益债务或者破产费用，由破产财产随时清偿，主管税务机关无需另行申报债权，由管理人直接申报缴纳。

8. 国家税务总局青岛市黄岛区税务局企业破产涉税事项办理指南（试行）（青黄税办函〔2020〕5号）

六、关于破产程序中的新生税费款问题

人民法院受理破产清算后，纳税人经人民法院许可，为债权人利益继续生产经营，或者在纳税人财产的使用、拍卖、变现过程中产生的应当由纳税人缴纳的税（费），属于《中华人民共和国企业破产法》第四十一条破产费用中的"管理、变价和分配债务人财产的费用"，由风险管理局协同主管税源管理科所与区法院沟通确认，依法由纳税人的财产及时清偿。

主管税源管理科所对破产程序中的新生税费款的确认，应经税政一科、税政二科、社保和非税收入科等政策管理部门复核。

十二、破产企业清算期间企业所得税处理

企业清算的所得税处理，是指企业在不再持续经营，发生结束自身业务、处置资产、偿还债务以及向所有者分配剩余财产等经济行为时，对清算所得、清算所得税、股息分配等事项的处理。《企业所得税法》第五十三条第三款规定，企业依法清算时，应当以清算期间作为一个纳税年度。第五十五条第二款规定，企业应当在办理注销登记前，就其清算所得向税务机关申报并依法缴纳企业所得税。破产管理人接管破产企业后，应代表破产企业进行企业清算所得税处理。

1. 国家发展改革委　最高人民法院　财政部　人力资源社会保障部等13部门关于推动和保障管理人在破产程序中依法履职进一步优化营商环境的意见（涉税部分）（发改财金规〔2021〕274号）

（十五）落实重整与和解中的所得税税前扣除政策。对于破产企业根据资

产处置结果，人民法院裁定批准或认可的重整计划、和解协议确定或形成的资产损失，依照税法规定进行资产损失扣除。税务机关对破产企业提交的与此有关的申请材料应快捷审查，便利办理。（财政部、税务总局等按职责分工负责）

2. 财政部 国家税务总局关于企业清算业务企业所得税处理若干问题的通知（财税〔2009〕60 号）

二、下列企业应进行清算的所得税处理：

（一）按《公司法》、《企业破产法》等规定需要进行清算的企业；

（二）企业重组中需要按清算处理的企业。

三、企业清算的所得税处理包括以下内容：

（一）全部资产均应按可变现价值或交易价格，确认资产转让所得或损失；

（二）确认债权清理、债务清偿的所得或损失；

（三）改变持续经营核算原则，对预提或待摊性质的费用进行处理；

（四）依法弥补亏损，确定清算所得；

（五）计算并缴纳清算所得税；

（六）确定可向股东分配的剩余财产、应付股息等。

3. 国家税务总局北京市税务局关于进一步推进破产便利化优化营商环境的公告（国家税务总局北京市税务局公告 2020 年第 4 号）

六、依法给予税收政策支持

在法院裁定受理破产申请后，企业终止经营活动的，应进行企业所得税的清算，以整个清算期间作为一个独立的纳税年度，计算清算所得并进行清算所得税申报。管理人应对清算事项按规定报主管税务机关备案。

破产企业重整、和解过程中发生的债务重组所得，符合规定条件的，可以适用特殊性税务处理。

进入破产程序的纳税人提出房产税、城镇土地使用税减免税申请的，房产税由税务机关核实情况、提出处理意见并报市政府批准减征或免征；城镇土地使用税由区（地区）税务机关依法核准。

4. 齐齐哈尔市中级人民法院关于破产管理人处理税务及信用修复问题的工作指引（试行）

（四）破产企业处置不动产、股权时不预征企业所得税。企业进入破产程序后，管理人应当及时将企业清算事项报主管税务机关备案，并在清算程序结束之日起十五日内向主管税务机关报送企业清算所得税纳税申报表，以便以整个清算期间作为一个纳税年度,依法计算清算所得并结清其应纳所得税。

5. 上海市高级人民法院　国家税务总局上海市税务局关于优化企业破产程序中涉税事项办理的实施意见（沪高法〔2020〕222号）

（七）清算期间企业所得税处理

人民法院裁定受理破产申请后,企业终止经营活动的,应进行企业清算所得税处理。管理人可通过上海市电子税务局向主管税务机关进行清算备案,无需提交附列资料。

企业清算备案后,对于经营期内未预缴的企业所得税按规定预缴申报,并自实际经营终止之日起60日内,向税务机关办理当期企业所得税汇算清缴;同时,以整个清算期作为一个独立的纳税年度计算清算所得,期间不需要再进行企业所得税预缴申报,自清算结束之日起15日内完成清算申报。

6. 江苏省高级人民法院　国家税务总局江苏省税务局关于做好企业破产处置涉税事项办理优化营商环境的实施意见（苏高法〔2020〕224号）

3. 清算期间企业所得税处理。人民法院裁定受理破产申请后,企业终止经营活动的,应进行企业所得税的清算,以整个清算期间作为一个独立的纳税年度,计算清算所得并进行清算所得税申报。管理人应对清算事项按规定报主管税务机关备案。

7. 江苏省常州市中级人民法院　国家税务总局常州市税务局印发《关于做好企业破产处置涉税事项办理优化营商环境的实施意见》的通知（常中法〔2020〕60号）

（六）清算期间企业所得税处理

人民法院裁定受理破产申请后,由管理人代表企业进行企业清算所得税处理。管理人可通过办税服务厅进行清算备案。

企业清算备案后,对于裁定受理破产申请前未预缴的企业所得税,由管理人按规定办理预缴申报和年度企业所得税汇算清缴申报（企业应收收入不详的,可暂按零申报办理）;相关税款及滞纳金,税务机关按照法律规定进行债权申报,依法受偿。

以整个清算期作为一个独立的纳税年度计算清算所得,期间不需要再进行企业所得税预缴申报,由管理人代表企业自清算结束之日起15日内完成清算申报,需缴纳税款的,依法按照共益债务或者破产费用,由破产财产随时清偿。

8. 苏州市中级人民法院　苏州市税务局破产涉税问题会议纪要

七、经人民法院裁定宣告破产的，破产企业、破产管理人应依法就破产企业清算所得向税务机关申报企业所得税，并依法弥补以前年度亏损。

9. 扬州市中级人民法院　国家税务总局扬州市税务局关于企业破产处置涉税问题处理的实施意见（扬中法〔2020〕22号）

第十条　在法院裁定受理破产申请后，企业终止经营活动的，应进行企业所得税的清算，并以整个清算期间作为一个独立的纳税年度。管理人应对清算事项按规定报主管税务机关备案。

10. 江苏省镇江市中级人民法院　国家税务总局镇江市税务局印发《关于企业破产处置涉税问题处理的实施意见》的通知（镇中法〔2019〕161号）

（一）企业所得税清算。债务人或管理人应当对截止法院裁定受理破产申请之日已发生的纳税义务进行申报，同时将终止生产经营当年度1月1日至实际经营终止之日作为一个纳税年度，并于实际经营终止之日起六十日内完成当年度企业所得税汇算清缴，结清当年度应缴（应退）企业所得税税款。

法院裁定受理破产案件后，管理人应当及时通知税务机关，进入企业所得税清算期。管理人应将整个清算期作为一个独立的纳税年度计算清算所得。

（二）即期申报。法院指定管理人之日起，管理人应当按照《中华人民共和国企业破产法》第二十五条的规定，代表债务人（纳税人）办理全部涉税事宜、履行税收义务。

管理人经法院许可，为债权人利益继续营业，或者在债务人财产的使用、处置破产财产过程中产生的应当由债务人或破产企业缴纳的税（费），属于《中华人民共和国企业破产法》第四十一条破产费用中的"管理、变价和分配债务人财产的费用"，由管理人按期进行纳税申报，并依法由债务人的财产随时清偿。

11. 国家税务总局浙江省税务局关于企业破产程序中涉税事务便利化的意见（试行）

15. 人民法院受理破产申请后处置破产财产不预征企业所得税，主管税务机关根据《浙江省人民政府办公厅关于加快处置"僵尸企业"的若干意见》（浙政办发〔2017〕136号）做好有关工作。

12. 安徽省宣城市中级人民法院　国家税务总局宣城市税务局印发《关于优化企业破产程序中涉税事项办理的实施意见》的通知（宣中法〔2020〕77号）

（七）清算期间企业所得税处理。人民法院裁定受理破产申请后，由管理人代表企业进行企业清算所得税处理。管理人可通过办税服务厅进行清算备案，无需提交附列资料。

企业清算备案后，对于裁定受理破产申请前未预缴的企业所得税，由管理人按规定办理预缴申报和年度企业所得税汇算清缴申报（企业应收收入不详的，可暂按零申报办理）；相关税款及滞纳金，税务机关按照法律规定进行债权申报，依法受偿。

以整个清算期作为一个独立的纳税年度计算清算所得，期间不需要再进行企业所得税预缴申报，由管理人代表企业自清算结束之日起15日内完成清算申报，需缴纳税款的，依法按照共益债务或者破产费用，由破产财产随时清偿。

13. 福建省莆田市中级人民法院　国家税务总局莆田市税务局印发《关于优化企业破产涉税事项办理的意见》的通知（莆中法〔2020〕88号）

人民法院裁定受理破产申请后，企业终止经营活动的，应进行企业所得税的清算，以整个清算期间作为一个独立的纳税年度，计算清算所得并进行清算所得税申报。管理人应对清算事项按规定报主管税务机关备案。

14. 济南市中级人民法院　国家税务总局济南市税务局关于印发《关于办理企业破产涉税问题的相关意见》的通知（济中法〔2020〕35号）

18. 破产企业被人民法院宣告破产后，企业终止经营活动的，以整个清算期间作为一个独立的纳税年度计算清算所得，并进行清算所得税申报。管理人应对清算事项按规定报主管税务机关备案。

15. 武汉市中级人民法院　国家税务总局武汉市税务局关于企业破产处置中涉税事项办理的实施意见（武中法〔2021〕1号）

（五）清算期间企业所得税处理

人民法院裁定受理破产申请后，企业终止经营活动的，应进行企业清算所得税处理。管理人可通过湖北省电子税务局向主管税务机关进行清算备案，无需提交附列资料。

企业清算备案后，对于经营期内未预缴的企业所得税按规定预缴申报，并自实际经营终止之日起60日内，向税务机关办理当期企业所得税汇算清缴；同时，以整个清算期作为一个独立的纳税年度计算清算所得，期间不需要再进行企业所得税预缴申报，自清算结束之日起15日内完成清算申报。

16. 湖南省高级人民法院　国家税务总局湖南省税务局关于便利企业破产涉税事项办理助推营商环境优化的意见（湘高法发〔2021〕7号）

（六）清算期间企业所得税处理

在法院裁定受理破产申请后，企业终止经营活动的，应进行企业所得税的清算，以整个清算期间作为一个独立的纳税年度，计算清算所得并进行清算所得税申报。管理人应对清算事项按规定报主管税务机关备案。

17. 广州市中级人民法院　国家税务总局广州市税务局印发《关于破产程序中涉税问题的若干处理意见（试行）》的通知（穗中法〔2020〕90号）

7. 在法院裁定受理破产申请之日至企业注销之日期间，债务人企业应当接受税务机关的税务管理，履行税法规定的相关义务。破产程序中如发生应税情形，应按规定申报纳税。人民法院裁定受理破产申请后，企业终止经营活动的，应进行企业清算所得税处理，以整个清算期间作为一个独立的纳税年度计算清算所得。

18. 柳州市人民政府　柳州市中级人民法院关于破产程序中有关税务问题处理的指导意见（柳政发〔2019〕30号）

四、关于破产程序中企业所得税征收问题的处理

（一）破产程序中有关预缴企业所得税问题。

1. 债务人企业的财产在破产清算阶段被依法拍卖处置的，若该财产属清算范围的，企业所得税按照清算所得依法征收。

2. 法院裁定受理债务人企业进入破产程序即表明该企业已经具备资不抵债的情形，其不动产、股权及其他财产处置不预缴企业所得税。

3. 破产案件立案受理之后，管理人到税务部门进行企业所得税清算备案，进入企业所得税清算期。

（二）破产案件受理后，若执行法院在执行过程中将债务人财产进行拍卖处置，交易双方已按照税法规定各自承担相应的纳税义务，相关税务部门也已对债务人财产拍卖所得在交易环节预缴征收企业所得税，后债务人经破产审计，破产管理人证明债务人在上述财产拍卖处置的会计年度内确已资不抵债，上述财产拍卖所得应列入破产财产范围，税务部门对已预缴征收的企业所得税应视为破产财产退还给破产管理人。

（三）对破产企业重整、和解过程中发生债务豁免所得符合《财政部　国家税务总局关于企业重组业务企业所得税处理若干问题的通知》（财税〔2009〕59号）相关规定条件的，可以适用特殊性税务处理。

19. 北海市中级人民法院　国家税务总局北海市税务局印发《关于企业破产处置涉税问题处理的实施意见（试行）》的通知（北中法〔2020〕84号）

第十条　在法院裁定受理破产申请后，企业终止经营活动的，应进行企业

所得税的清算，并以整个清算期间作为一个独立的纳税年度。管理人应对清算事项按规定报主管税务机关备案。

20. 四川省高级人民法院　国家税务总局四川省税务局关于企业破产程序涉税问题处理的意见（川高发〔2021〕4 号）

（七）清算期间企业所得税处理

人民法院裁定宣告企业破产后，企业终止经营活动的，应进行企业清算所得税处理。管理人可通过国家税务总局四川省电子税务局向主管税务机关进行清算备案，无需提交附列资料。

对于经营期内未预缴的企业所得税按规定预缴申报，并自实际经营终止之日起 60 日内，向税务机关办理当期企业所得税汇算清缴；同时，以整个清算期作为一个独立的纳税年度计算清算所得，期间不需要再进行企业所得税预缴申报，自清算结束之日起 15 日内完成清算申报。

（八）重整与和解中的所得税税前扣除政策

对于破产企业根据资产处置结果，人民法院裁定批准或认可的重整计划、和解协议确定或形成的资产损失，依照税法规定进行资产损失扣除。主管税务机关对破产企业提交的与此有关的申请材料应快捷审查，便利办理。

21. 辽宁省大连市中级人民法院　国家税务总局大连市税务局印发《关于优化企业破产处置过程中涉税事项办理的意见》的通知（大中法发〔2020〕7 号）

五、破产清算期间纳税申报

因继续营业或者因破产财产的使用、拍卖、变现所产生的应当由企业缴纳的税（费），管理人应以企业名义按规定申报纳税。其中，原按月申报增值税的可改为按季申报。

人民法院裁定受理破产申请后，企业终止经营活动的，应进行企业所得税的清算，以整个清算期间作为一个独立的纳税年度，计算清算所得并进行清算所得税申报。管理人应对清算事项按规定报主管税务机关备案。

清算期申报的税（费）依法按照共益债务或者破产费用，由破产财产随时清偿，主管税务机关无需另行申报债权，由管理人代为申报缴纳。

管理人在破产清算期处置不动产、办理不动产过户登记前，应当按照规定缴纳增值税、土地增值税等税费。

管理人通过拍卖处置房产土地的，按照实际成交价格确定收入。

破产企业在破产分配时以实物分配或者其他方式处置不动产（厂房仓库

除外）的，人民法院可以依照《最高人民法院关于人民法院确定财产处置参考价若干问题的规定》向市税务局定向询价，市税务局应当积极配合。

22. 国家税务总局青岛市黄岛区税务局企业破产涉税事项办理指南（试行）（青黄税办函〔2020〕5号）

七、依法给予税收政策支持

在法院裁定受理破产申请后，企业终止经营活动的，应进行企业所得税的清算，以整个清算期间作为一个独立的纳税年度，计算清算所得并进行清算所得税申报。主管税务机关应提示管理人将清算事项按规定备案。

破产人重整、和解过程中发生的债务重组所得，符合《财政部 国家税务总局关于企业重组业务企业所得税处理若干问题的通知》（财税〔2009〕59号）第五条规定条件的，交易各方的企业所得税可以适用特殊性税务处理。

在破产过程中，破产人实施资产重组，通过合并、分立、出售、置换等方式，将全部或者部分实物资产以及与其相关联的债权、负债和劳动力一并转让给其他单位和个人，其中涉及的货物、不动产、土地使用权转让符合规定条件的，不征收增值税。

根据《国家税务总局青岛市税务局关于城镇土地使用税和房产税困难减免税有关事项的公告》（2018年20号）第一条的规定，依法进入破产程序或者因改制依法进入清算程序，土地、房产停用的，且缴纳城镇土地使用税、房产税确有困难的，可申请困难减免。

在破产过程中，破产人符合规定条件的，可适用改制重组有关契税、土地增值税、印花税优惠政策。

23. 国家税务总局深圳市税务局企业破产涉税事项办理指南

（九）清算期间企业所得税处理

人民法院裁定受理破产申请后，企业终止经营活动的，应当进行企业清算所得税处理。企业清算备案后，对于经营期内未预缴的企业所得税按规定预缴申报，并自实际经营终止之日起60日内，向税务机关办理当期企业所得税汇算清缴。同时，以整个清算期作为一个独立的纳税年度计算清算所得，期间不需要再进行企业所得税预缴申报，自清算结束之日起15日内完成清算申报。

十三、破产企业的税务管理

破产企业虽进入破产程序,但其纳税人身份未消灭,管理人代表破产企业仍然要接受税务机关的管理、履行税法义务。如果破产企业发生税收违法行为,税务机关依然可以作出处理、行政处罚,追究破产企业的法律责任。因此,在法院裁定受理破产申请之日至企业注销之日期间,破产企业应当接受税务机关的税务管理,履行税法规定的相关义务。如发生应税情形,应按规定申报纳税。人民法院裁定受理破产申请后,企业终止经营活动的,应进行企业清算所得税处理等。

1. 国家发展改革委 最高人民法院 财政部 人力资源社保保障部等13部门关于推动和保障管理人在破产程序中依法履职进一步优化营商环境的意见(涉税部分)(发改财金规〔2021〕274号)

(十一)保障破产企业必要发票供应。破产程序中的企业应当接受税务机关的税务管理,管理人负责管理企业财产和营业事务的,由管理人代表破产企业履行法律规定的相关纳税义务。破产企业因履行合同、处置财产或继续营业等原因在破产程序中确需使用发票的,管理人可以以纳税人名义到税务部门申领、开具发票。税务部门在督促纳税人就新产生的纳税义务足额纳税的同时,按照有关规定满足其合理发票领用需要,不得以破产企业存在欠税情形为由拒绝。(税务总局负责)

2. 国家税务总局关于税收征管若干事项的公告(国家税务总局公告2019年第48号)

(二)在人民法院裁定受理破产申请之日至企业注销之日期间,企业应当接受税务机关的税务管理,履行税法规定的相关义务。破产程序中如发生应税情形,应按规定申报纳税。

从人民法院指定管理人之日起,管理人可以按照《中华人民共和国企业破产法》(以下简称企业破产法)第二十五条规定,以企业名义办理纳税申报等涉税事宜。

企业因继续履行合同、生产经营或处置财产需要开具发票的,管理人可以以企业名义按规定申领开具发票或者代开发票。

3. 福建省莆田市中级人民法院 国家税务总局莆田市税务局印发《关于优化企业破产涉税事项办理的意见》的通知(莆中法〔2020〕88号)

三、破产企业税务管理状态调整

（一）强制措施解除

税务机关在人民法院裁定受理破产申请前已对企业财产采取强制措施的，在人民法院裁定受理破产申请后应依照《中华人民共和国企业破产法》第十九条之规定，及时解除税收保全措施。

（二）非正常户解除

在人民法院裁定受理企业破产申请前被税务机关认定为非正常户的，管理人就破产企业逾期未申报行为补办申报，主管税务机关按规定办理解除非正常户相关手续。

主管税务机关在税费债权申报时，如发现企业的税务登记状态为非正常的，一并通知管理人在债权申报截止日前办理相关涉税事项。

管理人应据实补办人民法院裁定受理破产申请前企业未办理的纳税申报，未发现企业有应税行为的，可暂按零申报补办纳税申报。

（三）行政处理、处罚

人民法院裁定受理破产申请前，企业发生税费违法行为应当给予行政处理、处罚的，主管税务机关依法作出行政处理、处罚决定，并将企业应当补缴税费、滞纳金及罚款按照法律规定进行债权申报，依法受偿。

在破产程序中，发现破产企业的税控设备、发票等在接管前有丢失情形的，管理人应当及时向主管税务机关报备，按照规定进行挂失、补办等。主管税务机关应当将因丢失税控设备、发票等产生的罚款进行债权申报。

（四）纳税信息变更与信用修复

企业在重整过程中因引进战略投资人等原因确需办理税务登记信息变更的，向市场监督管理部门申报办理变更登记，税务机关主动接收市场监督管理部门变更信息，破产企业无需到税务机关进行确认。

人民法院裁定批准重整计划或重整计划执行完毕后，重整企业可向主管税务机关提出纳税信用复评申请。主管税务机关受理后，符合条件的，参照"新设立企业"在15个工作日内对其纳税信用等级进行重新评定，并于3个工作日内向重整企业反馈信用复评结果。

4. 济南市中级人民法院　国家税务总局济南市税务局关于印发《关于办理企业破产涉税问题的相关意见》的通知（济中法〔2020〕35号）

二、破产企业税务管理调整

6. 管理人应在规定的期限内将受理破产申请裁定书、债权申报通知书等送达主管税务机关。无法确定主管税务机关的，可向破产企业所在地的区县级税务机关送达。最先接收的区县级税务机关按照首问负责制原则，将申报债权通知等及时转至主管税务机关或济南市税务局。

7. 主管税务机关收到债权申报通知后，可根据破产企业的实际情况，适当调整部分税种的纳税期限，由按月、季度申报调整为按次申报，在不影响税费申报缴纳的前提下减少破产企业的报税次数。

8. 主管税务机关收到解除保全措施通知后，应当依法解除对企业采取的税收保全措施，正在对企业进行强制执行的，应当依法中止，人民法院裁定驳回破产申请的，税务机关可恢复相关强制措施或者强制执行。

9. 主管税务机关收到债权申报通知后，如发现破产企业的税务登记状态为非正常的，应通知管理人在债权申报截止日前办理非正常户状态解除。管理人应根据接管的账簿资料，据实补办破产申请受理前非正常户期间的纳税申报。管理人未接管账簿资料、不掌握破产企业在破产申请受理前的非正常户期间的实际情况或者虽接管账簿资料，但未发现破产企业有应税行为的，可暂按零申报补办纳税申报。破产企业补办税（费）申报后，税务机关应当按规定为其解除非正常状态。

……

四、破产程序中的税务管理

15. 企业进入破产程序后仍应当接受税务机关的税务管理，履行税法规定的相关义务。破产程序中如发生应税情形，管理人应以破产企业的名义按期申报缴纳相关税费。

16. 破产企业因继续履行合同、生产经营或处置财产需要开具发票的，管理人可以使用破产企业的原有发票，破产企业无发票的，管理人可以以企业名义按规定申领、开具发票或者代开发票。

17. 管理人接管破产企业后，发现税控设备、发票等在接管前有丢失等情形的，应及时向主管税务机关报备，并按规定办理挂失、补办等手续。

18. 破产企业被人民法院宣告破产后，企业终止经营活动的，以整个清算期间作为一个独立的纳税年度计算清算所得，并进行清算所得税申报。管理人应对清算事项按规定报主管税务机关备案。

19. 破产财产处置价格确定后，管理人可向主管税务机关申请测算需缴税费的种类、数额，主管税务机关应当积极配合。

20. 在破产程序中，破产企业拒不提交或者不提交真实账簿资料，造成管理人无法准确代为申报纳税的，管理人应当及时报告税务机关，税务机关根据规定进行处理。

5. 广州市中级人民法院　国家税务总局广州市税务局印发《关于破产程序中涉税问题的若干处理意见（试行）》的通知（穗中法〔2020〕90号）

二、关于破产程序中的税务管理

7. 在法院裁定受理破产申请之日至企业注销之日期间，债务人企业应当接受税务机关的税务管理，履行税法规定的相关义务。破产程序中如发生应税情形，应按规定申报纳税。人民法院裁定受理破产申请后，企业终止经营活动的，应进行企业清算所得税处理，以整个清算期间作为一个独立的纳税年度计算清算所得。

8. 进入破产程序的纳税人提出房产税、城镇土地使用税减免税申请的，由税务机关核实情况、依法处理。

9. 在破产程序中因继续履行合同、生产经营或者处置债务人财产等新产生的相关税（费）及滞纳金，因发生或处理税收违法行为产生的罚款均属于企业破产法第四十一条破产费用中的"管理、变价和分配债务人财产的费用"，由管理人依据税收法律法规规定的期限，代为申报缴纳相关税（费），依法由债务人财产随时清偿，税务机关无需另行申报债权。管理人应向税务机关提供拍卖成交确认书或者其他财产所有权转移证明材料，被处置房产权属证明，出让方、受让方身份信息等材料依法申报纳税，并从破产费用中予以支付。在破产程序中，破产企业留用人员的社会保险费，应由破产管理人以破产企业名义继续申报、从破产费用中予以支付缴纳，至企业宣告破产并注销止；提前解除劳动关系不再留用的，至劳动关系解除当月止。

10. 债务人企业因继续履行合同、生产经营或者处置财产需要开具发票的，管理人可以以企业名义按规定申领开具发票或者向税务机关申请代开发票，管理人应持法院受理债务人企业破产申请的裁定书及指定管理人决定书联系主管税务机关办理。税务机关在有关事项规定的期限内办结。

管理人应当妥善管理发票，不得发生丢失、违规开具等情形，违反《中华人民共和国发票管理办法》等法律法规的，税务机关应当按相关规定进行处理。

6. 辽宁省大连市中级人民法院　国家税务总局大连市税务局印发《关于优化企业破产处置过程中涉税事项办理的意见》的通知（大中法发〔2020〕7号）

三、破产企业税务管理状态调整

（一）强制措施解除

税务机关在人民法院裁定受理破产申请前已对企业财产采取强制措施的，

在人民法院裁定受理破产申请后应依照《中华人民共和国企业破产法》第十九条之规定，及时解除查封场所、设施或者财物、扣押财物、冻结存款、汇款等强制措施。

人民法院裁定驳回破产申请，或者依据《中华人民共和国企业破产法》第一百零八条的规定裁定终结破产程序的，原已采取强制措施并已依法解除的，税务机关可按照原顺位恢复相关强制措施。

（二）非正常户解除

人民法院裁定受理破产申请后，管理人可以向主管税务机关申请非正常户解除。主管税务机关对企业在人民法院受理破产案件前发生的税收违法行为应当依法作出行政处罚决定，将罚款按照《企业破产法》和最高人民法院的有关规定进行债权申报、依法受偿和相关后续处理。

管理人应根据接管的账簿资料，据实补办破产申请受理前非正常户期间的纳税申报。申报形成的税款可以暂不处理，按照《企业破产法》和最高人民法院的有关规定进行债权申报、依法受偿和相关后续处理。管理人未接管账簿资料、不掌握债务人在破产申请受理前的非正常户期间的实际情况、未发现债务人有应税行为的，可暂按零申报补办纳税申报。

主管税务机关办理解除正常户手续，对未办结事项进行处理。

（三）纳税信用复评

人民法院裁定批准重整计划或重整计划执行完毕后，重整企业可向主管税务机关提出纳税信用复评申请。主管税务机关受理后，符合条件的，参照"新设立企业"对其纳税信用等级进行重新评定，并于3个工作日内向重整企业反馈信用复评结果。

7. 厦门市中级人民法院　国家税务总局厦门市税务局关于推进企业破产程序中办理涉税事项便利化的实施意见（厦中法〔2020〕23号）

一、明确企业义务和破产管理人职责

人民法院裁定受理破产申请后至企业注销期间，企业应接受税务机关的税务管理，履行税收法律、法规和规章规定的相关义务。人民法院指定的破产管理人依据《中华人民共和国企业破产法》第二十五条等相关规定，以企业名义办理纳税申报、清算申报、税务注销等涉税事宜，依法配合税务机关对企业开展日常核查、纳税评估、税务稽查等工作。破产管理人怠于履行职责的，税务机关有权向人民法院通报其不履职情况，人民法院应督促其依法履职。

8. 国家税务总局青岛市黄岛区税务局企业破产涉税事项办理指南（试行）（青黄税办函〔2020〕5号）

在人民法院裁定受理破产申请之日至企业注销之日期间，企业应当接受税务机关的税务管理，履行税法规定的相关义务。破产程序中如发生应税情形，应按规定申报纳税。从人民法院指定管理人之日起，管理人可以按照《中华人民共和国企业破产法》（以下简称企业破产法）第二十五条规定，以企业名义办理纳税申报、税务登记注销等涉税事宜。

十四、破产清算中的税款入库

税款入库是税收征管的最终环节。破产管理人应根据破产财产分配方案，持人民法院关于财产分配的裁定书，及时到主管税务机关办理税费入库手续。

1. 国家发展改革委　最高人民法院　财政部　人力资源社保保障部等13部门关于推动和保障管理人在破产程序中依法履职进一步优化营商环境的意见（涉税部分）（发改财金规〔2021〕274号）

（十二）依法核销破产企业欠缴税款。税务、海关等部门在破产清算程序中依法受偿破产企业欠缴的税款本金、滞纳金、罚款后，应当按照人民法院裁定认可的财产分配方案中确定的受偿比例，办理欠缴税款本金、滞纳金、罚款的入库，并依法核销未受偿的税款本金、滞纳金、罚款。（海关总署、税务总局等按职责分工负责）

2. 国家税务总局关于进一步加强欠税管理工作的通知（国税发〔2004〕66号）

（九）参与企业清偿债务。欠税人申请破产，税务机关应代表国家行使债权人权利，参与清算，按照法定偿债程序将税款征缴入库。欠税人有合并、分立等变更行为的，税务机关应依法认定欠税的归属。

3. 上海市高级人民法院　国家税务总局上海市税务局关于优化企业破产程序中涉税事项办理的实施意见（沪高法〔2020〕222号）

（八）税款入库

在破产企业财产分配时，管理人持人民法院关于财产分配的裁定书到主管税务机关办理税款入库手续。

4. 江苏省常州市中级人民法院　国家税务总局常州市税务局印发《关于做好企业破产处置涉税事项办理优化营商环境的实施意见》的通知（常中法〔2020〕60号）

（七）税款入库

在破产企业财产分配时，管理人持人民法院关于财产分配的裁定书到办税服务厅办理税款入库手续。

5. 国家税务总局浙江省税务局关于支持破产便利化行动有关措施的通知（浙税发〔2019〕87号）

四、税款和滞纳金受偿顺序可按人民法院裁判文书执行

因企业破产程序中欠缴税款和滞纳金的债权性质和清偿顺序不同，税务机关依法受偿欠缴税款和滞纳金办理入库时，可按人民法院裁判文书执行。

6. 浙江省杭州市中级人民法院　国家税务总局杭州市税务局《关于企业破产程序中涉税事务便利化的意见》的通知（杭中法〔2022〕51号）

7. 因企业破产程序中欠缴税款和滞纳金的债权性质和清偿顺序不同，主管税务机关依法受偿欠缴税款和滞纳金办理入库时，可按人民法院裁判文书执行。

7. 安徽省宣城市中级人民法院　国家税务总局宣城市税务局印发《关于优化企业破产程序中涉税事项办理的实施意见》的通知（宣中法〔2020〕77号）

（八）税款入库。在破产企业财产分配时，管理人持人民法院关于财产分配的裁定书到办税服务厅办理税款入库手续。

8. 福建省莆田市中级人民法院　国家税务总局莆田市税务局印发《关于优化企业破产涉税事项办理的意见》的通知（莆中法〔2020〕88号）

八、清偿税务债权和税务注销

在破产企业财产分配时，管理人持人民法院关于财产分配的裁定书到主管税务机关办理税费入库手续。

企业经人民法院裁定宣告破产的，管理人可以持人民法院终结破产程序裁定书向税务机关申请企业税务注销，税务机关按照相关规定，即时出具清税文书，核销"死欠"。

主管税务机关办税服务厅设置注销清税业务专窗，受理企业破产清算注销业务，实现专人负责，一窗通办。

9. 武汉市中级人民法院　国家税务总局武汉市税务局关于企业破产处置中涉税事项办理的实施意见（武中法〔2021〕1号）

（六）税款入库

在破产企业财产分配时，管理人持人民法院关于财产分配的裁定书到主管税务机关办理税款入库手续。

10. 四川省高级人民法院　国家税务总局四川省税务局关于企业破产程序涉税问题处理的意见（川高发〔2021〕4号）

（九）税款入库与退库

在破产企业财产分配时，管理人持人民法院关于财产分配的裁定书到主管税务机关办理税款入库手续。

主管税务机关在征收管理中发现破产企业有可以申请退税的情形，应当告知管理人。

11. 贵州省高级人民法院　国家税务总局贵州省税务局关于企业破产程序涉税问题处理的实施意见（黔高法〔2021〕74号）

因企业破产程序中欠缴税（费）、滞纳金、罚款和因特别调整产生的利息的债权金额、性质和清偿顺序不同，税务机关依法受偿欠缴税款、滞纳金和罚款办理入库时，按人民法院裁判文书执行。

……

（十八）债务清偿及欠税核销。管理人持人民法院出具的确认财产分配方案《民事裁定书》到主管税务机关清偿税收债权。主管税务机关应当按照人民法院裁定认可的财产分配方案中确定的受偿比例，办理欠缴税款本金、滞纳金、罚款的入库。

未足额清偿税收债权的，税务机关应依法核销未受偿的税款本金、滞纳金、罚款。

12. 国家税务总局深圳市税务局企业破产涉税事项办理指南

（十）税费入库

在破产企业财产分配时，管理人持人民法院关于财产分配的裁定书到主管税务机关办理税费入库手续。

十五、破产清算的税务注销

注销税务登记是指纳税人由于法定原因终止纳税义务时，向主管税务机关申请取消税务登记的活动。税务注销是破产清算的必经环节。《税收征收管理法实施细则》第十六条规定，纳税人在办理注销税务登记前，应当向税务机关结清应纳税款、滞纳金、罚款、缴销发票、税务登记证件和其他税务证件。根据该条规定，破产企业办理注销税务登记时，税务机关往往要求破产企业结清税款，而破产企业往往严重资不抵债，无法结清税款，因此注销税务登记成为破产清算中的难题。为此，2019年5月9日，国家税务总局《关于深化"放管服"改革 更大力度推进优化税务注销办理程序工作的通知》（税总发〔2019〕64号）规定，经人民法院裁定宣告破产的纳税人，持人民法院终结破产程序裁定书向税务机关申请税务注销的，税务机关即时出具清税文书，按照有关规定核销"死欠"。破产管理人持法院终结破产程序裁定书即可向税务机关办理注销税务登记手续，税务机关应当即时出具清税文书。

1. 国家发展改革委 最高人民法院 财政部 人力资源社保保障部等13部门关于推动和保障管理人在破产程序中依法履职进一步优化营商环境的意见（涉税部分）（发改财金规〔2021〕274号）

（十三）便利税务注销。经人民法院裁定宣告破产的企业，管理人持人民法院终结破产清算程序裁定书申请税务注销的，税务部门即时出具清税文书，按照有关规定核销"死欠"，不得违反规定要求额外提供证明文件，或以税款未获全部清偿为由拒绝办理。（税务总局负责）

2. 国家税务总局北京市税务局关于进一步推进破产便利化优化营商环境的公告（国家税务总局北京市税务局公告2020年第4号）

五、优化税务注销程序

管理人在向市场监督管理部门申请企业注销登记前应当持人民法院终结破产程序裁定书向税务机关办结税务注销手续，税务机关应即时出具清税文书，予以税务注销，并按照有关规定核销"死欠"。

各区（地区）税务局办税服务厅的注销窗口负责企业破产清算业务，实现专窗受理，专人负责，一窗通办。

3. 上海市高级人民法院 国家税务总局上海市税务局关于优化企业破产程序中涉税事项办理的实施意见（沪高法〔2020〕222号）

（九）税务注销

企业经人民法院裁定宣告破产的，管理人可持人民法院终结破产程序裁定书向税务机关申请企业税务注销，税务机关按照相关规定，即时出具清税文书，核销"死欠"。

主管税务机关办税服务厅设置注销清税业务专窗（专区），受理企业破产清算注销业务，实现专人负责，一窗通办。

4. 江苏省高级人民法院　国家税务总局江苏省税务局关于做好企业破产处置涉税事项办理优化营商环境的实施意见（苏高法〔2020〕224号）

七、税务注销

经人民法院裁定宣告破产的纳税人，管理人可持人民法院终结破产程序裁定书向税务机关申请税务注销，税务机关即时出具清税文书，按照有关规定核销"死欠"。

主管税务机关办税服务厅设置的注销清税业务专窗（专区），受理企业破产清算注销业务，实现专人负责，一窗通办。

5. 江苏省常州市中级人民法院　国家税务总局常州市税务局印发《关于做好企业破产处置涉税事项办理优化营商环境的实施意见》的通知（常中法〔2020〕60号）

（八）税务注销

企业经人民法院裁定宣告破产的，管理人可持人民法院终结破产程序裁定书向税务机关申请税务注销，税务机关即时出具清税文书，按照有关规定核销"死欠"。

主管税务机关办税服务厅设置注销清税业务专门服务窗口，受理企业破产清算注销业务，实现专人负责，一窗通办。

6. 苏州市中级人民法院　苏州市税务局破产涉税问题会议纪要

九、破产管理人持人民法院终结破产程序裁定书向税务机关办理税务注销的，税务机关应依照《关于深化"放管服"改革更大力度推进优化税务注销办理程序工作的通知》（税总发〔2019〕64号）第一条第（三）项规定即时出具清税文书，按照有关规定核销欠缴税（费）、滞纳金、欠缴的税收罚款及没收违法所得。

7. 扬州市中级人民法院　国家税务总局扬州市税务局关于企业破产处置涉税问题处理的实施意见（扬中法〔2020〕22号）

五、企业破产处置中的税务核销

第二十条　严格落实国家税务总局《关于深化"放管服"改革更大力度推进优化税务注销办理程序工作的通知》等规定，优化税务注销办理程序。

第二十一条　经人民法院裁定宣告破产的纳税人，管理人持人民法院终结破产程序裁定书向税务机关申请税务注销的，税务机关即时出具清税文书，并按照有关规定核销"死欠"。

8. 江苏省镇江市中级人民法院 国家税务总局镇江市税务局印发《关于企业破产处置涉税问题处理的实施意见》的通知（镇中法〔2019〕161号）

六、关于企业破产处置税务核销问题

管理人在向市场监督管理部门申请企业核销登记前，应当持法院终结破产程序裁定书向税务部门办理税务注销手续。符合法定形式的，主管税务机关即时出具清税文书。

对于税务机关依法参与破产程序，税收债权未获完全清偿但已被法院宣告破产并依法终结破产清算程序的纳税人，管理人持法院终结破产程序裁定书申请税务注销的，税务机关应当按照有关规定逐级报告省级税务机关进行核销，在省级税务机关核销后予以税务注销。

9. 国家税务总局浙江省税务局关于支持破产便利化行动有关措施的通知（浙税发〔2019〕87号）

五、推进破产清算终结后的税务注销便利化

管理人在向市场监督管理部门申请企业注销登记前应当持破产终结裁定书向税务部门办结税务注销手续。对于税务机关依法参与破产程序，税收债权未获完全清偿但已被法院宣告破产并依法终结破产清算程序的纳税人，管理人持人民法院终结破产程序裁定书申请税务注销的，税务机关应当按照有关规定核销死欠后，即时予以税务注销。

10. 浙江省杭州市中级人民法院 国家税务总局杭州市税务局印发《关于企业破产程序中涉税事务便利化的意见》的通知（杭中法〔2022〕51号）

四、破产清算企业税务注销

20. 对于税务机关依法参与破产程序，税收债权未获完全清偿但已被人民法院宣告破产并依法终结破产清算程序的债务人，管理人持人民法院终结破产程序裁定书申请税务注销的，税务机关即时出具清税文书，按照有关规定核销"死欠"。

11. 安徽省宣城市中级人民法院 国家税务总局宣城市税务局印发《关于优化企业破产程序中涉税事项办理的实施意见》的通知（宣中法〔2020〕77号）

（九）税务注销。企业经人民法院裁定宣告破产的，管理人可持人民法院终结破产程序裁定书向税务机关申请企业税务注销，税务机关按照相关规定，即时出具清税文书，按规定上报核销"死欠"。

主管税务机关办税服务厅设置注销清税业务专窗，受理企业破产清算注销业务，实现专人负责，一窗通办。

12. 福建省莆田市中级人民法院　国家税务总局莆田市税务局印发《关于优化企业破产涉税事项办理的意见》的通知（莆中法〔2020〕88号）

八、清偿税务债权和税务注销

在破产企业财产分配时，管理人持人民法院关于财产分配的裁定书到主管税务机关办理税费入库手续。

企业经人民法院裁定宣告破产的，管理人可以持人民法院终结破产程序裁定书向税务机关申请企业税务注销，税务机关按照相关规定，即时出具清税文书，核销"死欠"。

主管税务机关办税服务厅设置注销清税业务专窗，受理企业破产清算注销业务，实现专人负责，一窗通办。

13. 济南市中级人民法院　国家税务总局济南市税务局关于印发《关于办理企业破产涉税问题的相关意见》的通知（济中法〔2020〕35号）

七、税务登记注销

26. 管理人持人民法院终结破产程序裁定书向税务机关办理税务注销的，税务机关应按照《关于深化"放管服"改革更大力度推进优化税务注销办理程序工作的通知》（税总发〔2019〕64号）第一条　第（三）项规定即时出具清税文书；对已按照税收征管法、企业破产法规定申报、受偿税务债权后，破产企业仍然欠缴的税（费）、滞纳金及罚款，主管税务机关应按照有关规定予以核销。

14. 武汉市中级人民法院　国家税务总局武汉市税务局关于企业破产处置中涉税事项办理的实施意见（武中法〔2021〕1号）

（七）破产清算后的税务注销

企业经人民法院裁定宣告破产的，管理人可持人民法院终结破产程序裁定书向税务机关申请企业税务注销，税务机关按照相关规定，即时出具清税文书，核销"死欠"。

15. 湖南省高级人民法院　国家税务总局湖南省税务局关于便利企业破产涉税事项办理助推营商环境优化的意见（湘高法发〔2021〕7号）

（七）优化税务注销

管理人在向市场监督管理部门申请企业注销登记前应当持人民法院终结破产程序裁定书向税务机关办结税务注销手续，税务机关应即时出具清税文书，予以税务注销，并按照有关规定核销"死欠"。

各市州（县市区）税务局办税服务厅的注销窗口负责企业破产清算业务，实现专窗受理，专人负责，一窗通办。

16. 广州市中级人民法院　国家税务总局广州市税务局印发《关于破产程序中涉税问题的若干处理意见（试行）》的通知（穗中法〔2020〕90号）

五、关于破产清算后的税务注销

16. 经人民法院裁定宣告破产的债务人企业，管理人可持人民法院终结破产程序裁定书向税务机关申请税务注销，税务机关即时出具清税文书，予以税务注销，并按照有关规定核销"死欠"。管理人办理上述事项时，应提供案件受理材料、人民法院终结破产程序裁定书以及管理人身份证明等材料；税务机关不能因管理人未能提供破产企业法定代表人身份证原件及签名、印鉴以及税务登记证和发票领用簿、吊销营业执照决定、上级主管部门批复文件或董事会决议等证件、材料，而不予办理。

17. 办税服务厅的注销窗口负责企业破产清算业务，实现专窗受理，专人负责，一窗通办。税务机关同时提供税务注销线上办理渠道。

17. 柳州市人民政府　柳州市中级人民法院关于破产程序中有关税务问题处理的指导意见（柳政发〔2019〕30号）

七、破产清算后的税务注销处理

经人民法院裁定宣告破产的债务人，管理人持人民法院终结破产程序裁定书向税务机关申请税务注销的，税务机关及时出具清税文书，按照有关规定核销"死欠"。

18. 北海市中级人民法院　国家税务总局北海市税务局印发《关于企业破产处置涉税问题处理的实施意见（试行）的通知（北中法〔2020〕84号）

五、企业破产处置中的税务注销

第二十条　严格落实国家税务总局《关于深化"放管服"改革更大力度推进优化税务注销办理程序工作的通知》等规定，优化税务注销办理程序。

第二十一条　经人民法院裁定宣告破产的纳税人，管理人持人民法院终结破产程序裁定书向税务机关申请税务注销的，税务机关即时出具清税文书，并按照有关规定核销"死欠"。

19. 重庆市高级人民法院　国家税务总局重庆市税务局关于企业破产程序涉税问题处理的实施意见（渝高法〔2020〕24号）

五、破产企业税务注销

（十五）简化税务注销流程。管理人在向市场监督管理部门申请企业注销登记前应当持人民法院终结破产程序裁定书向税务机关办结税务注销手续。对于税务机关依法参与破产程序，税收债权未获完全清偿但已被人民法院宣告破产并依法终结破产程序的债务人，管理人持人民法院终结破产程序裁定书申请税务注销的，税务机关应当及时出具清税书，按照有关规定核销欠税。

20. 四川省高级人民法院　国家税务总局四川省税务局关于企业破产程序涉税问题处理的意见（川高发〔2021〕4号）

（十）税务注销

企业经人民法院裁定宣告破产的，管理人可持人民法院终结破产清算程序裁定书向税务机关申请企业税务注销，主管税务机关即时出具清税文书，按照有关规定核销"死欠"，不得违反规定要求额外提供证明文件，或以税款未获全部清偿为由拒绝办理。

主管税务机关办税服务厅设置注销清税业务专窗（专区），受理企业破产清算注销业务，实现专人负责，一窗通办。

21. 辽宁省大连市中级人民法院　国家税务总局大连市税务局印发《关于优化企业破产处置过程中涉税事项办理的意见》的通知（大中法发〔2020〕7号）

八、清偿税务债权和税务注销

管理人按照人民法院裁定的破产财产分配方案，清偿税务债权后，向主管税务机关申请注销；企业无财产可供分配经人民法院裁定终结破产程序的，管理人可持人民法院终结破产程序裁定书向主管税务机关申请注销。主管税务机关在办税服务厅设置注销清税业务专窗（专区），受理企业破产清算注销业务，实现专人负责、一窗通办。

22. 厦门市中级人民法院　国家税务总局厦门市税务局关于推进企业破产程序中办理涉税事项便利化的实施意见（厦中法〔2020〕23号）

（五）税务注销

除《中华人民共和国企业破产法》第一百零八条规定的情形外，人民法院裁定终结破产程序后，破产管理人可持人民法院终结破产程序的民事裁定书向主管税务机关申请税务注销，主管税务机关应即时出具清税（费）文书，对于企业仍存在的欠税（费），按照规定进行"死欠"核销处理。

23. 国家税务总局青岛市黄岛区税务局企业破产涉税事项办理指南（试行）（青黄税办函〔2020〕5号）

十、优化税务注销程序

主管税务机关在办税服务厅设置注销清税业务专窗，受理企业破产清算注销业务，实现专人负责、一窗通办。

管理人在向市场监督管理部门申请企业注销登记前应当持人民法院终结破产程序裁定书向主管税务机关办结税务注销手续。对于主管税务机关依法参与破产程序，税收债权未获完全清偿但已被法院宣告破产并依法终结破产清算程序的纳税人，管理人持人民法院终结破产程序裁定书申请税务注销的，主管税务机关办税服务厅应当在收核、征管部门按照有关规定核销死欠后，即时出具清税文书，予以税务注销。

管理人办理上述事项时，主管税务机关应要求其提供案件受理材料、人民法院终结破产程序裁定书以及管理人身份证明等材料；不得因管理人未能提供破产企业法定代表人身份证原件及签名、印鉴以及税务登记证和发票领用簿、吊销营业执照决定、上级主管部门批复文件或董事会决议等证件、材料，而不予办理。

24. 国家税务总局深圳市税务局企业破产涉税事项办理指南

（十一）税务注销

企业经人民法院裁定宣告破产的，管理人可以持人民法院终结破产程序裁定书向税务机关申请企业税务注销，税务机关按照相关规定，即时出具清税文书，核销"死欠"。

主管税务机关办税服务厅设置注销清税业务专窗，受理企业破产清算注销业务，实现专人负责，一窗通办。